Siegfried Fiedler
Kriegswesen und Kriegführung im Zeitalter der Revolutionskriege

Heerwesen der Neuzeit

Herausgegeben von Georg Ortenburg

Abteilung III
Das Zeitalter der Revolutionskriege

Band 2

Siegfried Fiedler

Kriegswesen und Kriegführung
im Zeitalter der Revolutionskriege

Bernard & Graefe Verlag

Siegfried Fiedler

Kriegswesen und Kriegführung im Zeitalter der Revolutionskriege

Bernard & Graefe Verlag

Titelbild:
Napoleon begrüßt seine Truppen in der Schlacht bei Jena. Ölgemälde von Charles Thévenin (1764–1838), gemalt 1810 für Marschall Berthier. Die Franzosen vor dem Hauptangriff in der Mittagszeit am 14. Oktober 1806; links eine Grenadier-Formation, rechts die Garde; im Mittelgrund Bataillone noch in Linie zum Feuerkampf aufmarschiert; hinter dem Kaiser der Reiterführer Joachim Murat, daneben Marschall Berthier und Stabsoffiziere; Einzelheiten der Uniformierung erst nach Jena im Gebrauch.

Satz, Druck und Bindung: Druckerei Mühlberger, Augsburg
Herstellung und Layout: Walter Amann, München
Printed in Germany

ISBN 3-7637-5808-9

Inhalt

I. Zur Charakteristik der Epoche

Die Gültigkeit gewohnter Epochegliederungen ist umstritten, doch über das Ende des absolutistischen Zeitalters mit seinen zahlreichen Kabinettskriegen besteht kein Zweifel: Den Markstein des radikalen Bruches mit der Vergangenheit setzte die Französische Revolution. Davon waren nicht nur ihre Akteure vollkommen überzeugt; auch die überragenden und viele weniger großen Geister unter den Zeitgenossen haben die universale Bedeutung dieses epochalen Elementarereignisses klar erkannt. Zu Beginn der »Campagne in Frankreich« anno 1792 mochten Deutschlands Fürsten samt ihrem militärischen Gefolge immer noch an ein bloß lokales, bald wieder abziehendes Sturmgewitter glauben, doch schon am Abend der Kanonade von Valmy (20. September) rief der Weimarische Minister v. Goethe, der das Heer als Zuschauer begleitete, seiner ratlosen Umgebung zu: »Von hier und heute geht eine neue Epoche der Weltgeschichte aus, und ihr könnt sagen, ihr seid dabei gewesen[1].« Die damit verbundenen sozialen Veränderungen und der tiefgreifende Bewußtseinswandel bildeten die Triebkräfte für jenen historischen Entwicklungsprozeß, der in einem permanenten, mehr oder weniger wirksamen revolutionären Zustand fortlief. Tatsächlich läßt sich zwischen dem Jahr 1789 und der Gegenwart die innere Einheit einer die Welt schrittweise umformenden Ereigniskette feststellen. Die weltgeschichtliche Umwälzung in Frankreich bis zu Napoleon hin »hat im Grunde das 19. und 20. Jahrhundert vorweggenommen«[2]. Alle Erscheinungsformen uns heute geläufiger politischer Typologie sind in der Folge des Ancien régimes entstanden oder keimhaft aufgetaucht: die konstitutionelle Monarchie, die freiheitliche und die totalitäre Demokratie, die bürgerliche und die radikale Republik der terroristischen Einmann-Diktatur, Liberalismus, Kapitalismus, Sozialismus und Kommunismus, weltbürgerliche Heilslehre und nationaler Egoismus, Militarismus und imperialistische Zielsetzungen, progressives und konservatives Denken.

Der Sturz der französischen Monarchie in den Abgrund ist nicht auf dem Wege schlimmster Unterdrückung und ärgster Not des Volkes erfolgt, denn beides würde einer archivalischen Nachprüfung der Verhältnisse im reichsten und kraftvollsten Staat des Kontinentes nicht standhalten[3]. Auch das im »Tiers Etat« politisch vereinigte Bürgertum, das an Stelle des ruinierten Adels zu materieller Macht gelangt war, hat ihr nicht den Todesstoß versetzt. Kaum jemand hätte 1789 dem König Prestige

1 J. W. v. Goethe: Campagne in Frankreich, dtv-Ausg. Bd. 27, München 1962, S. 48.
2 M. Göhring: Die Französische Revolution und der moderne Staat, in: Schicksalsfragen der Gegenwart (Handbuch pol.-hist. Bildung), Bd. 1, Tübingen 1957, S. 217.
3 O. Aubry: Geschichte der Französischen Revolution, dtsch. Ausg. Erlenbach-Zürich 1948, Bd. 1, S. 25 ff.; vgl. A. de Tocqueville: Der alte Staat und die Revolution, dtsch. Ausg. dtv-Verlag, München 1978, 3. Buch, 4. Kap., S. 169 ff.

und Respekt verweigern wollen. Wohl aber waren alle Menschen vom Geist revolutionärer Gärung erfaßt; entstanden aus den Idealen und Utopien jener werbenden Botschaften, die von den Philosophen der Aufklärung herstammten und gleich einem Bazillus hohe Anfälligkeit für Aufruhr und Umsturz erzeugten. Schließlich mußte der absolutistisch regierte Feudalstaat überwunden, die durch hohe ständische Schranken in ungleiche Teile getrennte Gesellschaftsordnung beseitigt und das ganz unbürgerliche Verhältnis von Obrigkeit und Untertan zerrissen werden. Was dann aber nach explosivem Ausbruch krampfhaft doktrinäre Radikalität gewaltsam zerstörte, um unter maßlosem Verlust an Menschen und Gütern mühsam neugeordnet wieder aufgebaut zu werden, das wäre auch reformerisch im allmählichen Übergang zu gerechteren Einrichtungen einer konstitutionellen Monarchie zu vollbringen gewesen. Wenn es dazu nicht gekommen ist, so trugen daran die Repräsentanten des alten, morsch gewordenen Systems die Hauptschuld. Voran das politisch unbegabte, hin- und herschwankende Königspaar selbst samt seinen unfähigen Ratgebern; dazu die unverschämt nach eigener Machterhöhung haschende, die Sicherheit des Thrones untergrabende Hocharistokratie und die Abtrünnigen der Adelsklasse, die blindlings das Geschäft des Feindes besorgten, ohne die Folgen zu bedenken.

Schon vor Beginn der jakobinischen Schreckensherrschaft, die ganz Frankreich in ein Schlachthaus verwandelte, hatte sich die Revolution durch grauenhafte Straßenmorde mit einem unauslöschlichen Makel besudelt[4]. Der jähe Wechsel von der hochherzigen Begeisterung einer befreiten, geeinten und sich verbrüdernden Nation zur eskalierenden Gewalttätigkeit des Kopfabschneidens muß dem unbeteiligten Nachbetrachter als ein tolles, sinnloses Schauspiel erscheinen. Es läßt sich nur aus der revolutionären Struktur einer unaufhaltsamen Zertrümmerung erklären: Zu wenig besonnene und entschlossene Charaktere unter den Volksvertretern, zu viele Ehrgeizige, Fanatiker, Leichtgläubige, Dummköpfe und korrupte Existenzen, die Hetzer im Jakobiner-Club und die Antreiber der Anarchie, eine extremistische Presse, die gestaltlose Menge der notleidenden armen Leute und die plünderungslustigen Horden des Pöbels. Es brauchten nur die redegewaltigen Demagogen aufzutreten, um die politisierten Menschenmassen psychologisch zu lenken und organisatorisch zu beherrschen. Ein lehrhaftes Beispiel dafür, wie Revolutionen gewöhnlich von einer kleinen willensstarken, zielbewußten Minderheit inszeniert und der unzufriedenen Menge auferlegt werden.

Egon Friedell hat den Verlauf der Französischen Revolution als eine Parabel beschrieben[5]. Die Anfangs- und Endpunkte liegen in der gleichen Ebene des bourbonischen und napoleonischen Absolutismus, und mit Robespierres Diktatur erreichte sie

4 Dies betrifft die Ermordeten des 14./15. und 23. Juli 1789, die Toten des Massakers am 6. Oktober in Versailles, die Opfer der Anarchie im ganzen Land, der Truppenmeutereien 1790, der Verfolgung im beginnenden Religionskrieg, die am 10. 8. 1792 hingemetzelten Schweizer Gardisten und die 1450 Septembermorde; siehe O. Aubry: Franz. Revolution, Bd. 1, S. 103 ff., 118 ff., 150 ff., 247 ff., 275, 457 ff. und 475 ff.

5 Kulturgeschichte der Neuzeit, Bd. 2, dtv-Ausg. München 1961, S. 232 f.

Abb. 1. Foulons Ermordung auf dem Grèveplatz am 23. Juli 1789, Kupferstich von Pierre Gabriel Berthault (1748–1819).
Der 74jährige Staatsrat, wegen angeblicher Getreidespekulation im Stadthaus gefangen, wurde von der verhetzten Volksmenge an eine gegenüberstehende Laterne gezerrt und aufgehängt, wobei der Strick zweimal riß. Zuletzt trug man den abgeschnittenen Kopf auf einer Pike im Triumph herum. Seinen Schwiegersohn Bertier de Sauvigny massakrierte kurz darauf ein Soldat an gleicher Stelle.

ihren Zenit, worauf die rückläufige Bewegung einsetzte. Octave Aubry verglich das turbulente Geschehen mit einem von Männern vielerlei Art besetzten Gefährt, dessen Pferde plötzlich scheu wurden und durchgingen. Zuweilen habe sich ein Insasse aus Leibeskräften in die Zügel gehängt, um den gefährlichen Lauf zu hemmen, aber wer sich zu weit nach vorn beugte wie Danton, der sei dann herausgestürzt und von den Rädern zermalmt worden[6]. Zuletzt kam Napoleon Bonaparte, der das halsbrecherische Kunststück des rettenden Zügelgriffes fertigbrachte, der Frankreich auf noch schäumenden Rossen in den Sattel setzte und zu reiten zwang.

Der Auslösungsmechanismus im Jahr 1789 war hauptsächlich durch die bewaffnete Macht des Königs bedingt. Sie versagte auf der ganzen Linie. Mit der unhaltbaren

6 Die Französische Revolution, Bd. 2, S. 232.

Abb. 2. Karte Europas 1792.

Staatsordnung aufs engste zusammenhängend, steckte die Armee in tiefer Disziplinkrise. Den Ausschlag gab der innere Widerspruch einer Truppe, die ihre Gewehre gegen das demonstrierende Volk richten sollte, aber ihrer Natur nach nur den Auftrag des Kampfes gegen den äußeren Feind erfüllen konnte. Als die Revolution in den Sog des Krieges geriet, der nach anfänglichen Niederlagen unter dem Druck der Invasionsheere Alt-Europas total geführt werden mußte, waren auch die Folgen ein tiefgreifender Wandel[7]. In der Not des Vaterlandes bildete sich das nationale Volksheer auf der Grundlage der allgemeinen Wehrpflicht mit einem neuen Soldatentypus des Bürgers in Waffen und einem sozial angepaßten Offizierkorps. Dieses erste Massenheer der neuzeitlichen Weltgeschichte veränderte die Kampfweise, die operativen Führungsgrundsätze, das System der Versorgung und die Methoden der Kriegsmittelbeschaffung. Während in der vorangegangenen Zeit das abolute Fürstentum die militärische Auseinandersetzung um seine Machtinteressen allein mit dem stehenden Heer bestritten hatte, ohne Beteiligung des Volkes und im Stile begrenzter Manöver-

7 Siehe S. Fiedler: Grundriß der Militär- und Kriegsgeschichte, Bd. 2, Das Zeitalter der Französischen Revolution und Napoleons, München 1976.

Strategie, trieb die Revolution die gesamte Nationalkraft Frankreichs zum Einsatz. Darüber hinaus erfüllte sie die zum Kampf gegen die Könige und alle Tyrannen der Erde aufgerufene Nation mit dem Glauben, der ganzen Menschheit zu dienen. Als die Armeen dieser Könige feindselig entgegenwirkten, schlug der ideelle Universalismus in einen egoistischen Nationalismus um.

Nach der Hinrichtung Ludwigs XVI. (21. Januar 1793) beschränkte sich die junge Republik nicht mehr auf die äußere Sicherung ihres innerstaatlichen Sieges, sondern beschritt den Weg der Eroberung, um mit dem territorialen Gewinn zugleich den ideologischen Besitzstand der Revolution zu erweitern. Das Ziel war die hegemoniale Umgestaltung Europas mit Frankreich als dem bewegenden Mittelpunkt. Seitdem bestimmten Ideen, Missionseifer und Propaganda die Wirklichkeit des Krieges kaum weniger mit als die neue Schützen- und Kolonnentaktik, das weiträumige selbständige Operieren organisch gegliederter Großverbände, das Requisitionsverfahren und das strategische Prinzip der Feindvernichtung. Die unter dem Absolutismus äußerst streng gehaltene Kriegszucht lockerte sich wieder auf. Das ergab sich zwangsläufig sowohl aus der Aktion der französischen Armee, dem fremden Land alles zu entnehmen, was sie brauchte oder haben wollte, als aus der Reaktion der davon bedrückten Bevölkerung bis zum Aufstand. In den Kriegen zu napoleonischer Zeit, die sich wenig um die Lebensrechte der Völker kümmerten, schlug der vom revolutionären Frankreich entfachte Nationalismus auf die Invasions- und Okkupationstruppen zurück. Keineswegs revolutionäre Regierungen riefen zur Verteidigung des nationalen Bodens auf. Volksbewaffnung, Volkskrieg und Kleinkrieg gingen ineinander über, was stets die Gefahr mit sich brachte, daß die entfesselten Kräfte der staatlichen Kontrolle entglitten und nicht nur den Feind, sondern auch die eigene Ordnung bedrohten. Der Partisan wurde zu einer Schlüsselfigur der Weltgeschichte. Er konnte nur auf Partisanenweise mit den gleichen Mitteln gesteigerter Mobilität und naturhafter Bodenverbundenheit wirksam bekämpft werden[8]. Das alles erklärt den Beginn der Entwicklung zum totalen Krieg. So wird am Beispiel der kriegerischen Geschehnisse deutlich, daß der geschichtliche Fortschritt seit dem Ende des 18. Jahrhunderts neben allen Errungenschaften auch Verlust bedeutete. Die gesetzlich verankerte Erfassung der Massen für den Krieg ermöglichte sofort auch den ersten Mißbrauch der allgemeinen Wehrpflicht zur Aggression. Demgegenüber hatte Jean Jacques Rousseau, einer der maßgeblichen Wegbereiter der Französischen Revolution, mit seiner Lehre von der Volkssouveränität noch den Grundsatz verkündet: Jeder Bürger soll Soldat sein aus Pflicht, aber nur im Notfall und nur zur Verteidigung seines Vaterlandes[9]. Die Tragödie der Selbstzerfleischung zwischen den Völkern, die das ganze nationalistische Zeitalter über andauerte, nahm ihren Anfang.

8 C. Schmitt: Theorie des Partisanen, Berlin 1963.

9 Contrat Social, übersetzt und kommentiert von K. Weigand, Goldmann Taschenbuch Nr. 532, München 1959, S. 15, 32, 45 f., 101 und 117.

Während sich das französische Revolutionsheer in den Kriegsjahren von 1792 bis 1795 mit den neuen Einrichtungen und Kampfweisen erst vertraut machen mußte, um den Zustand der Improvisation zu überwinden, war Napoleon Bonaparte der Feldherr, der die neuen Möglichkeiten der Kriegführung mit vollendeter Meisterschaft und Kunstfertigkeit auszunützen verstand. Er bedeutete den »Säbel«[10] Frankreichs, der das Chaos der Revolution bezwang, als das erschöpfte, ausgeblutete Land sich nach Ruhe und Ordnung sehnte. Die schwache minderwertige Direktorialregierung hatte nach Robespierres Sturz Ende Juli 1794 fünf Jahre lang vergeblich versucht, zwischen den Extremen fortwährender Komplotte linker Patrioten, rechter Royalisten und schon kommunistisch zu nennender Klassenkämpfer[11] das Gleichgewicht zu halten. Vom unglücklich begonnenen zweiten Revolutionskrieg an den Rand des Abgrundes gedrängt, überließen die Franzosen ihrem Erretter die Alleinherrschaft. Schon nach kurzer, ungemein segensreicher Regierungszeit mußten sie den Despotismus eines Militärkaisers hinnehmen, der die Ursachen seines Sturzes in sich trug, weil er den Bogen des Erfolges und der Macht überspannte.

Wie schon Alexis de Tocqueville in seinem 1856 zu Paris erschienenen Werk »L'Ancien Régime et la Révolution« nachgewiesen hat, ist nicht alles ab 1789 neu entstanden. Die mit aller Schärfe fortgesetzte Zentralisation der Staatsgewalt stand in keinem kontradiktorischen Gegensatz zu den Prinzipien der absolutistischen Zeit. Auch im Heerwesen zeigte sich die Wirkung der Kontinuität. Keineswegs hat der revolutionäre Geist die herkömmlichen Grundlagen, Methoden und Formen rundweg beseitigt; denn die Kriegspraxis lehrte sehr schnell, daß manches davon beibehalten werden mußte[12]. Schon die Waffentechnik bedingte auch weiterhin die im Kern fest geschlossene taktische Ordnung, die des Exerzierdrills bedurfte; damit verbunden die Rückkehr zur formalen Disziplin. Ebensowenig konnte das Massenheer von nun schon mehreren 100000 Mann, wenn es sich auf weit gesteckte Ziele hin bewegte oder zur Schlachtentscheidung versammelt wurde, auf eine sorgfältig eingerichtete Etappenorganisation mit gesicherter Magazin-Basis verzichten. Andererseits beruhten die geschaffenen Neuerungen nicht durchweg auf originären Ideen. Schon im frühen 18. Jahrhundert, als die Lineartaktik in voller Blüte stand, suchten bald immer einsichtiger französische Militärtheoretiker die auf Kosten der Stoßkraft gesteigerte Feuerwirkung wieder in ein besseres Verhältnis zueinander zu bringen, um das

10 Schon 1790 hat A. de Rivarol über das Ende der Revolution geurteilt: »Wir werden irgendeinen glücklichen Soldaten aus ihr hervorgehen sehen, denn die Revolutionen werden immer durch den Säbel beendet: Sulla, Cäsar, Cromwell sind Beispiele«, zit. nach E. Jünger: Rivarol, Fischer-Bücherei Nr. 487, Frankfurt/Hamburg 1962, S. 75.

11 Francois-Noël Babeuf, Hauptredakteur des »Tribut du Peuple«, propagierte die bisher sozial ungerechte Revolution als »offenen Krieg zwischen Patriziern und Plebejern«, die Abschaffung des Privateigentums und gemeinsame Verwaltung aller Güter der Gesellschaft, damit die Forderungen St. Justs wieder aufnehmend; wegen Anstiftung zum Staatsstreich am 27. Mai 1797 hingerichtet. Siehe O. Aubry: Die Französische Revolution, Bd. 2, S. 418ff.

12 S. Fiedler: Grundriß der Militär- und Kriegsgeschichte, Bd. 2, S. 81ff.

schwierige Angriffsproblem zu lösen. Noch blieb zwar alles beim alten, aber die Idee der »ordre profond« (schmale tiefe Aufstellung der Kolonnentaktik) gegenüber der »ordre mince« (flache breite Aufstellung der Lineartaktik) wies doch in eine nicht mehr ferne Zukunft. Das »starke geistige Drängen und Treiben«[13] in Frankreich schon vor der Revolution betraf auch die Organisation für Marsch, Lager und Schlachtaufstellung. Man wollte aus dem starren Schematismus der Einheitsarmee herauskommen und zu einer zweckmäßigeren Gliederung in waffengemischte Verbände hinfinden, um die Truppen schneller zu bewegen, sie besser zur Umfassung zu befähigen und somit die Überraschungskunst vorteilhafter anzuwenden. Schon der Marschall von Sachsen hatte in seinem Werk »Mes rêveries«, das 1757 in Amsterdam und Leipzig erschien, die allgemeine Wehrpflicht mit fünfjähriger Dienstzeit gefordert, und Graf Guibert sagte voraus, daß derjenige Staat, der sich auf den Patriotismus seiner Bürger stützen würde, die Herrschaft über Europa erlangen müßte. Insgesamt gesehen hatte sich der Wandel im Kriegswesen, der zum Durchbruch freilich erst einer neuen Staats- und Heeresverfassung bedurfte, gedanklich schon vorbereitet. Auch Napoleons »Kriegsmethode ist nicht fertig wie Minerva aus dem Haupte des Zeus entsprungen«[14].

Das Militärwesen des »Heiligen Römischen Reiches deutscher Nation« ist schon im ersten Revolutionskrieg am Siechtum partikularistischer Zersplitterung zugrunde gegangen, noch ehe das Reich selbst in die Grube nachsank. Ein wesentlich anders gearteter Neubau begann auf dem Boden der mittleren Territorialstaaten in Gestalt des Rheinbundes, dessen Schöpfer nach Umfang sowie moderner ziviler und militärischer Beschaffenheit Kaiser Napoleon war. Nach seinem Untergang kam es weder zur Wiederannahme der Kaiserwürde, die Österreich als Vielvölkerstaat abwies, noch zu einer bundesstaatlichen Lösung des nationalen Verfassungsproblems. Es entstand lediglich ein völkerrechtlicher Verein aller noch regierenden Fürsten, der ihre volle Souveränität bezweckte. Das wesentlichste Element dieses »Deutschen Bundes« beinhaltete nichts anderes, als was das alte Reich in den letzten anderthalb Jahrhunderten tatsächlich gewesen ist. Nur die buntscheckige Vielstaaterei hatte im Zuge der napoleonischen Flurbereinigung von 1803 bis 1806 ihr unrühmliches Ende gefunden. Auch in der Militärverfassung des Bundes wirkte die historische Kontinuität fort. »Das große Problem, welches seit dem 15. Jahrhundert, ja noch länger, so viele Köpfe beschäftigt, so viele Krisen herbeigeführt hatte: Herstellung einer starken Reichskriegsmacht... es blieb ungelöst wie die Quadratur des Zirkels[15]«.

13 M. Jähns: Geschichte der Kriegswissenschaften, Bd. 3, Nachdruck d. Ausg. 1891, Hildesheim 1966, S. 2593; ferner zu Menil-Durand, Bd. 2, S. 1490 und Bd. 3, S. 2587 und 2591; zu Folard, Bd. 2, S. 1461, 1478 und Bd. 3, S. 1824; zu Guibert, Bd. 2, S. 1509 und Bd. 3, S. 2059, 2236, 2432, 2584, 2590 ff., 2655, 2697 und 2718.

14 C. Frhr. v. d. Goltz: Von Roßbach bis Jena und Auerstedt, Berlin 1906, S. 531.

15 M. Jähns: Zur Geschichte der Kriegsverfassung des deutschen Reiches, in: Militärgeschichtliche Aufsätze, Neudruck d. Veröffentlichungen 1866–1883 Osnabrück 1970, S. 250.

Die österreichische Armee als stärkste Landmacht Alt-Europas hatte im Kampf gegen das französische Revolutionsheer die Hauptlast getragen und reichlich vier Jahre lang dem Feind die Waage gehalten. Der neuartigen überraschenden Kriegführung Napoleons konnte sie ebenso wenig standhalten wie alle anderen Armeen auch. Das von inneren Gegensätzen ausgehöhlte deutsche Reich bot ihr keine Stütze mehr; am allerwenigsten leistete der preußische Rivale Beistand, als er dazu noch gute Gelegenheit gehabt hätte. Das innere Gefüge des k. k.-Heeres ist auch durch schwerste Schlachtenschläge nicht erschüttert worden, so daß Österreichs bewaffnete Macht das Rückgrat der Habsburger Monarchie blieb. Trotz erheblicher Gebietsverluste spielte sie nach Beginn der Befreiungskriege 1813 mit wiedererstarkter Kraft die ausschlaggebende Rolle.

Der altmodische preußische Militärstaat trieb durch seine paradoxe Neutralitätspolitik seit der Abkehr vom Krieg der großen Koalition gegen Frankreich 1795, konfus geführt, zur Unzeit in die selbst bereitete Katastrophe. Noch ehe der Militärkaiser auf der Höhe seiner Macht stand, warf er die stolze, doch schon degenerierte Armee von Roßbach mühelos über den Haufen. Daß dann nach sechs leidvollsten Kummerjahren die zu Boden geworfene, zerkleinerte, ausgepreßte und bis ins Mark ihres Lebens erschütterte Monarchie sich im Frühjahr 1813 wieder kräftig erhob, als die segensreichen Zivil-Reformen noch keinerlei Wirkung zeigen konnten, »bleibt ... ein beeindruckendes, ja faszinierendes Phänomen«. Ohne Scharnhorsts Heeresreform wäre »dieser Kraftakt schon organisatorisch unmöglich gewesen«[16].

Nach reichlich 20jähriger Kriegszeit brauchte Europa dringend Ruhe, und die Friedensstifter bemühten sich, sie die erschöpften Völker genießen zu lassen. Die Teilnehmer am Wiener Kongreß, vereint durch den Sieg über Napoleon und den Abwehrwillen gegenüber der Revolution, hatten die gemeinsame Basis in den Interessen der legitimen Monarchien gefunden. In ihrer inneren Staatsform schienen sie so gut wie unerschüttert durch die Stürme der ersten Revolutionsepoche gegangen zu sein. Die Schreckensherrschaft der Jakobiner hatte dem Kampf für Freiheit, Gleichheit und Volkssouveränität viele Sympathien verscherzt. Dennoch verankerten sich die Errungenschaften von 1789 im Bewußtsein der Menschen um so fester, je hemmender die Restauration den allgemeinen Hoffnungen entgegentrat, je schärfer die Reaktion die Vorkämpfer für Freiheit und deutsche Einheit niederdrückte. Die neuen Ausbrüche der weiterschwelenden Revolution und der nationalen Freiheitsbewegungen ab 1820 in Spanien, Italien und Griechenland blieben periphere Vorgänge. Die Juli-Revolution in Frankreich, gefolgt von den Aufständen der Belgier und Polen, brachten die Wiener Friedensordnung ernsthaft, doch zum Glück nur vorübergehend in Gefahr. Die tiefe revolutionäre Erschütterung von 1848/49 traf den gesamten Innenraum Europas. Die regulären Armeen der Kontinentalmächte traten auf be-

16 B. v. Münchow-Pohl: Zwischen Reform und Krieg. Untersuchungen zur Bewußtseinslage in Preußen 1809–1812 (Veröffentlichungen des Max-Planck-Instituts für Geschichte, Bd. 87), Göttingen 1986, S. 426.

kannten Kriegstheatern mit regelrechten Feldzügen wieder in volle Aktion. Das technische Wesen des Krieges hatte sich aber seit Jahrzehnten kaum verändert, und die Kampfmittel der zurückliegenden Zeit mit allen Folgen auf Taktik und Heeresoperationen waren annähernd gleichgeblieben. Erst der zupackende Gebrauch des Hinterladergewehrs, des gezogenen Geschützes, der Eisenbahn und des elektrischen Telegraphen leitete ab Jahrhundertmitte in eine neue Ära militärischer Entwicklung über. Noch im Sturmjahr 1848/49 sprach man in der Fachwelt vom Zeitalter der Revolutionskriege[17], das mit dem Sieg der Gegenrevolution beendet zu sein schien.

17 Siehe die Rezensionen bezüglich des vielfältigen Schrifttums in der Berliner »Militär-Literatur-Zeitung« und »Deutschen Wehrzeitung«, auch in der Darmstädter »Allgemeine Militär-Zeitung«.

II. Der Wandel vom stehenden Heer zum Volksheer in Frankreich

Die bewaffnete Macht des Ancien régime und die Revolution

Vor Ausbruch der Revolution unterschied sich die Armee König Ludwigs XVI. (1754/1774–93) in ihrer Grundstruktur nur wenig vom Militärwesen der anderen Staaten Europas, doch die damit verbundenen zeittypischen Mißstände traten besonders kraß zutage. Sie zählte 79 nationalfranzösische und 23 ausländische Infanterie-Regimenter, 12 Fußjäger-Bataillone, 62 Kavallerie-Regimenter, sieben Artillerie-Regimenter und 15 Genie-Kompanien. Die vordem zahlreichen königlichen Haustruppen waren auf ein französisches Garde-Regiment, ein Regiment Schweizer-Garde und vier Kompanien Garde du Corps reduziert. Die Friedensstärke betrug insgesamt rund 173 000 Mann, die im Kriegsfalle durch Werbung auf 211 000 Mann erhöht werden sollte. Daneben bestand die 1778 wieder errichtete Miliz mit 29 Regimentern und 78 Garnison-Bataillonen, laut Liste 55 000 Mann Friedens- und 76 000 Mann Kriegsfuß[1]. Eine konventionelle Eigentümlichkeit dieser Armee bedeutete der hohe Ausländeranteil in Gestalt landsmannschaftlich zusammengeschlossener Fremdregimenter, auf die schon König Franz I. (1494/1515–1547) die Sicherheit seines Thrones gegründet hatte, insbesondere auf die Schweizer.

Waren bisher alle stehenden Heere gefügige Werkzeuge in der Hand des Herrschers, seiner absoluten Verfügungsgewalt bedingungslos unterworfen und als monarchische Institution ohne eigene politische Entscheidungsmöglichkeit, so sollten die revolutionären Ereignisse des Jahres 1789 in Frankreich zeigen, daß hier die bewaffnete Macht nicht mehr den stabilen Ordnungsfaktor bildete. Die Hauptübel lagen in den Realitäten des spätabsolutistischen Staates verwurzelt, wonach der Hochadel den Anspruch erhob, sich auf allen Gebieten des öffentlichen Lebens mit dem Könige in die Beherrschung des Landes zu teilen.

Ganz ohne Frage dominierte der Adel das Offizierkorps und mit ihm die Armee. Im Unterschied zum preußischen Militärsystem untergruben aber interne Klassengegensätze die innere Geschlossenheit: Die Fürsten und Seigneurs des In- und Auslandes als Inhaber von 27 Regimentern, die den Obristen aus einer Kandidatenliste des Kriegsministeriums beliebig wählten und diesen wiederum die übrigen Offiziere selbständig ernennen ließen. Der reiche Hof-Adel begann seine Laufbahn häufig mit dem sogar schon an Kinder für 20–40 000 livres verkauften Obristen-Patent, das auch die

1 Diese Zahlenangaben nach M. Jähns: Das frz. Heer von der großen Revolution bis zur Gegenwart, Leipzig 1873, S. 24 f.; vgl. C. Rousset: Die Freiwilligen von 1791–1794, Berlin 1875, S. 1 f. und W. v. Blume: Die Armee und die Revolution in Frankreich von 1789–1793, Brandenburg 1863, S. 7 ff.

begehrte Kompanie verschaffte, oder er füllte, die unteren Chargen rasch überspringend, alle Stellen vom Stabsoffizier aufwärts. Der arme Provinz-Adel hingegen mußte sich vom Sous-Lieutenant mühsam empordienen, bis er das Geld beisammen hatte, um einem nicht mehr dienstwilligen bzw. -fähigen Kapitän die Kompanie abzukaufen, aus der er dann auf Kosten seiner Leute möglichst hohen eigenen Profit zog. Darüber hinaus führte der übliche Ämterkauf auf Lebensdauer zum reinen Versorgungszweck dazu, daß die Armee zuletzt 1171 Generale zählte[2]; ein Verfahren, das ganz unsinnig allerlei Gouverneurs-Posten schuf, um zahlungskräftige hohe Herren unterzubringen und sie im kostspieligen Hofleben wieder zur Ader zu lassen. Mit arroganter Geringschätzung sahen die wohlhabenden, hochrangigen Standesgenossen auf die »armen Ritter« der Provinz herab, die allein auf ihre Berufskarriere angewiesen blieben. Aber auch sie kümmerten sich in der altgewohnten kavaliersmäßigen Laxheit ihrer Dienstauffassung nur wenig mehr um die Truppenausbildung samt allen anderweitigen Routineaufgaben, und oft genug traten sie ihren Soldaten nur dann gegenüber, wenn Disziplinarmaßnahmen zu treffen waren. Die Aufsicht in der Garnison wie das Exerzieren oblag dann den sogenannten officiers de fortune, aus dem Mannschaftsstand Aufgestiegene bürgerlicher Herkunft, die vom adligen Offizier keine gesellschaftliche Anerkennung zu erwarten hatten. Ihnen zur Seite standen tüchtige Unteroffiziere, unter denen sich eine große Zahl kampferprobter Veteranen des in Frankreich überaus populären amerikanischen Unabhängigkeitskrieges befanden. Die Folge davon mußte eine natürliche Solidarisierung im gemeinsamen engen Kontakt zur Mannschaft sein, während sie alle zusammen eine tiefe Kluft vom feudalen, doch längst nicht homogenen Offizierkorps trennte[3].

Überhaupt waren die persönlichen Beziehungen der Offiziere zu ihren Soldaten schon dadurch recht locker geknüpft, weil sie nicht mehr wie zu früherer Zeit das Werbekommando anführten, das jetzt zentralisiert in der Hand staatlicher Agenten lag, und außerdem die adligen Herren innerhalb eines Zeitraumes von zwei Jahren siebeneinhalb Monate Urlaub beanspruchen durften. Als 1789 die inneren Verhältnisse zur Revolution trieben, fehlten sie zur Hälfte in der Truppe, obwohl die Generale vollzählige Anwesenheit erbeten hatten. Ungehorsam und geringer Diensteifer in Verbindung mit dem hemmungslosen Intrigenspiel der Aristokraten gegen die erschlaffte Krongewalt wirkten als denkbar schlechtestes Beispiel auf den Zusammenhalt der Armee zurück.

Die strengen Formen der Disziplin konnten nach der Gesetzmäßigkeit der militärischen Hierarchie unten nicht besser in ihr inneres Gefüge eingepaßt sein, wenn oben auf üble Weise Insubordination und Kritik den Ton angaben. Um so schwerer lastete

2 Zum Vergleich die stärkere preußische Armee mit 80, die etwa gleichstarke österreichische mit 350 Generalen, siehe Jähns, a. a. O. S. 17.

3 Sozialstruktur und Berufsbild der frz. Armee zu dieser Zeit, ausführlich behandelt und durch neues Quellenmaterial belegt bei S. F. Scott: The Response of the Royal Army to the French Revolution. The Role and Development of the Line Army 1787–93, Oxford 1978.

die Verantwortung für den täglichen Ablauf des Garnisondienstes auf den Schultern derjenigen, die keine Aussicht hatten, dafür belohnt zu werden. Allenfalls stiegen die tüchtigsten der officiers de fortune langwierig bis zum Hauptmann auf. Die einfachen Soldaten, aus der Masse arbeitsloser bzw. arbeitsscheuer Tagelöhner und Handwerker angeworben, fristeten ein klägliches Dasein bei 7,4 Sous Tageslöhnung, wovon knapp die Hälfte für Brot und Montierung einbehalten wurden. Der Korporal erhielt neun Sous, der Adjutant als höchster Unteroffizier-Posten im Bataillon 30 Sous[4]. Im Vergleich dazu verdiente der Fabrikarbeiter durchschnittlich 26 Sous. Stand schon die Mannschaft nach gleichgestellter Uhr unter dem monotonen Druck der Vorgesetzten, so verachtete der hochmütige Offizier der Adelskaste einen jeden, der sein Mißfallen erregte, obendrein als »canaille«. Mancher erwarb sich in der dienstfreien Zeit ein geringes Zubrot als Hilfsarbeiter, was ihn in den letzten Jahren vor dem Bastille-Sturm mit der revolutionären Stimmung im Lande in enge Berührung brachte.

Gegen die tief um sich greifende Disziplinkrise haben auch die Reformversuche des Kriegsministers St. Germain nur wenig auszurichten vermocht. Er wollte die Manneszucht nach preußischem Muster wiederherstellen, doch dann hätte »die Strenge von oben nach unten durchgehen ... das Offizierkorps ebenso scharf anfassen müssen«, und eben dies »war mit kriegsministeriellen Verordnungen nicht zu erreichen«[5]. Unter preußischer Disziplin ist die Schärfe und Exaktheit des Exerzierens zu verstehen; geprügelt wurde auch in der französischen Armee. Die körperliche Züchtigung sollte nun durch das Fuchteln mit der flachen Klinge an Stelle der Stöcke und Gerten gemildert werden. Eine Strafe, die man erst am 14. Juli 1789 abschaffte, als das ancien régime schon zusammenbrach[6].

Zu jenem Zeitpunkt hing alles von der bewaffneten Macht ab, ob es der absoluten Monarchie gelingen würde, mit ihrer Hilfe die Volksbewegung niederzuwerfen oder sie wenigstens in gerechtere, konstitutionelle Bahnen zu lenken, um das Königtum als Träger einer jahrhundertelangen, ehrwürdigen Tradition zu erhalten. Das eine war unmöglich, zum anderen fehlte es an der Verteidigungsfähigkeit seiner Paladine wie an der persönlichen politischen Begabung des Monarchen.

Als es in Paris zu brodeln anfing, beging Ludwig XVI. zuletzt noch einen gravierenden Fehler, indem er öffentlich erklärte, an den Einrichtungen der Armee nichts ändern zu wollen. Um so stärker erfaßte die Disziplinkrise Unteroffiziere und Mannschaften, die sich mit den Forderungen des dritten Standes solidarisierten. Gezielt traf sie eine rasch anwachsende Propaganda, mit der wortgewaltige Rhetoren auf die Verbrüderung zwischen Militär und Zivil hinarbeiteten. Hierbei spielten die zahlreichen politischen Clubs eine wesentliche Rolle. Von den rund 600 Freimaurerlogen Frankreichs breiteten allein 69 in den Regimentern ihr Agitationsfeld aus[7].

4 W. Blume: Die Armee und die Revolution, S. 12f.
5 H. Delbrück: Geschichte der Kriegskunst, Bd. IV, S.452.
6 L. Mention: L'armée de l'ancien régime, Paris 1900, S. 62ff., vgl. Bd. 2 dieser Reihe (Kabinettskriege), S. 38f.
7 O. Aubry: Die Französische Revolution, Bd. I, Erlenbach-Zürich 1948, S. 42.

Abb. 3. Zusammenstoß einer Dragoner-Abteilung vom Rgt »Royal Allemand« mit dem Pariser Volk am 12. Juli 1789, Kupferstich von Jean Duplessi-Bertaux (1747–1819).
Das auslösende Ereignis zum Aufstand vom 14. Juli aufgrund einer Demonstration wegen der brüskierenden Entlassung des Ministers Necker auf dem Platz Ludwigs XV. (bald darauf place de la Revolution, seit Ende Oktober 1795 place de la concorde), daran beteiligt Soldaten des Leibregiments.

Ende Juni kam es zur offenen Rebellion im königlichen Leib-Regiment: vier Kompanien verweigerten den Befehl, scharf zu laden und befreiten die arretierten Rädelsführer. Dieser Vorfall zog weitere Truppenverstärkungen nach sich, die schon in der zweiten Mai-Hälfte heimlich begonnen hatten, so daß schließlich zusammen mit der Pariser Garnison 40 000 Mann unter dem Befehl des alten Marschalls Broglie die Hauptstadt umlagerten[8]. Wie es um ihre Zuverlässigkeit stand, zeigten die folgenden Ereignisse. Für die ersten abgefallenen Soldaten veranstaltete das jubelnde Volk ein patriotisches Tanzfest, das ganze Leib-Regiment ging zu ihm über und auch die Fremdregimenter waren nicht bereit, ihre Waffen in einem Staatsstreich der verblendeten Hof-Partei gegen Franzosen zu richten. Am 12. Juli zogen sich die Truppen auf das Marsfeld zurück. Der dort kommandierende General Besenval wagte auch am folgenden Tage nicht einzugreifen, obwohl der Pöbel inzwischen die Waffenläden plünderte. Tags darauf genügte das Gerücht von einer neuen Bartholomäusnacht zur Explosion. Die tobende Menge bemächtigte sich der im Invaliden-Depot lagernden 28 000 Gewehre und 20 Kanonen. Weil man in der Bastille große Munitionsvorräte vermutete, sollte die von 32 Schweizern und 82 Invaliden besetzte Festung erobert werden. Aber erst als 300 Soldaten vom Leibregiment mit 2 Kanonen eingriffen, stand der regelrechte Sturm bevor, doch da kapitulierte der Kommandant[9]. General

8 Von auswärts 16 Inf.- u. KavRgtr, im einzelnen aufgeführt bei A. Pascal: Histoire de l'armée, Bd. II, Paris 1847, S. 238.

9 Eine plastische Darstellung des Ereignisses gibt O. Aubry: Die französische Revolution, Bd. I, S. 97 ff. mit Aussagen prominenter Zeugen: Mirabeau, Restif de la Bretonne u. St. Just, S. 104, auch H. v. Sybel: Geschichte der Revolutionszeit von 1789 bis 1795, Bd. I, Düsseldorf 1859, S. 61 ff.

Besenval hätte Entsatz bringen können, wenn er sich seiner Leute sicher gewesen wäre. Angeblich betrug die Zahl der Deserteure bereits 3000 Mann. Außerdem wartete der Kommandierende vergeblich auf Befehle, und da niemand wußte, was getan werden sollte, blieb Paris dem Aufruhr überlassen. Noch am Abend kapitulierte der König vor Deputierten der Nationalversammlung; er billigte die Bildung der schon tags zuvor eigenmächtig ins Leben gerufenen Bürgerwehr und ordnete den Abzug der Truppen an.

Das »fast immer gleichbleibende, nur wenig variierende Auslösungsschema«[10] der Revolution, auch der französischen von 1789, ist einfach zu beschreiben: das Militär versagte, weil es in einem unnatürlichen Verhältnis zum Elan der politischen Bewegung stand, die alle sozialen Schichten des Volkes erfaßt hatte. Im inneren Organismus brüchig geworden, konnte die Armee weder willens noch fähig sein, die große Masse der bewaffneten, zum Widerstand fest entschlossenen Bürger auseinanderzutreiben. Auch eine Abschnürung der 800000 Einwohner zählenden Landeshauptstadt wäre unmöglich gewesen. Abgesehen davon unterscheidet sich für das Berufssoldatentum die Bürgerkriegssituation schon rein psychologisch prinzipiell vom Kampf gegen den äußeren Feind. Wenn die Truppenführung den König von einer Machtprobe abgeraten hatte, so sprach das durchaus für ihre richtige Einsicht. Auch mehr Selbstvertrauen hätte die Lage nicht zu ändern vermocht; denn im Falle eines gewaltsamen Vorgehens wäre die Armee sehr wahrscheinlich ganz auseinandergebrochen[11].

In der kurzlebigen konstitutionellen Phase der Revolution wurde der letztlich mißlungene Versuch unternommen, das stehende Heer mit der Verfassung des neuen Staates in Einklang zu bringen. Hierüber beratschlagte und bestimmte der vom Parlament eingesetzte Militärausschuß. Der Monarch verlor die wesentlichste Eigenschaft seiner früheren Souveränität, die militärische Befehlsgewalt, als die Truppen den Eid »auf die Nation, den König und die Gesetze[12]« leisteten. Zunächst hielten die Volksdeputierten der Nationalversammlung noch überaus friedliche Reden im kosmopolitischen Geist. Am Ende einer Debatte wurde feierlich Verzicht geleistet, die eigene Heeresmacht gegen die Freiheit eines anderen Volkes zu mißbrauchen. Frankreich dachte damals an keinen Krieg. Die größten Optimisten sahen ihn bereits aus der Welt geschafft, wenn nur alle Nationen ebensolche Selbstherrschaft ausüben würden wie die französische. Immerhin sah man ein, daß die Tür zum Vaterlande auch ein Schloß haben mußte, weswegen an der Beibehaltung der aktiven Armee kein Zweifel bestand. Andererseits herrschte Einigkeit in dem Grundsatz, daß es zwangsweise Rekrutierung nicht geben dürfe und nur freiwillig angeworbene Soldaten sich mit

10 E. Friedell: Aufklärung und Revolution, dtv-Ausg. 1961, S. 211.

11 Vgl. S. F. Scott: The Response of the Royal Army to the French Revolution, S. 69f. und A. Pascal: Histoire de l'armée, Bd. II, S. 243f.

12 O. Aubry: Die Französische Revolution. Bd. I, S. 129; die neue Eidesformel »Nation, Gesetze und König« nach der Annahme der Verfassung im September 1791 im Wortlaut bei W. Blume: Die Armee und die Revolution, S. 141.

dem Wesen eines freiheitlichen Verfassungsstaates vereinbaren ließen. Dementsprechend lautete der Beschluß: »L'assemblée nationale décrète que les troupes francaises, de quelques arme qu'elles soient, autres que les milices et garde nationales, seront récrutées par enrôlement volontaire[13].«

Die Milizregimenter- und Bataillone überlebten ihre Wiedererrichtung nicht mehr lange; denn die Provinzen opponierten einmütig gegen die Last des Aushebens durch das Los, die keineswegs im Einklang mit den Errungenschaften von 1789 zu stehen schien. Mit Dekret vom 4. März 1791 wurde die national-französische Hilfsarmee aus der Zeit des absoluten Königtums endgültig aufgelöst[14]. Ganz anders die Nationalgarde. Auf sie konzentrierte sich das Hauptinteresse der revolutionären Politik.

Eine demokratisch organisierte Bürgerwehr als Ordnungsmacht im Innern hatte nicht nur den Sieg des 14. Juli gegen alle Feinde und Widersacher zu sichern. Das nun herrschende Bürgertum bedurfte auch des Schutzes vor den Übergriffen des Straßenpöbels. In den letzten Julitagen loderten über ganz Frankreich die Flammenzeichen der Anarchie; von extremistischen Aufwieglern entfacht, als ob der alte Feudalstaat sogleich in Schutt und Asche gelegt werden sollte[15]. Obwohl jeglicher Einsatz der Linienarmee gegen die Mitbürger prinzipiell verboten war, so erlaubte die Verfassunggebende Nationalversammlung dennoch den städtischen Behörden, notfalls auch reguläre Truppen »in Requisition« zu setzen, um wenigstens die Sicherheit von Leib und Leben zu gewährleisten. Die Nationalgarde formierte sich in Bataillonen und Kompanien nach Pariser Muster in allen Provinzen. Sie spielte die polizeipolitische Rolle einer Innenarmee der Revolution und unterstand, der Befehlsgewalt des Königs ganz entzogen, den jeweiligen Gemeindeämtern, die das ausschließliche Verfügungsrecht über diesen bevorzugten Teil der bewaffneten Macht besaßen. Zum Oberkommandierenden war schon am 15. Juli der Marquis de Lafayette gewählt worden, den die Franzosen wegen seines schneidigen Einsatzes im Amerikanischen Unabhängigkeitskrieges als »Held der freien Welt« begeistert feierten. Als Vertreter der liberalen Adelspartei stand er bei der Mehrheit in hoher Gunst, wenngleich die Gruppe der Radikalen seiner monarchistischen Gesinnung zutiefst mißtraute[16].

Die Zugehörigkeit zur Nationalgarde unterlag verfassungsmäßiger Einschränkung. Nur der sogenannte »Aktiv-Bürger«, der als Steuerzahler das Stimmrecht besaß, konnte in ihre Reihen treten. Wer über den niedrigsten Satz des üblichen Drei-Tageslohnes hinaus nichts verdiente, abgesehen vom zahlungsunfähigen Schuldner, der gehörte zur Klasse der »Passiv-Bürger« und hatte weder die Möglichkeit zu

13 Décret sur le Recrutement militaire du 16 Decembre 1789, siehe E. v. Frauenholz: Entwicklungsgeschichte des deutschen Heerwesens, Bd. V, München 1941, Beilagen I.
14 C. Rousset: Die Freiwilligen von 1791–1794, S. 2.
15 W. Blume: Die Armee und die Revolution, S. 43; über die Anarchie nach dem Bastille-Sturm siehe O. Aubry: Die Französische Revolution, Bd. I, S. 126 ff.
16 Zur Charakteristik von La Fayette siehe H. v. Sybel: Geschichte der Revolutionszeit, Bd. I, S. 75 ff., vgl. L. Häusser: Geschichte der frz. Revolution 1789–1799, Berlin 1867, S. 179 ff.

Abb. 4. Der Marquis de Lafayette überreicht dem Stadtrat von Paris die dreifarbige Nationalkokarde am 31. August 1789. Radierung von Françoise Joseph Aimé de Lemud (1816–1887). Im Zusammenhang mit seinem Antrag auf Erklärung der Menschenrechte in der universalen Form nach amerikanischem Muster meinte der Marquis, die Trikolore werde ihre Reise um die Welt machen.

wählen, noch gewählt zu werden. Mit seinem Ausschluß von der Bürgerwehr blieb ihm von Gesetzes wegen auch das Recht versagt, eine Waffe zu tragen.

Dem Vollbesitz politischer Rechte im Unterschied zur bürgerlichen Gleichheit für alle entsprach es allerdings, daß sich jeder Nationalgardist seine Uniform auf eigene Kosten beschaffen mußte. Sie bestand aus einem blauen Tuchfrack mit rotem Kragen und blauen Aufschlägen, blauer Weste, blauer Hose sowie schwarzen, bei schönem Wetter weißen Gamaschen; eine Kleidung, die besonders für das junge Bürgertum zur Modetracht wurde. Blau und rot waren die Farben der Stadt Paris. Durch das Weiß der königlichen Bourbonenfamilie voneinander unterschieden, nahm die Nationalkokarde am Hut ihren Ursprung, von der Lafayette damals schon meinte, sie werde ihre Reise um die Welt machen[17].

Mit dem Klassensystem für eine vier bis fünf Millionen zählende bewaffnete Aktiv-Bürgerschaft, das auch im inneren Widerspruch zur Menschenrechtserklärung stand, hatten die Gesetzgeber einen gefährlichen ideologischen Zündstoff angehäuft. Gegen

17 H. v. Sybel: Geschichte der Revolutionszeit, Bd. I, S. 75.

die wahlberechtigte Nationalgarden-Bourgeoisie trieben die Demagogen im Jacobinerclub ihre Agitation; hinter sich die hungernde Masse der armen Handwerker und Arbeiter, die billiges Brot verlangten. Zu diesem Zeitpunkt brauchte man aber das Recht auf allgemeine Volksbewaffnung als wirksamstes Kampfmittel eigener Machtergreifung de facto nicht mehr zu erstreiten. Die künftigen Sturmtruppen der zweiten Revolution hatten Gewehre und Piken schon seit jenen Tagen in der Hand, da das Gerüst der alten Ordnung zusammenstürzte[18]. Um die Mordwerkzeuge potentiellen Schreckensmännern wieder zu entreißen, hätte es einer eisernen Faust bedurft, die niemand zu erheben wagte.

Am 5. und 6. Oktober 1789 ging die Gewalt der bisher fast allmächtigen Nationalversammlung an die lärmende Volksmenge über, die den König samt seiner Familie von Versailles nach Paris schleppte; im Grunde genommen als Gefangene. Rund 15 000 Mann der Nationalgarde unter Führung Lafayettes begleiteten den »Zug der Weiber«, worin die Entscheidung des politischen Ereignisses lag. Mehr durch Glück als durch scharfe Wachsamkeit hatten sie die Majestäten im Exzeß tollwütiger Insurgenten vor einer vermutlich geplanten Mordtat schützen können. Ihr Oberbefehlshaber wird es kaum richtig vorausbedacht haben, daß seine Mitwirkung an der Aktion gegen den töricht reaktionären Versailler Hof der Monarchie schon den tödlichen Stoß versetzte[19]. Jetzt mußte Ludwig XVI. auch die vier Kompanien der königlichen Leibgarde auflösen, die ihm allein noch treu geblieben war.

Militärischen Wert im Sinne disziplinierter, taktisch geschulter Truppenkörper konnten die Nationalgarden nicht besitzen. So waren die in Paris zum Volke übergelaufenen Soldaten doppelt willkommen. Dort betätigten sich Unteroffiziere des ehemaligen Leibregimentes als Instruktoren, und einzelne Kompanien sind ganz aus Fahnenflüchtigen formiert worden, die alle festen Sold erhielten. Der König hatte ihre Aufnahme in die Bürgermiliz nachträglich genehmigt, was in der Linien-Armee weitere Unruhe erzeugte. Wie die Beamten, so gelangten auch die Offiziere der Nationalgarde durch Wahl der Aktiv-Bürgerschaft auf ihre Plätze, ohne daß dabei irgendeine Instanz von oben her mitwirkte. Den meisten fehlte es an Sachverstand und praktischer Erfahrung, vielen auch an Autorität. Ein Disziplinargesetz kam langsam zustande, aber mit dürftigen Vorschriften, die das Durchsetzen von Befehlen schwierig machten. Unter derartig liberalen Verhältnissen reichte der Gehorsam der Leute gerade so weit wie ihr guter Wille. Vom kriegerischen Geist nationaler Volksbewaffnung war wenig zu spüren. Um so stolzer und selbstbewußter paradierten die bewaffneten Citoyens bei den häufigen Feierlichkeiten, die der konstitutionelle demokratische Staat veranstalten ließ. Dann gelobten sie stets aufs neue, als freie Bürger der Nation für das Gemeinwohl zu kämpfen und zu sterben. Aus solchem theatralischen Pathos läßt sich ersehen, wie der Patriotismus der Revolution schon den Keim

18 O. Aubry: Die Französische Revolution, Bd. I, S. 95 u. S. 123.
19 Hierzu O. Aubry: Die Französische Revolution, Bd. I, S. 144 ff.; vgl. die Kritik über La Fayettes Verhalten bei H. v. Sybel: Geschichte der Revolutionszeit, Bd. I, S. 105 ff.

Abb. 5. Fest der Konföderation am 14. Juli 1790 in Paris. Zeitgenössische Darstellung aus dem Jahr 1792.
Das Bundesfest der delegierten Nationalgarden aller Provinzen, umgeben von 400 000 jubelnden Zuschauern, war die letzte, aber verpaßte Gelegenheit zur Versöhnung zwischen Monarchie und Nation. Im Mittelpunkt der Esplanade zelebriert auf dem »Altar des Vaterlandes« der Bischof von Autun, Talleyrand, zusammen mit zwei dubiosen Priestern die Messe, darauf erfolgt der Schwur der Nationalversammlung, zuletzt das Gelöbnis des Königs auf die Verfassung.

zu einer Heeresdisziplin legte, die von den inneren Kräften der Vaterlandsliebe und fester Überzeugungen getragen war.

Man kann sagen, daß »der Geburtstag der Nationalgarde ... zugleich der Todestag der alten Armee[20]« gewesen ist. Diese Armee war das Spiegelbild der Unordnung und Auflösung im gesellschaftlichen Leben, das ruhelos die Revolution weitertrieb. Ihre Ideen mußten nach dem ersten Abfall der Truppen vom königlichen Souverän

20 M. Jähns: Das französische Heer, S. 23.

die Disziplinkrise immer bedrohlicher verschärfen, zumal die Soldaten des herkömmlichen stehenden Heeres vorwiegend roher äußerer Zwang zusammengehalten hatte. Allein schon die Erklärung der Menschenrechte stiftete in deren Köpfen den verwirrenden Glauben, sie auch für sich selbst voll in Anspruch nehmen zu können. Demgegenüber zielten die Mehrheit der gemäßigten Volksdeputierten wie ihre radikalen Gegenspieler, die insgesamt vom Anbruch einer neuen Menschheitsepoche in Frieden und Freiheit träumten, auf alles andere als eine Stärkung der militärischen Schlagkraft ab. Die einen waren sehr besorgt, die Armee möglichst weit vom König geschieden zu halten und fürchteten ein effizientes Machtinstrument mehr als zuchtlose Regimenter. Die anderen wußten zu gut, was ein aufsässiger Geist der Armee bedeutete, der sich schnell für den eigenen Zweck vollendeter Staatsumgestaltung nützen ließ.

Wenigstens suchte der parlamentarische Militärausschuß auf dem Wege eines Miteinanders von Revolution und Militär die Linien-Armee neu zu ordnen. Nach langen Beratungen und Debatten kam am 28. Februar 1790 endlich ein erstes Dekret zustande, das der Heeresverfassung eine Grundlage gab[21]. Es bestimmte die aktiven Truppen zur Verteidigung des Vaterlandes gegen den äußeren Feind. Es öffnete allen für gleichberechtigt erklärten Bürgern den Aufstieg in die Offizierslaufbahn und schaffte den Stellenkauf ab. Alle Soldaten durften ihre Bürgerrechte in den Wahlversammlungen der Heimatorte ausüben, sofern sie dort nicht garnisoniert standen, und bei gleicher Einschränkung sollte ein jeder nach 16jähriger vorwurfsfreier Dienstzeit auch Aktiv-Bürger sein, ohne Steuern zu zahlen. Das Recht der Gesetzgebung im Hinblick auf Heeresstärke und -Unterhalt, auf Besoldung, Avancement, Freiwilligenwerbung, Entlassung und das gesamte Disziplinarwesen lag allein beim Parlament. Leitender Gesichtspunkt der Reorganisation war nicht die nach außen gerichtete Schärfe des Schwertes, sondern die Armee als Stütze der Revolution, deren »treibende Kraft« sie im Vorjahr gewesen sei.

Für die Mehrzahl der zwölf Ausschußmitglieder ergaben sich daraus zwiespältige Gefühle; denn die Demokratisierung[22] der Lebensbereiche auch in derArmee bedeutete zugleich deren Politisierung mit schlimmsten Auswirkungen auf die Manneszucht. Damit im Zusammenhang stand die Frage der obersten Befehlsgewalt, die der König nur beschränkt unter der Allmacht der National-Versammlung ausüben konnte. Der Versuch, ihm eine größere Autorität zu erhalten, war vergeblich. Ebenso das Bemühen königstreuer Offiziere, sie auf einem anderen Wege durch gezielte Auswahl neuer Rekruten zu stärken.

Schon Ende 1789 beginnend steigerte sich die Disziplinkrise der Armee zur Anarchie. Ihren Mittelpunkt bildeten die politischen Clubs der Regimenter, in denen

21 W. Blume: Die Armee und die Revolution, S. 57 ff.; die Mitglieder des Militärausschusses, die Offiziere namentlich genannt, S. 54.

22 Hierzu C. v. Schrenck-Notzing: Demokratisierung, München 1972, S. 9 und Anmerkungen S. 129, demnach das Wort demokratisieren im Jahr 1794 erstmalig im ganz modernen Sinne belegt.

radikale Unteroffiziere das Wort führten und dazu von den Rednern der zivilen jakobinischen Tochtergesellschaften noch aufgestachelt wurden. Man diskutierte die Nachrichten der Hetzpresse, kritisierte die Befehle, forderte die Nachprüfung der Kompanierechnungen, zeigte die Vorgesetzten beim Kriegsminister an und drang mit ganzen Delegationen bis in sein Zimmer vor[23]. Exerzierdienst fand nicht mehr statt. Die meisten Offiziere, fast ausnahmslos adliger Herkunft, standen durch einen unüberbrückbaren Abgrund geschieden den Mannschaften gegenüber, als das Parlament mit Dekret vom 19. Juni 1790 obendrein noch den Adel abschaffte. Grimmiger Haß stempelte sie zu Feinden der Revolution ab. Wer den Untergebenen gleich wie entgegentrat, wurde mißhandelt.

Im Sommer brachen offene Meutereien aus. Kassen wurden geplündert, pflichtgetreue Unteroffiziere verprügelt, mißliebige Offiziere davongejagt. Jetzt reagierte das Parlament halbherzig mit Strafandrohung bei weiter zugesichertem unbeschränkten Beschwerderecht und auch noch indirekt ausgesprochener Amnestie für die vergangenen Missetaten[24]. Solche liberalen Grundsätze der Mäßigung blieben in einer dem Abgrund zutreibenden Zeit machtlos. Schon kurz darauf entstanden in Nancy gleich bei drei Regimentern neue Tumulte, dazu fraternisierte die Bürgerwehr des Departements mit den Soldaten. Fast hätten 4500 Mann Linientruppen und Nationalgarden, unter Führung des Marschalls Bouillé aus Metz herbeigeholt, nicht ausgereicht, um den Aufstand blutig niederzuschlagen, der 500 Tote kostete. Die Nationalversammlung akklamierte die feste Entschlossenheit ihres Befehlshabers – und nahm drei Monate später unter dem rhetorischen Druck der Jakobiner den Dank wieder zurück[25].

Nun waren adlige Offiziere keine wirklichen Freunde der Revolution mehr, nachdem die Emeute manchen ihrer Kameraden als Verräter fortgetrieben, einzelne schon umgebracht und der tollwütige Pamphletist Marat öffentlich zum Mord aufgestachelt hatte. Nicht wenige folgten dem Hochadel in die Emigration nach. Sie taten es aus berechtigter Erbitterung und Furcht, während die eigentlichen Paladine der Krone gleich nach dem ersten Windstoß 1789 aus Feigheit geflohen waren und im Ausland ebenso bösartig wie dummdreist zum Krieg gegen das eigene Vaterland hetzten[26]. Zu diesem Zeitpunkt durfte die Konsolidierung der Armee keinen Augenblick länger auf sich warten lassen. Sie bedurfte durchgehend vernünftiger legislativer Maßnahmen. Mirabeau wollte die Linientruppen ganz auflösen und auf fester Grundlage neu formieren. Da fuhr ihm Robespierres Opposition heftig in die Parade und brachte seinen

23 Der Bericht des Kriegsministers de la Tour du Pin an die Nat. Vers. vom 6. August abgedruckt bei Blume: Die Militärrevolte in Nancy 1790 und ihre Ursachen, in: Beiheft z. MilWochBlatt (1906), S. 66 ff.; siehe auch Sybel: Geschichte der Revolutionszeit, Bd. I, S. 207 f.

24 Blume: Die Militärrevolte in Nancy, S. 72, vgl. Sybel, a. a. O. S. 200 ff.;

25 O. Aubry: Die Frz. Revolution, Bd. I, S. 249, vgl. S. 229.

26 O. Aubry: a. a. O. S. 109 f., 175 und 306 ff.

Antrag zu Fall. Eingeklemmt zwischen Radikalität und Angst vor der Gegenrevolution hielt die Mehrheit der Volksvertretung den Mittelkurs. Im guten Glauben an die unbegrenzte Erziehbarkeit des Menschen gedachte sie nichtsdestotrotz, ihre bewaffnete Macht in die freie bürgerliche Gesellschaft zu integrieren.

Ein neues akzeptables Disziplinargesetz (14. September 1790) schien dem nicht zu widersprechen: Keine entwürdigende Behandlung Untergebener, Wachdienst darf nicht als Strafe befohlen werden, Strafverhängung durch die Vorgesetzten bis zum erlaubten Höchstmaß (Quartier-Arrest für Offiziere und Soldaten zwei Monate, Mittel-Arrest für Unteroffiziere und Soldaten 14 Tage, strenger Arrest vier Tage), Verlängerung nur durch den Disziplinarrat der Regimenter in öffentlicher Verhandlung, dort Vorbringen von Beschwerden, aber erst nach ausgeführtem Befehl und strafbar bei falscher Begründung. Nach dem neuen Avancementsgesetz (20. September 1790)[27] blieb das reine Wahlverfahren von unten her ausgeschlossen. Zum Leutnant konnten Söhne der Aktiv-Bürger nach Ablegen einer Prüfung ernannt werden, ohne von der Pike auf gedient zu haben. Ein Viertel der Stellen sollten die Sergeanten besetzen, je zur Hälfte nach Anciennität bzw. Wahl des gesamten Offizierkorps. Die Beförderung erfolgte nach dem Dienstalter, Regimentsinhaber gab es nicht mehr und dem König war bis auf die Ernennung der Marschälle und kommandierenden Generale jegliches Recht entzogen. Da die Unteroffiziere weit mehr Stellen begehrten, hielt sich in ihren Reihen die Rädelsführerschaft gegen den Offizieradel.

Nach gewisser Beruhigung fing es überall von neuem an zu gähren. In den Garnisonen konnten die »patriotischen« Maulwürfe die Disziplin ungehindert weiter untergraben. Den politischen Clubs war es zwar verboten, über den Dienstbetrieb zu debattieren, doch das nützte nichts, wenn den Soldaten der Besuch grundsätzlich freigestellt blieb. Da man sie im Bürger aufgehen lassen wollte, wirkte sich auch die ausdrücklich anempfohlene Verbrüderung mit den Nationalgarden demoralisierend auf die Heereszucht aus. Wie sollte sich die Einsicht festigen, strengeren Vorschriften unter der Befehlsgewalt nicht selbst gewählter Offiziere zu gehorchen[28]?

Als Ludwig XVI. den verhängnisvollen Versuch unternahm, der Geiselhaft der Revolution zu entfliehen (20. Juni 1791), um in der Grenzfestung Montmédy bei Bouillés Regimentern Schutz zu finden, mußte er erkennen, daß es auch dort keine königstreue Truppe mehr gab. Sein mutigster Marschall, beim Begleitmanöver von kopflosen Unterführern fehlgeleitet, hatte selbst keine andere Wahl als die Flucht ins nahe Luxemburg. Das Königspaar eskortierten Nationalgarden von Varennes auf schon lebensgefährlichem Weg durch die tobende Menge nach Paris zurück, wo der Republikaner Santerre im Faubourg St.-Antoine 2000 Volksmänner in Gestalt erster

27 Beide Gesetze siehe Blume: Die Armee u. d. Revolution, S. 88 f. Das erst am 30. 9. 1791 vollendete Stafgesetz bedrohte Ungehorsam im Frieden mit 6 Monaten Arrest, im Kriege mit der Todesstrafe, die Rädelsführer von Revolten mit 10 Jahren Galeere.

28 Sybel: Geschichte der Revolutionszeit, Bd. I, S. 201 f., 259 ff. und Blume, a. a. O. S. 67.

»Sansculotten[29]« bewaffnete. Das Königtum hatte sich selbst das Kreuz gebrochen, die zweite Woge der Revolution schwoll unabwendbar heran.

Scharenweise, insbesondere vom Korps Bouillé, verließen jetzt adlige Offiziere das Land und vergrößerten die Gefahr, die ihm durch die Emigration drohte. Bis Anfang Oktober wuchs ihre Zahl auf 1932 an. Robespierre hatte schon zuvor gefordert, alle Aristokraten aus der Armee zu entfernen, um nicht länger »treue Krieger mit revoltirten Führern zu vereinen«. Wenigstens wurde ihm entgegengehalten, daß es dann überhaupt keine militärische Macht mehr geben würde, daß der wahre Grund des Übels in der Zuchtlosigkeit der Mannschaften liege und die meisten Offiziere emigrierten, um nicht aufgehängt zu werden[30]. Nach Lage der Dinge waren konterrevolutionäre Umtriebe in den Regimentern auch gar nicht zu befürchten. Wer sich vom niederen Adel der Volksbewegung in die Arme geworfen hatte, weil er schneller als zuvor auf der Rangstufenleiter emporklettern wollte, der verharrte in Geduld auf seinem Posten und bewies »konstitutionelle Gesinnung«. Im September 1791 war Frankreichs Verfassung fertig, doch seine Armee glich einem Trümmerhaufen. An ihrer etatsmäßigen, rein defensiv berechneten Friedensstärke fehlten bereits rund 40 000 Mann. Die Regimenter hatten ihre stolzen Namen ablegen müssen und wurden nach der Anciennität durchnumeriert, auch die alten Fahnen verschwanden. Die Fremdregimenter durften weiterhin Ausländer anwerben, die man als französische Bürger naturalisierte, aber sie besaßen keine speziellen Rechte mehr, es gab nur noch nationale Truppen[31]. Da die Miliz inzwischen aufgelöst war und die Rekrutierung nur geringe Fortschritte machte, beauftragte das Parlament die Departements (22. Juli) angesichts der steigenden Gefahr eines Konfliktes mit England und Österreich, Freiwilligen-Bataillone aus dem Bestand der Nationalgarden aufzustellen. Die Flucht des Königs hatte bereits das eilige Aufgebot von 100 000 Mann zwecks Schließung der Landesgrenze zur Folge. Die gleiche Zahl sollte nun in 169 Bataillonen organisiert werden, wovon zunächst nur 60 zustande kamen. Offensichtlich reichte der entgegengebrachte Enthusiasmus über den Listeneintrag nicht sehr weit hinaus. Die Mannschaften wählten wie bisher ihre Offiziere, mußten sich für 15 Sous Tageslöhnung die Uniform selbst beschaffen und im übrigen die Reglements der Linientruppe akzeptieren. Die Strafe für Desertion beschränkte sich auf den Verlust der Bürgerrechte; außerdem konnte jeder am 1. Dezember eines jeden Jahres nach zweimonatiger Kün-

29 So nannten sich die ohne aristokratische Kniehose Bekleideten. Ihr buntscheckiges Aussehen sollte bald zum Erscheinungsbild des Revolutionsheeres gehören. Das Unternehmen von Varennes spannend geschildert bei Aubry, a. a. O. S. 319 ff. und Sybel, a. a. O. S. 262 ff.

30 Die Rede Robespierres bei Blume, a. a. O. S. 109 ff., Emigrantenzahlen S. 139.

31 C. Rousset: Die Freiwilligen, S. 3; Stärkeangaben bei Blume: Die Armee und die Revolution, S. 86 f. und 146 f. Als einzige behielten die Schweizer bis zu ihrer Vernichtung am 10. August 1792 in den Tuilerien ihren Sonderstatus. Was nach Kriegsausbruch durch die Proklamation vom 2. August 1792 an Überläufern der feindlichen Heere bereit schien, als Soldaten der Revolution mitzukämpfen, erwies sich als nicht verwendungsfähig gegen den äußeren Feind und wurde in neu gebildeten Fremdbataillonen zur Armee des Innern gegen die Aufständischen geschickt.

Abb. 6. Weißröcke und Blauröcke – Linieninfanterie und Freiwillige 1792. Nach einer anonymen Zeichnung im Musée de Versailles.

digung seine Entlassung fordern[32]. Dieses Dezember-Dekret von 1791 zielte auf die Gepflogenheit des Abrückens in die Winterquartiere ab, wenn der Feldzug zu Ende war. Es kann kaum einen gültigeren Beweis dafür geben, daß damals noch keine konkrete Idee vom Anbruch einer neuen Kriegsepoche ins Bewußtsein der Menschen gedrungen ist.

Stärke und Qualität der Volontär-Bataillone waren sehr unterschiedlich und sie ergaben in ihrer Masse auch infolge organisatorischer Mängel mehr »Konfusion« als kriegerische Leistungskraft[33]. Die weißen Röcke der Linie und die blauen der Nationalgarden sah man kraß voneinander getrennt. Fachkundige Militärs befürworteten die Verschmelzung; die Jakobiner, die das Parlament beherrschten, und ihre Lieblinge, die Bürgergardisten selber, hielten sie für »perfide«. Obendrein entzogen die privilegierten Freiwilligen den Werbern der Linie die Ersatzmannschaft, die auch durch erhöhte Handgeldprämien kaum zahlreicher zulief[34]. Im übrigen hinderte die Politisierung der Armee jeden Versuch, dem Verfall der Disziplin entgegenzuwirken. Daß der Gehorsam aus Vernunft dem freien Soldaten die Überlegenheit geben würde, den maschinenmäßig handelnden, bloß passiv gehorchenden Soldknecht im Sklavenheer der Könige zu besiegen, war die leitende Idee. Dahinter stand der entschlossene Wille, jedem Aufkommen eines militärischen Despotismus vorzubeugen.

So war Frankreich alles andere als kampfbereit. Der vom Kriegsminister erstattete Bericht über den guten Stand der materiellen Rüstung und der personellen Stärken beruhte auf optimistischer Schönfärberei und teilweise falschen Angaben. Dennoch

32 Blume, a. a. O. S. 149, siehe auch Rousset: Die Freiwilligen, S. 17.
33 Über die Freiwilligen von Paris und der Departements siehe Rousset, a. a. O. S. 4 ff. und 10 ff.
34 Rousset, a. a. O. S. 21 ff.

erklärte die Nationalversammlung am 20. April in einem Anfall geistiger Trunkenheit und spekulativer Selbsttäuschung Österreich den Krieg. Sie hat ihn gesucht, bewußt provoziert und dann als »gerechte Notwehr« manifestiert, wenngleich sich die Revolution von außen her bedroht sehen konnte. Die Majorität der Volksdeputierten bildete eine einzige Koalition: die demokratische Partei der Girondisten baute auf eine Wiederbelebung des erschlafften revolutionären Elans, der die inneren Schwierigkeiten beheben würde; sie bauten auf die nationale Kraft des Volkes und auf die Sympathiekundgebungen in den Nachbarländern. Die Gemäßigten hofften auf ein Ende des tollen Treibens der Wühler und Hetzer durch starke Männer. Die Monarchisten rechneten insgeheim mit dem Gewicht der Armee zu ihren Gunsten. Der einsame König, dem man nur als Aufschub die exekutive Gewalt zurückgegeben hatte, erwartete ein Fiasko und sehnte die schnelle Hilfe seiner Brüder auf den auswärtigen Thronen herbei[35]. Über das Volk wie über den König selbst brach das Unheil herein, sobald der Krieg schon wenige Tage später mit dem Angriff auf die österreichischen Niederlande präventiv eröffnet war. Die vordersten Teile der hierzu bestimmten Armee unter Lafayettes Oberbefehl flohen gleich beim ersten Kugelwechsel mit schwachen feindlichen Sicherungskräften wieder zurück, rissen alles andere mit, und umtost von wildem Verratsgeschrei wurde General Dillon in Lille zusammen mit zwei anderen Offizieren von eigenen Leuten der Linie niedergemetzelt[36].

Es scheint kaum begreiflich, wie ein bis auf den Grund zerrüttetes, demoralisiertes Heer der nun bevorstehenden Invasion hochgradig geschulter und disziplinierter Truppen Alt-Europas gewachsen sein konnte. Dennoch sollte das revolutionäre Frankreich den Sieg erringen, weil es die Mobilisierung politisch erweckter nationaler Massen erzwang und die Idee des Volksheeres verwirklichte.

Linientruppen-Freiwillige-levée en masse

Anfangs bestand Frankreichs Kriegsmacht im wesentlichen aus den Resten königlicher Soldregimenter, die sich als Folge der schimpflichen Niederlage in Belgien durch die Fahnenflucht ganzer geschlossener Truppenteile, durch eine neue Welle der Emigration unter den Offizieren und fortlaufende Exzesse weiter schwächten. Nach dem Stand vom 1. Juni zählten sie rund 90000 Mann im Felde. Was die Freiwilligen aus der Nationalgarde an verstärkender Kraft zubrachten, genügte in keiner Weise, da ihr Quantum unter den Erwartungen lag und die meisten Bataillone unbrauchbar waren. Sie erst in den Lagern zu versammeln und dann zu taktischen Körpern zu formieren, bedeutete Schwierigkeiten zweierlei Art[37].

35 O. Aubry: Die Frz. Rev. Bd. I, S. 394, 400ff. und 410; vgl. Sybel: Geschichte der Revolutionszeit, Bd. I, S. 329 und L. Häusser: Geschichte der frz. Revolution, S. 288ff.

36 C. Renouard: Geschichte des Französischen Revolutionskrieges im Jahre 1792, Kassel 1865, S. 28ff.

37 Blume, a. a. O. S. 199f. und Rousset, a. a. O. S. 33ff.

Bis die sehr langsam ausgerüsteten Armeen der alliierten Mächte – Österreich, Preußen und als einziger Reichsstand der Landgraf von Hessen-Kassel, dazu das minderwertige Korps der Emigranten – recht spät am 19. August die Grenzen Frankreichs überschritten, war in der Zwischenzeit der gewaltsame Umsturz im Innern erfolgt. Die Partei der Girondisten, die das neue Ministerium stellte und zum größten Teil dem Jakobinerclub angehörte, hatte Anfang Mai den Angriff auf das Königtum begonnen. Um es wehrlos zu machen, erzwang sie die Auflösung der seit Ende 1789 bestehenden konstitutionellen Garde und rief an ihre Stelle 20000 Bewaffnete aus der jakobinischen Jugend aller Departements in ein großes Lager bei Paris. Das Veto Ludwigs XVI. zog jene Massendemonstration des Straßenpöbels nach sich, der am 20. Juni in die Tuilerien eindrang und die Königsfamilie unflätig demütigte[38]. Dieser Aufruhr hat ohne Zweifel jenes unglückselige, weil ganz das Gegentgeil bewirkende Manifest des alliierten Oberbefehlshabers, des preußischen Feldmarschalls Herzog von Braunschweig, vom 25. Juli aus Koblenz veranlaßt[39]. Es drohte mit einem brutalen Strafgericht, falls der königlichen Familie die mindeste Gewalttat widerführe. Das Manifest steigerte die Volkswut; schon am 3. August forderten die Extremisten die Abdankung des Königs und die Wahl eines Nationalkonvents an Stelle der noch schwankenden Legislative.

Sieben Tage später brach unter derselben geheimen Regie wie am 20. Juni der Sturm der »Sansculotten« auf die Tuilerien los, an dem sich auch Nationalgarden beteiligten. Munitionsmangel zwang zuletzt die brave Schweizer Garde[40], ihren Widerstand aufzugeben. 600 kamen um, die Verwundeten und Gefangenen zusammen mit 200 Edelleuten und Dienern grauenvoll abgeschlachtet. Der König hatte sie im Stich gelassen und sich dem Schutz der Nationalversammlung anvertraut. In den folgenden Tagen dekretierte sie seine Suspendierung, ein Kriegsgericht für die noch überlebenden gefangenen Schweizer, die Ernennung von Armee-Kommissaren und das allgemeine Stimmrecht für die Wahl zum Nationalkonvent. Der Jakobiner Danton wurde Justizminister[41]. Von der bevorstehenden Einnahme Verduns durch die Preußen alarmiert, war es nicht der Verteidigungswille allein, der in der Stunde höchster Gefahr

38 Der junge Lt. Bonaparte schaute vom Seine-Ufer aus dem Getümmel zu und meinte angewidert: »man müßte die ersten Fünfhundert niederkartätschen, der Rest würde schnell davonlaufen«, zit. nach Aubry, a. a. O. S. 427.

39 Ein Emigrant hat es verfaßt, König Ludwig die Drohung erbeten, die beiden verbündeten Monarchen sie gutgeheißen; siehe K. Th. v. Heigel: Das Manifest des Herzogs von Braunschweig, in: Neue geschichtliche Essays, München 1902, S. 138ff.

40 Sie sollten zur Armee abmarschieren, doch der Kommandeur berief sich auf seine Kapitulation, und so waren zwei Bataillone zum Schutz des Königs in Paris geblieben; siehe Blume: Die Armee und die Revolution, S. 218f.; die Ereignisse am 10. August bei Aubry: Die Frz. Revolution, Bd. I, S. 442ff. Bonaparte, seit dem 10. Juli Hauptmann, war wiederum Augenzeuge. »Von diesem Tage an verachtete er tief die Demagogie und alles, was daraus folgte«. Aubry, I, S. 460.

41 Aubry, a. a. O. S. 462.

neuen Auftrieb erfuhr. Eine entschlossene Minderheit von Terroristen mit Danton im Hintergrund hielt entsetzliches Blutgericht, um die politischen Gegner als Verräter und Feinde der Freiheit zu vernichten. Ab 2. September wurden von 2800 bereits inhaftierten Bürgern 1450 vier Tage lang auf Kannibalenart umgebracht. Die Lenker des Massakers wollten der Mehrheit der Gemäßigten Furcht und Schrecken einjagen und dadurch den Ausgang der bevorstehenden Wahlen schon im voraus bestimmen. Die Volksvertreter hatten längst die Kontrolle über die Ausübung ihrer legalen Befugnisse verloren; sie stellten sich taub und erledigten verängstigt die Geschäfte der Tagesordnung. Auch die Nationalgarde wagte nicht, dem Morden Einhalt zu gebieten[42]. Als am 20. September der neu gewählte Nationalkonvent zum ersten Mal zusammentrat, bildeten die jakobinischen »Montagnards« mit 140 Sitzen und Robespierre an der Spitze die Partei der radikalen Linken. Am gleichen Tag schaffte die neue Volksvertretung durch einfaches Dekret die Monarchie ab, ohne sich auf das sehr ungewisse Plebiszit einzulassen. Frankreich war Republik; in ihrem Namen bereitete sich die Organisation der Schreckensherrschaft vor, während die verfassungsmäßigen Rechte unter die Räder gerieten.

»Um diese Zeit befindet sich Frankreich in einer der kritischsten Perioden seiner Geschichte[43].« Die Finanzen samt der Wirtschaft und der Staatsverwaltung lagen vollkommen zerrüttet danieder, die inneren Spannungen stürzten das Land in den Aufruhr feindlicher Parteien, die »Montagnards« bekräftigten ihr Bündnis mit dem Sansculottentum des vierten Standes, ein blutiger Religionskrieg katholischer Bauern flammte auf, weil die den Eid auf die Verfassung verweigernden Priester brutal verfolgt wurden. In solcher Lage hatte noch die alte Legislative am 11. Juli »Das Vaterland in Gefahr« erklärt. Daraus resultierte ein umfassendes Programm der politischen Diktatur und der militärischen Mobilisation, wogegen niemand mehr Widerstand leistete.

Es bestimmte die Verdoppelung des Heeresetats auf 450 000 Mann, die im übertriebenen Glauben an die neu entfachte Begeisterungsfähigkeit der Bürger als Freiwillige angeworben werden sollten. Was aber gefordert war, das mußte zusammenkommen, und da jeder Patriot die nationale Verteidigung ohnehin als heilige Aufgabe anzusehen hatte, entschieden die zuständigen Ortsbehörden durch das Los die Reihenfolge seines Eintrittes in den Waffendienst. Noch galt keine allgemeine Wehrpflicht kraft Gesetz, doch der schon ausgeübte Zwang konnte auch den Mythos der Freiwilligen von 1791 nicht länger voranleuchten lassen. Deswegen hießen die jetzt zu bildenden Formationen, die noch nicht zuwegegebrachten und die neuen, nicht mehr »volontaires«, sondern »féderés[44]«, weil sie sich nach Belieben aus ledigen Freiwilligen und Ausgehobenen der Departements zusammensetzten. Ein großer Teil der Leute mußte bereits den Feldbataillonen der Linie und Nationalgarde als Ersatz für die hohen Ausfälle durch Indisziplin, Krankheiten und Desertion dienen, im Juli

42 Aubry, a. a. O. S. 467 ff.
43 Aubry, a. a. O. S. 430.
44 Hierzu M. Jähns: Das französische Heer, S. 34 f. und Rousset, a. a. O. S. 47 ff.

und August fast 17 000 Mann. Bis zum 20. September waren es überhaupt nicht mehr als 60 000, die dem Aufruf zufolge in den Sammellagern eintrafen, davon die Hälfte nicht feldverwendungsfähig[45]. Bei leeren Kassen konnten Massenaufgebote weder mit Gewehren, noch mit Schuhen, noch mit Lebensmitteln ausreichend versorgt werden; mancher junge Wehrpflichtige hatte schnell noch geheiratet, um sich der Aushebung zu entziehen; Schwächlinge und halbe Krüppel mußten die Reihen mitfüllen helfen, als ob sich die Gemeinden lästiger Esser entledigen wollten. Andererseits hielten die künftigen Machthaber die ihnen am besten geeigneten Förderierten als Stoßtruppe für den inneren Kampf zurück. Eine herausragende Rolle spielt das wilde Bataillon aus Marseille, das bei seinem Einzug in Paris am 30. Juli das »Kriegslied der Rheinarmee« anstimmte. Das zujubelnde Volk gab dem Kampfgesang des Hauptmanns Rouget de L'Isle nach der Melodie einer alten Opernarie den bald weltbekannten Namen »Marseillaise[46]«. Es kamen aber auch viele echte, von vaterländischem Enthusiasmus und Opferwilligkeit erfüllte Freiwillige herbeigeeilt; unter ihnen ehemalige Unteroffiziere und Soldaten, die schon vor 1789 wegen verweigerten Aufstiegs oder danach im Tumult der Militärrevolten die Armee verlassen hatten.

Mit wachsender Gefahr liefen der halb aufgelösten Streitmacht an der Front Verstärkungen zu. Ihr Oberbefehlshaber, General Dumouriez, der Lafayettes Platz einnahm[47] und mit Stentorkraft randalierende Bataillone zum Gehorsam zwang, stellte seine Truppen bei Valmy den Preußen entgegen. Allein, daß sie ohne jede eigene Angriffsfähigkeit am 20. September der feindlichen Sturmdrohung standhielten, dieses psychologische Moment gab den Ausschlag für den weltgeschichtlich ebenso merkwürdigen wie entscheidenden Sieg ohne Schlacht. Der Ruf »Vive la nation!« hatte minutenlang wie ein Freudenschrei über das Feld an den »Thermopylen Frankreichs[48]« gehallt und sich orkanhaft zum aufpeitschenden Gesang der »Marseillaise« gesteigert. Auf dem gegenüberliegenden Feldherrnhügel war die dunkle Ahnung zur Gewißheit geworden, daß hier die Armee der Revolution ihre Stellung mit fester Entschlossenheit behaupten wollte. Ein Marsch nach Paris, von den Emigranten als militärische Promenade eingeredet, schien um so aussichtsloser, als dahinter das aufgeschreckte Land den nationalen Widerstand organisierte. In den eigenen hungern-

45 Zahlenangaben bei Sybel: Geschichte der Revolutionszeit, Bd. I, S. 566 und Jähns, a. a. O. S. 35, vgl. Blume: Die Armee und die Revolution, S. 241, die Übersicht der aktiven Feldarmee, S. 203, Inhalt der Dekrete v. 12. und 17. Juli. S. 236 f.

46 O. Aubry, a. a. O. S. 438.

47 La Fayette war als gescheiterter Retter des Königtums am 14. August in Sedan mit 23 Offizieren und fast 1000 Mann über die Grenze geflüchtet. Die Österreicher hielten ihn gefangen, bis ihn Bonaparte nach dem Frieden von Campo Formio 1797 befreite. Zur Flucht siehe Sybel, a. a. O. S. 509. Dumouriez hatte schon im 7jährig. Krieg als Hauptmann gedient, 1792 Außenminister der neuen girondistischen Regierung; siehe A. v. Buguslawski: Das Leben des Generals Dumouriez, 2 Bde., Berlin 1879, insbesondere II, S. 58.

48 A. Pascal: Histoire de l'Armée et Tous les régiments, Bd. 2, S. 271; über den Verlauf des Tages von Valmy siehe Renouard: Geschichte des frz. Revolutionskrieges im Jahr 1792, S. 206 ff. und Aubry: Die Frz. Revolution, Bd. I, S. 492 ff.

den Regimentern grassierte nach schlimmen naßkalten Lagernächten die Ruhr, dazu würde ein Angriff hohe blutige Verluste kosten. So beschloß der Herzog von Braunschweig, davon abzusehen, die Waffenprobe auf eine Kanonade zu beschränken und schießlich nach hinhaltendem Parlamentarisieren Ende September den Rückzug anzutreten, der nicht gestört wurde.

Im stillen Einverständnis mit Danton verlegte Dumouriez den Schwerpunkt seiner Operationen auf den belgischen Kriegsschauplatz, um die Österreicher isoliert anzugreifen, deren mißtrauische Heeresführung ihre Unterstützungstruppen von den Preußen weg dorthin zog. Am 6. November schlug die französische Nordarmee bei Jemappes westlich Mons, dem Gegner numerisch mehr als dreifach überlegen, ihre erste Angriffsschlacht im freien Felde im hartnäckig erneuerten Ansturm bis zum Siege durch. Hier zeigte der Zulauf von Freiwilligen, die den Namen wirklich verdienten und den gedienten Soldaten an Kampfesmut nicht nachstanden, seine frappierende Wirkung. Den Rückhalt hatte die starke Artillerie gebildet, der ziemlich intakt gebliebene Kernbestand des alten Königsheeres[49]. Nun wehten die dreifarbigen Fahnen der Revolution triumphierend über dem Schlachtfeld, die Kriegswende schien gekommen zu sein. Der geschlagene Feind räumte ganz Belgien und bezog die Winterquartiere zwischen Maas und Rhein.

Der militärische Überraschungserfolg hätte den Gemäßigten im Nationalkonvent das Kriegsende in Aussicht stellen können, wenn nicht die Radikalen mit dem Justizmord an Ludwig XVI. über eine solche Möglichkeit der Stabilisierung rücksichtslos hinweggetrampelt wären. Sie wollten die Revolution bis ans Ende des totalen Sieges treiben, wo es keine Umkehr zur Monarchie mehr geben würde. Jeder Franzose mußte dann die Republik gegen alle Feinde der Welt verteidigen; der Patriot aus voller Überzeugung, der Halbherzige und Schwankende aus Furcht vor den Schrekkensmännern der neuen revolutionären Gewalt. Der Prozeß des Königs besiegelte die Vernichtung der geistig blinden girondistischen Demokraten, mit seiner Hinrichtung am 21. Januar 1793 warf Frankreich dem empörten Europa den Fehdehandschuh hin. Die ererbte Feindschaft gegen das Haus Habsburg weitete sich zur unerbittlichen Auseinandersetzung mit England aus, das sich herausgefordert sah, sobald an der flandrischen Küste die Trikolore wehte. Rasch schmiedete die Londoner Diplomatie die große Einkreisungskette zusammen, deren Glieder die britische Seemacht, Österreich, Preußen, Spanien, Sardinien, Neapel und das Deutsche Reich bildeten.

Zu diesem Zeitpunkt war der nationale, doch im Grunde kosmopolitische Geist der Revolution in einen machtbewußten Imperialismus umgeschlagen. Unter Berufung auf Vernunft und Geschichte strebte die Republik nach den »natürlichen Grenzen«. Zugleich dienten die eroberten Gebiete[50] dem Zweck, den Krieg durch den Krieg ernähren zu lassen und auf Kosten der Feinde zu leben. Finanznot und totaler wirtschaftlicher Ruin zwangen zur Expansion. Das fremde Hab und Gut mußte den

49 Renouard, a. a. O. S. 347 ff., vgl. Sybel: Geschichte der Revolutionszeit, Bd. II, S. 27 ff.
50 Belgien, die linksrheinischen Fürstentümer, Savoyen und Nizza.

Hunger der Revolutionsarmeen stillen; gleichsam als Bezahlung dafür, daß sie die tyrannische Fürstenherrschaft verjagten. Schon am 15. Dezember 1792 hatte der Nationalkonvent den Grundsatz der revolutionären Besatzungspolitik dekretiert: »Friede den Hütten – Krieg den Palästen[51]!« Was man brauchte, sollte den Reichen weggenommen werden, auf daß die Armen die Sieger als Befreier willkommen hießen. Während die Konventskommissare in Belgien das Land schamlos ausraubten, auch die kostbaren Kirchenschätze nicht verschonten, überließen sie die unversorgten Besatzungstruppen dem Elend unbeschreiblicher Verwahrlosung, die das gewohnte Übel des Stehlens und Plünderns noch verschlimmerte.

Gegenüber einem solchen Wahnsinn hatte General Dumouriez »im Geiste schon den Rubikon überschritten[52]«, um die Republik zu stürzen. Obwohl die Österreicher neu gestärkt die Franzosen aus ihren Winterquartieren jagten und zerstreuten, wollte der hitzige Feldherr der Gegenrevolution vor seinem Marsch nach Paris noch einen Prestige-Erfolg auf dem Schlachtfelde erringen. Bei Neerwinden geschlagen (18. März), konnte er nur noch den Kern einer Armee sammeln, deren minderwertige Teile zu Tausenden desertiert waren. Sein hinterher abgeschlossener Neutralitätsvertrag, der ihm den Rücken für den Staatsstreich freihalten sollte, lieferte dem Feind ganz Belgien aus. Er stand im Zeichen des Landesverrats und machte den wagehalsigen Plan des Generals zunichte. Die Truppen fielen von ihm ab, so daß der Nachfolger Lafayettes sich auf gleichem Wege in die Emigration retten mußte. Zusammen mit einigen Offizieren und rund 800 Mann lief er zu den Österreichern über[53].

Durch Dumouriez' Verrat gelangte die Herrschaft des Schreckens gleich einer innenpolitischen Katastrophe zur methodischen Vollendung. Um alle »schlechten Bürger«, die dem Wohle des Volkes und seiner Freiheit im Wege standen, unbarmherzig zu vernichten, ließen die künftigen Prokonsuln Robespierres in rasender Wut jetzt schon den Betrieb der Gouillotine in Permanenz fortsetzen[54]. Da die Nation einen Kampf auf Leben und Tod gegen das konterrevolutionäre Europa führen mußte, galt ihnen die Diktatur als einzige Möglichkeit zur Sicherung des republikanischen Sieges und der Terror als heilsamstes Mittel. Die neue Zentralgewalt des Wohlfahrtsausschusses bereitete alle erforderlichen Gesetze vor und vollzog sie zugleich; der Konvent hatte nur noch zu akklamieren. Mit der Beseitigung des Unterschiedes zwischen Aktiv- und Passivbürgertum besaß sie die verfassungsrechtliche Handhabe, weit radikalere militärische Anstrengungen zu fordern als im Vorjahre. Der Indivi-

51 Abgedruckt bei Renouard, a. a. O. S. 492 ff., vgl. Sybel: Geschichte der Revolutionszeit, Bd. II, S. 98 ff. und 229 ff.

52 O. Aubry: Die Frz. Revolution, Bd. I, S. 587.

53 Nach Aubry, S. 590, das Regiment Bercheny und eine halbe Husaren-Eskadron des Regiments Sachsen. Dumouriez durfte auch später nicht mehr nach Frankreich zurückkehren, 1812–1814 militärischer Berater der englischen Regierung, 1823 verstorben.

54 Erste Hinrichtung am 15. April 1792 vor dem Pariser Rathaus, nach dem 10. August stand die Gouillotine auf dem Caroussel-Platz; angeblich brachte sie es bis auf 54 Köpfe in 28 Minuten, siehe Fr. Sieburg: Blick durchs Fenster, Frankfurt 1956, S. 44 ff.

dualismus von 1789 war erledigt. Bereits vom 24. Februar datierte das erste Gesetz zur Aushebung von 300 000 Mann durch das Los. Es verpflichtete jeden unverheirateten Bürger oder kinderlosen Witwer zwischen 18 und 40 Jahren »so lange zum Dienst mit der Waffe«, bis die geforderte Rekrutenzahl »erreicht sein wird[55]«.

Diese tief ins politisch-soziale Leben eingreifende Zwangsmaßnahme gab das Signal zum grausamsten Bürgerkrieg, der insbesondere die Westprovinzen mit Schwerpunkt in der Vendée zur Weißglut brachte. Die Bauern brachen zu einem fanatischen Kreuzzug gegen das gottlose Sansculottenregime auf, das den König ermordet hatte, die Diener der Kirche voller Haß verfolgte und dazu jetzt noch das ganze Land ins Joch eines verwünschten Krieges trieb. In Todfeindschaft aufeinanderstoßend, zerfleischten sich die Parteien der gespaltenen Nation gegenseitig, während an den Grenzen die Armeen der Antipoden Frankreichs die Festungen berannten.

An den desolaten, tumultarischen Zuständen im eigenen Militärwesen änderte sich vorläufig nichts. Die »verdächtigen« Fachleute im Kriegsministerium waren durch gesinnungstüchtige Sansculotten ersetzt worden, die von geregelter Administration wenig verstanden und das Durcheinander im ohnehin schwer lenkbaren Getriebe fortlaufender Heeresvermehrung noch heillos verschlimmerten. Ein neues Organisationsgesetz zwecks Vereinigung der Linie mit den Freiwilligen stand zwar seit dem 21. Februar fertig auf dem Papier, doch blieb die Durchführung im Hinblick auf die Kriegslage bis auf weiteres vertagt[56]. Immer neue Bataillone wurden formiert; auch eine Vielzahl wildwachsender Freikorps, die sich aus fremden Überläufern wie aus Sympathisanten des Auslandes zusammensetzten und die schon bei Kriegsbeginn durch gezielte Propaganda zum Dienst an Frankreichs Weltmission gegen eine lebenslängliche Rente aufgerufen waren[57].

Bald wußte aber niemand mehr genau, wieviele Truppenteile es insgesamt gab und wo sie standen. Im allgemeinen Wirrwarr heterogener Heeresverhältnisse vermehrte sich die Anzahl der Führerstellen auf lächerliche Weise, weil zu viele kommandieren und zu wenige gehorchen wollten. Der Drang nach Selbstbeförderung brachte die eifrigsten Postenjäger schnell voran und stachelte den Ehrgeiz der Zurückgebliebenen auf. Offensichtlich begünstigte das demokratische Wahlverfahren gar zu leicht solche absurden Eigenmächtigkeiten. Der Aufstieg in die Generalität kennzeichnete die Politisierung der republikanischen Armee am Beispiel sonderbarster Leute: Der Publizist Ronsin verdankte seine Beförderung vom Hauptmann zum oberen Befehlshaber innerhalb von vier Tagen dem befreundeten Kriegsminister; der Terrorist aus den Tagen der Septembermorde Rossignol wurde Divisionskommandeur, nachdem er seinen Vorgänger Biron denunziert hatte; der Brauer Santerre war als erster Sansculotten-Anführer Kommandant der Pariser Nationalgarde. In Briefen und offiziellen Berichten aus jenen Tagen standen vernichtende Urteile: »Das Heer wird schlecht

55 zit. nach Rousset: Die Freiwilligen, S. 112.
56 Rousset, a. a. O. S. 113.
57 vgl. Anm. 31.

Abb. 7. Republikanische Soldaten. Holzschnitt nach einer Zeichnung von Auguste Raffet (1804–1860).
»Le représentante (Konventsdeputierte) a dit: Avec du fer et du pain on peut aller en Chine.«

befehligt, seine Führer sind meistens Dummköpfe, Säufer und Spitzbuben... die Soldaten werden zum Plündern und zu Exzessen aller Art ermuntert. Sie entehren die Republik und machen unsere Sache hassenswert[58].«

Die amorphe Masse der Sansculotten-Bataillone war in ihrer chaotischen Desorganisation weit mehr eine Plage für das eigene Land als der Schrecken der Feinde. Oben von zentraler Stelle her durch Unfähigkeit ohne jedes Augenmaß und wider alle politische Vernunft mobilisiert, fehlte die ordnende Kraft, sie materiell wenigstens ausreichend zu versorgen und disziplinär zu bändigen. Notdürftig ausgebildet, schlecht bewaffnet und noch mangelhafter bekleidet, zog die wilde Soldateska umher, gefolgt von Weiber- und Kindertrossen mit gestohlenem Gut, beschwerliche Armeeausrüstung zurücklassend; willkürliches Rasten, wo es Bauern und Bürgersleute auszuplündern gab. Auch im Kampf wurden Häuser gestürmt, um Weinfässer leerzutrinken und hinterher »wie das liebe Vieh in allen Ecken und Löchern« abgestochen zu werden. Viele Maulhelden, die zuvor noch jeden »Soldknecht der Tyrannen[59]« mit dem Bajonett aufspießen wollten, auch eine »zu große Zahl Verbrecher«, liefen wieder davon, sobald Strapazen und Gefahr den Ernst des Kriegerlebens lehrten. Freilich konnte nun auch kein Freiwilliger mehr wie noch am Jahresende zuvor unter Hinweis auf das zugesagte Ende der Dienstverpflichtung zum 1. Dezember seine sofortige Entlassung fordern. Dennoch hörte die Desertion nicht auf, so daß einzelne Kompanien bis auf geringe Reste zusammenschmolzen[60].

58 zit. nach O. Aubry: Die Frz. Revolution, Bd. II, S. 36f.
59 Nach den Berichten der Volksdeputierten und Kommissare (Carnot und Duquesnoy) bei Rousset: Die Freiwilligen, S. 114ff.
60 Rousset, a. a. O. S. 84.

Unter Robespierres Terrorismus, der im nächsten Jahr ganz zur unumschränkten Diktatur entartete, schien keine sachliche Zusammenfassung der militärischen Kräfte möglich zu sein. Das Durcheinander verschärfte sich zum Gegeneinander, indem die Rivalität zwischen Linie und Nationalgarde weiter zunahm. Die Extremisten haßten die Regimenter der alten Armee, die zum Teil noch von adligen Offizieren geführt wurden. Jede Niederlage schob man ihnen zur Last, da alle zusammengenommen nichts anderes als durchtriebene Verräter sein könnten wie Lafayette und Dumouriez. Jakobinischer Logik zufolge verfielen sie der Ächtung. Wer sich dann nicht durch die Flucht ins Ausland rettete, endete auf dem Blutgerüst. Aber auch ohne aristokratische Offiziere waren die herkömmlichen Begriffe von Soldatenpflicht und passivem Gehorsam in den Linientruppen noch halbwegs gültig geblieben. Gegen einen solchen »Kastengeist« richteten sich heftigste Angriffe der Volksvertreter. Die Zeitungen der radikalen Presse steigerten sie zur Hetzkampagne und gossen unter den Soldaten Öl ins Feuer der Aufsässigkeit[61]. Über allem leitete die fixe Idee, daß gestärkte kriegerische Schlagkraft allein von der politischen Gesinnung eines gründlich demokratisierten Patriotenheeres abhängig sei. Bürger sollten nicht in Soldaten, sondern umgekehrt alle Soldaten in militante Sansculotten verwandelt werden. Um auch die Reste militärischer Tradition zu nivellieren, mußten die weißen Uniformröcke des bourbonischen Königtums verschwinden; fortan durfte es nur noch den blauen Tuchfrack der Freiwilligen geben. Der Kommandeursrang Colonel aristokratischer Herkunft wie die Bezeichnung Regiment wurden aus den Vorschriften der Armee gestrichen[62]. Der revolutionäre Prozeß drängte zur Verschmelzung der alten Elemente aus dem stehenden Heer mit den weit zahlreicheren, anders gearteten Bestandteilen der neuen Kriegsformation. Der Rekrutenersatz und der Ausgleich des fester herangewachsenen Stammpersonals erforderten sie aus militärischen Gründen.

Noch größeres Gewicht legte der Wohlfahrtsausschuß jedoch auf die Mission der Kommissare, die in allen Armeen die Ausführung seiner Dekrete zu überwachen, den republikanischen Geist zu beleben und die konterrevolutionäre Konspiration aufzuspüren hatten. Als fanatische Exekutoren des Schreckens lieferten sie die Anklagepunkte für die rechtlosen Halsgerichtsprozesse der Revolutionstribunale. Im Jahre 1793 verloren 43 Generale ihre Köpfe auf der Gouillotine. Ihre Nachfolger übernahmen das Kommando in der Furcht vor dem Schicksal des sicheren Todeskandidaten. Zum Oberbefehlshaber der Moselarmee ernannten die Kommissare den unfähigen Dragonerhauptmann Carlin, weil sich kein anderer dazu bereit fand.

Die Anarchie der Truppenführung ging soweit, daß oben im Gegensatz zur Mannschaft unten alle nur gehorchen, niemand mehr befehlen wollte. Aus Verantwortungsscheu gerieten Generale untereinander in Streit und hinderten sich gegenseitig

61 Rousset, a. a. O. S. 132 ff.

62 M. Jähns: Das französische Heer, S. 45 f.

Abb. 8. »A. Ph. Custine, französischer Bürger, General en chef der Armeen der Republik.« Schabkunstblatt von J. P. Schweyer aus der Zeit. »General Schnurrbart« eröffnete den schauerlichen Reigen der vor dem Feind glücklosen Truppenführer zur Gouillotine. Im 7jährigen Krieg wie in Amerika bewährt, 1789 Vertreter des Adels von Metz in den Reichsständen, Opportunist der Revolution, nach dem Fall von Condé im Juli 1793 verhaftet und hingerichtet.

an der Ausübung ihrer Tätigkeit. Ein Divisions-Kommandeur ritt nach Straßburg zum Jakobinerclub, um sich dort seine Anweisungen zu holen[63].

Vergleichbar den Aufgaben und Befugnissen der früheren Intendanten hatten die Kommissare aber auch dafür zu sorgen, daß die Armeen vor dem Feind die dringend nötige Verstärkung erhielten. Das Aushebungsdekret vom 23. Februar hatte statt 300 000 Mann nicht mehr als die Hälfte erbracht, davon Zweidrittel waffentauglich[64]. Wo sich die Einwohnerschaft nicht gewaltsam dagegen wehrte, eilten die Männer rudelweise in die Wälder, um dem Zugriff der Lokalbehörden zu entkommen. Viele liefen unterwegs weg, weil sie ohne Geld nichts zu leben hatten, und die im Lager ankamen fanden kaum Waffen, keine Schuhe, auch nur wenig Brot vor. Trotz aller damit verbundenen organisatorischen Schwierigkeiten war ein noch schärferes Erfassen der »Requisitionäre« – so hießen die Ausgehobenen jetzt – zur Rettung des Vaterlandes unumgänglich. Die Parole hieß: Levée en masse – Alle Bürger zu den Waffen! Dahinter stand die heimtückische Absicht der Terroristen, in erster Linie die inneren Feinde zwecks eigener Machterhaltung auf die Schlachtbank zu treiben. Gegenüber diesem wahnwitzigen Plan, der den allgemeinen Aufbruch ins Chaos gestürzt hätte, dachte Danton an die gesicherte Zukunft. Mit rhetorischem Erfolg plädierte er dafür, daß alle vorhandenen Kraftquellen für den Sieg mobilisiert werden müßten, doch in geordneten Bahnen[65]. So kam jenes Gesetz vom 23. August 1793 zustande, das alle jungen Bürger Frankreichs vom 18. bis 25. Lebensjahr, unverheiratet oder

63 Siehe Sybel: Die Geschichte der Revolutionszeit, Bd. II, S. 463 ff.; vgl. Aubry: Die Frz. Revolution, Bd. II, S. 27 f., 89 ff., 143, 148 u. 187.
64 Nach dem Bericht des Bürgers Vezu bei Rousset, a. a. O. S. 150.
65 Sybel: Geschichte der Revolutionszeit, Bd. II, S. 417 ff.; vgl. Jähns, a. a. O. S. 50 ff. und Rousset, S. 154 ff.

kinderlose Witwer, ohne jede Ausnahme zum Militärdienst verpflichtete. Von einer Erhebung in Masse konnte demnach keine Rede mehr sein. Das Gesetz schränkte die Aushebung auf acht Jahrgänge der Kriegerjugend ein, gestattete aber keine Stellvertretung und bedeutete somit die wirkliche allgemeine Wehrpflicht, die zur Zeit des absoluten Königtums unvorstellbar gewesen wäre. Es handelt sich um einen weniger monströsen Begriff des allgmeinen Aufgebotes, wie er im Mythenkranz der Revolutionsgeschichte blüht. Für die bedrohte Republik mußte es als Hauptsache gelten, daß der Heeresersatz durch das Gesetz der »levée en masse« sichergestellt wurde. Die Frage war jetzt, ob die terroristische Regierung die Fähigkeit besaß, das erste Massenheer Europas in Form zu bringen[66].

Lazare Carnot der Organisator des Sieges

Die rettenden Maßregeln der nationalen Verteidigung bestimmte der Ordnungswille vernunftbegabter Männer, die aus der Despotie sinnlosester Kraftvergeudung hoch herausragten. Den größten Dank schuldete das Vaterland Lazare Carnot (1753–1823). Im Tollhaus der revolutionären Mobilisation besaß er die Autorität, allen wirrköpfigen Phantastereien entgegen realistische Entschlüsse zu fassen und sie in die Tat umzusetzen. Die gemeinsame Anstrengung auf das große Ziel gerichtet, entstand eine schlagkräftige Armee als sein persönliches Werk. Carnot hatte in der Königszeit auf der Grundlage umfassender geistiger Interessen eine exzellente Ausbildung zum Ingenieur-Offizier erhalten: militärisch, wissenschaftlich und technisch-praktisch[67]. In tiefer Verpflichtung gegenüber den Errungenschaften der Revolution weitete er seine Tätigkeit auf die Politik aus, die ihn 1792 als Abgeordneten des Departements Pas de Calais in die gesetzgebende Versammlung brachte. Nicht aus Feigheit, sondern aus der festen Überzeugung des Republikaners hatte er für den Tod des Königs gestimmt und dann mit Umsicht und Scharfblick die Mission des Konventsdeputierten bei den Armeen im Grenzgebiet erfüllt. Am 14. August erfolgte die Berufung in den Wohlfahrtsausschuß. Als das Gesetz zur allgemeinen Wehrpflicht beschlossen wurde, lag die Leitung des Verteidigungsressorts bereits in seiner Hand. Im Pavillon de l'Egalité, dem Sitz des jakobinischen Exekutivorgans, befand sich auch das Zentralbüro der Armee, das nun durch geregelte Aufgabenverteilung und Arbeitsmethodik wie ein moderner Generalstab zu funktionieren begann. Die Hauptgeschäfte der Organisations- und Operationsführung bewältigte der Chef allein, mit asketischer Schaffenskraft bis zu 16 Stunden täglich am Schreibtisch sitzend. Carnot

66 Die verwirrende Ereignisfülle zur Zeit der Umwandlung des französischen Heeres bedarf noch der weiterführenden Forschung.

67 R. Warschauer: Studien zur Entwicklung der Gedanken Lazare Carnots über Kriegführung 1784–1793 (Historische Abhandlungen H 7), Berlin 1937, S. 10ff. und 37ff. (Eloge de Vauban).

Abb. 9. Der Konvents-Kommissar verliest einen Tagesbefehl. Lithographie nach einer Zeichnung von Maffel.
»Das gering bewertete Bataillon von der Loire hat sich vor dem Feind gut geschlagen, es wird für jeden Mann ein Paar Holzschuhe erhalten.«

war zweifellos der sauberste Charakter unter den 14 Ausschußmitgliedern. Er blieb Hauptmann, rückte erst nach zwei Jahren gemäß Dienstalter zum Major auf und gab nach jeder Inspektionsreise die unverbrauchten Diäten gewissenhaft an die Staatskasse zurück, was manchen Betrüger in hohen Ämtern zu heimlicher Wut reizte und die Bürokraten in Verlegenheit brachte. Obwohl Soldat, zeichnete ihn seltene Zivilcourage aus. Er ließ sich von keinem Dilettanten in sein Tagewerk hineinreden, zeigte selbst einem Robespierre die Zähne und übersah gleichgültig das tödliche Ränkespiel der Kollegen im obersten Volkstribunat. Die diktatorischen Widersacher hätten es am liebsten gesehen, wenn auch dieser Mann im »Paradies der Kopflosen« verschwunden wäre, doch konnte niemand auf eine solche Fachkraft verzichten, so lange der Feind noch nicht besiegt war[68]. Der Antimilitarist Robespierre fürchtete stets, daß der Geist der Schlachtensiege einem neuen Cäsar den Weg bahnen würde. Carnots moralische Integrität schloß diese Gefahr aus. Er sah nur die Aufgabe vor sich,

68 Sybels Charakteristik: Geschichte der Revolutionszeit, Bd. III, S. 14 ff. nicht ganz zutreffend, hierzu Hyppolite Carnot: Mémoirs sur L. Carnot 1753–1823, Nouvelle Edition Paris 1907, Bd. I, vgl. O. Aubry: Die Frz. Revolution, Bd. II, S. 32 f. und 223.

Abb. 10. Die 23. Halbbrigade. Zeichnung von Edouard Detaille (1848–1912) aus seiner zweibändigen Publikation »L'Armée française« von 1883.

die Anarchie der »levée en masse« mit den Mitteln der Diktatur fachkundig in die Qualität eines republikanisch nationalen Volksheeres umzuwandeln. Es galt, das massenhaft umhertreibende Gemenge der Linientruppe, der beiden Freiwilligenwellen von 1791 und 1792 und der Requisitionäre von 1793 zu einheitlichen taktischen Körpern zusammenzuschmieden.

Obwohl die Aushebung immer neue provisorische Haufen zuführte und der Kampf an allen Fronten hartnäckig mit immer stärker werdendem Offensivdruck fortgesetzt wurde, gelang Carnot bis zum nächsten Frühjahr die Verschmelzung[69]. Ein altes Linien- und zwei neue Bataillone hatten den früheren Regimentsverband einer Halbbrigade zu bilden, was zuletzt nach Auflösung zahlreicher unbrauchbarer Truppenteile 251 neue Linieninfanterie-Einheiten ergab. Davon waren 42 Halbbrigaden als leichte Fußtruppen formiert, weil die Führung des zerstreuten Gefechtes gegenüber der starren Lineartaktik des Feindes ein Übergewicht gewinnen sollte. Die Kavallerie erfuhr keine formale Veränderung, wurde aber durch leichte Reiter auf 501 Eskadrons zu je 140 Pferden verstärkt. Die sieben Regimenter Artillerie, von bürgerlichen Offizieren kommandiert, am wenigsten in ihrem soliden Kernbestand zersetzt und schon 1792 um reitende Abteilungen vermehrt, hatte sich von Anfang an nahtlos ins revolutionäre Heerwesen eingefügt.

Die der »L'Amalgame« zugrunde liegenden Stärkerapporte hatten Ende Oktober 1793 die Riesenmenge von 260000 Vorgesetzten aller Grade ausgewiesen, dabei ein Überschuß von 26000 Offizieren[70]. Hier griff Carnot rücksichtslos durch und ließ die

69 Rousset, a. a. O. S. 199 ff., Gesamtverzeichnis der neuen Formationen seit 1791, S. 206 ff., vgl. M. A. Pascal: Histoire de l'Armee, Bd. II, S. 256 ff., auch Jähns, a. a. O. S. 62 ff.
70 M. Jähns: Das französische Heer, S. 62 f.

selbsternannten Chargen wieder ins Mannschaftsglied zurückjagen; auch die Gewählten, wenn sie nicht lesen und schreiben konnten. Wer sich weigerte, wurde mit Gefängnis bestraft. Die von insgesamt 9000 emigrierten Offizieren hinterlassene Lücke bedeutete keine ernsthafte Schwächung; denn im nationalen Massenheer gab es genug tüchtige Aufsteiger. Erfahrene Unteroffiziere besetzten untere und mittlere Ränge, die officiers de fortune die oberen. Auch unter den jungen Freiwilligen konkurrierte eine große Anzahl mit den alten Soldaten. Carnot schuf jedem eine freie Bahn, der sich durch Tapferkeit oder hervorragende Führereigenschaften auszeichnete und sorgte dafür, daß er an den erreichbaren Platz gelangte. Seine Devise hieß: Carriere ouverte aux talents. Bei der Besetzung höherer Stellen bewies er eine nicht ungefährliche Selbständigkeit[71]. Schrittweise verdrängte das reine Leistungsprinzip den demokratischen Wahlmodus, daneben galt die Anciennität. Europa sollte bald die Namen der Gastwirt- und Böttchersöhne als siegreiche Revolutionsgenerale und künftige Marschälle Napoleons kennenlernen.

Für den jungen Offiziernachwuchs hatte der Wohlfahrtsausschuß an Stelle der beseitigten königlichen Académie militaire die typisch jakobinische École de mars ins Leben gerufen. Dort wurden unter Aufsicht des Pariser Kommandanten General Hanriot 1800 Zöglinge aus reinen Sansculottenfamilien im praktischen Kriegshandwerk ausgebildet. Sie bewohnten aber keinen Palast, sondern lebten im Zeltlager auf der Ebene von Sablons, fern vom lasterhaften Getriebe der Landeshauptstadt[72].

Um die Manneszucht zu festigen, drang Carnot auf die Anwendung schärfster Zwangsmittel, die freilich eine Rückkehr zu den drakonischen Methoden wie im stehenden Heer des ancien régime ausschloß. Gegebene Befehle mußten auf der Stelle ohne Widerrede befolgt werden. Alle Vorgesetzten wurden nachhaltig ermahnt, keinen Ungehorsam mehr hinzunehmen; doch waren sie verpflichtet, jeder berechtigten Beschwerde unverzüglich abzuhelfen. Aufsässige Soldaten hatten als feige Schufte zu gelten. Die Androhung der Todesstrafe dämmte die Desertion ein; sie beendete das Übel der Drückeberger, die unter allerlei Vorwänden die Truppenteile gewechselt hatten, und verscheuchte die Weiberscharen aus den Trossen. Die Militärgerichte griffen energisch durch, während sie bei einfachen Verstößen Milde walten ließen. Wenn sich Wehrpflichtige der Aushebung entzogen, unterlagen sie dem Verbot der Rückkehr an den Geburtsort; die Eltern konnten unter Einzug ihres Vermögens eingesperrt, auch Gemeinderäte mit Geldstrafen belegt werden.

71 Carnot ernannte die Generale und beförderte sie. Bonaparte, den schon die nach Toulon geschickten Kommissare vom Major zum Brigadegeneral hinaufgehoben hatten, verdankte ihm 1796 das Kommando über die Italienarmee; hierzu O. Aubry: Die Frz. Revolution, Bd. II, S. 164, 172 f. und 415 ff.

72 M. Jähns: Geschichte der Kriegswissenschaften, Bd. III, S. 2489 f. Hanriot war der unfähigste Beschützer der Robespierr'schen Diktatur; am Tage ihres Sturzes (27. Juli 1794) saß er betrunken zu Pferde, landete auf einem Abfallhaufen und bot zuletzt auf dem Blutgerüst einen schauerlichen Anblick, siehe Aubry, a. a. O. S. 267 ff.

Die Offiziere sollten jede Entbehrung mit ihren Soldaten teilen, unter dem gleichen Zelt[72a] schlafen und die gleichen Rationen verzehren. Die Subalternen gingen zu Fuß und trugen den Tornister; nur der älteste Hauptmann im Bataillon genoß noch den Vorzug, ein Pferd zu halten. Stabsoffizieren und Generalen stand an persönlichem Gepäck mehr als das Allernötigste nicht länger zu. Der revolutionäre Patriotismus vereinigte Befehlende und Gehorchende durch das feste Band des gleichen Rechtes auf die freie Persönlichkeit zur wirklichen Kampfgemeinschaft. Die breite Kluft zwischen Offizieren und Mannschaften war vollkommen beseitigt. Darin lag die bedeutsame Stärkung der Armee, die zu ihrem inneren Wandel das meiste beitrug. Der Schrecken mochte nachgeholfen haben, weil viele um ihren Kopf fürchteten und lieber den Tod auf dem Schlachtfelde erwarteten als auf dem Schafott. Vor allem aber strömte Frankreichs gesunde, lebensstarke Jugend an die Front, um sich mit freudigem Opfermut der äußeren Gefahr entgegenzuwerfen[73]; ohne Unterschied der politischen Ansicht, ohne nach rückwärts auf das wie schmutziges Wasser vergossene Blut der Landsleute zu schauen. Die Ideale von 1789 bestärkten sie in dem Glauben an die gerechte Sache, und die hieß Verteidigung der eigenen Grundrechte. Das bürgerliche Pathos der Nationalgarden war zum militärischen Enthusiasmus der levée en masse ausgewachsen. Geistige Kräfte und moralische Energien prägten den neuen Soldatentypus des citoyen armée – Staatsbürger in Waffen! Carnot hatte ihn durch die Verschmelzung von Weißröcken und Blauröcken bewußt angestrebt.

Seine Anweisungen an die Truppenführer verraten die zähe Hingabe an die majestätisch erfaßte Idee der Republik und ihres Sieges: »Die Generale haben die heilige Pflicht, immer an der Spitze der Kolonnen zu kämpfen, um den Soldaten das Vorbild des Mutes und der Todesverachtung zu geben ...« Das sei den Gewohnheiten und dem Schwung der Franzosen am meisten gemäß. Die Kunst eines jeden Befehlshabers hat darin zu bestehen, den Feind ununterbrochen zu beunruhigen und ihm Angst einzujagen, aber nie in der Minderzahl sein, wo er angreift. »Man soll nicht den Ehrgeiz haben, mit gleichen oder geringeren Kräften zu schlagen. Dieser ritterliche Standpunkt paßt nicht in unser Volkskriegssystem.« Carnot drohte auch nicht mit der Gouillotine; denn »ein Rückschlag ist kein Verbrechen ... Ich beurteile die Männer nicht nach den Ereignissen sondern nach ihren Anstrengungen und ihrem Mut. Ich liebe es, daß man am Wohl des Vaterlandes nicht verzweifelt«[74].

Wenn die »Organisation des Sieges« bis zu ihrem Kulminationspunkt im Sommer 1794 ein Massenheer von 732 000[75] Mann zum Kampfeinsatz an allen Fronten aus dem Boden stampfte, so mußten auch die dazu nötigen Kriegsmittel herangeschafft werden. Unter Carnots Leitung wurde innerhalb weniger Monate eine Arbeit bewäl-

72a Neue Zelte gab es nicht mehr, so daß die alte Lagerausrüstung bald verschwand.

73 H. v. Hentig: Terror. Zur Psychologie der Machtergreifung, Ullstein-Buch Nr. 2838, 1970, S. 92; Beispiele bei Aubry, a. a. O. S. 159 ff.

74 zit. nach O. Aubry, a. a. O. S. 49 f., 164 und nach Valeriu Marcu: Das große Kommando Scharnhorsts, Leipzig 1928, S. 89.

75 Sybel: Geschichte der Revolutionszeit, Bd. II, S. 456 ff., vgl. Jähns: Das frz. Heer, S. 56 ff.

tigt, die im Kleinen dem Gewimmel der Ameisen und im Großen der Kraft eines Riesen glich. Das Gesetz vom 23. August hatte zugleich 30 Millionen zur Anlage von Waffenfabriken ausgeworfen. Sie arbeiteten mit Hochdruck und produktiver als die bisherigen Gewehrmanufakturen. Sogar die Wissenschaft unterlag der Requisition. Ingenieure und Chemiker verbesserten die Herstellungsverfahren. Um genügend Salpeter für das Schießpulver zu gewinnen, kratzten die Bürger in ihren Häusern die Kellerwände ab. Bald konnte mehr Munition erzeugt werden, als die Armeen verschossen. Die eingeschmolzenen Kirchenglocken lieferten das Rohmaterial zu neuen Kanonenrohren. Die Erfindung des optischen Telegraphen stellte die erste Nachrichtenverbindung zwischen Paris und der Nordarmee her, geglückte Versuche mit dem Fesselballon ermöglichten erstmals in der Schlacht bei Fleurus (26. Juni 1794) den Einsatz eines zukunftweisenden Beobachtungsmittels. In Paris errichteten die zwangsverpflichteten Goldschmiede 200 Behelfswerkstätten, um Säbel, Bajonette und Piken anzufertigen. Schneider und Schuhmacher durften nur noch Armeeaufträge erledigen. Da der Transportbedarf des Massenheeres unmöglich durch Fahrzeug-Konvois gedeckt werden konnte, zogen Arbeitskommandos den Kampfeinheiten hinterher und droschen in den Scheunen der Bauern das Getreide aus. Alles zusammengenommen – die Feldarmeen, die Garnisontruppen und die zivilen Hilfsdienste – hatte die levée en masse die gigantische Zahl von 1 200 000[76] Requisitionären erbracht. Frankreich war auf dem noch ganz fremden Weg zum totalen Krieg mit allen unvermeidlichen Folgen für das Wirtschaftsleben: Bauern ohne Pferde, Fabriken ohne Rohprodukte und qualifizierte Arbeiter, Kaufleute ohne Kunden, Inflation, Preistreiberei, Spekulantentum, Schwarzhandel, Verarmung der Reichen und Verelendung der Armen.

Unter diesen Umständen ist wohl auch den Kommissaren entsprechender Anteil an der Rettung der Republik zuzubilligen, sofern sie sich nicht in blinder Raserei mit Blut besudelten, selbst schimpflich bereicherten und die Kräfte der mobilisierten Nation nicht sinnlos vergeudeten[77]. Die Selbstlosen, Einsichtigen und Unermüdlichen leisteten Carnot unersetzliche Dienste, einige bewiesen auch vor dem Feind geradezu heroische Tapferkeit. Sie forcierten den Betrieb der Heeresversorgung, kassierten pflichtvergessene Offiziere oder bestraften feige mit dem Tode, gewannen das Vertrauen der Soldaten und erfüllten die Truppen mit Siegeszuversicht. Die Art und Weise, wie der »kriminelle Utopist[78]« St. Just, Robespierres »Todesengel«, die Rhein- und Moselarmee zum Generalangriff auf die Weißenburger Linie vorberei-

76 Nach O. Aubry: Die Frz. Revolution, Bd. II, S. 197. Die enorme Anstrengung der personellen Kräfte bezieht sich auf 4½ Millionen erwachsener arbeitsfähiger Männer; dabei ist zu berücksichtigen, daß rund 150 000 im bewaffneten Aufstand gegen die Revolution kämpften, 100 000 Emigranten im Ausland lebten und etwa 200 000 in den Gefängnissen saßen; nach Sybel: Geschichte der Revolutionszeit, Bd. II, S. 480, vgl. Jähns: Das frz. Heer S. 58.

77 O. Aubry, a. a. O. S. 46 f. und 165 f.; vgl. General Weygand: Die Geschichte der frz. Armee, Berlin 1939, S. 221 f.

78 H. v. Hentig; Terror, S. 113.

Abb. 11. Infanterie im italienischen Feldzug 1796. Zeichnung von E. Detaille.

tete, ist das markante Beispiel für die bis zum äußersten hochgespannte Einsatzbereitschaft, die kein Feldherr stehender Söldnerheere seinen Soldaten zugemutet, im Hinblick auf die dahinterstehende politische Gedankenwelt auch mit Grausen von sich gewiesen hätte[79].

In seinen frühen militärischen Schriften vor 1789 hatte Carnot, durchaus im Einklang mit der Auffassung aller Volksvertreter zur Zeit der verfassungsgebenden Versammlung, »aus Gründen der allgemeinen Sittlichkeit, der Humanität, die reine Verteidigung als das eigentliche Ziel des kriegerischen Handelns« dargestellt und »die Schlacht für einen schlechten Ausweg« gehalten[80]. Auch die Kriegstheoretiker im ausgehenden 18. Jahrhundert meinten, ohne blutiges Schlachtenschlagen allein durch kunstvolles Manövrieren den Zweck eines jeden Feldzuges zu erreichen. Carnots wissenschaftlich-mathematisches Denken in Verbindung mit seinem Streben nach umfassendem Erkennen der Dinge in der Wirklichkeit des Staatslebens führte jedoch zu keiner Befolgung starrer Regeln innerhalb eines vorgefaßten Systems.

Im Grunde genommen resultierten die Prinzipien seiner Kriegführung von selbst aus dem Entwicklungsstand des Revolutionsheeres und aus dem Verhalten des Fein-

79 Über die Tätigkeit St. Justs siehe Fr. Sieburg: Robespierre, dtv-Ausg. München 1963, S. 153 ff.

80 R. Warschauer: Studie zur Entwicklung der Gedanken L. Carnots über Kriegführung, S. 137.

des. Abgeschreckt durch den mißlungenen Feldzug von 1792, beschränkte sich Politik und Strategie der großen Koalition auf den Festungs- und Kordonkrieg an der französischen Landesgrenze nach den Methoden der vorrevolutionären Epoche. Der Verzicht auf jedes weitere Vordringen über diese Barriere hinweg gab der levée en masse die Zeit, ihre Kraftreserven zu organisieren. Geeignete Generale mußten ja auch erst ein wirksames Angriffsverfahren herausfinden, das die ungeübten Truppen in ihrem Rohzustande befähigte, in festen taktischen Körpern auf dem Gefechtsfelde voranzukommen[81]. Die Künste der Lineartaktik konnten in so kurzer Zeit mit dürftigem Lehrpersonal nicht erlernt werden. Mittels drillmäßiger Exerzierschule wäre das auch ganz unmöglich gewesen; denn der citoyen armée hätte sie als Rückfall in die militärische Tyrannei verdammt. Andererseits ließ sich die überlegene feindliche Schlachtordnung nicht durch regellose Schützengefechte ins Wanken bringen. Die chaotische Auflösung der Infanterie-Bataillone in wild drauflosfeuernde Plänklerhaufen mußte auf die Einleitung des Kampfes begrenzt und das reduzierte Tiraillement mit dem Massenstoß der Sturmkolonnen verbunden werden, beides unter geschickter Ausnützung des Geländes.

Im Gegensatz zu den Engländern und den Preußen haben die angriffsfreudigen Franzosen das Gewehrfeuer ohnehin gering geschätzt[82]. Demnach lag der Kernpunkt der neuen Infanterie-Taktik bei unveränderter Waffentechnik in der Lösung des vordem starren Kampfverlaufes aus seiner linearen Gebundenheit. Der Tirailleur war nicht die Hauptsache; er repräsentierte aber jenes geistige Prinzip, das die Revolution im Bekenntnis zur freieren, natürlichen, individuellen Fechtweise als Triebkraft und leitende Intelligenz des militärischen Wandels dem Krieg gegen die konventionellen Heere zugrunde gelegt hatte. Im engen Zusammenhang mit der Tirailleur- und Kolonnentaktik mußte sich ebenso die neue organische Gliederung der Befehlsverbände von der fest zusammengefügten Einheitsarmee fort zu den selbständigen Teilen in Gestalt der Divisionen hin erst zu einem brauchbaren System entwickeln. Ein solches Instrumentarium war nicht leicht zu handhaben. Je größer die Zahl dieser Teile, desto weiter ihr Bewegungsraum zum Operieren; um so schwieriger dann die Aufgabe, sie rechtzeitig am Ort der Entscheidung zusammenzufassen. Alle darin liegenden Vorteile fielen so lange weniger ins Gewicht, wie die Generale noch nicht die Sicherheit des Handelns erlangt hatten[83].

81 S. Fiedler: Grundriß der Militär- und Kriegsgeschichte, Bd. 2, Das Zeitalter der Frz. Revolution und Napoleons, München 1976, S. 99 ff.

82 General Lazare Hoche, nach Bonaparte der fähigste General der Republik, wird das Wort zugeschrieben: »Das Bajonett ist die einzige Waffe, welche der französischen Tapferkeit entspricht, macht davon den weitgehendsten Gebrauch«, zit. nach Pirmasens und Kaiserslautern. Eine Erinnerung an das Jahr 1793 (Kriegsgeschichtl. Einzelschriften, H. 16) Berlin 1893, S. 383.

83 Fiedler: Grundriß der Militär- und Kriegsgeschichte, Bd. II, S. 81 ff., vgl. W. Rüstow: Die Feldherrnkunst des 19. Jh. 1857, S. 74 f. Die Divisionen waren zunächst noch keine dauerhaften Formationen, sondern Kavallerie und Artillerie (außer den Btl-Geschützen) nach Verfügbarkeit zugeteilt.

Die innere Schwäche des Revolutionsheeres hielt Carnots Operationsplanung anfangs noch im Banne seiner Idee vom Abwehrkrieg um die bedrohten Festungen, die, von Dünkirchen abgesehen, beiderseits der Straße nach Paris lagen. Da seine zerstrittenen Gegenspieler aus ungerechtfertigtem Vertrauen in die Stärke künstlicher Kordon-Stellungen ganze Landstriche unmittelbar zu schützen suchten, wo sie nicht selbst angriffen, konnten dort auch die Franzosen ein gleiches Verfahren anwenden, ohne etwas Falsches zu tun[84]. Außerdem kam es bei dieser Art der Kriegführung entscheidend darauf an, die festen Plätze als Magazinstützpunkte einzurichten. Das gebot allein schon die Festigung der Disziplin; denn auch die Truppen freiheitsbewußter Vaterlandsverteidiger fielen schnell in übelste Zuchtlosigkeit, sobald die geregelte Zufuhr an Lebensmitteln aufhörte; kaum anders als zur Zeit vor der Gründung stehender Heere. Sie mußten zusammengehalten werden, um überhaupt eine Schlacht zur Rettung der Festungen schlagen zu können[85]. Darauf, noch nicht auf groß angelegte Operationen mit dem Ziel der Feindvernichtung liefen die strategischen Entwürfe Carnots hinaus. Die Ausführung blieb dem betreffenden Armeekommandanten überlassen. Nur ein unabdingbarer Grundsatz hatte ihn zu leiten: Gewaltstoß mit erdrückender Übermacht gegen die schwächere Zahl der militärisch überlegenen alliierten Streitkräfte; die hierzu noch wenig gefestigten Angreifer sollen sich in der Masse gegenseitig Halt geben. Noch war kein Feldherr zur Stelle, der genügend Kühnheit und Autorität zum Vorgehen auf eigene Gefahr besaß. Im September 1793 gelang jedoch der Entsatz von Dünkirchen und einen Monat später die Befreiung von Maubeuge durch den Sieg bei Wattignies (15. u. 16. Okt.). Derartige Achtungserfolge von nur lokaler Bedeutung änderten allerdings nicht viel am schleppenden Verlauf des schrecklichen Erschöpfungskrieges. Das Schicksal der Republik hing vom Ausgang einer großen Entscheidungsschlacht ab. Ohne dieses Radikalmittel war der Kampf nicht mehr lange weiterzuführen; denn Frankreich steckte im tiefsten materiellen Elend. Seine Armeen drohten an Auszehrung zugrunde zu gehen, wenn sie nicht ihre Ressourcen im Ausland eroberten. Ganz in diesem Sinne schrieb Carnot an den Oberbefehlshaber der Nordarmee, General Pichegru: »Langsames Vorrücken heißt alles verlieren ... Wir müssen Schluß machen. Wenn wir gezwungen wären, im nächsten Jahre von neuem anzufangen, würden wir vor Hunger und Ermattung umkommen[86].«

Inzwischen waren die Revolutionssoldaten durch unentwegte Teilaktionen vorzugsweise im kleinen Krieg, bei jedem Wetter, auch im Winter, kriegsbrauchbar und halbwegs feuerfest geworden. Auf umgekehrte Weise hatten sie die feindlichen Deta-

84 Über die Maßnahmen zur Beseitigung der Gefahren an der Nordfront siehe Warschauer: Studien zur Entwicklung der Gedanken L. Carnots über die Kriegführung 1784–1793, S. 78 ff. Zum Kordon die Ausführungen bei Clausewitz: Vom Kriege, 6. Buch, 22. Kap. (16. Aufl.) Bonn 1952, S. 659 ff.; vgl. der Aufsatz von K. Linnebach: Kordonkrieg und »Stellungskrieg« in: Wissen und Wehr (1929), S. 588 ff.

85 Warschauer, a. a. O. S. 128 f.

86 Zit. nach Aubry: Die Frz. Revolution, Bd. II, S. 166.

Abb. 12. Generalstab 1796. Zeichnung von E. Detaille.

chements in Belgien wie in der Rheinpfalz in Atem gehalten, dauernd belästigt und ermüdet[87]. Die Österreicher vom Korps Wurmser mußten in ihrer Verteidigungsstellung südlich des Haardt-Waldes innerhalb von drei Wochen 28 Angriffsgefechte der Franzosen durchstehen. Dezimiert durch blutige Verluste und hohe Ausfälle an Kranken drückte sie die Übermacht Mitte Dezember 1793 in die Weißenburger Linie zurück, die dann auch nicht mehr zu halten war[88].

1794 setzte Carnot in der Erkenntnis von der Unerbittlichkeit stärkster kriegerischer Kraftanstrengung zur Niederwerfung des Feindes den neuen Offensivplan der großen Feldschlacht in die Tat um. Je weiter er auf dem Wege der Heereskonsolidierung vorangekommen war – der Aufbau miteinander verbundener alter und neuer Truppenteile zu Halbbrigaden, Brigaden und Divisionen, die verbesserten Führungsverhältnisse durch Bildung einer Elite von Generalstabsoffizieren, die erhöhte Bewegungsfähigkeit der Großverbände im Zusammenhang mit der schwierigen Versorgungsfrage, die straffere Disziplin und die Verstärkung der Nordarmee im Schwerpunkt der Kriegsereignisse insbesondere mit Kavallerie –, desto mehr hatte er sich von den Denkformen herkömmlicher Strategie gelöst[89]. Ab Mai ballten sich von Ypern bis Charleroi die Truppenmassen zum Generalangriff zusammen, um von Westen nach Osten wie von Süden nach Norden gegen die Flanken der Verbündeten vorzubrechen. Carnot dirigierte sie so zu verstärkter doppelter Druckausübung, daß der Herzog von Koburg mit seiner österreichischen Hauptmacht die Waffenentschei-

87 Scharnhorst hat die dem französischen Volkscharakter gemäße Fechtweise ausführlich beschrieben in seiner Studie: Entwicklung der allgemeinen Ursachen des Glücks der Franzosen in dem Revolutionskriege. Militärische Schriften von Scharnhorst (Militärische Klassiker des In- und Auslandes), Berlin 1881, S. 192 ff.

88 Pirmasens und Kaiserslautern. Eine Erinnerung an das Jahr 1793, S. 368 ff.

89 Die Kritik bei Warschauer, S. 113, 134 ff., 139 und 142 ff., berücksichtigt zu wenig die geringe operative Beweglichkeit des damaligen Revolutionsheeres.

Abb. 13. Eroberung der holländischen Flotte durch die Husaren. Radierung nach Antoine Leon Morel-Fatio (1810–1871).
Nach dem Rückzug der Verbündeten bis hinter die Ems im Januar 1815 fiel ganz Holland widerstandslos dem Eroberer General Pichegru zu, seine Kavallerie zwang die im Helder eingefrorene Flotte zur Übergabe. Am 16. Mai garantierte Frankreich die »Batavische Republik«; im festen Bündnis gegen England bis 1814, leisteten die Holländer Gefolgschaft mit Flotte, Landtruppen und Geld.

dung bei Fleurus annehmen mußte und dort von der Sambre-Maas-Armee des Generals Jourdan besiegt wurde (26. Juni). Entmutigt hatte er die Schlacht abgebrochen, und damit ging der ganze Feldzug für die Koalition verloren[90]. Die jeweiligen Lebensinteressen bestimmten den Rückmarsch ihrer Heere: die Österreicher strebten dem Mittelrhein, die Holländer ihrer Heimat zu, die Engländer hielten sich in Verbindung mit der Küste. Gegen Carnots Intention, der jetzt die Vernichtung gewünscht hätte, vermochten die beiden Armeen der Nordfront nur frontal, überaus zögernd und abschnittsweise nachzudrücken, weil sie in ihrer operativen Schwäche den Erfordernissen des schnellen Bewegungskrieges noch nicht gewachsen waren. Doch für das alte Europa bedeuteten ihre taktischen Siege den Beginn einer nicht mehr umkehrbaren politischen und militärischen Entwicklung. Die Soldaten der Republik standen als Eroberer in Belgien, auf dem ganzen linken Rheinufer von Nymwegen bis Mannheim und zu Anfang des neuen Jahres auch in Holland. In den Ostpyrenäen waren Spanier

90 Die Räumung Belgiens war schon vorher beschlossen, siehe H. v. Sybel: Polens Untergang und der Revolutionskrieg. Vorträge und Aufsätze Berlin 1874, S. 226 ff.

und Portugiesen aus den französischen Grenzplätzen vertrieben, im Westteil drang General Moncey ins spanische Gebiet ein. An der Alpenfront stand die Armee des Generals Dumerbion auf dem Kamme des Gebirges zum Einfall in die fruchtbaren Ebenen Piemonts bereit. Unterdessen hatte der jakobinische Terror die Rebellen in den Provinzen gleich einem blutgierigen Moloch verschlungen und die Orte des Bürgerkrieges in grausige Schädelstätten verwandelt. Die große Vendée-Insurrektion hingegen konnte erst eingedämmt werden, als Carnot gegen den Willen Robespierres einer Befriedungspolitik mit Vernunft und Augenmaß das Tor öffnete[91]. Dadurch waren 20000 Mann der Westarmee für eine neue verstärkte Offensive gegen die Preußen in der Rheinpfalz frei geworden, die Mitte Juli 1794 die Rheinebene bei Speyer gewann[92].

Am 4. März 1795 legte der Organisator des Sieges dem Konvent seinen Rechenschaftsbericht vor, in dem die stolzen Worte standen: »27 Siege, davon acht in Bataille rangée, 120 Gefechte, 80000 außer Gefecht gesetzte Feinde, 116 eroberte Festungen und Städte, von denen 36 nach Belagerung oder Blockade gefallen sind, 230 eroberte Forts oder Redouten, 3800 eroberte Geschütze, 70000 Gewehre, 90 Fahnen[93].« Der Kern dieses Resultates lag darin, daß Carnot »selbst den Angriff der Masse« gefordert und »die Notwendigkeit einer über die bisherige Erfolgsmöglichkeit hinausgehende Vernichtung des Gegners durch Zusammenfassung aller Kräfte in einer bisher ungeahnten Wucht aus der Tiefe der kriegerischen Kraft des Volkes« erkannt hatte[94]. Wenn die Fähigkeit zur operativen Ausnützung der Waffenerfolge im Heer der levée en masse noch nicht hinreichte, so war doch durch die Gewalt des Schlachtensieges, die den strategischen Angriff nicht mehr in die Defensive zurückfallen ließ, schon die Geburtsstunde einer neuen Kriegführung gekommen.

Im Frühjahr 1794 war auch die vom Chaos der Revolution ruinierte Flotte wieder in der Lage, die Häfen zu verlassen; mit instandgesetzten bzw. neu gebauten Schiffen, mit disziplinierter Mannschaft und aus der Handelsmarine ergänzten Offizieren an Stelle des emigrierten Adels. Der Blockadekrieg der Engländer steigerte die Ernährungsnot bis an die Grenze des Zusammenbruchs und erforderte hartnäckigste Gegenwehr. Ende Mai wagte das Geschwader von Brest unter Admiral Villeret-Joyeuse den Kampf um einen Lebensmitteltransport aus Amerika, den Frankreich ungeduldig erwartete. Den Ausschlag gab die weit überlegene englische Artillerie und die Menschenverluste auf französischer Seite lagen doppelt so hoch, aber auch das Geschwader des Admirals Howe erlitt solche Schäden, daß es den Geleitzug nicht abfangen konnte. Die Engländer hatten am »glorious first of june« einen unbestreitbaren taktischen Sieg errungen, die Franzosen durch ihre heroische Tapferkeit in einem drei Tage lang andauernden Seetreffen immerhin die Bindung des Gegners bewirkt. Die

91 Aubry: Die Frz. Revolution, Bd. II, S. 91 ff., 303 f. und 407 ff.
92 Linnebach: Kordonkrieg und »Stellungskrieg«, S. 591 ff.
93 Zit. nach Jähns: Das frz. Heer, S. 70.
94 Warschauer: Studien zur Entwicklung der Gedanken L. Carnots, S. 142.

Republik feierte den ersten Juni 1794 als einen großen Erfolg, der sie wie zu Lande, so auch zur See in ihrem Selbstvertrauen bestärkte[95].

Der Sieg von Fleurus war sogleich nach innen auf die bis zum Wahnsinn gesteigerte Blutherrschaft zurückgeschlagen. Mit der abgewendeten äußeren Gefahr bestand für sie kein Vorwand mehr. Robespierres Feinde im Nationalkonvent, selbst versierte Männer des Schreckens, doch nach monatelanger Angst und Furcht zu Verschwörern aus angestautem Haß geworden, ließen den Tyrannen über die Beine seiner extremistischen Gesinnungspolitik und seiner orthodoxen Sittenrichterei stolpern. Am 26. Juli fiel sein Kopf von der Gouillotine. Das Bürgertum atmete auf; weniger das darbende arme und getäuschte Volk. Die Armee weinte dem militärfeindlichen »Zivilisten« kaum eine Träne nach. Der Sturz des Terrorismus hatte dennoch keine innere Befriedung zur Folge. Die regierenden, überall unbeliebten Volksvertreter im Sumpf einer verkommenen Gesellschaft von unredlichen Finanzleuten, Schiebern, Lebemännern und ausgehaltenen Frauen vermochten das zerstörte Gleichgewicht der politischen Kräfte nicht wiederherzustellen[96], bis General Bonaparte mit seinem konservativen Staatsstreich dem wüsten Treiben zum Abgrund hin das Ende bereitete.

Daß die Diktatur des Schreckens Frankreich gerettet hätte, ist eine weit verbreitete Legende. Die enorme Leistung der »permanenten Requisition« wäre auch unter weit geringerem Reibungsverlust, ohne die sinnlose Kraftvergeudung und die Verbrechen der Strafjustiz möglich gewesen. Die Stümperei unter den Doktrinären der Berg-Partei hat demoralisierte Soldatenhaufen ohne Brot, Schuhe und Gewehre hervorgebracht; erst die fähigen Männer vom Fach lichteten das Chaos und zwangen es in unermeßlicher Titanenarbeit zu rettender Ordnung. Trotzdem konnten die wahren Retter der Republik von Glück reden, weil die Staatsoberhäupter der Alliierten den Krieg auf eigene Rechnung führten. Ihre kopflose Politik war vom Kreuzzug für Thron und Altar schon abgekommen, beschäftigte sich mit Tausch- und Teilungsprojekten auf Kosten fremder Völker und suchte möglichst großen persönlichen Vorteil beim Landgewinn, während England durch die Eroberung von Dünkirchen schadlos gehalten sein wollte. Schrittweise wirkte der Hader über die Beute aus dem Untergang Polens zwischen den beiden deutschen Großmächten Preußen und Österreich zersetzend auf den Bestand der großen Koalition, die sich schon im nächsten Jahr durch den preußischen Sonderfrieden von Basel (5. April 1795) auflösen sollte[97]. Ihre Heerführer waren alte Herren, in der Kriegskunst des späten 18. Jahrhunderts wohlgeschult, die wie kluge Schachspieler nach gelernten Regeln verfuhren und sich dabei vom Ungestüm der jungen Revolutionsgenerale vor den Kopf gestoßen fühlten. Politische Eintracht und den gemeinsamen Willen zu konzentrierter Offensive in der entscheidenden Richtung vorausgesetzt, hätte die alliierte Armee vom nördlichen

95 Aubry: Die Frz. Revolution, Bd. II, S. 184 ff.

96 Aubry, a. a. O. S. 291 ff.

97 Zu den Hintergründen siehe H. v. Sybel: Polens Untergang und der Revolutionskrieg.

Abb. 14. Lazare Carnot. Schabkunstblatt nach einem Gemälde von Louis Boilly (1761–1845) aus dem Jahr 1813. Von den Erben des Wohlfahrtsausschusses Mitglied der Direktorialregierung, unabhängig zwischen den Parteien rechts und links; durch den Staatsstreich von 1797 gegen seine Politik der Aussöhnung ins Exil entkommen, vom Konsul Bonaparte zurückgerufen, doch nur kurze Zeit Kriegsminister; als einziger Tribun gegen die Erhöhung Napoleons zum Kaiser und erst wieder 1814 in der Not des Vaterlandes zu seinen Diensten; erfolgreicher Verteidiger Antwerpens, während der 100 Tage im Amt des Innenministers, danach zweite Flucht ins Ausland. Vom 3. 11. 1816 bis zu seinem Tod am 3. 8. 1823 in Magdeburg, vom Staatskanzler Hardenberg aufgrund gewünschter Ratschläge für den Festungsbau und das militärische Bildungswesen im Range eines Generalleutnants bestätigt. Carnots sterbliche Hülle wurde 1889 vom Magdeburger Nordfriedhof ins Pariser Panthéon überführt.

Kriegsschauplatz aus auf kürzestem Wege bis Paris vordringen können, so lange die levée en masse noch keine genügende Widerstandskraft besaß.

Diese Frist lief erstaunlich schnell ab. An krisenfester Gefechtsdisziplin, die den Kampfwert friedensgedrillter Regimenter kennzeichnet, kamen die Revolutionstruppen ihren Gegnern zunächst noch nicht gleich. Dem gravierenden Nachteil hielten schließlich die Überlegenheit der Zahl, die größere Opferbereitschaft der Soldaten und die stärkere Willenskraft ihrer Führung die Waage. Die französischen Divisionen siegten, weil ihre vom Schwung des Patriotismus erfaßten Mannschaften niemals zuvor, dann auch nur noch in der Aufstiegszeit Napoleons, freudiger den voranstürmenden Offizieren folgten. Der bedenkenlose Menschenverbrauch ergab sich aus dem Druck der inneren Zwangsordnung. Im Hinblick auf das Massenaufgebot war die »Konservation« wie zur Zeit der Kabinettskriege mit den stehenden Heeren kein begrenzendes Prinzip mehr. Den überaus verlustreichen Sambre-Übergang 1794 vor der Schlacht von Fleurus hat der unerbittlichste aller Prokonsuln und Kommissare, St. Just, dreimal forciert, was »psychologisch neben seine gewaltsamen politischen Maßregeln zu stellen[98]« ist.

Daß die Revolution militärisch schon 1794 unbesiegbar geworden war, verdankte sie primär dem Schöpfer und Gestalter des ersten modernen Volksheeres Lazare Carnot. Als »wahrhaft politischer Staatsmann hoher Einsicht für die Gesamtpolitik seines Vaterlandes und erhaben über den Interessenkampf der Parteien[99]« hat er eine kraftvolle Armee-Organisation gegen die phrasenhafte Demokratisierung mit ihrer selbstzerstörerischen revolutionären Mechanik durchgesetzt. Damit verstärkte und erweiterte er die Grundlagen für die Kriegführung. Es war sein Verdienst, daß Napoleon die Früchte dieser Organisation ernten konnte.

98 H. v. Hentig: Terror, S. 109.
99 Warschauer: Studien zur Entwicklung der Gedanken L. Carnots, S. 68.

III. Vom Revolutionsheer zum Kaiserheer

Der Separatfrieden von Basel mit Preußen am 5. April 1795, dem Spanien drei Monate später folgte, schien den Sieg der Revolution nach außen endgültig besiegelt zu haben. Unheilvoll entwickelte sich dagegen die innere Lage. Die Schreckenszeit hatte einen zerrütteten Staat und ein in viele Parteien gespaltenes Volk hinterlassen. Die neue, wieder bürgerlich gewordene, auf der Gleichheit vor dem Gesetz beruhende Verfassung mit ihrem Zweikammersystem vermochte dann wenig zu helfen, wenn die bisherigen Verhältnisse noch keine rechte Schule zu politischer Freiheit, die sich selber im Gleichgewicht hielt, bedeuten konnte, und die Nation nicht im Frieden mit sich selber leben wollte. Die Rückkehr zur freien Wirtschaft ließ die Preise sogleich in die Höhe steigen, als Folge des Währungszusammenbruchs kam der Handel ganz zum Erliegen, die Bauern gaben ihr Getreide gegen Papiergeld nicht mehr her und bestellten obendrein die Felder nur noch so weit sie es für nötig hielten, in den Städten brachte der teils künstlich erzeugte Hunger die armen Leute noch tiefer ins Elend. Nur die Schieber und die Bankiers erzielten durch unredliche Geschäfte riesige Gewinne, wenn dabei auch für die Politiker etwas abfiel. Dazu würgte die englische Blockade und mit englischem Geld wurden im allgemeinen sittlichen Verfall die Unzufriedenen zu neuer Insurrektion aufgewiegelt. Nachdem die roten Revolutionstribunale beseitigt waren, gewann die Reaktion der Royalisten an Boden. Sie führten den Bürgerkrieg fort; jetzt mit dem Unterschied, daß der kaum minder blutige weiße Terror nichts anderem als giftigen Haß- und Rachegefühlen gegen die ehemaligen Peiniger entsprang. Die Direktorialregierung sah sich nacheinander gefährlichen Angriffen der Extremisten von rechts und links ausgesetzt und reagierte auf deren Putschversuche mit gegenruderndem Kurswechsel, ohne das nötige Gleichgewicht zu finden. So glich die militärisch siegreiche Republik einem Schiff, das steuerlos auf dem Meer dahintrieb[1].

Die Befreiung vom äußeren Druck nach abgewendeter Gefahr des Vaterlandes wirkte aber auch auf die Armee zurück. Ihre moralischen Kräfte begannen zu versiegen, die Disziplin lockerte sich. Die Soldaten litten ärgsten Mangel an allem, was ihr Unterhalt erforderte und bekamen keinen Sold. Scharenweise liefen sie heimwärts oder mußten entlassen werden, weil viele sich darauf beriefen, nur zur Landesvertei-

1 Über die inneren Zustände Frankreichs siehe Sybel: Geschichte der Revolutionszeit, Bd. 4, Düsseldorf 1870, S. 3 ff. und 433 ff., vgl. O. Aubry: Die Franz. Revolution, Bd. 2, Teil III und IV.

2 Aubry: Die Franz. Revolution, Bd. 2, S. 415, vgl. Jähns: Das französische Heer, S. 88; im Jahr 1796 hatte das Direktorium die Überzahl der Halbbrigaden auf 110 bei der Linien-Infanterie, auf 30 bei der leichten Infanterie herabgesetzt, siehe auch C. Rousset: Die Freiwilligen, S. 202.

Abb. 15. Französische Truppen zur Zeit der Direktorialregierung. Holzschnitt nach einer Zeichnung von August Beck (1823–1872).

digung verpflichtet zu sein. Im Vergleich zum Vorjahr war das Revolutionsheer 1795 fast um die Hälfte auf 400 000 Mann reduziert[2]. Erst im September drangen die Generale Jourdan und Pichegru weiter über den Rhein vor, doch beide ließen sich von den Österreichern schlagen und mußten das rechte Ufer wieder räumen. Die Pariser Regierung drückte in diesen Wochen andere Sorgen. Die Royalisten und ihre Sympathisanten wagten den Aufruhr, den General Bonaparte am 5. Oktober mit einem Kartätschhagel niederschlug. Der noch vor Jahresende zwischen den kriegführenden Parteien abgeschlossene Waffenstillstand diente der Sammlung neuer Kräfte.

Durch den erfolgreichen Herbstfeldzug ermuntert und über den Zustand innerer Staatszerrüttung gut unterrichtet, hoffte man in Wien, die kriegsmüde Republik mit Unterstützung Englands und Rußlands doch noch besiegen zu können. Die Zeit bis zum Frühjahr nützte aber auch Lazare Carnot, jetzt Mitglied des fünfköpfigen Direktoriums, zur Vorbereitung eines Hauptschlages gegen Österreich. Die Franzosen mußten endlich Frieden haben, doch die Majorität des Parlaments wollte ihn nur, wenn er das Programm der Eroberung abschloß: die gesicherte Rheinlinie als »natürliche Grenze[3]«. Folglich sollte ein Doppelfeldzug ans Ziel führen. Demnach lag der Schwerpunkt der Offensive bei den zwei großen Armeen unter den Generalen Jourdan und Moreau, die über den Rhein hinweg nach Süddeutschland Richtung Wien strebten, während eine Diversion der Italienarmee diesen Stoß zu erleichtern hatte. Auf dem Nebenkriegsschauplatz rechneten die planenden Politiker mehr mit reicher Beute als mit einem strategischen Resultat. Nicht nur die Truppen waren darauf angewiesen, auf Kosten des Feindes zu leben, auch die leere Staatskasse mußte wieder mit Geld gefüllt werden. Die Waffenentscheidung erfolgte dort, wo sie niemand erwartete.

3 Hierzu Aubry, a. a. O. S. 308, 312, 349 und 362 f.

Abb. 16. Der 5. Oktober 1795 an der Kirche von St. Roche. Stich von Duplessi-Bertaux. Dieser Tag bestimmt die Zukunft des Generals Bonaparte. In Paris schlägt er den royalistischen Aufstand nieder, nachdem der Schwadronschef Murat eiligst 40 Geschütze herangeholt hat. Dem Retter des Nationalkonvents waren vor Auftragserteilung »nur 3 Minuten Zeit« geblieben, sich zwischen dem Odium des Siegers über Franzosen und der Bewahrung Frankreichs vor einer von Österreichern und Engländern erhofften Katastrophe zu entscheiden.

Carnot hatte den 27jährigen General Bonaparte mit der zweitrangigen Aufgabe des Offensivkrieges in Italien betraut. Er war der Verfasser eines Feldzugsplanes, den der Vorgänger, General Scherer, wegen seines weitgesteckten Zieles, des vorausgedachten Operationstempos und ganz unzureichender eigener Kraftmittel für unausführbar hielt. Kellermann, der andere General der Alpenfront, erklärte den forschen Strategen sogar als »reif für das Irrenhaus[4]«. Als der neu ernannte Befehlshaber am 16. März 1796 in Nizza das Kommando übernahm, von den Unterführern kühl empfangen, bewies er sogleich die überragenden Fähigkeiten des Feldherrn ersten Ranges, ohne jemals zuvor den allumfassenden Einsatz einer Armee selbständig geleitet zu haben. Zwar konnten seine mitreißenden Worte vernachlässigten, notleidenden und demoralisierten Bataillonen gegenüber anfangs wenig ausrichten[5]. Weit mehr

4 zit. nach Aubry, a. a. O. S. 373; Urteil General Scherer, S. 416; vgl. H. v. Kuhl: Bonapartes Erster Feldzug, Berlin 1902, S. 125 und A. Fournier: Napoleon I., Bd. 1, (3. Aufl.), Wien/Leipzig 1913, S. 69 ff. und 87.

5 Die berühmte Ansprache ist erst viel später entstanden, aufgenommen in die Correspondence 1850–1870 Bd. 1, Nr. 91. Clausewitz hat ihre unmittelbare Wirkung überschätzt, wenn er schrieb, der Aufruf hatte Bonaparte »auf der Stelle zum Abgott des Heeres gemacht«, siehe: Der Feldzug von 1796 in Italien, Berlin 1833, S. 15. Zur Vorbereitung des Feldzuges siehe Kuhl: Bonapartes Erster Feldzug, S. 153 ff. und 170.

halfen seine tatkräftigen Eingriffe in die desolaten Verwaltungsverhältnisse, um die Kampfverbände angriffsbereit zu machen, sowie strenge Musterung und scharfes Durchgreifen, um die Disziplin zu festigen. Bonaparte hatte großenteils kriegserprobte, abgehärtete Männer vor sich, die er zu begeistern vermochte, sobald es stürmisch vorwärtsging. Hinter den Bergen lagen die »fruchtbarsten Ebenen der Welt«, wo die Italienarmee »Brot, Magazine, Kleider, Geschütze und Geld für die Löhnung[6]« finden würde. Um dorthin zu gelangen, mußten ihr größte Anstrengungen abverlangt werden und bei der chronischen Neigung zur Indisziplin hatte das Überwinden der Gebirgshindernisse so schnell wie möglich zu geschehen.

Tatsächlich waren in unvorstellbar kurzer Zeit, vom 12. bis zum 28. April, sechs Siege errungen und die Piemontesen zum Waffenstillstand gezwungen. Schon am Pfingstsonntag zog der General, den die Soldaten jetzt »le petit caporal« nannten, nach einem weiteren Schlag gegen die Nachhut der Österreicher bei Lodi (5. Mai) als Eroberer der Lombardei in Mailand ein, trieb dann den Feind über den Mincio zurück und belagerte seine Schlüsselfestung Mantua. Seinem Feldzug lag ein Prinzip zugrunde, das er sich ohne jede praktische Erfahrung allein durch gründlich erworbenes, noch aus alter Armeeschule stammendes Spezialwissen und durch emsiges kriegsgeschichtlich-geographisches Studium in der Erkenntnis absoluter Siegesgewißheit zu eigen gemacht hatte: Unbedingte Offensive der schwächeren Armee[7] gegen die zersplittert stehenden Feindteile, Angriff stets mit massierter Übermacht und Niederwerfen kraft rücksichtsloser Ausnützung des Kampferfolges. Dieses Prinzip war nicht originell, doch im raschen Erfassen des richtigen Zeitpunktes zum starken Entschluß, in der Schnelligkeit der Ausführung und in der Mobilisierung der moralischen Kräfte bestand die schwierige Kunst der Anwendung. Die hohe Beweglichkeit der französischen Divisionen, die requirieren und weit marschieren konnten, gab den Ausschlag zum Sieg. Der Feldzug von 1796 wurde zum Ausgangspunkt des modernen Krieges[8].

Vom ersten Tage an dirigierte Bonaparte die Spitzen der Kolonnen persönlich zum Angriffspunkt hin und kämpfte mitten unter seinen Soldaten, denen er die Schwungkraft zu nächster Waffentat gab. Er hatte ihnen ja auch die anfangs versprochenen Reichtümer des eroberten Landes beschert. Die Renitenz der Unterführer war bald dem Zauber seiner Persönlichkeit gewichen. Die Armee in Italien beflügelte bereits nicht mehr allein der revolutionäre Geist. Sie folgte berauscht dem Glücksstern ihres Feldherrn.

Das Ziel seines strategischen Durchbruchs von der schmalen ligurischen Ebene her über Tirol zur Kooperation mit den beiden Invasionsarmeen in Süddeutschland ließ

6 Lieutenant général comte Roquet: Mémoires militaires, Bd. 1, Paris 1862, S. 215.

7 Die Einsatzstärke der frz. Operationsarmee betrug rund 40 000 Mann gegenüber 50 000 Österreichern und Piemontesen.

8 Kuhl: Bonapartes Erster Feldzug, S. I. Bei dieser Methode war vor allem der Menschenverbrauch unvergleichlich geringer.

sich aber nicht erreichen[9]. Deren Offensive begann verspätet erst im Juni und endete wieder mit einem Rückzug über den Rhein. Inzwischen hatten die Österreicher frische Kräfte zur Rückeroberung Oberitaliens herangeführt, so daß sich der Kampf noch monatelang hinzog. Alle sukzessiv unternommenen Versuche, Mantua zu entsetzen, zerschellten jedoch an Bonapartes Gegenschlägen. Im meisterhaften Gebrauch seines Divisions-Systems teilte er sie nacheinander aus, die weiträumig gruppierten Armee-Abteilungen in jeder Richtung zu rascher Konzentration hingelenkt. Welche breite Kluft die neue Periode des Revolutionskrieges schon von der Manöverstrategie des 18. Jahrhunderts schied, belegt der hilflose Ausruf des kaiserlichen Generals Wurmser: »Mit diesem Bonaparte ist nichts anzufangen, der hält sich ja an gar keine Kriegsregel[10].« Mit seinen neuen Siegen, die ganz Frankreich stürmisch bejubelte, waren alle 1794 gewonnenen Schlachten bei weitem übertroffen. Gegen die ursprüngliche Absicht des Pariser Direktoriums hatte der souveräne Führer der Italien-Armee eine Nebenfront zum Hauptkriegsschauplatz verwandelt, auf dem an der Jahreswende auch die dringend benötigten Verstärkungen eintrafen.

Trotz allem Mißtrauen sind die bedrängten, auch bankrotten Machthaber der Republik schließlich doch bereit gewesen, den erfolgreichen General in seinem Oberkommando zu belassen. Er sorgte ebenso eifrig dafür, daß sich das restlos verwirtschaftete Staatssäckel mit unermeßlicher Beute halbwegs wieder auffüllte: 50 Millionen in Gold und Silber, fast viermal so viel wie die Generale Jourdan und Moreau aus Süddeutschland zulieferten[11]. Dazu kam die Riesenmenge an geraubten Kunstwerken[12].

Wenn das erschöpfte Frankreich mit seinen beutegierigen Revolutionsarmeen in die Nachbarländer drängte, so wollte Bonaparte doch auch keine Räuberbande kommandieren. Davon zeugt sein Tagesbefehl vom 26. April nach den ersten Siegen, in dem er die Sieger ermahnte, ihre Ehre und ihren Ruhm nicht mit dem Verbrechen der Plünderei zu besudeln. Jedem Gewalttäter drohte die Erschießung[13]. Nicht so fest im Griff schienen die Befehlshaber in Süddeutschland ihre Armeen zu haben. Jourdan berichtete am 23. Juli aus Main-Franken: »Die Soldaten mißhandeln das Land aufs äußerste; ich erröte, ein Heer zu führen, welches sich auf solch unwürdige Weise

9 Diese Absicht nach dem Brief Bonapartes an das Direktorium vom 28. April 1796, zit. bei Kuhl, a. a. O. S. 306.

10 zit. nach Napoleon I. und das Militärwesen seiner Zeit, hrsg. von W. v. Groote, Militärgeschichtliches Forschungsamt, Freiburg i. Br. 1968, S. 219.

11 Aubry: Die Frz. Revolution, Bd. 2, S. 440. Bis Ende 1798 betrug der Gesamtwert an Kriegssteuern, Naturalrequisitionen, Kunstschätzen und eingezogenen Gütern aus Deutschland, Holland und Italien 2 Milliarden, nach H. v. Hentig: Terror Zur Psychologie der Machtergreifung, S. 201, Anm. 4.

12 In nationales Eigentum verwandelt, dienten sie der nach Robespierres Sturz begonnenen Einrichtung des Louvres als zentrale Sammelstätte, siehe P. Wescher: Kunstraub unter Napoleon, Berlin 1975, S. 35 ff.

13 Nach dem Armeebefehl vom 26. April 1796, zit. bei Kuhl: Bonapartes Erster Feldzug, S. 304 ff.

beträgt. Wenn die Offiziere sich gegen die Mannschaft erheben, werden sie bedroht, ja es wird auf sie geschossen[14].« Der Zwang zur Requisition, Raublust und übertriebener Anspruch auf Wohlleben wirkten zusammen, so daß die Franzosen ihren Ruf als Freiheitsbringer schnell verloren. Aus manchem Schloß verschwand das Silber, sobald irgendein Hauptquartier wieder abzog. Die besetzten Städte mußten ruinierend hohe Tafelgelder für die Herren Kommandanten samt ihrem Gefolge zahlen[15]. Im Odenwald und Schwarzwald griffen Bauern sogar zu den Waffen, um sich der unerträglichen Plagerei zu erwehren. Auch in der Lombardei stellte sich der Armeeführung die Frage, wie weit man gegenüber den durchaus freundlich gesinnten Italienern beim Requirieren und mit den Kontributionen gehen konnte. Als in einigen Dörfern Überfälle auf französische Soldaten vorkamen und in Mailand wie in Pavia Aufstände ausbrachen, befahl Bonaparte sofort abschreckende Repressionen durch Füsilladen und Plünderung[16].

Nachdem am 2. Februar 1797 Mantua endlich gefallen war, begann die verstärkte Armee Mitte März den entscheidenden Feldzug, der ins Herz der Donaumonarchie zielte. Der Stoß traf die letzten österreichischen Reserven noch vor ihrer Versammlung. Weiter als bis Leoben, acht Poststationen von Wien entfernt, wollte Bonaparte aber nicht vordringen. Mit Rücksicht auf seine langen Verbindungslinien und die allgemeine Kriegsmüdigkeit der französischen Nation brachte er dort am 18. April über die Köpfe des Direktoriums hinweg die Friedenspräliminarien zuwege. Auch der erst ein halbes Jahr später unterzeichnete Vertrag von Campo Formio (17. Oktober) war das Werk des imperatorisch denkenden Generals. Dabei repräsentierte er in seiner Persönlichkeit ganz selbständige politische Macht, die sich im Spiel der Diplomatie überlegen zeigte. Die Republik hatte ihre wesentlichen Kriegsziele erreicht: Belgien und den größten Teil der Rheinlande[17].

Sofort nach Beendigung der Operationen war die Armee unter den Augen ihres Herrn und Meisters einem streng reglementierten Dienstbetrieb unterworfen, der an das Kasernenleben zur Zeit des ancien régimes erinnerte. Die Truppenteile exerzierten auf ganz ungewohnte Weise, täglich um 5 Uhr morgens als Einzelübung und 5 Uhr abends im Bataillon, zweimal wöchentlich im Regimentsverband[18]. Die hinzugewonnene Kampferfahrung erhöhte die Ausbildungsqualität. Militärpolitisch bahnte sich eine hoch bedeutsame Entwicklung an. Nicht nur die Soldaten des Feldherrn von den Generälen bis zu den Trommlern standen im Rausche seines Ruhmes, auch die Volksmassen im Heimatland hatte ein grenzenloser Freudentaumel erfaßt. Um so

14 zit. nach H. Delbrück: Geschichte der Kriegskunst, Bd. IV, S. 478.
15 Jähns: Das Frz. Heer, S. 73.
16 Aubry: Die Frz. Revolution, Bd. 2, S. 438.
17 Das Friedensgeschäft hat Bonaparte zwischen der Forderung der Rheinlinie und dem Ende der Republik Venedig, die als Entschädigung an Österreich fiel, geschickt austariert; dazu Fournier: Napoleon I., Bd. 1, S. 119 ff.
18 Nach dem Armeebefehl vom 9. Mai 1797 in Mailand, zit. bei Kuhl: Bonapartes Erster Feldzug, S. 44.

Abb. 17. Revolutionsgenerale. Nach Zeichnungen aus der Zeit und danach.
a) Lazarus Hoche (1768–1807); Sohn eines Reitknechtes der kgl. Jägerei, 1789 Korporal im Leibregiment, nach dem Bastillensturm Sergeant in der besoldeten Pariser Nationalgarde, 1792 Hauptmann, von Carnot zum General der Moselarmee ernannt; Rückeroberer des Elsaß, Beender des Bürgerkrieges in Westfrankreich, nach letzter Rhein-Offensive 1797 am 17. 9. in Wetzlar an Tuberkulose verstorben. Neben Bonaparte ruhmreichster und fähigster Feldherr des Revolutionsheeres, sein Tod schaffte dem Sieger in Italien freie Bahn.
b) Pierre Francois Augereau (1757–1816); Sohn eines Pariser Maurers, 1774 zum Militärdienst gepreßt u. mit gestohlenen Pferden desertiert. Heimkehr bei Ausbruch der Revolution; 1792 Anführer eines Freiwilligen-Btl, ein Jahr später General, draufgängerischer Helfer bei Bonapartes Siegen von Lodi und Arcole, berüchtigter brutaler Plünderer; als politischer General u. Kommandant der Pariser Armee führend beim Staatsstreich vom 3.–4. 9. 1797 gegen Monarchisten, Emigranten u. Priester, danach O. B. der vereinigten »Deutschland-Armee«; als kaiserlicher Marschall an der Spitze eines Armeekorps.
c) Jean Victor Moreau (1763–1813); studierter Jurist, 1791 Chef eines Freiwilligen-Btl, 1794 Div-General, im Oktober Führer der Nordarmee, vom Frühjahr 1795 bis Herbst 1797 OB der Rhein-Mosel-Armee; 1799 aus der Ungnade an die Spitze der Armee in Italien zurückgerufen, 1800 OB der Armee in Deutschland u. Sieger von Hohenlinden; 1804 von Napoleon verbannt, 1813 im H.Q. des Zaren, bei Dresden tödlich verwundet.
d) Jean-Baptiste Bernadotte (1763–1844); bei Ausbruch der Revolution Feldwebel, durch jakobinische Gesinnung 1793 Oberst, 1794 General unter Bonaparte in Italien; auf politischer Bühne ihm gegenüber zaudernd und zweideutig, als kaiserlicher Marschall Befehlshaber eines Armeekorps bis Wagram 1809; durch Adoption Kronprinz von Schweden, 1813 OB der Nordarmee, 1818 König Karl XIV. Johann von Schweden, Begründer der heutigen Dynastie.

leichter konnte sich das Patriotenheer der Revolution zum Machtinstrument des genialen Generalissimus wandeln, wenn nach fast zehnjähriger Staatsumwälzung und Zerrüttung mit dem Frieden nicht auch die innere Ruhe einkehrte. Überhaupt waren die französischen Generale, seitdem ihre Köpfe nicht mehr von der Gouillotine rollten, zu einflußreichsten politischen Figuren im heillosen Streit der Parteien geworden.

Der Friede auf dem Kontinent bedeutete in Wirklichkeit nur einen Waffenstillstand. Der Vertrag von Campo Formio hinterließ hinsichtlich seiner Durchsetzung zu viele Reibungsflächen, und der Kampf gegen die Engländer ging weiter. Da das ins Auge gefaßte Landungsprojekt momentan unausführbar war, drängte Bonaparte, der in Frankreich das wiedererstehende, von einem neuen Karthago bedrohte Rom erblickte, zur Expedition nach Ägypten, um Großbritannien indirekt an empfindlicher

Abb. 18. Einzug der Franzosen unter General Brune in Bern am 5. März 1798. Stich nach einer Zeichnung von Alexandre Girardet (1767–1820).
General Brune zwang den aristokratisch regierten Kantonen mit Waffengewalt die »einzige unteilbare Republik« auf; von den beschlagnahmten Millionen in der Berner Staatskasse erhielt er selbst 200 000 Franken. Außerdem wurden der Schweiz hohe Requisitionen zum Unterhalt der Besatzungstruppen auferlegt.

Stelle anzugreifen. Bereitwillig gab ihm das Direktorium dazu 40 000 Mann Elitetruppen in die Hand. Das triumphale Unternehmen vermochte aber seinen Ruhm nicht wie insgeheim erhofft zu stärken. Acht Wochen nach der geglückten Landung vernichtete Admiral Nelson am 1. August 1798 die französische Flotte auf der Reede von Abukir. Diese Nachricht beschleunigte die Bildung der wieder von England inszenierten zweiten Koalition. Die revolutionäre Umgestaltung Italiens und die Errichtung der Einheitsrepublik Helvetien alarmierten Österreich. In Italien war auch der Kirchenstaat nach der Gefangennahme des Papstes als römische Republik zur cisalpinischen und ligurischen hinzugetreten. Die piemontesisch-sardinische Armee hatte vor den Franzosen unter General Joubert die Waffen strecken müssen. Aus ihren fünf Schweizer Regimentern entstanden sogleich zwei »légions helvétiques d'Italie«. Am Jahresende jagte General Championnet die von Nelson zum frühzeitigen Losschlagen ermunterten Neapolitaner auseinander, worauf die Gründung der parthenopischen (alte Bezeichnung für Neapel) Tochterrepublik Frankreichs erfolgte. In Luzern hatten am 30. November, ein reichliches halbes Jahr nach der Besetzung der Schweiz, der französische Gesandte und der Außenminister der helvetischen Republik ein Hilfs- und Beistandsabkommen abgeschlossen, das sechs »demi-brigades auxiliaires« zu je drei Bataillonen in einer Gesamtstärke von 18 000 Mann zur

Verfügung stellte[19]. In den Kreis der von Frankreich abhängigen Klientelstaaten eingefügt, bildete die Schweiz nun auch die kürzeste, strategisch wichtige Verbindung mit der Lombardei durch die über den Simplon führende Straße. Für Österreich waren das Gründe genug zu einem neuen Waffengang. Rußland schloß sich an, weil es seine Kreise durch Frankreichs Übergreifen in den Orient gestört sah, und bewog auch die Türkei zur Teilnahme am Krieg.

Als die Feindseligkeiten Anfang März 1799 begannen, war das kaiserliche Heer, von russischen Hilfskräften unter dem berühmten Feldmarschall Suworow sekundiert, durch Führung und Truppenzahl den Franzosen überlegen. Bis auf Genua verloren sie ganz Italien und erlitten auch in Süddeutschland wie in der Schweiz Rückschläge. Frankreich konnte den 280000 Alliierten nicht mehr als reichlich 180000 Mann[20] entgegenstellen. Seine Orientarmee war mit dem besten Feldherrn in Ägypten abgeschnitten und die levée en masse ließ sich nicht wiederholen. Dazu fehlte erstens schon ein Carnot, der seit dem nach links ausgeschlagenen Staatsstreich vom 3. September 1797 in der Verbannung lebte. Wie die Politiker, so lagen auch die Militärs im heftigen Parteienstreit. Das unfähige Direktorium hatte wieder zu den Mitteln der Diktatur gegriffen, was die instabilen Verhältnisse nur noch verschlimmerte. Das ganze öffentliche Leben war in Agonie gefallen, im Lande zogen Räuberbanden ungehindert umher und stellenweise flackerte der Bürgerkrieg wieder auf. Überall zeigten sich die Leute regierungsfeindlich, weil sie keine Hoffnung auf bessere Zeiten sahen.

Schon vom 5. September 1798 datierte ein neues Wehrgesetz, das General Jourdan als Deputierter des Departements Haute-Vienne im »Rat der Fünfhundert« vorsorglich eingebracht hatte[21]. Es enthielt einen verbesserten Rekrutierungsmodus unter dem Namen der »Konskription«. Danach war jeder unverheiratete Franzose vom 20. bis zum 25. Lebensjahr militärdienstpflichtig. Das ergab fünf Altersklassen sogenannter »défenseurs conscrits«, die der Regierung zur Verfügung standen, je nachdem es die politisch-militärische Lage gebot. Die Legislative bestimmte die Höhe des Kontingentes, die Exekutivgewalt die Einberufung ad hoc, beginnend mit den Jüngsten. Erst wenn deren Quote durch das Los ausgehoben war, durfte auf die folgenden Jahrgänge zurückgegriffen werden. Jeder Konskribierte, ganz gleich ob einberufen oder nicht, erhielt fünf Jahre nach seiner Einschreibung in die Liste den Abschied. Damit hatte das Gesetz erstmals die Dauer der Dienstzeit im Frieden definitiv bestimmt. Befreiungen waren nicht gestattet, bis auf die Armen sollte auch der Untaug-

19 Diese sechs Brigaden mußten bald auf die Hälfte reduziert werden, da sich die Rekruten nicht durch Freiwilligenwerbung aufbringen ließen; siehe R. Petitmermet: Die Schweizertruppen im russischen Feldzug 1812, in: Das Sponton (1961), Heft 2/3, S. 127.

20 Nach »Frankreichs Streitkräfte und Stärke 1792–1815«, Leipzig 1831, S. 24ff.

21 G. Schmeißer: Die Refraktärregimenter unter Napoleon I. und die aus ihnen hervorgegangene Division Durutte, in: Beihefte zum Militär-Wochenblatt (BMWBl), Jg. 1890, S. 26f.; vgl. O. v. Lettow-Vorbeck: Die Französische Konskription unter Napoleon I., in: BMWBl (1892), S. 149f.

liche eine seinem Geldbeutel entsprechende Steuer zahlen. Im Kriegsfalle erweiterte sich die Wehrpflicht auf die »in Requisition gesetzte Nationalgarde«.

Am 25. September dekretierte das Direktorium die Aushebung von 200 000 Mann, um die Feldarmeen wieder auf Kriegsstärke zu bringen, besonders die in Italien und am Rhein stehenden Truppen. Schon das Reservoir der jüngsten Altersklasse hätte in etwa ausgereicht, diese Ergänzungs-Quote aufzubieten. Dennoch mußten bis Ende Juni 1799 alle fünf Jahrgänge herangezogen werden. Ein Zeichen dafür, wie es um den Patriotismus der Republik trotz ihrer Gefährdung bestellt war. Die meisten Wehrpflichtigen leisteten der Einberufung keine Folge. Viele noch nicht 20jährige heirateten schnell, um nicht dienen zu müssen, es gab »mehr Deserteure als Rekruten[22]«. Die schwache Regierung konnte nur an einer Armee Rückhalt finden, die siegte und ihr verlorenes Prestige wiedergewann. Schon aus diesem Grunde hatte sie Bonaparte aus Ägypten zurückberufen, der freilich auch ohne Aufforderung gekommen wäre. Als er am 9. Oktober mit ebenso viel Glück wie auf der Hinfahrt in Fréjus landete – seine Armee folgte ihm erst nach dem Frieden mit England von Amiens – war die größte Gefahr bereits überstanden. Die Eintracht der Feindkoalition überdauerte ihr Kriegsglück nicht, nachdem die Politiker die Operationspläne geändert und die Militärs vor allem des Zeitverlustes wegen schwere Niederlagen in der Schweiz erlitten hatten. Auch die in Holland gelandeten Engländer und Russen wurden mit militärischer Hilfe der Batavischen Republik[23] zur Kapitulation gezwungen. Zar Paul I. kündigte das Bündnis auf und holte seine Truppen nach Rußland zurück.

Im innersten Kreis der Regierung zu Paris bereitete sich unterdessen der alles entscheidende Staatsstreich vor. Der Direktor Sieyès war es selbst, der die Verschwörer heimlich lenkte. Ihm fehlte nur noch das lang gesuchte »Schwert« zur Ausführung. Er fand es bei dem aus Ägypten heimgekehrten General, dessen zu langer Abwesenheit die Nation ihr Unglück zuschrieb, dessen Name Erfolg und Sieg bedeutete. Als der Sturz des Direktoriums geglückt war (9. November 1799), stand Bonaparte über den Siegern als Erster Konsul. Die große Mehrheit der Franzosen überließ ihm in ihrer Sehnsucht nach Ordnung und Frieden die Alleinherrschaft. Die hohlen Phrasen über Freiheit und Brüderlichkeit wollte man nicht länger hören, die Regierungsform schien der Masse gleichgültig zu sein[24].

Zunächst aber mußte Bonaparte die stolze, doch in ihren Grundfesten erschütterte Nation auf neue Siege vertrösten. Ein sofortiger Friedensschluß würde die Preisgabe der Schwesterrepubliken und des eroberten Rheinlandes bedingt haben, ein Zurückgehen »hinter die Linie von Campo Formio[25]«. Abgesehen von der eigenen Machtstellung fielen dann auch die Substitenzmittel für die Armeen fort, die sie aus Italien

22 Aubry: Die Frz. Revolution, Bd. 2, S. 524.

23 Auch Holland hatte seit 17. März 1798 eine Direktorialverfassung und hing von den Machthabern in Paris ab.

24 Fournier: Napoleon I., Bd. 1, S. 190 ff. und Aubry, a. a. O. S. 551 ff.

25 Fournier, a. a. O. S. 237.

Abb. 19. Bonaparte überschreitet auf einem Maulesel den St. Bernhard. Zeichnung von Paul Delaroche (1797–1856) zu seinem 1848 gemalten Bildnis.
Realistische Darstellung im Gegensatz zum heroisch-legendären Gemälde von Jacques Louis David (1748–1825).

und der Schweiz, aus Holland und den deutschen Gebieten erhielten, außerdem die Zuschüsse zu den anderweitigen Finanzauslagen. So bereitete der Erste Konsul den Feldzug des Jahres 1800 aufs gründlichste vor.

Ein Aufruf an alle Konskribierten, auch an die bereits Verabschiedeten und die noch waffentauglichen Veteranen zur Freiwilligenmeldung ging voran. Am 8. März folgte die Einberufung des neuen, im September 1799 erstmals dienstpflichtig gewordenen Jahrganges, aber davon nur 30 000 Mann. Gleichzeitig wurde ein Gesetz verkündet, das die früher schon mehrmals vorübergehend gestattete Stellvertretung zuließ. Demnach konnte sich der Begüterte freikaufen, indem er für Geld einen voll geeigneten Ersatzmann bezahlte[26]. Solche, den Aushebungszwang erheblich mildernden Maßnahmen dienten der Popularisierung des Krieges. Vorwiegend brachten sie, wenn auch mühsam, jene ins große Geheimnis gehüllte Reserve-Armee von Dijon auf die Beine, mit der Bonaparte in großer Eile vom 16. bis 20. Mai die Alpen überschritt, noch ehe sie ganz versammelt war[27]. Mit ihr operierte er im Rücken der Österreicher und besiegte sie am 14. Juni bei Marengo nach fast verlorenem Kampf. Tapfere Unterführer hatten ihn gerade noch im letzten Moment gerettet, doch der Sieg war aufgrund der strategischen Lage und der Kopflosigkeit beim Gegner so vollständig, daß der Italienfeldzug schon am folgenden Tage mit schnell ausgehandeltem Waffenstillstand sein Ende fand. Noch konnte aber der Sieger sein ernstgemeintes Versprechen nicht einlösen. Zu einem Frieden um jeden Preis ohne Zustimmung

26 G. Schmeißer: Die Refraktärregimenter unter Napoleon I., S. 30. Die Summe für den Ersatzmann lag damals zwischen 400 und 600 Francs. vgl. Jähns: Das frz. Heer, S. 95 f.

27 Rund 40 000 Mann Gesamtstärke, Reserve-Armee reichlich 57 000 Mann; im Dezember 1800 zählte die Armee in Italien mit nachgeführten Verstärkungen 95 000, die Armee in Deutschland 135 000 Mann; siehe: Frankreichs Streitkräfte und Stärke 1792–1815, S. 42 f.

Englands war der Kaiser in Wien erst bereit, als auch General Moreau seine zweite Armee in Süddeutschland am 3. Dezember bei Hohenlinden total geschlagen hatte.

Am 9. Februar 1801 wurde in Lunéville der Vertrag unterzeichnet. Er übertraf das Resultat von Campo Formio, für Frankreich noch glorreicher als der größte Triumph Ludwigs XIV.: Seine Herrschaft über Italien bis zur Etsch bestätigt, auch die Batavische und Helvetische Republik anerkannt, der Rhein endgültig die deutsch-französische Grenze, der Kaiser seines Einflusses auf die Geschicke des Reiches beraubt, das revolutionäre Expansionssystem stabilisiert, das Übergewicht auf dem Kontinent gesichert. Am 8. Oktober folgte der Friede mit Rußland. Vor allem aber fanden sich die Engländer damit ab, daß Belgien und Holland französisch blieben; sie hofften darauf, daß sich die Grenzen von 1801 nicht mehr verändern würden und sanktionierten die am 1. Oktober ausgehandelten Präliminarien ein halbes Jahr später zu Amiens (26. März 1802).

Seitdem überall Frieden herrschte, war Bonapartes Macht im Inneren fest begründet, seine Popularität über jeden Zweifel erhaben. Sie stieg noch weiter, als der erste Bürger der Republik Frankreich die neu geordnete moderne Gestalt gab und die Revolution abschloß, doch ihre Errungenschaften in gebändigter Regulierung durch weise Gesetze bewahrte. Unter seiner Hand gesundete der Staat auf allen Gebieten der Administration, der Finanzen, der Wirtschaft und der Kultur; er stiftete Wohlstand und brachte die zerstrittene Nation wieder zusammen. Die Renten wurden regelmäßig ausbezahlt, die Emigranten kehrten in Massen zurück und ein Konkordat mit Rom stellte die Beziehungen zwischen der Kirche und dem Staat wieder her. Es sah so aus, als ob das schöpferische Genie des Ersten Konsuls ein heilsames Friedenswerk vollenden würde. Dafür sprach das Volk seinem Retter den Dank aus, indem es ihn fast einstimmig zum Konsul auf Lebenszeit wählte. Unmittelbar darauf ließ er den Senat am 4. August 1802 die neue Verfassung von 1799 abändern, wodurch infolge erweiterter Rechte sein Selbstherrschertum auf die gleiche Stufe mit den souveränen Monarchen Europas gehoben wurde[28].

So viel der Staatsmann aber auch zu tun hatte, so wenig vernachlässigte er als geborener Soldat die Belange der Armee. Die persönliche Machtfülle bedurfte der Stützung durch die Bajonette, wie das Militär selbst sein eigenes Interesse mit dem des obersten Befehlshabers verbunden sah. Die großen sonntäglichen Musterungen im Hofe der Tuilerien, wo Napoleon wie einst der König residierte, boten aller Welt prächtige Paradeschauspiele. Noch wichtiger waren sie für die Truppe; denn in Gegenwart des Staatsoberhauptes fühlte sie sich in Erinnerung an die großen Siege erhoben. Die friedensmäßige Exerzierschule wurde primär als Sache der Taktik betrieben, um die Regimenter in ihrer Kriegstauglichkeit nicht erlahmen zu lassen. Carnot war aus der Verbannung zurückgerufen und bekleidete wieder das Amt des Kriegsministers.

28 Fournier: Napoleon I., Bd. 1, S. 296f. und Aubry: Napoleon – Der Soldat – Der Konsul – Der Kaiser, Erlenbach-Zürich/Leipzig, o. J. S. 75ff.

Abb. 20. Bonarparte, erster Konsul der französischen Republik und Truppen-Revue vor den Tuilerien. Zwei Stiche nach L. Boilly und Duplessi-Bertaux.
Die Paraden des Militärkonsuls im Tuilerienhof haben das internationale Publikum angezogen.

Von größter Wichtigkeit für die weitere Entwicklung der Heeresmacht mußte die Konskription sein. Das Gesetz von 1798 hatte zwar das Ergänzungswesen auf eine geordnete Grundlage gestellt, doch erfreute es sich im Lande keiner besonderen Beliebtheit. Der nun auch im Frieden im Unterschied zum früheren Werbesystem abverlangte Militärdienst wurde alles andere als willig ertragen. Dem trug ein neues Gesetz vom 18. Mai 1802 Rechnung[29]. Es verfügte die Einberufung von je 60000 Mann der wehrpflichtigen Jahresklassen 1801 und 1802, wovon aber nur die eine Hälfte in die aktive Armee treten, die andere die neu zu schaffende Reserve für den Kriegsfall bilden und jährlich höchstens 10 Tage im Zug einexerziert, fünf Tage zu Kompanien vereinigt werden sollte. Das gleiche Gesetz dehnte auch die Stellvertretung weiter aus; eine Konzession an das Privatinteresse des wohlhabenden Bürgertums, das dem Konsularregime um so bereitwilliger seine wichtige Unterstützung lieh. Dahinter stand freilich ein durchaus positiver Gedanke, den die historische Kritik gewöhnlich übersieht[30]. Napoleon wollte möglichst viele Berufssoldaten in der Armee haben. Er gewann sie aus den Stellvertretern, den jüngeren Bauernsöhnen und ungelernten Arbeitern, die sich ein kleines Kapital für die spätere Existenzgründung erwerben konnten und beim Militär eher noch besser lebten als daheim. Die Soldaten erhielten einen Tagessold von 52 Centimes, Brot, Holz für die Heizung und eine kräftige Mittagsmahlzeit gegen Abzug von 12 Centimes[31]. Als die Geldsummen zum Freikauf später anstiegen, haben die reichen Nutznießer diese Last genau so mürrisch getragen wie die Konskribierten, die im Kriege ihr Leben einsetzen mußten. Andererseits hätte der fünfjährige Waffendienst im gewichtigen Entwicklungsalter für die Söhne des Besitz- und Bildungsbürgertums, die studierten bzw. einen entsprechenden Beruf erlernten, einen unbezahlbaren Zeitverlust bedeutet, auch zum Nachteil des Staates. Wie in allen eroberten Fremdgebieten, so galten die Gesetze und Verordnungen der französischen Republik auch in den vier Departements des deutschen Rheinlandes (Ruhr, Rhein und Mosel, Donnersberg und Saar) seit ihrer endgültigen Einverleibung am 23. September 1802. Dort zählten jetzt die »kleinen Leute« zu den Wehrpflichtigen, während sich die »Nicht-Betroffenen« des vielen Geldes erfreuten, das der aufblühende Handel in Umlauf brachte[32].

29 Lettow-Vorbeck: Die Französische Konskription unter Napoleon I., S. 151.

30 Hierzu die interessanten Ausführungen in dem Aufsatz von R. v. Arnoldi: Die allgemeine Wehrpflicht unter Napoleon I., in: Zeitschrift für Heereskunde (1933), S. 478ff.; das krasse Urteil bei Jähns, a. a. O. S. 95 ist ungerecht.

31 Zur Geschichte des militärischen Lebens in den Armeen Napoleons I. nach französischen Quellen, in: BMWBl (1889), S. 279. Auch die Kapitulanten bekamen höheren Sold; die Soldaten der späteren Armeen wurden nicht mehr so solide bezahlt, zeitweilig mit wertlosen Assignaten, dann wieder mit einfachen, aus eingeschmolzenen Kirchenglocken geschlagenen Kupfermünzen.

32 J. Olmes: Die Wehrverhältnisse am Niederrhein und in Krefeld unter französischer Herrschaft, in: Die Heimat (Mitteilungen des Vereins für Heimatkunde in Krefeld und Uerdingen), Jg. 1951, S. 52ff.

Schwerwiegend für die Zukunft wurde ab 26. April 1803 ein gesetzlich geregeltes Verfahren zur Eindämmung der Desertion. Immer noch zu viele Einberufene trafen gar nicht ein oder liefen bald wieder weg, trotz angedrohter hoher Geldbußen. Diese widerspenstigen Rekruten nannte man »Refractaires« und steckte sie nach ihrer Festnahme fünf Jahre lang in spezielle Strafeinheiten. Die Familienangehörigen mußten mit 1500 Francs solidarisch haften und im Falle der Begünstigung bis zu sechs Soldaten für die Dauer von maximal sechs Wochen freies Quartier einschließlich eines Sondersoldes gewähren. Die Gemeinde hatte den Ersatzmann zu stellen. Im übrigen nötigten die hohen Ausfälle dazu, die jährlichen Aushebungsquoten für die aktive Armee von vornherein um ein deckendes »supplément« zu erhöhen. Solche drakonischen Maßnahmen[33], finden ihre Erklärung allein in den außergewöhnlich hohen Desertionszahlen. Der Erste Konsul war durchaus bemüht, den Druck der Konskription so niedrig wie möglich zu halten.

Was aus den politisch-sozialen Impulsen der Revolution in neue grundlegende Satzungen fixiert war, bildete unangetastet auch den Rahmen der Heeresverfassung. Für alle Soldaten galt die Devise: freie Bahn dem Tüchtigen von der untersten Stufe bis hinauf zum General. Der gemeine Mann ohne Bildungsgrad wurde erst mit acht bis zehn Dienstjahren als zum Offizier geeignet befunden, ausgenommen hervorragende Tapferkeit. Anders die Aspiranten aus der elitären Jugend Frankreichs, die freiwillig in die Armee eintraten, von Napoleons Ausstrahlungskraft magisch angezogen. Sie rückten schon nach kurzer Bewährungszeit in die begehrte Führerstelle auf. Bei bald anwachsendem Bedarf bereitete ihr weiteres rasches Passieren der subalternen Ränge den älteren Troupiers, die nach der Anciennität vorankamen, ein großes Ärgernis. Als Hauptpflanzschule für den Nachwuchs gründete der Militärkonsul 1802 in Fontainebleau die berühmte »École speciale militaire«, wo 600 Zöglinge eine fundierte Ausbildung erhielten. Bis zum Ende des Kaiserreiches sollten über 4000 junge Offiziere aus ihr hervorgehen. Die schon bestehende École polytechnique wurde nun zur exklusiven Institution der Kriegswissenschaft, die Artillerie und Ingenieurskorps überragende Persönlichkeiten zuführte[34].

Innerhalb seines auf die Armee basierten Machtsystems fand Napoleon an der Konsulargarde den stärksten Rückhalt. Am 29. November 1799 aus allen drei Waffengattungen zusammengestellt und bei Marengo mit im Einsatz, erreichte sie bis zur Jahresmitte 1804 schon eine Stärke von 9754 Mann: ein Grenadier- und ein Jägerregiment mit je einem attachierten Bataillon »Veliten«, die der Aufnahme der freiwilligen Offiziersanwärter dienten, zwei Regimenter zu Pferde, eine Kompanie aus Ägyp-

33 Lettow-Vorbeck: Die Konskription unter Napoleon I., S. 154, vgl. Schmeißer: Die Refraktärregimenter unter Napoleon I., S. 35 ff.

34 General Weygand: L'Histoire de l'armée francaise, Paris 1938, S. 235. Die frühere École de Mars der Revolution war bereits 1794 mit Schließung des Jakobinerclubs aus Haß gegen die »Robespierr'sche Brut« aufgelöst worden, siehe Jähns: Geschichte der Kriegswissenschaften, Bd. 3, S. 2490.

ten mitgebrachter Mamelucken, Artillerie, Elite-Gendarmerie, ein Bataillon Seesoldaten und eine Kompanie Veteranen[35].

Der Militärkonsul besaß einen ausgeprägten Sinn für das in der Vergangenheit Bewährte. Auf die militärisch unvollkommenen Eigenschaften des Revolutionskriegertums allein sollte sich die Armee nicht abstützen; denn der wundersame bürgerlich-nationale Enthusiasmus konnte gar zu leicht wieder wie ein Strohfeuer verlodern. Solider schien es, wenn das innere Gefüge mehr durch die Vorzüge des traditionellen Berufssoldatentums weiter gefestigt wurde. Die Überlieferungen des Königsheeres durften Nutzen bringen. Sie standen ohnehin noch in einem engen personellen Zusammenhang mit der neuen Führerschaft[36]. Etwa die Hälfte der Generale hatte bereits dem Offizierkorps des Ancien régime angehört; noch mehr Stabsoffiziere entstammten alten Regimentern, auch wenn sie zu Beginn der Revolution noch gemeine Soldaten waren, was für die älteren Hauptleute ebenso zutraf. Am 24. September 1803 bestimmte ein Konsular-Erlaß[37], daß die Halb-Brigaden in der Nummernfolge von 1796 wieder die früheren Regimentsnamen zu führen hatten, auch der aristokratische Titel Colonel kehrte zurück und trat an die Stelle der jakobinischen Dienstgradbezeichnung. Überhaupt war »alles bis auf die Namen Konsul und Republik ... monarchisch, persönlich, auf eine einzige herrschende Individualität konzentriert[38].« Mit der inneren Konsolidierung des Staatswesens wandelte sich das oft erbärmliche sansculottische Erscheinungsbild der Truppen. Bekleidungs-Reglements führten zur einheitlichen Uniformierung, die farbenprächtiger und schmuckvoll wurde, angefangen bei der Konsulargarde[39]. In der Haartracht dominierte noch der kurze dicke Zopf, den die Soldaten des besseren Schutzes gegen Säbelhiebe wegen gern trugen. Wenn Napoleon wenige Jahre später den weißen Infanterie-Rock wieder einführte, weil es infolge der Kontinentalsperre am Indigofarbstoff gemangelt haben soll, so wird vermutlich der Wunsch der Vater des Gedankens gewesen sein, seine Lieblingsfarbe zur Geltung zu bringen[40].

Am 19. Mai 1802 hatte er, noch nicht zum Ersten Konsul auf Lebenszeit gewählt, gegen die Opposition der republikanischen Partei die Stiftung des Ordens der Ehrenlegion verkündet. Diese Auszeichnung belohnte die Mitglieder, gleich ob dem Zivil- oder Militärstande angehörend und ohne Rücksicht auf die soziale Herkunft, doch in

35 Stärkeangaben bei H. Bellangé: Die Soldaten der französischen Republik und des Kaiserreichs, Leipzig 1843, S. 151 f.

36 Freytag-Loringhoven: Die Armeen des ersten Kaiserreiches, in: Vierteljahreshefte für Truppenführung und Heereskunde (1908), S. 177 f. und Weygand, a. a. O. S. 234 f.

37 C. Rousset: Die Freiwilligen, S. 203; vgl. Jähns: Das französische Heer, S. 100.

38 Fournier: Napoleon I., Bd. 2, S. 4.

39 P. Martin: Soldaten im bunten Rock. Die französische Armee 1789–1807, Stuttgart 1967, siehe auch die Bildtafeln in Knötels Uniformenkunde.

40 Angeblich hat der Anblick eines dezimierten Bataillons auf dem Blutfeld der Schlacht bei Friedland 1807 die weißen Röcke wieder verleidet; nach H. Brauer: Die blaue und die weiße französische Infanterie von anno 1806/07, in: Zeitschrift für Heereskunde (1930), S. 86 ff.

Rangklassen eingeteilt, für ihre Verdienste um den Staat. Mit der Verleihung war eine ansehnliche, von der obersten Kategorie des Großoffiziers bis hinunter zum Legionär abgestufte Geldsumme verbunden. Entgegen allem Argwohn bezweckte der Stifter sehr wohl die Absicht, die hoch geehrten Männer aus Armee und Beamtenschaft an seine Person zu binden[41]. Das Volk bewunderte sie mit Respekt. Am 16. August erfolgte die erste Verteilung der populären Ehrenkreuze an die besten Soldaten im Lager zu Boulogne.

Zu diesem Zeitpunkt war Napoleon bereits vom Senat zum Kaiser erhoben und durch ein fast einmütiges Plebiszit in der neuen Würde bestätigt worden. In Anbetracht des ultra-royalistischen Komplottes hatte die öffentliche Meinung gewünscht, daß Frankreichs aufblühende Macht in der erblichen Monarchie Festigkeit und Dauer erhielt. Nun ging der große Tag der Ordensverleihung schon als »fête de l'Empereur« in die Geschichte des Landes ein. Er konnte die gemischten Gefühle beim Übergang vom republikanischen zum Kaiserheer kaum besser überwinden helfen. Hatte sich die französische Armee anfangs mit dem Sturz des Königtums ohne nennenswerten Widerstand abgefunden und dann im revolutionären Wandel aller Dinge halb Europa rettend entgegengestellt, so war sie ab 1795 zum politischen Instrument im inneren Parteikampf geworden, das General Bonaparte erfolgreich zu gebrauchen verstand. Sein Aufstieg über den Ersten Konsul zum Kaiser erscheint der Nachwelt wie eine Selbstverständlichkeit. Am 5. Dezember 1804, drei Tage nach der Krönung, verlieh der Imperator seinen Regimentern auf dem Marsfelde die ersten neuen Feldzeichen in Gestalt stolzer Adler, die sie als »Vereinigungspunkt . . . überall hinführen« sollten, wo es der Kaiser »für die Verteidigung seines Thrones und seines Volkes notwendig erachtet[42]«. Napoleon hatte den bürgerlichen Freiheitsenthusiasmus seiner Soldaten in den militärischen Gefolgschaftswillen umgeschmolzen. 14 Generale hatte er zu Marschällen von Frankreich ernannt, darunter die berühmtesten für ihre vorangegangenen Siege – Massena, Lannes, Ney, Augereau, Davout, Bernadotte und Soult –, und Berthier für seine Leistungen als Generalstabschef.

41 Fournier: Napoleon I., Bd. 1, S. 290 f. und Jähns: Das frz. Heer, S. 105 f.
42 Worte des Kaisers, zit. nach Bellangé: Die Soldaten der französischen Republik und des Kaiserreiches, S. 150.

IV. Die Kriegsmacht des Kaisers Napoleon

Der Friede von Amiens war nur ein Waffenstillstand von kurzer Dauer; schon Mitte Mai 1803 brach der Krieg mit England wieder aus. Napoleon glaubte, auf dem Festland eine von militärischen Überlegungen geleitete Außenpolitik der freien Hand betreiben zu können, um die Lunéviller Siegesfrüchte zu mehren. Er hatte Piemont zur französischen Provinz erklärt und die Insel Elba dazu, er hatte die Vasallenrepubliken in Italien weiter nach Pariser Muster umgebildet und die inneren Machtkämpfe in der Schweiz zu erneuter Besetzung des Landes ausgenützt. Durch seine »Vermittlung« erhielten die damals 19 Kantone eine Mediationsverfassung, die sie in noch engere Abhängigkeit brachten. Ein neuer Militärallianzvertrag räumte Frankreich das Recht ein, vier Regimenter Infanterie zu je 4000 Mann auf dem Wege der Werbung aufzubringen[1]. Am meisten beunruhigte die Engländer, daß Napoleon mit 11000 Mann die folgsame batavische Seerepublik kontrollierte und die Marinerüstung forcierte. Sie empfanden sich als Verlierer des Friedensgeschäftes und bestanden auf den Grenzen von 1802. Vor allem wollten sie nicht länger untätig dem feindseligen Flottenbau zusehen und beschlossen aus Furcht um ihren Außenhandel den Präventivkrieg gegen die französischen Schiffe und Häfen[1a]. Sofort ließ Napoleon ein Truppenkorps unter General Mortier in Hannover einrücken, wo die kurfürstliche Armee ohne Widerstand kapitulierte. Diesem ersten Schritt zur Errichtung eines weiten Blockade-Kordons von der Wesermündung bis zu den Häfen des Königreichs Neapel folgte der zweite: die Vorbereitung der Invasion an der Kanalküste. Die wieder allumfassende Aktivität des Projektors konzentrierte sich auf das Bereitstellen und Einüben einer Landungsarmee von 150000 Mann. 2000 Spezialfahrzeuge, Kanonenboote und Kähne, sollte sie nach England hinüberbringen, davon 1200 nach zahlreichen Versuchen über Bauart, Tragvermögen und Armierung neu gebaut. Fast drei Jahre lang beschäftigte Napoleon die Vorstellung, nur sechs Stunden für die Zeit der Überfahrt den Kanal zu beherrschen, um die Herrschaft über die Welt zu erringen[2].

1 1807 fehlten immer noch 8000 Mann, so daß Napoleon mit Einführung der Konskription drohte und die Kantonalbehörden sogar Häftlinge aus den Gefängnissen und mancherlei asoziale Leute als Rekruten nach Frankreich schickten. 1812 ermäßigte ein neuer Vertrag die Zahl auf 12000. Siehe Petitmermet: Die Schweizertruppen im russischen Feldzug 1812, S. 27. Der Text des Militärvertrages vom 27. 9. 1803 bei E. Fieffé: Geschichte der Fremd-Truppen im Dienste Frankreichs, Bd. 2, München 1860, S. 173ff.

1a Zur Beurteilung der Kriegsursachen siehe A. Grasser: Die Nationen und Napoleon, Tradition und Nationalgefühl, in: Napoleon I. und die Staatenwelt seiner Zeit, Freiburg i. Br. 1969, S. 65f.; vgl. Fournier: Napoleon I., Bd. 2, S. 12ff. und 31ff.

2 Siehe Napoleon I. projektierte Landung in England 1805, in: Jahrbuch für die Deutsche Armee und Marine, Bd. 28, (1878) S. 278ff.

Es war zugleich die Übergangsperiode, aus der das unschlagbare Operationsinstrument des Landkrieges hervorging; geschaffen für den Fall, daß England in seiner Not die dritte Koalition auf dem Kontinent zuwegebrachte. Seine Verbände sammelten sich in sechs Standlagern bei Compiègne, St. Omer, Gent, Utrecht – dort auch eine holländische Division –, Brest und Bayonne[3]. Im Frühjahr 1804 wurden diese Lager nach Ostende, Dünkirchen und Boulogne vorgeschoben. Die Zeit reichte aus, um das schnelle Ein- und Ausladen der Transportschiffe zu üben und den Soldaten das Schwimmen zu lehren. Sie wurde aber auch zu intensiver Gefechtsschule genützt, um das Angriffsverfahren auf den Höhepunkt zu bringen. Die später aufgekommene Behauptung, der Kaiser habe sich wenig um die reglementarische Truppenausbildung gekümmert, beruht auf dem irrtümlichen Urteil über die auch zu napoleonischer Zeit noch beibehaltene Exerziervorschrift von 1791. Als Grundlage der Elementar-Taktik, die noch weitgehend die geschlossene Ordnung voraussetzte, genügte sie, und die colonne d'attaque war bereits mit aufgenommen. Neue gedruckte Reglements erscheinen erst, wenn sorgsam ausgewertete Erfahrungen über einen langen Zeitraum hinweg vorliegen. Was die französische Armee im Laufe der Jahre davon hinzugewann, haben die Truppenkommandeure als gute Lehrmeister in zahlreichen handschriftlichen Anweisungen stets zu Konzept gebracht[4]. Für die Masse der Infanterie waren die schnellen wendigen Exerzierbewegungen in Kolonne und der Feuerkampf in Linie zur Feindabwehr die Hauptsache. Das inzwischen fest regulierte Schützengefecht führten die dafür vorgesehenen leichten Formationen. Um es wirksamer zu gestalten, hatte Napoleon 1803 jedem Bataillon zur vorhandenen Grenadier- auch noch eine zweite elitäre Voltigeur-Kompanie beigegeben, die aus kleinen, körperlich zähen, flinken Burschen bestand. Das beweist, welchen hohen Wert er auf die Steigerung zur effektivsten infanteristischen Kampfform legte. Sie beruhte auf der Verbindung der Bataillonskolonne mit den Schützen. Hatten die Taktiker zur Zeit des ersten Revolutionskrieges die Stärke des Tiraillements noch recht unterschiedlich bewertet, so bildete sich in den Lagern an der Kanalküste die am besten geeignete Reglementierung der Kombination heraus. Beide Elemente wurden so in ein elastisches, aber eng voneinander abhängiges Wechselverhältnis gebracht, daß die Tirailleure wohl dosiert den Kampf einleiteten, wichtige Geländeabschnitte schnell besetzten und als Flankendeckung wie zu allseitiger Gefechtssicherung dienten, während die geschlossenen Bataillonsmassen, anfangs noch zurückgehalten, im entscheidenden Moment zum Bajonettangriff vorgingen[5].

3 Eine nach strategischen Gesichtspunkten bestimmte Dislozierung: Utrecht deckte die rechte Flanke der Hauptmacht, Bayonne sicherte die Verbindung der atlantischen Küste mit der iberischen Halbinsel.

4 Das Material lagert großenteils noch unerforscht in den Kriegsarchiven. Die kritischen Bemerkungen bei Freytag-Loringhoven: Die Armeen des ersten Kaiserreiches, S. 185 f. und Lettow-Vorbeck: Der Krieg von 1806 und 1807, Bd. 1, Berlin 1891, S. 79 ff. beziehen sich auf die nach Napoleons Sturz entstandene Memoirenliteratur. Für die Zeit des Truppenlagers 1803–05 trifft solche Vernachlässigung kaum zu.

5 S. Fiedler: Grundriß der Militär- und Kriegsgeschichte, Bd. 2, S. 123 ff. und 194 f.

Eine fundamentale Reform zu gleicher Zeit betraf die Bildung operationsfähiger Großverbände. Die bisherige Gliederung in Divisionen vermochte den hohen Ansprüchen des modernen Bewegungskrieges mit schon beträchtlich angestiegenen Heeresmassen nicht zu genügen. Die waffengemischten Armee-Teile besaßen zwar die Stärke zu selbständiger Gefechtsführung im engen taktischen Zusammenhang einer Schlacht, aber nicht in räumlicher Trennung abgesondert auf sich allein gestellt. Diese Schwierigkeiten hatte General Bonaparte in Italien improvisierend überwunden, indem er das Kunststück fertigbrachte, seine Divisionen erstaunlich weit zu verteilen, um zu umfassen, sie aber rasch wieder zum Angriffsstoß zu vereinigen. In den Küstenlägern, die Platz für minimal 25 000 Mann boten, waren nun genügend Streitkräfte auch zu stärkerem organisatorischen Heeresausbau konzentriert. Mit fortschreitender Ausbildungszeit wuchsen sie zu großen permanenten Truppenkörpern in Gestalt der Armeekorps zusammen. Jedes Korps zählte mehrere Divisionen, eine Artillerie-Reserve, eine leichte Kavallerie-Brigade, eine Pionierkompanie und die nötigen Versorgungsdienste. Damit hatte Napoleon den im Divisionssystem begründeten Nachteil der Kräftezersplitterung in den entscheidenden Vorteil verwandelt. Jedes Korps glich einer »armée en miniature« und war in der Lage, auch auf größere Entfernungen hin selbständig zu operieren, d. h. sich notfalls so lange gegen überlegenen Feind zu behaupten, bis Hilfe herankam. Die kleiner gewordene Anzahl autonomer Heeresglieder verringerte die Möglichkeit uneinheitlichen Handelns im Zusammenspiel der Führung, die Befehlshaber unterstützte ein eigener Generalstab in ihrer Arbeit. Ein weiterer Vorzug der Korpseinteilung lag darin, daß sie an kein festes Schema der Kräftebemessung gebunden war, sondern die operativen Verbände entsprechend ihren Aufgaben verschieden zusammengesetzt werden konnten. Die Gesamtstärke der Armeekorps schwankte aufgrund ungleichmäßiger Divisionszuteilung zwischen 16 000 und 50 000 Mann, später sogar über 70 000 Mann. Sie änderte sich selbst im Verlaufe eines Feldzuges bei schnell wechselnder Lage. Der nicht aufgeteilte Kernbestand der Kavallerie erhielt eine eigene Organisation. Sie sollte die Fähigkeit zu zwei entgegengesetzten Verfahrensweisen besitzen, nämlich zum raschen Vordringen in die Tiefe des Raumes und zur dichten Massierung für die Schlacht. Demnach wurden Dragoner und Kürassiere zu Subdivisionen vereinigt, jede verstärkt durch drei bis vier leichte Geschütze. Ihre Durchschnittsstärke betrug 2500 Reiter. Die 1805 bestehenden vier Dragoner-Divisionen gliederten sich in drei Brigaden zu je zwei Regimentern. Obgleich der Kaiser die Kürassiere speziell als Reserve-Kavallerie für den taktischen Durchbruch in der Schlacht vorgesehen hatte, konnten sie im Bedarfsfalle natürlich auch Infanteriekorps vorübergehend unterstellt werden. Die Dragoner- und Kürassier-Divisionen gehörten zur Kavallerie-Reserve unter dem Reiterführer Joachim Murat[5a], im Vormarsch zum operativen Aufklärungs- und Sicherungsdienst bestimmt. Auf diese Weise war ein schlagkräftiges Instrumentarium für die künftigen Feldzüge geschaffen, wie es die Welt noch nie gesehen hatte[6].

5 a 1767–1815, Marschall von Frankreich, 1808 an Stelle Joseph Bonapartes König von Neapel.
6 Fiedler, a. a. O. S. 88 ff.

Im Hochsommer 1805 standen sieben Armeekorps bereit: Das I. in Hannover, das II. in Holland, das III. bis VI. am Kanal, das VII. als Reserve in Brest. Das Landungsunternehmen mußte im August aufgegeben werden. Nicht allein, weil Admiral Villeneuve nach mißlungenen Flottenmanövern zur Täuschung des Gegners zuletzt den Vorstoß in den Ärmelkanal nicht wagte; den Ausschlag gab die Nachricht, daß Österreich der englisch-russischen Offensiv-Allianz beigetreten war. Die Einverleibung der Republik Genua ins französische Kaiserreich und Napoleons Krönung zum König von Italien im Dom zu Mailand (26. 5. 1805), erfüllten den Wiener Hof mit Entsetzen. Der Kaiser hatte sich aber auch auf den Kontinentalkrieg gut vorbereitet. Die Konskription lieferte genügend Rekrutenersatz, 27 Legionen der reaktivierten Nationalgarde verstärkten das Heer zum Zweck des Garnison- und Festungsdienstes wie zum Grenz- und Küstenschutz[7]. In Italien konnten 60 000 Mann unterhalten werden. 20 000 Pferde für den Artillerie-Train, schon ab 1801 durch Soldaten als zuverlässiges Bespannungspersonal militarisiert, waren unauffällig unter dem Deckmantel des Landungsprojektes herbeigeschafft. Zuletzt brachte Napoleons Machteinfluß auf die territoriale Umgestaltung Süddeutschlands das Waffenbündnis mit Bayern zustande, dem sich die emporkommenden Mittelstaaten Baden und Württemberg hintereinander nach einigem Zögern anschlossen, so daß erstmals rund 25 000 Mann deutscher Hilfstruppen hinzutraten.

Am 26. August setzten sich sechs Korps der Armée d'Angleterre in Bewegung, dabei auch die Kavallerie-Reserve Murats[8]. Auf dem Wege zum Kriegsschauplatz in Süddeutschland verlieh ihr der Kaiser den stolzen Namen »Grande Armée«. Vier Wochen später stand sie überraschend nach bisher noch nie vorgekommenen Gewaltmärschen am Oberrhein und am Mainabschnitt von Frankfurt bis Mainz. Unverzüglich eilten die Großverbände weiter, um die ahnungslos in Bayern vorrückende österreichische Armee des Generals v. Mack zu schlagen, ehe die Russen zur Stelle sein konnten. So begann am 25. September jener atemberaubende Feldzug, der seine erste Phase ohne eigentliche Schlacht mit der Kapitulation von Ulm (17. 10.) abschloß und mit dem triumphalen Sieg bei Austerlitz (2. 12.) über die russisch-österreichische Armee in Mähren sein schnelles Ende fand. Dem Kaiser war mit einem Schlag die Zertrümmerung der dritten Koalition gelungen. Der Österreich aufgezwungene Frieden von Preßburg (26. 12.) sicherte ihm die unbedingte Herrschaft über Deutschland. Trotzdem sah er die Weltlage im Hinblick auf seine weit ausgreifende Zielsetzung nicht gebessert; denn Admiral Nelson hatte die französisch-spani-

7 Je 60 000 Konskribierte vom Jahrgang 1804/05 und 1805/06 der aktiven Armee und der Reserve, am 24. September noch weitere 80 000 Mann der vier vorangegangenen Jahrgänge. Nach dem ab 1792 bis 1805 gültigen revolutionären Kalender begann das Jahr am 23. September. Die Dienstpflicht in der Nationalgarde galt vom 20. bis 66. Lebensjahr. Lettow-Vorbeck: Die Konskription unter Napoleon I., S. 156.

8 Die Stärke der Operationsarmee von 1805 betrug 178 644 Mann einschließlich der Kaisergarde ohne das als Reserve nachfolgende VII. Korps und die deutschen Hilfstruppen, siehe Frankreichs Streitkräfte und Stärke, S. 45 ff.

Abb. 21. Der Generalstab des Kaisers. Zeichnung von Edouard Detaille.

sche Flotte am 21. Oktober bei Trafalgar vernichtet. Englands Herrschaft zur See ließ sich nicht mehr brechen.

Napoleons Armee von 1805 war noch ein auf nationaler Grundlage ruhendes Veteranenheer durch die große Zahl altgedienter Soldaten. Im langen Kriegsleben hatten sie in seinen Reihen eine zweite Heimat gefunden, und mit ihrer begeisterten Anhänglichkeit an den siegreichen kaiserlichen Feldherrn kamen sie fast einer Prätorianergarde gleich. Ihr Korpsgeist zeigte eigentümliche Wirkungen. Die gute Laune hielt sich selbst im heißesten Kampf, doch mußten die Befehle verständlich sein; unnütze Anstrengungen wurden mürrisch ertragen. In den Regimentern grassierte die Duellsucht auch unter den Mannschaften. Ehrenrührige Schläge gab es nicht, aber Einzelarrest und Dunkelhaft waren oft gebrauchte Strafmittel, wenn alle Zurechtweisungen wenig nützten. Aus phrasenloser Scheu vor der Schande traf die Feiglinge der Zorn ihrer Kameraden, die ihnen nach dem Gefecht 50 Stockhiebe auf die Fußsohlen austeilten. Freiwilligenmeldungen zu gefahrvollen Unternehmen übertrafen stets die erforderliche Anzahl. Den »moutons«, wie Napoleon die jungen Konskribierten nannte, blieb nichts anderes übrig, als sich möglichst schnell in diese kriegerische Genossenschaft einzufügen[9].

Im ersten Feldzug des Kaisers mußte die Armee nach langer Zeit sehr kostspieliger Verpflegung zu Lasten der Staatskasse im Feindesland ohne Magazinzufuhr von der

9 Zur Geschichte des militärischen Lebens in den Armeen Napoleons I., S. 281 f., 284, 287 und Schmeißer: Die Refraktärregimenter unter Napoleon I., S. 69 ff.

Hand in den Mund leben[10]. Folglich nahm sie, was sich fand; auch Pferdefuhrwerk, das die fehlenden Transportmittel ersetzte. Notfalls konnten sich die Soldaten von den gerade erntereifen Kartoffeln ernähren. Aber schon auf den Biwakplätzen Anfang Oktober kam das alte Übel des Plünderns wieder zum Vorschein, da die Korpskommandos für die zugewiesenen Requisitionsräume längs der Marschstraßen so gut wie keine vorsorgliche Regelung trafen. Das schnelle Weiterziehen ersparte den Heeresmassen wenigstens die Versorgungskalamität, Mangel und Überfluß wechselten einander ab. Die reichen Kellereien an der Donau belieferten die Truppen wochenlang mit Wein, aber vor der Schlacht bei Austerlitz in Mähren blieb das Brot aus, bis es aus den erbeuteten russischen Vorräten genug davon gab[11]. Auf dem Marsch dorthin hatte das III. Korps des Marschalls Davout eine Höchstleistung von 84 km in 36 Stunden erzielt. Rund die Hälfte der Leute war unterwegs zurückgeblieben, doch alles traf schließlich wieder ein; die Marodeure am dritten Tag, um nicht als Deserteure vor ein Standgericht zu kommen. Der übermäßigen Anstrengungen wegen sah der Kaiser seinen Regimentern manches durch die Finger, wenn sie nur gut marschierten und brav kämpften[13]. Die Belohnung erfolgte, sobald es nach Feldzugsende in die Kantonnements-Quartiere ging: reichliche Kost bei unangetastetem Sold. 1805 mußte Österreich die Kriegskosten mit 45 Millionen Francs in Naturallieferungen und 40 Millionen in bar bezahlen[14].

Die Siegesnachricht von Austerlitz hatte ganz Frankreich in einen wahren Begeisterungstaumel versetzt. Großes Erschrecken lösten dann aber die aufeinanderfolgenden Rekrutenaushebungen aus[15], als der nächste Krieg gegen Preußen sich ankündigte und, im Oktober begonnen, nach unglaublichen Waffenerfolgen seine Stoßkeile über die Weichsel hinweg auch gegen Rußland richtete. Die Grande Armée war nicht in die Heimat zurückgekehrt, sondern führte zunächst in süddeutschen Ortsquartieren ein erholsames Leben. Durch diesen ungehinderten Okkupationsdruck ist Napoleons lang gehegter Rheinbundplan beschleunigt zur Tatsache geworden. Nun stand das französische Imperium wie einst die Herrschaft Karls d. Großen unter dem Kaiser von West-Europa, der über einen Kranz von Vasallenstaaten regierte, nachdem schon zuvor Bruder Joseph Bonaparte als König von Neapel, Bruder Louis als König von

10 Aus Geheimhaltungsgründen hatte Napoleon keine Verabredungen mit seinen deutschen Verbündeten getroffen.

11 Freytag-Loringhoven: Die Armeen des ersten Kaiserreiches, S. 191 ff.

12 Zur Geschichte des militärischen Lebens, S. 281 und 284.

13 Renner: Wechselwirkung zwischen Heereszucht und Verpflegung im Kriege, in: Vierteljahreshefte für Truppenführung und Heereskunde (1907), S. 413 ff.

14 Ludwig: Kriegführung und Geld, in: Vierteljahreshefte (1907), S. 315.

15 Napoleon berief am 5. August von den bewilligten 80 000 Mann 50 000 ein, denen bei Kriegsausbruch auch der Rest von 30 000 aus der Reserve desselben Jahrganges 1805/06 nachfolgte, außerdem weitere 60 000 Mann nach der Einführung des gregorianischen Kalenders mit dem 1. Januar 1806. Im Frühjahr 1807 kamen die nächsten Ankündigungen, siehe Lettow-Vorbeck: Die Konskription unter Napoleon I., S. 151 ff., vgl. Schmeißer: Die Refraktärregimenter, S. 63 f.

Abb. 22. Einmarsch der kaiserlichen Infanterie in eine Stadt. Holzschnitt nach einer Zeichnung von August Beck.
Als Tête de colonne die jedem Regiment zugeteilten Sappeure mit weißer Lederschürze, Beil und Bärenfallmütze, dahinter die Musik, gefolgt vom Rgt-Kommandeur, dann die Truppe in geschlossener Ordnung. Nach Passieren des Ortes wurde wieder aufgelockert im »Gänsemarsch« weitergezogen.

Holland und Schwager Murat als Großherzog von Berg auf neu gezimmerten Thronen saßen. Den Rheinbundsatzungen zufolge hätte die Armee freilich nach Frankreich abziehen müssen, wenn nicht das bisher neutrale Preußen aus Furcht vor weiteren Übergriffen und der Hilfsbereitschaft des Zaren versichert, zur Unzeit einem nervösen Rüstungsfieber anheimgefallen wäre. Napoleon durfte den Eindruck gewinnen, daß sich eine neue Koalition gegen ihn zusammenbraute[16]. So sollte nun auch die norddeutsche Monarchie, die schon keine wirkliche Großmacht mehr war, schnell aus dem Weg geräumt werden, noch bevor die Russen bei Berlin erschienen.

Das geschah mit einer Blitzoperation, die aller Welt die Gewalt napoleonischer Vernichtungsstrategie vorexerzierte und die kaiserliche Armee auf dem Höhepunkt ihrer Leistungsfähigkeit zeigte. Das große Haupt-Quartier des Feldherrn umfaßte nicht nur die mit der Operationsbearbeitung betrauten Generalstabsoffiziere (53), sondern auch die zur Erhaltung der Heeresschlagkraft erforderlichen Spezialisten, Kriegskommissare und Verwaltungsbeamten mit ihren Bürogehilfen, dazu das Personal des topographischen Büros und die Wachtruppe; insgesamt rund 150 Köpfe ohne die persönliche Umgebung des Kaisers, das Garde-Kavallerie-Regiment, die Eskorte und die Feldjäger[17]. Die jetzt häufiger als zuvor verkündeten Tagesbefehle Napoleons begleiteten die Soldaten auf ihrem Siegeszuge und rissen sie mit gleicher Zauberwirkung fort wie seine gesprochenen Worte und Gesten. Als amtliche Bulletins wirkten solche Proklamationen zugleich auf die Stimmung in der Heimat, wie sie propagandistischen Einfluß auf das befreundete oder feindliche Ausland bezwecken sollten. Nach der Doppelschlacht von Jena und Auerstedt (14. Oktober) gewannen die Ar-

16 Fournier: Napoleon I., Bd. 2, S. 142 ff., auch M. Paléologue: Zar Alexander I., Berlin o. J., S. 63 f.

17 Hingst: Der Feldherr und sein Stab, in: Vierteljahreshefte für Truppenführung und Heereskunde (1909), S. 63.

meekorps den Feldzug in Preußen bei der Verfolgung der Heerestrümmer bis an die Oder bzw. bis nördlich Lübeck allein schon durch ihre Beine. Sie marschierten 30 bis 55 km täglich, die Kavallerie über 60 km ohne Rücksicht auf ihren Pferdebestand[18].

Als es trotz außergewöhnlicher Kraftanstrengung gleich weiter über die Weichsel gegen die Russen und die Überreste der preußischen Feldtruppen ging, litt die Armee aufs Schlimmste unter den besonderen, vorwiegend jahreszeitlich bedingten Schwierigkeiten des Kriegsschauplatzes im Osten. Hatte sie bisher bei umsichtigerer Anfangsversorgung als 1805 gut aus dem Lande leben können, so brach nun der Nachschubtransport aus den erbeuteten Magazinbeständen völlig zusammen. Unzureichend organisiert, lag er immer noch in den Händen privater Unternehmer, die »einen Haufen Schurken« beschäftigten, wie Napoleon behauptete. Marschall Lannes meldete bereits am 11. November auf dem Marsch durch Hinterpommern, daß sein V. Korps im Umkreis von 10 Meilen nicht einmal für einen Tag Brot auftreiben könne. Am 26. Dezember begleitete der Kaiser das IV. Korps des Marschalls Soult während seines vergeblichen Vorstoßes nach Chechanow westlich des Narew, als ihm entlang der Kolonne der wütende Ruf »chleba« ins Mark drang[19]. Bald folgte Regen und Schlamm die Schneekälte. Die Marschausfälle waren unter den Leuten des Nachersatzes erschreckend hoch, wenngleich sich auch viele Marodeure rückwärts herumtrieben. Erstmals sah sich die kaiserliche Armee Entbehrungen und Strapazen ausgesetzt, die ihren kriegerischen Geist bedenklich herabstimmte. Von den 165 000 Mann bei Feldzugsbeginn hatte Napoleon nicht mehr als 67 000 verfügbar, als sich die russische Hauptmacht bei Preußisch-Eylau zur Schlacht stellte (7. Februar 1807). Dort errang er nach mörderischem Kampf mit einem Verlust von fast 30 000[20] Toten, Verwundeten und Gefangenen einen Pyrrhussieg, der ihn zurück in die Winterquartiere zwang.

Sogleich zeigte sich sein Organisationsgenie bei der Regeneration und Vorbereitung auf den entscheidenden Feldzug im kommenden Frühsommer. Aus den Rekrutierungslagern in Frankreich rückten eilends neue Konskribierten-Bataillone ab, die schon durch Einberufene des Jahrganges 1808 ersetzt wurden[21]. Disponible Regimenter aus Italien, die drei holländischen Divisionen, die ersten zu den Waffen gerufenen Einheiten der »Freiheitsarmee« in Polen und die weiter vermehrten Rheinbundkontingente, zu denen jetzt auch die Sachsen gehörten, sicherten die strategisch wichtigen Räume im rückwärtigen Okkupationsgebiet (100 000 Mann) oder verstärkten die Streitmacht in vorderer Linie, die auf 210 000 Mann anwuchs. Ende März 1807 entstanden auf dem Wege der Militarisierung des Versorgungsdienstes die ersten acht Train-Bataillone. Das alte französische Netz der Etappenlinien erfuhr sei-

18 Freytag-Loringhoven: Marschanordnungen und Marschleistungen unter Napoleon, in: BMWBl (1893), S. 244 und 247.

19 Grauert: Die Operationen an der Weichsel im November und Dezember des Jahres 1806, in: BMWBl (1890), S. 415.

20 Lettow-Vorbeck: Der Krieg von 1806 und 1807, Bd. 3, S. 101 und 111 f.

21 Damit war das Einstellungsalter von 20 Jahren auf 19 bzw. 18 Jahre vorverlegt.

nen Ausbau vom Rhein bis zur Weichsel, doch wurden zum Unterhalt keine Truppen abgestellt. Für die 200 Stationen, die wichtigsten ohnehin auf militärisch besetzte Orte gestützt, mußten 75 Kommissare und rund 1000 Gendarmen genügen. Alle Magazine, Zeughäuser und Montierungs-Depots in Preußen gingen in französische Hände über. Napoleon beanspruchte die wirtschaftliche Produktionskraft des eroberten Landes, legte ihm eine riesige Kontributionssumme auf und ließ alle Einnahmequellen in Beschlag legen. Dieses requisitorische System der Kriegsfinanzierung und Lebensmittelbeschaffung beruhte auf dem streng nach Befehl und Gehorsam funktionierenden Reglement einer reinen Militäradministration. Sie stand unter der zentralen Leitung des Generalintendaten Daru[22].

Am Jahrestag von Marengo errang der Kaiser einen nächsten glänzenden Sieg über die nur halb so starke russische Armee bei Friedland (14. 6. 1807), der ihm den dringend nötigen Frieden bescherte. Die französische Nation fing an, selbst den erfolgreichsten Krieg zu verwünschen, weil sie seine Folgen in Zweifel zog. Zar Alexander I. unterzeichnete am 7. Juli zu Tilsit jenen Vertrag, der Zweidrittel Europas der napoleonischen Herrschaft überließ, den preußischen Bundesgenossen unter ihr Joch beugte, das aus Preußisch-Polen gebildete Herzogtum Warschau dem neuen König von Sachsen anvertraute und Rußland in der Allianz mit Frankreich nötigte, sich der Kontinentalsperre anzuschließen[23].

Dennoch sollte die Vereinigung ganz Europas gegen das durch Waffengewalt unangreifbare England für das Schicksal Napoleons entscheidend werden. Sein Wirtschaftskrieg weitete sich zu einem uferlosen Expansionssystem von schwerwiegenden politisch-militärischen Konsequenzen aus. Schon im Oktober 1807 überschritt ein französisches Korps (General Junot mit 24 000 Mann) von Bayonne aus die spanische Grenze, um Portugal zu besetzen, das unter englischem Einfluß stand. Das erste Glied einer Kette ränkevoller Maßnahmen zur Besitzergreifung der gesamten iberischen Halbinsel. Im Mai 1808 glaubte der Kaiser, sie mit den üblichen Mitteln weiterer 100 000 Mann vollzogen zu haben. Die Reaktion darauf war der von ihm nicht erwartete, doch mit ungeheurer Wildheit sich ausbreitende Volksaufstand der Spanier. Die reguläre Armee, an sich weniger brauchbar, nahm anfangs sogar drei, allerdings schlecht geführte Feinddivisionen gefangen[24]. Sie wurde aber noch vor Jahresende von neuen Eingreifkorps, die Napoleon selbst heranbrachte, auseinanderge-

22 H. de Nanteuil: Logistische Probleme der napoleonischen Kriegführung, in: Napoloen I. und das Militärwesen seiner Zeit, S. 68 ff.; vgl. Freytag-Loringhoven: Die Armeen des ersten Kaiserreiches, S. 195, und Fiedler: Grundriß der Militär- und Kriegsgeschichte, Bd. 2, S. 141 f.

23 Zum Friedenswerk von Tilsit siehe Fournier: Napoleon I., Bd. 2, S. 181 ff. und Paléologue, Alexander I., S. 70 ff.

24 General Dupont sah sich auf dem Marsch nach Cadiz zur Rückkehr gezwungen und kapitulierte mit 18 000 Mann am 19. Juli bei Baylen; siehe Schwertfeger: Einzelstudien über den spanischen Krieg 1808–1814, in: Vierteljahreshefte für Truppenführung und Heereskunde (1911), S. 496 ff.

sprengt. Die Guerilla-Banden hingegen bildeten ein heimtückisches, unüberwindliches Netz des irregulären Widerstandes. Seitdem die Briten mit 30 000 Landsoldaten eigener Söldnerorganisation und deutscher Herkunft unter Wellington die wieder gesammelten Heerestrümmer der Spanier mit Einschluß der regenerierten portugiesischen Truppen unterstützte, wollte es erst recht nicht mehr gelingen, die Herrschaft über die Halbinsel sicher zu begründen. Auch als neue Verstärkungen eintrafen, so daß die imperiale Armée d'Espagnol über 300 000 Mann zählte, reichten die Kräfte nicht aus. Die Hälfte fesselte der Kleinkrieg der Partisanen, ein ständig hoher Krankenbestand minderte die Operationsstärke weiter herab. Was auch der Kaiser seinen Marschällen immer befahl, keiner konnte mehr als 70 000 Mann gegen Wellington zusammenbringen und damit, den überall wiederauflebenden Aufstand im Rücken, die zähen englischen Interventionstruppen in das Meer werfen. Der Krieg in Spanien fügte der stärksten Militärmacht der Welt eine unaufhörlich blutende Wunde zu[25].

Trotz Fortsetzung des Kampfes gegen Engländer und Spanier besaß Napoleon die Macht, auch die anderen, über weite Gebiete seines Imperiums verteilten Streitkräfte numerisch auf gleichem Stand zu halten und sie sogar noch zu verstärken. In den 116 Departements des französischen Staatsterritoriums lebten 1809 reichlich 38 260 000 Einwohner. Allein schon mit rund 300 000 Jugendlichen im Konskriptionsalter von 20 bis 21 Jahren bildeten sie ein großes Ersatzreservoir für das Kriegsheer[26]. Die Ereignisse zwangen jedoch dazu, sowohl die Aushebung der erst im nächsten Jahr heranstehenden Klasse im voraus zu dekretieren, als auch nach rückwärts die älteren Jahrgänge 1806 bis 1809 kontinuierlich in Teilen von je 20 000 und 10 000 Mann einzuberufen[27]. Anfang 1808 wurden die Infanterieregimenter von drei auf vier Feldbataillone erhöht, was vermehrte Stämme für Neuaufstellungen ergab. Die zu jedem Regiment gehörenden Depot-Bataillone dienten der Ausbildung des Nachersatzes. Die acht Regimenter starke Grenadier-Reserve des Generals Oudinot, bekannt aus dem Feldzug von 1807, zerfiel in 36 neue Bataillone, um mit Rekruten aufgefüllt zu werden. Den steigenden Offizierbedarf sollten die Söhne aus den reichen Bürger- und den Emigrantenfamilien decken helfen, die der Kaiser im Alter zwischen 16 und 18 Jahren auf die Kriegsschule St. Cyr schicken oder in die sogenannten »Ehrengarden-Kompanien« stecken ließ[28]. Abgesehen von den wachsenden Kontingenten der Vasallenstaaten und Bundesgenossen, die schon mit starken Teilen in Spanien kämpften (Schweizer, Deutsche und Polen), stieg die Kriegsmacht Frankreichs wie zur Revolutionszeit auch durch den Einbezug neuer Fremdregimenter weiter an, zusammengefügt aus Deserteuren, Kriegsgefangenen und Angehörigen aufgelöster Armeen in den besetzten Ländern. Schließlich mußten auch die 1804 für Polizeizwecke geschaffenen

25 Schwertfeger, a. a. O. (1914), S. 507.
26 Frankreichs Streitkräfte und Stärke, S. 66 f.
27 Lettow-Vorbeck: Die Konskription unter Napoleon I., S. 161.
28 Jähns: Das französische Heer, S. 130.

Abb. 23. Zwei Zeichnungen von Félix Henri Philippoteaux (1815–1884).
a) Die Armee bezieht Winterquartiere in Polen, Januar 1807.
b) Konskribierte auf dem Marsch nach Spanien, August 1808.

Reservekompanien der südlichen Departements ständig Leute zur Spanienarmee abgeben[29].

Seitdem änderte sich der Charakter des französischen Heeres auf gravierende Weise. Es glich nicht mehr der Grande Armée von 1805. Die hohen Verluste, insbesondere die blutigen auf fünf Schlachtfeldern, hatten den Kern der Berufssoldaten – Offiziere, Unteroffiziere und Veteranen – dezimiert. Zudem wurden diese kampferprobten Männer unter den Schrecknissen des Guerillakrieges in einem armen, streckenweise wüsten Lande ihres Kriegerlebens überdrüssig. Die Disziplin geriet aus den Fugen und das Zutrauen zu sich selbst schwand dahin. Unter den Offizieren stieg die Unlust mit der Höhe ihrer Charge. Am meisten litten die jungen, unzureichend ausgebildeten Rekruten im doppelten Elend. Von der Sonnenglut wie durch hohe Anfälligkeit gegenüber Ernährungsmängeln und Infektionen körperlich geschwächt, fielen sie als Nachzügler auf den strapazierenden Märschen oder als Versprengte im Gefecht häufiger den Grausamkeiten der irregulären Banden zum Opfer. Da die Truppen in Spanien seit Jahresende 1808 nicht mehr unter den Augen des Kaisers fochten, und seine Marschälle im gespannten Verhältnis zueinander weder auf eine straffe Befehlsführung zwecks gemeinsamen Zusammenwirkens den größten Wert legten, noch ihren unterstellten Divisionen mit der nötigen Schärfe in die Zügel griffen, verfiel die Armee der Verwahrlosung[30]. Außerdem brachte der Spanienkrieg keine Geldentschädigungen ein; er ernährte sich nicht mehr selbst wie in den früheren Feldzügen, sondern verursachte hohe Kosten, die ein beträchtliches Defizit im Staatshaushalt hinterließen.

Die sensationellen Ereignisse in Spanien und deren Auswirkungen auf die machtpolitische Situation des französischen Kaiserreiches versetzte Europa in große Unruhe. Als sich Österreich entschloß, mit einem reformierten, durch Landwehr-Regimenter verstärkten Heer unter Aufruf der gesamten deutschen Volkskraft den Angriffskrieg um die Unabhängigkeit Deutschlands zu wagen, war Napoleon in der Lage, den Kampf an der zweiten Front erfolgreich zu führen. Er hatte außer seinen Truppen auf der iberischen Halbinsel noch etwa 330 000 Mann unter Waffen: Über 85 000 unter Marschall Davout in Deutschland, 12 250 Franzosen und Holländer im Gouvernement der Hansastädte Hamburg und Lübeck, 44 000 Mann im Königreich Italien, über 13 000 in Neapel, 12 000 in Dalmatien, dazu 167 000 Mann als Garnison- und Festungsbesatzungen in Frankreich. Die polnische Armee des Fürsten Poniatowski im Herzogtum Warschau und die schon 108 000 Mann zählenden deut-

29 Nachweis der Fremdregimenter im einzelnen bei E. Fieffé: Geschichte der Fremdtruppen im Dienste Frankreichs, S. 165 ff. Vollständige Übersicht der Zusammensetzung und Organisation des kaiserlich französischen Heeres nach dem Stand von 1809 siehe Krieg 1809 (Feldakten des k. u. k. Kriegsarchivs), Bd. 1, Wien 1907, Anhang IV, S. 629 ff.

30 Zum Rekrutenelend in Spanien siehe Schmeißer: Die Refraktärregimenter unter Napoleon I., S. 72 ff. Tabelle über Krankenstände 1809 und 1811 bei Jordan: Die englische Seemacht im Halbinselkrieg 1808 bis 1814, in: Vierteljahreshefte für Truppenführung und Heereskunde (1910), S. 124.

schen Rheinbundkontingente vermehrten das napoleonische Heer auf dem weiträumigen Kriegstheater zwischen Rhein, Weichsel und Etsch[31]. Nach intensiv genützter, sehr kurzer Frist zur Vorbereitung gelang es dem Kaiser gerade noch rechtzeitig, im Schwerpunktbereich der oberen Donau eine Operationsarmee von zunächst 160 000 Mann zu versammeln. Mit ihr schlug er die numerisch etwas überlegenen, aber viel zu schleppend in Bayern vorgedrungenen Korps der Österreicher im »Feldzug von Regensburg« innerhalb von fünf Tagen zurück. Weitere 50 000 Mann, formierte Einheiten und Ersatzmannschaften, folgten nach. Diese »Armee de l'Allemagne« bestand bereits zu einem guten Drittel aus deutschen Brigaden, Divisionen und Korps, zu einem geringen Teil aus Holländern und Portugiesen, nur noch zur reichlichen Hälfte aus Franzosen, in deren Reihen Konskribierte der einverleibten Fremdländer mitzogen.

Im Begegnungskampf triumphierte Neapoleons Feldherrnkunst in gewohnter Weise über die zaghafte Operationsführung auf der Gegenseite. Die neuen österreichischen Großverbände waren für einen Bewegungskrieg im gleichen Tempo weder eingeübt noch mit ihrem Versorgungsapparat entsprechend eingerichtet. Die französischen Korps bewiesen wiederum ihre hohe Marschfähigkeit. In der großen Schlacht rangen sich jedoch die Kräfte bis zur Erschöpfung ab. Bei Aspern (22./23. Mai) mußte der Kaiser seine erste Niederlage hinnehmen. Die unter irrigen Voraussetzungen nach übereiltem Donau-Übergang vorgetriebenen Angriffe mißlangen. Sie zerschellten an der Widerstandskraft einer zuvor schwer angeschlagenen und deshalb für demoralisiert erachteten Armee. Sie hätte den Gegner bei größerer taktischer Aktivität sogar vernichten können, als er sich bei einem Verlust von 20 000 Mann über die einzige Flußbrücke auf die Lobau zurückzog[32]. Napoleon brauchte reichtlich 40 Tage, um sich auf die Revancheschlacht vorzubereiten, die er ohne zahlenmäßiges Übergewicht nicht wagen wollte. Als auch die italienische Armee und das Korps aus Dalmatien herangekommen waren, außerdem eine vermehrte Anzahl leichter Kanonen aus erbeuteten Beständen in Wien für die Infanterieregimenter, griff er die Österreicher am 5. Juli bei Wagram an. In diesem wieder zwei Tage langen, nicht minder blutigen Ringen als bei Aspern spielte die Artillerie mit fast 1000 Geschützen auf beiden Seiten die Hauptrolle; beim Verteidiger das Rückgrat seiner Standhaftigkeit, unter Führung des Kaisers das Ersatzinstrument für die bereits spürbar abgesunkene Gefechtskraft der Infanterieverbände, die schon zu viele junge unerfahrene, auch unzuverlässige Leute erhalten hatten. Die zum rücksichtslosen und dennoch vergeblichen Durchbruch des Feindzentrums gebildete Riesenkolonne von 24 Bataillonen der italienischen Armee in einer einzigen, dicht geschlossenen Masse

31 Krieg 1809, Bd. 1, S. 121 und Anhang VII, S. 637, IX, S. 642 ff., X, 651 f., Rheinbundkontingente Anhang V, S. 636a, dort die Abgaben nach Spanien mit eingerechnet, das badische Kontingent nicht 18 000, sondern 8 000 Mann.

32 Zum »Feldzug von Regensburg« siehe Krieg 1809, Bd. 1, S. 595 ff., zu Aspern, Bd. 4, S. 679 ff.

erklärt sich nicht zuletzt aus der Vorbeugung gegen die Desertionsgefahr[33]. Es handelte sich im Grunde genommen um das gleiche Prinzip wie zur Blütezeit der Lineartaktik. Jenen Verhältnissen entsprach ebenso eine bezeichnende Stelle aus dem Tagesbefehl Napoleons vor dem Kampf bei Wagram: »Im Namen der Ehre ist es verboten, das Schlachtfeld zu verlassen, um die Verwundeten wegzuführen, so lange bis die Schlacht entschieden sein wird[34].« Die Schlacht war am 6. Juli nachmittags mit einer Einbuße von 23000 Toten und Verwundeten sowie 7000 Gefangenen gewonnen, allein durch die Übermacht. Den Feldzug hatte sie nicht entschieden. Die Österreicher behielten eine schlagkräftige Armee, weil dem Kaiser die Kräfte zum Ausbeuten des Sieges nicht mehr hinreichend erschienen. Am 11. Juli nahm er den angebotenen Waffenstillstand an.

Vergeblich auf eine Wende der Gesamtkriegslage hoffend, zog das Wiener Kabinett die Verhandlungen noch drei Monate hin; dann mußte es am 14. Oktober einen demütigenden Frieden akzeptieren. Österreich verlor neben weiteren Ländereien, im Westen an Bayern, im Osten an das Großherzogtum Warschau und Rußland, auch seine Küstengebiete an Frankreich, so daß es zum Binnenland herab- und aus dem Range der Großmächte hinausgedrückt war. Es hatte eine Kriegsentschädigung von 85 Millionen zu zahlen und durfte nur noch eine Armee von 150000 Mann besitzen, damit ihm die Lust zu weiteren Erhebungen verging.

Der Wiener Vertrag konnte nach Lage der Dinge nur eine Kampfpause bedeuten. Er vergrößerte nutzlos das schon zu weit aufgeblähte Grand-Empire, er machte zwangsläufig die habsburgische Monarchie zum unversöhnlichen Feind, verstimmte Rußland und brachte Europa endgültig aus dem Gleichgewicht. So gefestigt die Macht des Kaisers nach außen hin auch erscheinen mochte, in Wirklichkeit wurden schon die Anzeichen eines unfehlbaren Zusammenbruchs sichtbar. Österreichs Krieg hatte seine Volkskraft getragen, mächtig gesteigert im Freiheitskampf der Tiroler. Durch Österreichs Aufruf wie von Spanien her entzündet, war erstmals auch in Norddeutschland die Flamme der nationalen Empörung kurz aufgelodert. Im Mutterland des französischen Kaisertums verbreitete sich die Gewißheit, daß Napoleon die Grenzen des Möglichen überschritten hatte, daß er auf dem Wege der Maßlosigkeit entgegen allen feierlichen Schwüren zur Erhaltung seines Herrschaftssystems zu immer neuen Kriegen verurteilt sei, und daß es keinen Frieden geben würde, solange er mit uneingeschränkter Gewalt regierte. Die Heirat des Cäsaren aus Korsika mit der österreichischen Kaisertochter (1./2. April 1810) ließ allerdings die Hoffnungen noch einmal aufleben, auch in ihm selbst[35].

33 Jähns: Das französische Heer, S. 134; über den Schlachtverlauf siehe Schmerfeld: Der Feldzug 1809 in Österreich, in: Vierteljahreshefte für Truppenführung und Heereskunde (1909), S. 608 ff.

34 zit.nach Schmeißer: Die Refraktärregimenter unter Napoleon I., S. 76.

35 Fournier: Napoleon I., Bd. 2, S. 307 ff.; siehe auch die Prophezeiung Joseph de Maistres bei Paléologue: Zar Alexander I., S. 157 f.

Die nächsten Schritte monströser Außenpolitik zeigten hingegen, daß Napoleon in einer Welt lebte, die nicht bestand, sondern von seiner Einbildungskraft erschaffen war. Ihn trieb es nach dem einen Ziel der Zwangsintegration Europas unter der Hegemonie Frankreichs. Solange aber England nicht am Boden lag und um Frieden bat, war dieses Ziel unerreichbar. Folglich trieb im Wirtschaftskrieg ein Keil den anderen, um die Wirksamkeit der Kontinentalsperre zu verstärken: Die Annektion des Königreichs Holland (9. Juli 1810) und der deutschen Küstengebiete bis Lübeck (13. Dezember 1810). Schon zuvor waren die Provinzen nördlich des Ebro in französische Militärgouvernements verwandelt worden, um Spanien besser beherrschen zu können (8. Februar 1810). Mit der gleichfalls willkürlich inkorporierten schweizerischen Republik Wallis (Nov. 1810) umfaßte das kaiserliche Imperium insgesamt 130 Departements, wo 44 Millionen Menschen lebten.

Es verstand sich von selbst, daß auch die hinzugekommenen Territorien den Konskriptionsgesetzen unterlagen. Die Hansestädte mit den Departements der Ober-Ems, der Weser- und Elbemündungen bildeten die 32. und letzte der Militärdivisionen, in die das französische Staatsgebiet eingeteilt war. Sie umfaßte die neu formierten Linien-Regimenter Nr. 127 bis 129 und das Chasseur-Regiment Nr. 30[36]. Indem der Orlog in Spanien fortgesetzt neue Opfer forderte, während die zunehmende Spannung mit Rußland schon die Möglichkeit eines nächsten Doppelkrieges ankündigte, griff das Getriebe der Aushebung immer rücksichtsloser ins Volksleben ein, besonders in das Reservoir der vorausgenommenen Rekrutenjahrgänge. Es bedurfte bereits schärfster Zwangsmittel, um die Kontingente zusammenzubringen. Massenweise flüchteten die Heerespflichtigen in Berge und Wälder oder begingen Selbstverstümmelung. Mancher hieb den Daumen der rechten Hand bzw. eine große Zehe ab, andere rissen sich die Schneidezähne aus, damit sie die Patrone nicht mehr abbeißen konnten. Im Jahr 1811 stieg die Zahl der »Refractaires« auf 60 000 Mann an. Mobile, aus Infanterie und Kavallerie bestehende Fangkolonnen zogen auf die Menschenjagd nach allen Richtungen durch die Provinzen, trieben aber nur die Hälfte wieder ein. Auf diesen Streifzügen lagen die Soldaten bei den Eltern der ausgerissenen Rekruten im Quartier, von ihnen beköstigt und besoldet. Die Bedrückten gaben ihnen den Schreckensnamen »garnisaires«, der an die brutalen »Dragonaden« zur Zeit Ludwigs XIV. gegenüber den Hugenotten erinnerte[37].

Da die aufgegriffenen Refraktär-Konskribierten wie die Deserteure ein unsicheres Element blieben, ließ sie der Kaiser in speziellen General-Depots, das Brigantenvolk in fünf Strafregimentern auf den Inseln vor den Küsten unter ausgesuchten, fähigen Offizieren beisammenhalten. Zur Ergänzung der Truppenteile in Deutschland bestimmt, durften die Marsch-Detachements Heimatbezirke nicht mehr berühren. Wer entwich, verfiel 10-jähriger Galeerenstrafe, und wenn der Soldat zum zweiten Male desertierte, wurde er erschossen. Trotzdem dauerte das Übel der Fahnenflucht fort,

36 Schmeißer: Die Refraktärregimenter unter Napoleon I., S. 107.
37 Schmeißer: a. a. O. S. 78 ff. und 106 ff.

Abb. 24. Die Jagd auf Refraktaires. Zeichnung aus späterer Zeit um 1880. Seit 1973 ist die massenweise Zwangsaushebung das Problem des Personalersatzes in fortdauernder Kriegszeit.

das auch schlechte Behandlung der Rekruten und ausbleibender Sold mitverursachten. Ebenso verhaßt wie in Italien war die Konskription in Holland, wo bis zur Einverleibung vorwiegend noch die Werbung gegolten hatte, und in den hanseatischen Departements. In Haag, in Amsterdam und Rotterdam, in Ostfriesland, Hamburg, Bremen und Lübeck gab es Meutereien. Die zunehmende Ausschöpfung der älteren Jahresklassen mußte zwangsläufig das remplacement beschränken, da die Geldleute um so weniger Ersatzmänner fanden. Folglich stiegen die Kosten für die Stellvertretung mächtig an, von 4000 Francs im Jahr 1806 auf 8000 nach 1810[38].

In dieser kurzen Übergangszeit vom Wiener Frieden zum Feldzug in Rußland löste sich die Übereinstimmung der Nation mit ihrem Kaiser immer weiter auf, verdrängt von allgemeiner Beklemmung und Kriegsmüdigkeit, von Mißtrauen und Widerwillen gegen den militärischen Despotismus. Auch die materiellen Kräfte erlahmten infolge einer Wirtschaftskrise, die das politisch-strategische Instrument der Kontinentalsperre noch verstärkte, weil die Blockade Industrie und Handel Frankreichs selbst schädigte[39].

Allein Napoleon glaubte in seiner krassen Wirklichkeitsblindheit an die Dauer des Kaisertums. Zu dessen Festigung hatte er einen neuen Adel geschaffen; hierarchisch gegliedert in Herzöge, Grafen, Barone und Chevaliers für Militär und Zivil; ohne

38 Lanfray: Histoire de Napoleon I., Bd. 5, Paris 1875, S. 462.
39 R. van Roosbroeck: Betrachtungen über Ziel und Wirkung der Kontinentalsperre, in: Napoleon und die Staatenwelt seiner Zeit, S. 119 ff.

a) b) c) d)

e) f)

Abb. 25. Marschälle des Kaiserreiches. Nach Bildnissen aus der Zeit und danach.
a) Nicolas Jean Soult, Herzog v. Dalmatien (1769–1851). Als Bauernsohn 1785 Soldat, 1787 Korporal, 1791 Btl-Instrukteur, 1793 zum Kapitän gewählt, 1794 Brigadegeneral; 1805 u. 1806/07 Führer des IV. AK, 1809–1814 Gegner Wellingtons, 1815 vom Posten als Kriegsminister entfernt, als Napoleon auf Paris marschierte, Generalstabs-Chef im Juni-Feldzug, 1820 aus der Verbannung zurückgerufen u. wieder als Marschall bestätigt, nach der Juli-Revolution 1830 Kriegsminister.
b) Louis Nicolas Davout, Herzog von Auerstedt und Fürst von Eckmühl (1770–1823). Aus adliger Familie 1785 Cadet Gentilhomme, 1788 Unterleutnant, 1791 Btl-Chef, 1793 trotz Bewährung bei Neerwinden aufgrund des Konvents-Beschlusses als Adliger aus der Armee entfernt, 1794 Brigadegeneral, von Bonaparte zur Ägypten-Expedition ausgewählt; in der Grande armée des Kaisers der fähigste operative Kopf; 1813 Rückeroberer und Verteidiger Hamburgs bis zum Kriegsende; 1815 Napoleons Kriegsminister, nach seiner 2. Abdankung OB der Armee; 1817 von Ludwig XVIII. wieder als Marschall bestätigt.
c) Jean Lannes, Herzog von Montebello (1769–1809). Färbergeselle, als Freiwilliger 1792 Unterleutnant, 1797 in Italien Brigadegeneral; starb an der bei Aspern erlittenen schweren Verwundung am 31. 5. in Wien. Die letzten Worte des treuesten Gefolgsmannes zu Napoleon: »... Du hast nur Schmeichler um dich, und ich sehe keinen Freund, der es wagt, dir die Wahrheit zu sagen ... Beeile dich, diesen Krieg zu beenden, das ist der Wunsch aller ...«
d) Auguste Frédéric Louis Viesse de Marmont, Herzog v. Ragusa (1774–1852). Aus altadliger Familie. 1790 Unterlt., 1796 Adjutant Bonapartes, ging 1814 nach verlorener Schlacht vor Paris mit seinen Truppen zu den Alliierten über, wodurch die Bourbonen-Dynastie wieder auf den Thron kam; z. Zt. der »100 Tage« in Aachen, bis zur Juli-Revolution 1830 in der Pairskammer.
e) Alexandre Berthier, Herzog von Neuchâtel, Fürst von Wagram (1753–1815). Sohn eines Ingenieur-Geographen, 1789 Oberstleutnant im Generalstab, 1795 Divisions-General, seit 1796 Generalstabs-Chef Napoleons »mehr gediegen als glänzend«; 1814 an der Demarche der Marschälle zum Thronverzicht des Kaisers beteiligt, verließ 1815 mit Ludwig XVIII. Paris, beendete sein Leben durch Selbstmord am 1. 6. in Bamberg.
f) Michel Ney, Herzog von Elchingen, Fürst von der Moskwa (1769–1815). Böttchersohn aus Saarlouis, 1788 Husar, 1792 Unterleutnant, 1799 Divisions-General; als Truppenführer eines Korps im Kampf hoch bewährt, operativ stets in starrer Abhängigkeit von den Befehlen des Kaisers; forderte von ihm am 4. 4. 1814 in Fontainebleau die Abdankung zugunsten seines Sohnes, 1815 infolge seines gebrochenen Treueversprechens gegenüber Ludwig XVIII. von der Pairskammer zum Tode verurteilt und am 18. 12. erschossen.

politische Vorrechte, doch die Titel als Majorate vererbbar, aber vom Vermögen abhängig gemacht. Aus den eroberten Herrschaften erhielten die Marschälle gleich einer modernen Form von Vasallität als verpflichtende Belohnung reiche Dotationen. Die Söhne des napoleonischen Adels besetzten nach den verlustreichen Schlachten die freien Offizierstellen und wurden zum Mißvergnügen ihrer dienstälteren Kameraden rascher befördert. Der Kaiser bedachte auch die Veteranen der siegreichen Armee, die tapfersten und die Invaliden, mit ständigen Geldbezügen, wodurch er auf dem Wege zum Ziel seines Reiches in Waffen die Anhänglichkeit der folgsamen, zähen und stolzen Krieger noch erhöhen und das berufsmäßige Soldatentum stärken wollte[40].

Auf dem Gipfel der Macht war Napoleon aber nicht mehr der mitreißende Kriegskamerad seiner inzwischen kritisch gewordenen Generale und Marschälle. Es verriet seinen gewandelten Charakter, daß er unabhängige Ansichten nicht mehr duldete, keinen Rat mehr annahm und anstatt Paladine mit politischem Weitblick ins Gespräch zu ziehen, nur noch barsche Befehle an Untergebene erteilte. Auch über die öffentliche Meinung verfügte er als absoluter Herrscher und lenkte sie in die von ihm gewünschte Bahn. Die gesamte Presse unterlag scharfer Zensur durch ein Spezialressort des Polizeiministeriums, kein Buch durfte ohne Druckerlaubnis erscheinen; die Auslandsnachrichten wurden als Zweckmeldungen verbreitet, absichtlich gefälscht oder ganz unterdrückt[41]. Trotzdem ließ sich die Wahrheit nicht hinweglügen; denn man hatte das raffinierte Propagandagespinst längst durchschaut. So zeigten sich in dem viel zu weit ausgedehnten Kaiserreich, dessen Teile sich in ihrem Wesen deutlich widersprachen, überall schwache Stellen. Die Franzosen murrten, hinter den alten und neuen Fürsten standen die Völker unwillig im Joch der Abhängigkeit, hinter dem Rücken Napoleons trieben kaiserliche Diplomaten ein verräterisches Ränkespiel[42]. Auch von den Marschällen war keine unbedingte Treue mehr zu erwarten, weil sie den Krieg satt hatten und ihre Pfründen endlich in Ruhe genießen wollten.

Unter solchen Umständen rüstete sich der Kaiser zum Feldzug gegen Rußland. Der Zar war stillschweigend vom Tilsiter Bündnis abgerückt; seit Mai 1810 verstärkte er seine Armee und befestigte die schwachen Grenzabschnitte zwischen Düna und Dnjepr. Napoleon merkte sehr bald, daß die große Allianz von 1807 für ihn kaum noch realen Wert besaß. Mit dem russischen Ukas, der den Beitritt zur Kontinentalsperre verwarf, stand der endgültige Bruch kurz bevor. Der Imperator in Paris schien

40 Fournier: Napoleon I., Bd. 2, S. 118 und 204 ff., siehe auch: Zur Geschichte des militärischen Lebens in den Armeen Napoleons I., S. 282; vgl. Jähns: Das französische Heer, S. 121 f.

41 Fournier: Napoleon I., Bd. 2, S. 207; siehe auch die Kampfschrift von Fr. R. de Chateaubriand »Über Buonaparte«, abgedruckt bei H. E. Haack: Über den Nachruhm, Bonn 1951, S. 167 ff.

42 Talleyrand führte geheime Gespräche mit dem Zaren beim Erfurter Kongreß und mit Metternich in Paris, Coulaincourt beging als Botschafter am Zarenhof seinen ersten Treubruch, siehe M. Paléologue: Alexander I., S. 110 ff.

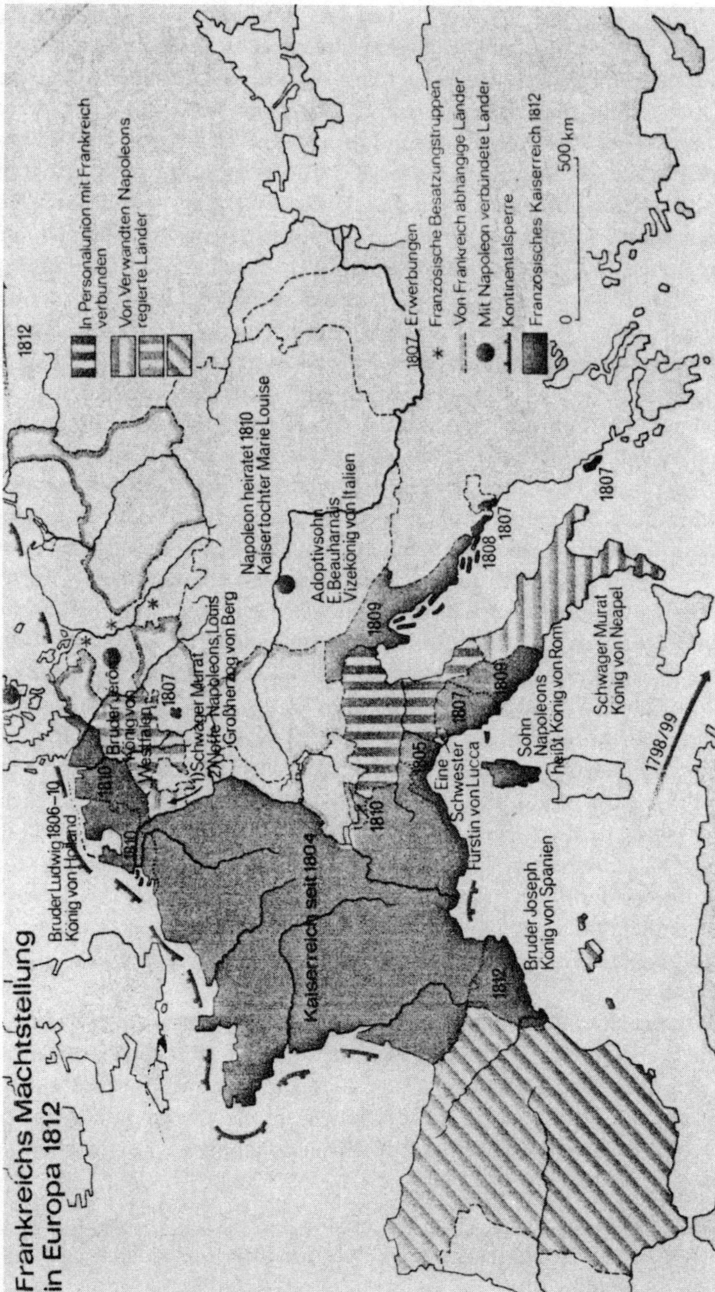

Abb. 26. Karte von West- und Mitteleuropa 1812.

jetzt nur noch in Regimentern, Korps und Armeen zu denken. Im Mai 1812 war das Riesenwerk einer phantastischen Aufmarsch-Organisation vollendet, basiert auf die Festungen und Depotplätze an Elbe, Oder und Weichsel mit verbindenden Etappenlinien zurück über den Rhein bis Paris. Ein Feldheer von 460 000 Mann stand operationsbereit, gegliedert in 11 Korps und eine große Kavallerie-Reserve. Dahinter formierte sich ein weiteres Korps (IX. mit über 35 000 Mann), das aus einer französischen, einer deutschen und einer polnischen Division bestand, und das der Grande Armée folgen sollte, sobald es vom Rhein her durch ein weiteres Korps mit vier Reserve-Divisionen (XI. mit über 75 000 Mann) im Raum Berlin abgelöst würde. Diese letzte Staffel diente zur Hälfte als nachzuschiebender Rückhalt, die andere hatte die Ostsee-Küste zu sichern, Preußen in Schach zu halten und für den Heranmarsch von Rekrutenbataillonen als Nachersatz zu sorgen. Zudem war am 15. März durch Senats-Dekret die Nationalgarde aufgeboten worden; der erste der drei sogenannten »Banne« aus den jungen Männern der Klassen 1809–1812 im Alter zwischen 20 und 26 Jahren, die offiziell zwar in den eigenen Departements verbleiben sollten, aber doch für Besatzungszwecke ostwärts des Rheins zur Verfügung standen[43]. Rechnet man die Depot-Truppen, die Kräfte in Italien und die Armee in Spanien hinzu, so betrug der Präsenz-Stand der napoleonischen Kriegsmacht mehr als eine Million Mann. Im Vergleich zur levée en masse lag er hinsichtlich seines Anteils an Nationalfranzosen allerdings niedriger; denn das nach Rußland ziehende Vielvölkerheer zählte 170 000 Deutsche und Holländer einschließlich der preußischen und österreichischen Hilfskorps, 60 000 Polen, 20 000 Italiener, 10 000 Schweizer sowie 10 000 Kroaten, Illyrer, Spanier und Portugiesen[44].

Einen eigentümlichen Kern der Armee bildete die kaiserliche Garde, die jetzt schon die Stärke eines übergroßen Armeekorps von fast 50 000 Mann erreichte. In ungestörter Friedenszeit hätte sie eine elitäre Ausbildungs-Institution für tüchtigen Unterführernachwuchs aller Linienregimenter sein können und wohl auch sollen. Nunmehr ergab sich daraus das Gegenteil des Verschleißes zum Schaden des Ganzen. Im Krieg wollte sich der Feldherr als offensivster Schlachtentaktiker eine Reserve für den entscheidenden Massenstoß mit wuchtiger artilleristischer Unterstützung von 150 Geschützen zurückhalten, nachdem die Infanterie längst nicht mehr die Qualität von Austerlitz besaß.

Die organisatorischen Vorbereitungsmaßnahmen zielten neben voller Sicherheit im rückwärtigen Etappengebiet vor allem auch darauf ab, das Feldheer möglichst auf ganzer Stärke zu erhalten. Dazu diente außer der Vorsorge zur Truppen- und Mannschaftsergänzung das Bestreben des Kaisers, einen Verpflegungsapparat in Betrieb zu bringen, der auch den Verhältnissen des Ost-Kriegsschauplatzes genügen würde. Im

43 Zusammenstellung der diplomatischen und militärischen Maßnahmen Nap. I. zur Einleitung des Feldzuges von 1812, in: Jahrbücher für die Deutsche Armee und Marine, Bd. 26 (1878), S. 305 ff.

44 Jähns: Das französische Heer, S. 152 ff.

Abb. 27. Baron Dominique Larrey, nach einem Gemälde von Pierre Guérin (1774–1833). Napoleons leitender General-Chirurg (1766 bis 1843), auf dem Schlachtfeld von Austerlitz vom Kaiser mit dem Großkreuz der Ehrenlegion ausgezeichnet, bei Wagram zum Reichsbaron ernannt. Bei Waterloo von preußischen Ulanen überfallen, rettete er Blüchers Sohn das Leben, der den Gefangenen in Freiheit setzte.

Januar 1812 hatte er die Vermehrung des Militär-Trains auf 17 Bataillone befohlen. Mit Pferde-, zum geringen Teil Ochsenfuhrwerken ausgerüstet, die für polnisch-russische Wege konstruiert waren, sollten sie einen 20-Tage-Bedarf von 60 000 Doppelzentnern der Armee nachführen[45]. Die Magazine an der Weichsel-Linie waren aufgefüllt, so daß unter Einbezug der Wasserwege über die beiden Ostsee-Haffs und den unteren Njemen ein ausreichender Zuschub von Lebensmitteln gesichert schien, falls die Truppenmassen bis zum Einfall ins Feindgebiet aus dem Lande leben konnten und ihre eisenen Rationen noch nicht aufgezehrt hatten. Die Planung setzte den Aufbau einer neuen Operationsbasis bei Kowno und Wilna voraus.

Schließlich blieb im großen Rahmen vorbeugender Maßnahmen auch die Verwundetenfürsorge nicht außer Acht. Napoleon hat den führenden Stand des Sanitätswesen im französischen Heer seit dem 18. Jahrhundert bis 1812 stets zu erhalten gesucht. Die leichten Spezialfahrzeuge der von berittenen Ärzten begleiteten »Fliegenden Lazarette« bei jeder Division bedeuteten einen Fortschritt, auch die seit 1809 bestehenden Krankenträgerkompanien. Die Chirurgen der Regimenter waren inzwischen auf fünf vermehrt. An der Rückständigkeit der medizinischen Wissenschaft konnte freilich kein Heerführer etwas ändern, doch einer besseren Ausbildung des ärztlichen Personals wären geordnete Friedensverhältnisse gewiß dienlicher gewesen[46].

45 Zu den 3520 Trainwagen kamen noch die aus Polen und Ostpreußen mitgeschleppten Fahrzeuge, siehe Liebert: Die Rüstungen Napoleons für den Feldzug 1812, in: BMWBl (1888) S. 371 f., dazu der wichtige Aufsatz von Géza Perjés: Die Frage der Verpflegung im Feldzuge Napoleons gegen Rußland, in: Militärgeschichtliche Mitteilungen, hrsg. v. MGFA Freiburg i. Br. (2/1968), S. 35 ff.

46 Über Napoleons berühmten Generalarzt Larray siehe Niebergall, Geschichte des Feldsanitätswesens in Umrissen, in: BMWBl (1902), S. 292 ff., vgl. Freytag-Loringhoven: Die Armeen des ersten Kaiserreiches, S. 203 ff.

Niemals zuvor hatte der Kaiser einen Feldzug in derartig langer Zeit von zwei Jahren so gründlich vorbereitet. Dennoch führte er das gewaltige Heer in die Katastrophe der Vernichtung. Vielleicht hätte er das Ziel, den Zaren zum Frieden nach seinen Bedingungen zu zwingen, durch die überraschend hohe Zahl der Streitkräfte erreicht, wenn der standhaften russischen Armee nicht der geordnete Rückzug in ungebrochener Kampfbereitschaft bis hinter Moskau gelungen wäre. So aber mußte es zum Vorschein kommen, daß sich die äußerlich überaus glänzende französische Armee seit dem Kriegsende 1809 bereits »im absteigenden Aste ihrer Lebenskurve[47]« befand und das zusammengezwungene bunte Völkergemisch von 1812 die Keime des Unterganges in sich trug. Schon 1811 war Marschall Davouts »Observationskorps« in Deutschland mit über 10000 Refractaires aufgefüllt worden; zuletzt soll das Element der unsicheren Konskribierten etwa 60000 Mann betragen haben. Die 4. Reserve-Division, die im Oktober 1812 unter General Durutte noch ins Feld zum rechten Heeresflügel hinrückte, bestand aus fünf Strafregimentern[48]. Schon zu viele Soldaten folgten ohne innere Bereitschaft den Fahnen des Kaisers, und einem großen Teil blutjunger Rekruten mangelte es an der nötigen Körperkraft. Von den Fremdvölkern besaßen nur einzelne Truppenteile besonderer soldatischer Struktur, wie die Schweizer, festen Halt. Auch die Polen kämpften aus verständlichen Gründen mit Bravour. Die größeren, nationalen Staatsverbänden angehörenden deutschen Brigaden und Korps leisteten wertvolle Hilfe. Im Ganzen gesehen ergab das eine ungenügende Grundlage für die latent gefährdete Disziplin des napoleonischen Heeres, das seiner Natur nach den Anforderungen des Rußlandkrieges wenig gewachsen war. Als schon nach ersten Marschstrapazen bis Wilna die Desorganisation des Verpflegungssystems begann, weil der Wagentransport scheiterte und massenweise Zugtiere krepierten, blieben schon Tausende von Deserteuren, Plünderern und Kranken zurück. Als die Grande Armée am 28. Juli den Raum Witebsk-Orscha erreichte, hatte sie nicht weniger als 130000 Mann verloren. »Das Ende lag bereits im Anfang begründet[49].« Von der Hauptmacht, die Napoleon über Smolensk und das blutige Schlachtfeld von Borodino nach Moskau führte, kamen nur noch wenig mehr als 100000 Mann dort an. Veranschlagt man alle Teilnehmer am Rußlandfeldzug mit Einschluß der Artillerie-Parks samt technischer Dienste, der nachgesandten Verstärkung und der Ersatzregimenter auf reichlich 600000 Mann[50], so sind schätzungsweise 400000 zugrunde gegangen und 100000 als Gefangene zu zählen.

Als Sklave seiner Vorstellungen hatte der Kaiser vorwiegend mit den Massen gerechnet und auf die gewohnte selbsttrügerische Unfehlbarkeit des eigenen Feldherrngenies gesetzt, die moralischen Faktoren jedoch sträflich unterschätzt. Eben durch diese Massen war das riesige Werkzeug über den damals noch beherrschbaren organisatorischen Rahmen schon hinausgeraten. Die ganze Kriegsrüstung eine Improvisa-

47 Jähns: Das französische Heer, S. 134.
48 Schmeißer: Die Refraktärregimenter unter Nap. I., S. 102f. und 114ff.
49 Fournier: Napoleon I., Bd. 3, S. 89.
50 Liebert: Die Rüstungen Napoleons für den Feldzug 1812, S. 382.

Abb. 28. Plünderungsszene in Moskau am 20. September 1812. Nach der Natur gezeichnet von Albrecht Adam (1786–1862).

tion, überstieg sie die Möglichkeiten, die dem Heerführer die Technik der Zeit bot. Die Probleme der Operationsführung, des Nachschubwesens und der zentralen Kontrolle zu zahlreicher Heeresglieder wuchsen ihm mit zunehmender Dimension von Raum und Zeit über den Kopf. Auch dieser Grund zählte mit zum Untergang: Ohne dem nationalen Gedanken der Völker gebührende Aufmerksamkeit zu schenken, hatte Napoleon derartig rücksichtslos ihre Gefühle verletzt, daß sie in Haß umschlugen. Abgesehen von Spanien stand 1812 hinter ihm die Erhebung dicht bevor, und auf dem Rückzug von Moskau fielen die russischen Bauern erbarmungslos über die sich auflösende Armee her. Tolstoj hat in seinem weltberühmten Roman den einfachen Knüttel des Muschiks legendär über alle Regeln der hohen Kriegskunst triumphieren lassen und den Partisanen zum Träger der elementaren Kräfte Rußlands erhoben.

Das ungeheuerliche Ausmaß der Katastrophe brachte den Kaiser um keinen Preis von dem festen Entschluß ab, den Krieg gegen die Russen zur Behauptung der imperialen Herrschaft fortzusetzen. Er verkündete sogar, die Verluste mühelos ausgleichen und im Frühjahr 1813 mit noch stärkeren Kräften auftreten zu können. Die Folgsamkeit seiner Vasallen erleichterte es wiederum, das gigantische Räderwerk neuer Rüstungen voranzutreiben. Nur die Ostgebiete bis zur Elbe gingen ihm durch den Übertritt Preußens an Rußlands Seite verloren. Tatsächlich brachten Konskription, die Vereinigung von Nationalgarden mit der Armee, das Heranziehen aller entbehrlichen Unterführer und Mannschaften aus Spanien zusammen mit den Überresten des Rußlandheeres ein Menschenpotential von rund 660 000 Mann für die

Neubildung auf die Beine[51]. Ihre Beschaffenheit war jedoch infolge enormer Einbußen personeller und materieller Art unvergleichlich schlechter als im Vorjahr. Zwei Drittel der Mannschaften für die Feldarmee waren noch nicht 20 Jahre alt; die Einheiten mußten auf dem Marsch nach Mitteldeutschland ihre Ausbildung erhalten. Es fehlte an allem, an qualifizierten Offizieren und Generalstäblern, an Artilleristen, Sanitätspersonal und Intendanturbeamten, an Geschützen, Fahrzeugen und vor allem an Kavallerie. Die eminent kriegswichtige Reiterwaffe ließ sich nur zum Teil noch regenerieren und ohne Deutschlands Pferdereichtum vielleicht überhaupt nicht. Die dringendsten Geldmittel beschafften die Gemeinden durch abgetretene Pachteingänge, die Staatspapiere garantierten, aber für die Soldzahlungen reichte das nicht aus. Daß Rekruten zur Desertion aufgefordert und Ausreißer versteckt gehalten wurden, kennzeichnete die schon tief abgesunkene Stimmung im Lande. So brach die dünne Decke der Heeresdisziplin schnell wieder durch[52].

Es war ein Rekrutenheer, mit dem Napoleon 1813 früher als ursprünglich geplant losmarschierte. Die Korpskommandanten erklärten, ihre Truppen wären nicht kriegsbereit und eine verlorene Schlacht müßte ins Verderben führen. Dazu kam es noch nicht, da der Kaiser im Frühjahrsfeldzug bei Groß-Görschen (2. Mai) und Bautzen (20./21. Mai) siegte; verfügte er anfangs doch insgesamt über 226 000 Mann gegenüber nur 110 000 Russen und Preußen. Um aber die Früchte der teuer erkauften Waffenerfolge ernten zu können, mangelte es nicht nur an leistungsfähiger Reiterei; auch die Infanterie zeigte auf den ununterbrochenen Märschen Symptome der Auflösung aufgrund körperlicher Schwäche und innerer Gebrechen.

Bis zum Ablauf des Waffenstillstandes Mitte August waren auf französischer Seite im ganzen 443 000 Mann Feldtruppen zusammengekommen, während die Alliierten nach dem Beitritt Österreichs und Schwedens zum gesuchten Endkampf mit 500 000 Mann und hoher moralischer Kraft das Übergewicht hatten. Von drei Seiten bedrängt, gelang es dem Kaiser nicht mehr, genügenden Operationsraum für die Freiheit seiner Entschlüsse zu behaupten. Er war gezwungen, die große Heeresmasse in drei Armeeverbände von mehreren Korps aufzuteilen, die selbständige Leitung erforderten, aber außer der Hauptmacht mit dem kaiserlichen Hauptquartier keine entsprechenden Führungsstäbe besaßen.

Die Kommandostruktur war auf dem Stand von 1805 stehengeblieben. Der Kaiser hatte auch niemanden dazu erzogen, die Verantwortung mit ihm zu teilen. »Er wollte nur gefügige Vollstrecker seines Willens ... fürchtete die fähigen Köpfe und suchte nur nach starken Armen[53].« Solange er mit nur einer Armee einen Gegner nach dem

51 Holleben: Geschichte des Frühjahrsfeldzuges 1813 und seine Vorgeschichte, Bd. 1, Berlin 1904, S. 174; vgl. C. Rousset: La Grande Armée de 1813, Paris 1892.

52 Holleben, a. a. O. S. 174 f. und Jähns: Das französische Heer, S. 191 ff. Abgesehen von der fehlenden Zeit zu gründlicher reiterlicher Ausbildung besaß der französische Soldat hierfür kein besonderes Verständnis und brachte dem Pferd nicht die gleiche Liebe entgegen wie der deutsche Reiter. Napoleon hat einmal gesagt: »Le Francais n'est pas homme de cheval.«

53 General Leval, zit. nach Freytag-Loringhoven: Die Heerführung Napoleons und ihre Bedeutung für unsere Zeit, Berlin 1910, S. 49.

Abb. 29. An Typhus erkrankte französische Soldaten in Mainz 1813. Lithographie nach einem Gemälde von Raffet.

anderen niederwarf, mochte das robuste, kühne Draufgängertum seiner Generale genügt haben. Sobald Napoleon aber die Truppen nicht mehr persönlich am Einsatzort dirigieren konnte, sondern diese Aufgabe Stellvertretern überlassen mußte, »brauchte er Köpfe und fand nur Arme«. Wenn er sich zum alleinigen Mittelpunkt einer immer schwerer kontrollierbaren Kriegsmaschinerie erklärte, so widersprach solche despotische Selbstüberschätzung der wirklichen Rolle des Generalstabes und des damit zusammenhängenden Auftragsverfahrens. In Spanien, wo Wellington inzwischen die Franzosen bei Vitoria total besiegt hatte (21. Juni 1813), in Rußland, zuletzt im Frühjahrs- und Herbstfeldzug 1813, sind die Nachteile des zentralisierten Führungssystems zu Napoleons eigenem Schaden hervorgetreten. Den Marschällen fehlte der Glaube an den Glücksstern ihres Kaisers und damit auch der Antrieb zu neuen Siegestaten, unabhängig davon, wie hoch sie befähigt waren, wie gut oder schlecht sie führten.

Wie sie vorausgesehen, hatten die Niederlagen in Schlesien und beim wiederholten Vorstoß auf Berlin desaströse Folgen durch den inneren Zusammenbruch der zurückgeschlagenen Kampfverbände. Trotz bewundernswerter Festigkeit, mit der die noch intakten Korps bei Leipzig unter den Augen Napoleons den Angriffen der alliierten Armeen standhielten, erwuchs der mit 68 000 Toten, Verwundeten und Gefangenen verlorenen Schlacht unaufhaltsam die Katastrophe. Nur Heerestrümmer gelangten über den Rhein; kaum mehr als 90 000 Mann, von denen ein Teil noch in Reih und Glied marschierte und angeblich 30 000 Mann am Typhus sterben sollten. Die hohen Krankheitsausfälle schon seit Mai 1813 werfen ein bezeichnendes Licht auf den gesamten Versorgungszustand des französischen Heeres, den bei vollen Magazinen an der Elbe hauptsächlich eine unfähige, korrupte Administration zu verantworten, nur zum Teil die Einwirkung des Feindes verursacht hatte. Die Grande Armée war von 32 Divisionen auf 10 geschrumpft, auch diese in geringer Stärke und ziemlich verwahrlost[54].

Reduziert auf die »natürlichen Grenzen« Frankreichs nach dem Stand der Eroberungen im ersten Revolutionskrieg hätte Napoleon nun Frieden haben und auf dem Thron sitzenbleiben können. Als Emporkömmling, der nur vom Erfolg zu leben vermochte, kannte er freilich die Problematik seiner Lage unter den legitimen Kaisern und Königen Europas. Umgeben vom Abfall der heerfolgepflichtigen Völkerschaften, wollte er trotzdem die Feindheere im eigenen Land besiegen, wenn seine vom nationalen Willen durchpulsten Verteidiger die Invasoren wie bei Valmy empfangen würden. Zu einer levée en masse kam es jedoch nicht mehr. Die Opposition der in 20 Kriegsjahren ermatteten, nun auch entmutigten Franzosen fiel zu stark ins Gewicht, nachdem innerhalb von 15 Monaten über eine Million Konskribierte aufgerufen und zwei Riesenheere verbraucht waren[55]. Die lange verschonte Mittelklasse, die rücksichtslose Rekrutenaushebung und erhöhte Steuern zu fürchten hatte, verlangte Frieden um jeden Preis[56]. Die Treibjagden auf Refraktäre hatten aufgehört. Mit dem Glauben an die Unüberwindlichkeit des Militärkaisers wich auch die Furcht vor seiner Macht. Solche Ursachen moralischer Art lähmten die Organisation der physischen Kräfte zur Landesverteidigung. Die Alliierten verbreiteten die Kluft zwischen der Nation und ihrem Oberhaupt, indem sie durch propagandistische Proklamationen die Schuld an der Fortsetzung des Krieges auf die Schultern Napoleons luden, ihn allein zum Feind erklärten und seine gedrückten Untertanen offenherziger Freundschaft versicherten. Mit dem wilden Ausbruch eines Volkskrieges brauchten sie nicht zu rechnen.

Während des ganzen Winterfeldzuges reichten die militärischen Kräfte Frankreichs über 300 000 Mann niemals hinaus, einschließlich der Truppen in Italien und der Festungsbesatzungen[57]. Die noch belagerten Waffenplätze an Weichsel und Oder mußten außer Betracht fallen. Den Kern der Operationsarmee bildete die alte und die junge Garde, die Napoleon nach gewohnter Weise als Reserve in seiner Hand

54 Jähns: Das französische Heer, S. 220 f.

55 Nach C. Rousset: La Grande Armée de 1813, siehe Lettow-Vorbeck: Die französische Konskription unter Napoleon I., S. 163. Zu dem relativ geringen Gesamtverlust von Nationalfranzosen 1812 und 1813 einschließlich Spanienkrieg siehe Delbrücks Exkurs in der Gneisenau-Biographie, Bd. 4, Berlin 1880, S. 649 ff.

56 O. Aubry: Napoleon – Der Soldat – Der Konsul – Der Kaiser, S. 316.

57 Delbrück: Gneisenau, Bd. 4, S. 24; vgl. Janson: Geschichte des Feldzuges 1814 in Frankreich, Bd. 1, Berlin 1903, S. 31 ff. und Anlage VIII, S. 26 ff., dazu Bd. 2, Anlage S. 14 ff.

Abb. 30. Eleven der Ecole Polytechnique im Kampf am 4. Februar 1814. Zeichnung von Edouard Detaille.

behielt. Von den zahlreichen Fremdregimentern in französischem Sold blieb nur noch ein geringer Teil bestehen, insbesondere die Schweizer; die Reste der polnischen Bundestruppen waren ins kaiserliche Heer eingereiht. Erstaunliches leisteten die jungen Ergänzungsmannschaften aus Mittel- und Ostfrankreich vom Jahrgang 1815, die unter dem Namen »Marie-Louise« berühmt geworden sind, weil die Kaiserin selbst als Regentin das Aushebungs-Dekret unterzeichnet hatte[58].

Vom Mißgeschick verfolgt und vom Glück verlassen erschien der Kaiser 1814 größer denn je und bewies seine Meisterschaft wie nie zuvor durch sein Feldherrngenie wie durch seine Seelenstärke. Obwohl ihm der Feind keine Zeit mehr zu umfangreichen Rüstungen gelassen hatte, besaß er doch noch eine genügende reguläre nationale Streitmacht. In der Abwehr zwischen Seine und Marne riß er die deprimierten, aber folgsamen Regimenter zu unerhörten Teilsiegen mit sich fort. Als die Verbündeten in Paris eingerückt waren, hatte Napoleon noch 60000 Soldaten hinter sich, dem Feind gegenüber an der Essonne. Sicherlich konnte er auf alle nicht mehr zählen, keinesfalls auf die Marschälle. Sie gehorchten der Einsicht, im Namen Frankreichs keinen Verzweiflungskampf, erst recht keinen Bürgerkrieg mehr wagen zu dürfen und zwangen ihren obersten Ruhmesgefährten zu bedingungsloser Abdankung. Die Napoleon-Legende, die wenig Unterschied zwischen dem Ersten Konsul und dem ewig kriegführenden Cäsaren macht, stempelte sie zu Verrätern[59]. Es war aber der maßlos und despotisch herrschende Kaiser selbst, der das Vaterland der Kameraden seines Aufstiegs ins Verderben geführt hat.

Nach der Rückkehr von der Insel Elba erlebte Napoleon seinen letzten großen Triumph. Nirgendwo fand er Widerstand; jedes ihm entgegengeschickte Regiment desertierte und verstärkte seine kleine »Staatsstreichtruppe« auf dem Wege nach Paris. Ein knappes Jahr neuer Bourbonenherrschaft genügte schon, gereizte Unzu-

58 Jähns: Das Französische Heer, S. 226f.; Aubry: Napoleon, S. 320. Die Garde war Anfang August 1813 70000 Mann stark, 1814 etwa halb so viel, hierzu F. Lünsmann: Zur Geschichte der Organisation der Jungen Garde, in: Zeitschrift für Heereskunde (1941), S. 66ff., auch Janson, a. a. O. Bd. 1, Anlage S. 28f.

59 Die Darstellung bei Aubry: Napoleon, S. 341ff., rückt die Marschälle in den Schatten des Verrats.

Abb. 31. Infanterie der Veteranenarmee auf dem Marsch im letzten Feldzug 1815. Zeichnung von Edouard Detaille.

friedenheit im Bürgertum wie unter den Angehörigen der Armee zu erzeugen, da die königliche Regierung samt allem stützenden Adel nichts hinzugelernt und im Militärwesen teilweise bereits wieder vorrevolutionäre Zustände geschaffen hatten. Um so herzhafter bezeugten die alten Berufssoldaten dem Kaiser ihre Anhänglichkeit. Dennoch fand sich eine grundlegend veränderte Situation vor, als er erneut auf dem Throne saß. Napoleon mußte als konstitutioneller Monarch regieren, mußte jedem persönlichen Ehrgeiz, jeder Gewaltpolitik abschwören und die Nachbarn in Ruhe lassen. Auch die Armee wollte keinen Krieg mehr führen, aber gerade dazu mußte sie sich wiederum rüsten; denn die Wiener Kongreßmächte hatten den Usurpator sogleich geächtet. Folglich stand der Kaiser in dem Dilemma, die Gemütslage der kriegsunwilligen Nation »zugleich zu schonen und zu heben[60]«. Die verhaßte, von König Ludwig XVIII. abgeschaffte Konskription wagte er nicht wieder einzuführen. Etwa 150 000 Mann der Nationalgarde konnten als Besatzung der festen Plätze dienen. Für den offenen Feldkrieg ließ sich aus der bürgerlichen Wehrkraft kaum etwas gewinnen. Zwischen 15 000 und 20 000 Freiwillige waren im Vergleich zur Einwohnerzahl recht wenig, aber auch von den inzwischen heimgekehrten Kriegsgefangenen, verabschiedeten oder beurlaubten Soldaten kamen schätzungsweise nur die Hälfte wieder herbei. Da ein neuer Aufstand in den Vendée einen Teil der Feldtruppen zurückhielt und weitere Kräfte an den Grenzen verteilt standen, zählte das letzte napoleonische Kaiserheer auf dem Marsch zur großen Waffenentscheidung nur 128 000 Mann[61]. Immerhin bestand es fast durchweg aus Veteranen und Prätorianern, eine Napoleon treu ergebene Kriegerschar; nur fehlte ihr das Vertrauen zu den Marschällen und Generalen, so weit diese sich wieder auf die Seite des ehemaligen Kriegsherrn geschlagen hatten. Der Feldzug dauerte nur eine Woche und endete auf dem Schlachtfeld von Waterloo.

60 Delbrück: Gneisenau, Bd. 4, S. 354.
61 Delbrück, a. a. O. S. 355.

V. Deutsche Heerfolge im Rheinbund

Als der erste Revolutionskrieg ausgebrochen war und vier Monate später die beiden alliierten Großmächte Österreich und Preußen in Frankreich eindrangen, hielten sich die zur Teilnahme aufgeforderten Reichsfürsten zunächst noch zurück. Sie wollten keine über die regionalen Interessen ihrer Länder hinausreichenden Verpflichtungen eingehen. Nur Landgraf Wilhelm IX. von Hessen trat mit 6000 Mann seiner respek-

Abb. 32. Karte des Deutschen Reiches 1789.

tablen Kasseler Armee hinzu; ohne finanzielle Vorteile, doch in der Absicht, das militärische Gewicht in die Waagschale zu werfen, um Kurfürst zu werden. Sobald aber nach der Wende von Valmy die Franzosen überraschend schnell im Rheingebiet standen, erfolgte im April 1793 die formelle Erklärung des Reichskrieges.

Eine Reichsarmee im eigentlichen Sinne als geschlossener taktischer Körper ist dennoch nicht mehr zustande gekommen, schon gar nicht in der beschlossenen Stärke von 120 000 Mann. Dies betraf das sogenannte »Triplum«, d. h. der dreifache Betrag des normalen Anschlages von 40 000 Mann, wie ihn schon die Matrikel des Wormser Reichstages von 1521 vorgesehen hatten[1]. Was zum kritischen Zeitpunkt 1795/96 an Kreistruppen existierte, lag verteilt bei den kaiserlichen Armeen am Nieder- und Oberrhein, insgesamt 42 400 Mann Gefechtsstärke unter Einschluß der Festungsbesatzungen Ehrenbreitstein und Mainz[2]. Das klägliche Ergebnis aller Beschlüsse offenbarte den trostlosen Endzustand der Reichskriegsverfassung. Die kleinen und kleinsten Stände entrichteten lieber die nach herkömmlichem Satz bestimmte Geldsumme, als selbst noch ein Soldatenkontingent aufzubringen, während Österreich und Preußen quasi als Stellvertreter der zahlenden Kreismitglieder für ihre Mehrleistung Anspruch auf dieses Geld erhoben. Das taten auch die »armierten« Fürsten, wie Herzog Ludwig Eugen von Württemberg (1793–1795) und Markgraf Karl Friedrich von Baden (1746–1811), die zusätzlich Teile ihrer Haustruppen zur Komplettierung hergeben wollten, wenn sie dafür Subsidien erhielten. Aufgrund eines Vertrages mit England schickte der Landgraf von Hessen-Kassel ein 12 000 Mann starkes Korps nach Flandern, ebenfalls der Landgraf von Hessen-Darmstadt 3000 Mann. Sogar ein badisches Grenadierbataillon marschierte dorthin ab, nachdem die Verhandlungen mit dem Kaiser an der Geldfrage gescheitert waren. Alle diese Truppen kämpften als Bundesgenossen der Engländer in derem Sold[3]. 3000 Braunschweiger standen schon seit 1788 im holländischen Dienst und nach ihrer Rückkehr 1795 verstärkten 1900 Mann das deutsch-englische Korps in der Grafschaft Bentheim, um noch an den letzten Gefechten auf dem nördlichen Kriegsschauplatz teilzunehmen[4].

Nach dem am 5. April 1795 zu Basel geschlossenen Separatfrieden zwischen Preußen und der französischen Republik geriet die Entwicklung im Reich ganz auf die abschüssige Bahn. Zwar blieb nun Norddeutschland für ein Jahrzehnt vom Kriegsgeschehen verschont, doch über die süddeutschen Kleinstaaten brach im Sommer 1796 der lang gefürchtete Schrecken einer Feindinvasion herein. Die davon betroffenen Fürsten und Kreisregierungen schlossen eiligst Waffenstillstandsabkommen, denen Friedensverhandlungen auf dem Fuße folgten. Der schnelle Zusammenbruch der

1 Siehe die Kapitel »Reichskriegsverfassung« in Bd. 1 und 2 dieser Reihe.
2 Kontingente im einzelnen nachgewiesen bei M. v. Angeli: Erzhzg. Carl von Österreich als Feldherr und Heeresorganisator, Bd. 1, Wien 1896, Beilagen S. 461 ff.
3 Politische Correspondenz Karl Friedrichs von Baden 1783–1806, Bd. 1, Heidelberg 1893 S. VII ff.
4 G. Ortenburg: Braunschweigisches Militär, Braunschweig 1987, S. 37, und M. Lehmann: Scharnhorst, Bd. 1, Leipzig 1886, S. 198 f.

Abb. 33. Fahne des Schwäbischen Kreises 1796. Aufbewahrt im Heeresgeschichtlichen Museum Wien.
Die Feldzeichen des Kreiskontingentes wurden bei der von Erzherzog Karl angeordneten Entwaffnung im Sommer 1796 abgeliefert.

Reichsverteidigung bedeutete für das Schwäbische Kreiskorps, das achteinhalbtausend Mann stark bei Kehl von der Armee des Generals Moreau überrumpelt worden war (24. Juni), das bittere Ende. Nach dem Rückzug durch den Schwarzwald wurde es in seinem Lager bei Biberach von den Österreichern umstellt und gewaltsam entwaffnet (29. Juli)[5]. Die Zeit der fremden Okkupation war nur kurz, weil noch einmal die österreichische Armee unter der überlegenen Führung ihres Erzherzogs Karl die Franzosen über den Rhein zurückwarf. Was aber bis dahin allein der Schwäbische Kreis an Kontributionsgeldern und Naturallieferungen aufbringen mußte, erforderte ein vielfaches mehr als die nötigen Anstrengungen zur gemeinsamen Schutzwehr gekostet hätten[6].

Die einschneidenden Veränderungen im deutschen Reichskörper durch den Frieden von Campo Formio 1797 waren bereits mit dem Aufstieg des Generals Bonaparte aufs engste verknüpft. Noch ehe er die Geschicke Frankreichs selbst leitete, richteten sich seine Pläne im Einklang mit dem Pariser Direktorium über die Rheingrenze hinaus auf die Verbindung des politisch, militärisch und wirtschaftlich überaus wichtigen Schwäbischen Kreisgebietes mit der französischen Republik, um es dem Einfluß des Kaisers zu entziehen. Der Rastatter Kongreß sollte das Friedensgeschäft mit dem Reich auf der Grundlage der Entschädigung durch Säkularisation erledigen, nachdem Österreich und Preußen insgeheim der Abtretung des linken Rheinufers zugestimmt hatten. Er war noch nicht beendet, als der 2. Koalitionskrieg begann, der den Übergang zur entscheidenden Wende hin bedeutete.

Zum letzten Male erlebte man in Regensburg den Aufruf zum Reichskrieg. Sogar das fünffache vom »Simplum« sollte bewaffnet werden, doch eine Reichsarmee kam

5 A. v. Schempp: Das Schwäbische Kreiskorps bei Kehl 1796, in: Beihefte zum Militär Wochenblatt (BMWBl) (1910), S. 175 und Angeli: Erzherzog Carl, S. 266 ff.

6 General Moreau zog allein aus der Markgrafschaft Baden außer 2 Millionen Livres noch 1000 Pferde, 500 Ochsen, 25 000 Sack Getreide, 12 000 Sack Hafer, 5000 Ztnr. Heu und 25 000 Paar Schuhe, siehe Politische Correspondenz Karl Friedrichs, Bd. 2, S. 407 ff.

jetzt überhaupt nicht mehr auf die Beine. Was hinter der schützenden Demarkationslinie[7] lag, folgte der Politik Preußens und blieb neutral, ebenso die um ihre Existenz bangende Markgrafschaft Baden. Nur Bayern, Württemberg und Kurmainz leisteten eigenständige, freilich vergebliche Waffenhilfe gegen die Subsidien der hartnäckig auf Fortsetzung des Krieges bedachten Engländer. Die Organisation eines »allgemeinen Landesaufgebotes in Schwaben« war schon im Projekt wieder versandet[8]. Der Lunéviller Friedensschluß veränderte auch die Verhältnisse im Reich von Grund auf. Artikel 6) der Vertragsakte bestimmte endgültig die Rheingrenze; Artikel 7) erklärte, daß die Erbfürsten vom linken Stromufer »dans le sein de l'empire« entschädigt werden sollten. Was der Rastatter Kongreß nicht hatte lösen können, wurde nun dem Ausschuß des Regensburger Reichstages zur Erledigung überwiesen, doch der Schauplatz der Entscheidungen lag in Paris. Mit den unvermeidlichen Tausch- und Teilungsgeschäften verfolgte der Erste Konsul ein Grundziel eigener Machtausdehnung. Er setzte den Anfang vom Ende der buntgemischten Vielstaaterei im deutschen Südwesten und leitete damit den Aufbau moderner, vor allem militärisch leistungsfähiger Mittelstaaten ein. Als dritte Kraft zwischen den rivalisierenden Vormächten Österreich und Preußen sollten sie eine von Frankreich abhängige Föderation bilden und von West nach Ost gegenüber dem Kaiser in Wien an Stärke zunehmend noch weiterwachsen.

Bayern mußte den Verlust der Pfalz hinnehmen, wurde aber als Vorposten bei der Entschädigung durch fränkisches und schwäbisches Gebiet besonders begünstigt. Das von Preußen im Stich gelassene, im letzten Krieg arg ausgesogene Land war unter dem Druck Österreichs in seiner Existenz bedroht, und da seine Lage keine Neutralität erlaubte, blieb nur die Wahl des Interessenbündnisses mit Frankreich, die an ältere Traditionen der Außenpolitik wieder anknüpfte. Man kann sagen, daß schon mit dem Einzug des neuen Kurfürsten Max Joseph (1799–1825) in München am 20. Februar und der Ernennung des Frhr. v. Montgelas zum leitenden Minister der Aufstieg Bayern zum drittgrößten deutschen Territorialstaat begonnen hatte, zugleich ein neuer Abschnitt in der Geschichte seiner seit langem vernachlässigten Armee. Beides ist im Zusammenhang weittragender ziviler und militärischer Reformen zu sehen. Sobald der Reichsdeputationshauptschluß von 1803 Klarheit über den Landgewinn geschaffen hatte, erhielt der Ausbau sein solides Fundament. Ihn bestimmte das Prinzip der Eingliederung von Volk und Heer in den souveränen, modernisierten Staat[9]. Der Kurfürst, selbst aus der Soldatenlaufbahn in französischem Dienst hervorgegangen, besaß guten Sachverstand für diese schwierige Aufgabe und in seinem späteren Kriegsminister v. Triva stand ihm ein fähiger Ratgeber zur Seite, doch der Motor auch der Militärreorganisation war der Staatsminister v. Montgelas. Erstmals

7 Sie verlief von der ostfriesischen Küste südwärts bis an den Main, von da ostwärts nach Schlesien und umfaßte demnach ganz Nord- und Mitteldeutschland.

8 M. Jähns: Zur Geschichte der Kriegsverfassung des Deutschen Reiches, in: Militärgeschichtliche Aufsätze, Neudruck Osnabrück 1970, S. 220.

9 O. Bezzel: Geschichte des Bayerischen Heeres, Bd. 6., T. 1, München 1933, S. 3 ff. u. 19 ff.

in Deutschland schuf er eine bewaffnete Macht, die sich prinzipiell und konsequent aus Landeskindern rekrutierte. Die kostspielige Fremdwerbung wurde nicht mehr in Anspruch genommen, deren Märkte seit dem revolutionierenden Friedensschluß von Lunéville ohnehin erhebliche Einschränkungen erfuhren. Der Unterschied zum preußischen Ergänzungssystem lag darin, daß die gesamte waffentaugliche Mannschaft vom 16. bis zum 40. Lebensjahr laut »Militär-Kantons-Reglement« zu einer achtjährigen Dienstzeit herangezogen werden konnte. Aus Rücksicht auf die bürgerlichen Interessen blieb jedoch die allgemeine Wehrpflicht durch eine große Zahl von Ausnahmen zum Schutz von Wirtschaft und Kultur noch weit vom ideellen Ziel entfernt. Sie hätte wohl auch nur mittels einer Kader-Armee mit aufgefüllten Kurzdienern verwirklicht werden können, worüber unter den Militärs noch keine Klarheit herrschte. Noch handelte es sich um ein Heer von Untertanen. Berufssoldaten und Freiwillige dienten mit anderer innerer Einstellung als die Ausgehobenen, die in den bald ausufernden Feldzügen für Napoleons Kriegsziele häufig desertierten. Dennoch kennzeichnete es den Charakter der rein nationalen bayerischen Armee, daß eine auf das Ansehen des Soldatenstandes, auf »achtunggebietende Zuneigung« zwischen Vorgesetzten und Untergebenen gegründete Disziplin an die Stelle der früheren Zwangsordnung mit ihren Härten und Roheiten trat, geregelt durch humane Strafgesetze. Die soziale Zusammensetzung des Offizierkorps, dem der Adel etwa zur Hälfte angehört hatte, änderte sich mit steigendem Bedarf zugunsten der Bürgersöhne, das alte Übel des Stellenkaufes wurde beseitigt, auch tüchtige Unteroffiziere rückten in die Führerschaft auf. Im übrigen trug der landsmannschaftliche Geist der neuerrichteten Regimenter wesentlich zur Verschmelzung der neu gewonnenen Gebiete mit Altbayern auf der Grundlage eines gemeinsamen Staatsbewußtseins bei. Als 1805 die Österreicher in feindlicher Absicht bis zur Iller vordrangen, war die Armee schon von 16000 auf über 30000 Mann angewachsen. Mit ihr begrüßte auch das Volk den herbeigeeilten Militärkaiser als Befreier[10].

Daß Napoleon ebenso von den beiden vergrößerten, inzwischen zu Kurfürstentümern erhobenen süddeutschen Staaten Baden und Württemberg Waffenhilfe erwartete und dafür weiteren Landgewinn in Aussicht stellte, lag in der Logik seiner imperialen Strategie. Beide Landesherrn mußten nach anfänglichem Zögern den verlangten Allianz-Vertrag abschließen. Das kurfürstlich badische Truppenkorps zählte bereits 5000 Mann. Davon waren 3000 Mann sogleich für den Feldzug vereinnahmt, der außerdem noch 500000 Gulden kostete. Trotz großer Schwierigkeiten bei der Mobilmachung und recht niedergedrückter Stimmung sind die jungen Formationen nach verspätetem Abmarsch dennoch in guten Tritt geraten[11]. Dazu mochten die Sieges-

10 K. Uebe: Der Stimmungsumschwung in der Bayerischen Armee gegenüber den Franzosen 1806–1812 (Münchener Historische Abhandlungen, 2. Reihe, H. 12), München 1939, S. 7ff.

11 S. Fiedler: Das Militärwesen Badens in der Zeit Napoleons, in: Baden und Württemberg im Zeitalter Napoleons (Ausstellungskatalog des Württbg. Landesmuseums, Bd. 2), Stuttgart 1987, S. 259.

nachrichten über den stürmischen Operationsverlauf beigetragen haben. Bis zur Heimkehr im Januar 1806 fand das »Auxiliar-Corps« aber nur im Etappendienst Verwendung. Kurfürst Friedrich II. von Württemberg lag noch im heftigen Streit mit den Landständen um die Modernisierung der alten und neuen Gebiete, die er absolutistisch regieren wollte, als die Militärfrage im Zusammenhang mit dem Ausbruch des 3. Koalitionskrieges das Ende der herkömmlichen Landesverfassung herbeiführte. Auch er hielt nicht länger an Kaiser und Reich fest, weil ihm Napoleon mit seinen Herrschaftsmethoden als ein geeigneterer Partner erschien. Es bedurfte nur noch eines letzten Druckes zur Heerfolge von 6300 Mann[12].

Der Sieg von Austerlitz sollte schnell zeigen, daß die territorial gestärkten deutschen Südstaaten schon unauflöslich an Napoleons Militärmonarchie gekettet waren. Sie hatten erstmals gegen das Oberhaupt des Reiches Krieg geführt, wofür es neuen Landerwerb gab. Der Friede von Preßburg bescherte die weitere Arrondierung auf Kosten des besiegten, nun ganz aus dem Reich hinausgedrängten Hauses Habsburg und sicherte den drei Potentaten die volle Souveränität zu, genauso wie sie der Kaiser von Deutschland und Österreich und der König von Preußen in ihren deutschen Ländern besaßen. Folgerichtig nahmen die Kurfürsten von Bayern und Württemberg die Königswürde an. Die höchste unabhängige Gewalt bedeutete ein staatspolitisch wichtiges Gut, doch aus der Hand Napoleons konnte sie nicht mehr wert sein als reines Vasallentum, zumindest nach außen hin. Ohne Verzug strebte der Kaiser eine geheime Allianz an, um das bisherige System noch wirksamer zu gestalten. Das hieß endgültige Ausschaltung des Reichstages als Schiedsstelle in territorialen Streitigkeiten, niemals mehr Teilnahme am Reichskrieg und noch höher festgesetzte Stärke der Heerfolge. Da es Schwierigkeiten geben mußte, die beabsichtigte Zahl geeigneter Soldaten aufzubringen, stand das Rekrutierungsrecht auch in den noch bestehenden Territorien der kleinen Reichsstände zwischen Rhein und Inn gleich mit auf dem Plan. Es waren massive militärische Gründe, die den nächsten Schritt zum Ende der Reichsverfassung hin vorbereiteten[13].

Dieses Ende kam mit der Rheinbundakte vom 12. Juli 1806. Napoleon zwang sie den im Streit um die Länderbeute liegenden Gefolgsleuten einfach auf, bot aber zugleich jedem anderen Mitbewerber zum Beitritt die Hand, so daß über ein Dutzend deutscher Fürsten sich vom Reich lossagten und den allmächtigen Imperator als Beschützer anerkannten. Er hat den Bund nicht als Wiege für den späteren Zusammenschluß eines selbständigen Großstaates deutscher Nation ins Leben gerufen, sondern als Krönung seiner Herrschaft über Kleindeutschland zwischen Preußen und Österreich. Einbezogen in sein Machtsystem, sollte die Konföderation der Zwerge nach den Rechts- und Verwaltungsgrundsätzen Frankreichs regiert werden; jedes

12 Die Neuformationen zwangsrekrutiert, französischem Wunsch entsprechend vorwiegend leichte Truppen, siehe G. Cordes: Das Württembergische Heerwesen zur Zeit Napoleons, in: Baden Württemberg im Zeitalter Napoleons, S. 275 f.

13 Fiedler: Das Militärwesen Badens im Zeitalter Napoleons, S. 260.

Abb. 34. Rheinbundtruppen. Holzschnitt nach einer Zeichnung von August Beck.

Einzelglied so weit gekräftigt, daß es als brauchbares militärisches Kräftereservoir unter kaiserlichem Oberbefehl gute Dienste leisten konnte.

Die vertraglich konstatierte Stärke aller Rheinbundkontingente betrug 63 000 Mann. Für Württemberg und das zum Großherzogtum aufgestiegene Baden, beide durch Besitznahme nun auch mediatisierter kleinster Reichsstände vergrößert und zu geschlossenen Mittelstaaten abgerundet, hatte sich die Heerfolge schon auf 12 000 bzw. 8000 Mann verdoppelt. Bayern mußte 30 000 stellen, das neue nicht so große Großherzogtum Hessen-Darmstadt 4000, die Herzöge von Nassau und die übrig gebliebenen kleinen Fürsten, die sich vor der Meditation bewahren konnten, zusammengenommen 4000 Mann. Als besonders Auserwählter war der Kurfürst von Mainz und letzter Erzkanzler des Reiches Karl Frhr. v. Dalberg zum »Fürstprimas der Rheinischen Confoderation« erhoben worden. Ein milder geistlicher Musterregent, der die Rheinbundpolitik aus ehrlicher Überzeugung vertrat, wenn auch vergeblich auf den festen Zusammenschluß des »dritten Deutschland« mit einer deutschen Nationalkirche hoffend. Ihm fielen Stadt und Gebiet von Frankfurt zu, seit 1810 um Hanau und Fulda zum Großherzogtum erweitert, dessen Kontingentsanteil sich zuletzt bis auf 3100 Mann erhöhen sollte[14]. Dem Großherzogtum Würzburg erging es nicht anders. Schon vor Errichtung des Bundes hatte Napoleon aus wittelsbachischem und preußischem Territorium auf dem rechten Rheinufer einen Satellitenstaat eigener modellhafter Prägung geschaffen. Obenauf saß sein Schwager Murat als Herzog von Berg, nach der Aufnahme in die Föderation durch Besitzzuwachs Großherzog, der freilich nicht selbst regierte, sondern seine Herrschaft zu persönlicher Nutznießung bloß repräsentierte. Die bergischen Streitkräfte bestanden aus vier Infanteriere-

14 Fr. Weigand-Abendroth: Der Reichsverräter am Rhein, Stuttgart 1980, und G. Bernays: Schicksale des Großherzogtums Frankfurt und seiner Truppen, Berlin 1882, S. 353 f.

gimentern, einem Kavallerieregiment, fünf Kompanien Artillerie und einem Detachement Pioniere und waren »employés dans les troupes francaises«[15].

Die Kontingentsbildungen erforderten ruhige Aufbauzeit; allein schon wegen der organisatorischen Schwierigkeiten, die sich aus den heterogen zusammengesetzten Landesteilen ergaben. Sie war längst noch nicht beendet, als der Kaiser bereits am 25. September 1806 den Befehl zum Ausmarsch in den Krieg gegen Preußen gab. Zwei bayerische Divisionen und eine württembergische, die für ihn am meisten zählten, verwendete er unter dem als Auszeichnung gedachten Namen »IX. Korps der großen Armee«, aber von Jérôme Bonaparte kommandiert; in Schlesien, wo es noch verteidigte Festungen zu bezwingen galt und dazwischen ein aufreibender Kleinkrieg zu führen war[16]. Zwei Bataillone Hessen-Darmstadt kämpften bereits im Verband des VII. Korps bei Jena mit. Die anderen sieben Bataillone, das Chevauxlegers-Regiment und das Artillerie-Detachement folgten nacheinander ins rückwärtige Operationsgebiet bis an die Weichsel. Die ebenfalls in Staffeln abgerückte badische Feldbrigade kam nach Versammlung im Raum Stettin am Jahresende in Pommern und vor Danzig zum Einsatz. Von den vier nassauischen Bataillonen nahmen die Jäger unter Marschall Augereau (VII. Korps) am Herbstfeldzug teil, worauf sie sich mit den drei anderen in Berlin vereinigten und dort bis zum Frühjahr den Garnisondienst gemeinsam verrichteten[17]. Frankfurt stellte ein, Würzburg zwei Bataillone zum Geleit der Nachschubtransporte. Nach der rasanten Vernichtung der preußischen Operationsarmee gewährte Napoleon dem mitbesiegten Kurfürsten von Sachsen den erbetenen Frieden (11. Dezember) gegen unverzüglichen Beitritt zum Rheinbund. Die gleichzeitige Erhebung des zweitgrößten norddeutschen Staates zum Königreich sicherte dem Kaiser einen weiteren zuverlässigen Alliierten für die Fortsetzung des Krieges zu. Das verlangte Kontingent von 20000 Mann wurde allerdings auf 6000 ermäßigt, da die französische Armee nach ihrem hohen Verschleiß im Blitzfeldzug von Oberfranken bis zur Weichsel sächsischen Ersatz an Pferden und Ausrüstung benötigte.

Als Napoleon die Waffenentscheidung gegen Rußland und Preußen auf den Frühsommer 1807 verschieben mußte, bezog er unnachgiebig die Allianzpflicht der Rheinbundstaaten in seine gründliche Vorsorge mit ein. Sie hatten Nachersatz und weitere Formationen für das neu gebildete Observationskorps an der Ostseeküste gegenüber englisch-schwedischen Truppenlandungen zu liefern. Die thüringischen

15 Lienhart/Humbert: Les Uniformes de l'Armée Francaise, Bd. 5, Leipzig 1906, S. 167, vgl. G. Darbou: Die Infanterie d. Großherzogtums Berg 1806–1813, in: Zeitschrift für Heereskunde (1953), S. 4. Als Murat 1808 König von Neapel wurde, unterstellte sich Napoleon den bergischen Vasallenstaat unmittelbar, hierzu R. Wohlfeil: Napoleonische Modellstaaten, in: Napoleon und die Staatenwelt seiner Zeit, S. 41 ff.

16 M. Leyh: Geschichte des Bayerischen Heeres, Bd. 6, T. 2, München 1935, S. 61 ff.

17 L. v. Kattrein: Ein Jahrhundert deutscher Truppengeschichte 1806–1906 (Großh. Hessisches Kontingent), Darmstadt 1907, S. 5 ff. und Ph. Rößler: Die Geschichte der Herzgl. Nassauischen Truppen, Wiesbaden 1863, S. 11 ff.

Abb. 35. Sächsische Infanterie auf dem Marsch. Radierung von C. G. H. Geisler Leipzig 1810.
Dem wegweisenden Boten wurde Gepäck eines marschkranken Soldaten umgehängt.

Fürstentümer Weimar, Gotha, Meiningen, Hildburghausen und Koburg, nach dem Friedensschluß sogleich zur Heerfolge vereinnahmt, stellten ein Regiment, das dem Belagerungskorps von Kolberg zugeteilt wurde. Schwarzburg, Reuß, Lippe-Detmold, Schaumburg-Lippe und Waldeck folgten erst am 18. April 1807, zuletzt die anhaltischen Herzöge 12 Tage später. Das ergab noch drei Bataillone, die aber nicht mehr ins Feld zu rücken brauchten. Diese kleinen Kontingente zusammen bildeten künftig die drei Rheinbund-Regimenter Nr. 4–6[18]. Die weit ausgedehnten Etappenlinien bedurften keines besonderen Schutzes. Nur im Kurfürstentum Hessen, das Napoleon nach Jena und Auerstedt als feindliches Land überfallartig okkupiert hatte, gab es Tumulte unter den entlassenen Soldaten, weswegen das badische Jägerbataillon in Hersfeld noch eine Zeit lang zurückgehalten wurde[19]. Im Nachspiel des Krieges sind die Kontingente aus Hessen-Darmstadt, Nassau und Baden einschließlich eines bayerischen Detachements noch an der Eroberung von Stralsund beteiligt gewesen.

Bayern hatte sogar eine höhere Leistung als vereinbart erbracht, indem es über 36000 Mann einschließlich der eigenen Grenztruppen gegen Österreich und der Festungsgarnisonen mobilisierte. Eine verstärkte Division wurde im März 1807 zur Unterstützung des französischen Narew-Korps in Polen herangezogen, um die rechte Heeresflanke decken zu helfen. Die Abgänge der Feldtruppen betrugen 10 Prozent, aber wie anderswo auch die Desertionen mitgerechnet. Die meisten Verluste unter den »Rheinbündlern« hatten Typhus und Ruhr verursacht[20]. Eine bittere Folge des Mangels an eigenen Lazaretteinrichtungen, die sich bis zum ersten Feldeinsatz im Winter- und Festungskrieg nicht so schnell herbeischaffen ließen und auch weiterhin im Rückstand blieben.

18 Fiebig: Das 4., 5. und 6. Rheinbund-Regiment, in: Zeitschrift für Heereskunde (1934), S. 65 ff., vgl. Lienhart/Humbert: Les Uniformes de l'Armee francaise, S. 248 ff.
19 Fiedler: Das Militärwesen Badens im Zeitalter Napoleons, S. 261.
20 ebenda.

Am Ende des Krieges durfte der Kaiser mit den deutschen Regimentern zufrieden sein. Sie hatten sich auf den anstrengenden Märschen wie vor dem Feind gut bewährt. Nicht nur die Offiziere, sondern auch die Mehrzahl der Mannschaft erlag der visionären Faszinationskraft ihres Gebieters. Der Soldat stimmte mit der öffentlichen Meinung im Heimatlande überein, die sich unter dem übermächtigen Protektorat geborgen zu fühlen schien. Sah man doch dem großen Ziel einer im Geiste freien, friedlichen Völkergemeinschaft entgegen[21]. Mehrfache Friktionen mit dem französischen Oberkommando konnte die Solidarität im Bündnis noch nicht trüben. Der Militärkaiser pflegte als meisterhafter Psychologe sorgsam durch Lob und gleichberechtigte Behandlung die große Waffenbrüderschaft, auch wenn einzelne Generale nicht danach handelten. Schließlich bildeten die Erfolge seiner triumphalen Führung das stärkste Bindemittel.

Der Frieden von Tilsit fügte dem Rheinbund das Königreich Westfalen zu, das Napoleon aus dem annektierten Kurfürstentum Hessen, aus den abgetretenen Gebietsteilen Preußens westlich der Elbe, aus dem ganzen Herzogtum Braunschweig und dem wiederbesetzten Kurhannover errichtet hatte. Noch aus dem fernen Ostpreußen erhielt sein jüngster Bruder Jérôme (1784–1860) die Mitteilung, daß er zum Träger der im Hause Bonaparte erblichen Königskrone bestimmt sei und als konstitutioneller Monarch die Segnungen liberaler Herrschaft beachten möge. Wie das Großherzogtum Berg sollte auch der größte rechtsrheinische Vasallenstaat ein Vorbild geben, doch nicht minder das napoleonische Machtsystem militärisch sichern. Artikel 5) der neuen, dem Kaiserreich nachgearbeiteten Verfassung bestimmte die Heerfolge auf 26000 Mann. Diese Zahl bezog sich auf die Ausrückstärke ohne die Garnison- und Depottruppen. Die gesetzmäßige Rekrutierungsgrundlage bildete die Militärkonskription nach französischem Muster. Es gab ganze und vorläufige Befreiung. Begünstigte wurden an das Ende der Reserve- oder Depotliste gesetzt, ohne zu losen, Drückeberger an den Anfang. Vermögende konnten gegen Zahlung von 100 Francs in die Rekrutenkasse auf eigene Kosten einen Stellvertreter bringen, der Westfälischer Untertan sein und bereits gedient haben mußte. Unter gewöhnlichen Verhältnissen sollte nur die jüngste Jahresklasse herangezogen werden, aber die Zeiten waren nicht normal. Der Kaiser wollte schon im Sommer 1808 eine Division in den Krieg nach Spanien schicken und war sehr ungehalten, daß erst ein Chevauxlegers-Regiment marschbereit stand. 6000 Mann konnten nicht früher als Anfang des nächsten Jahres abrücken. An Offizieren herrschte kein Mangel. Alle Generale und größtenteils die höheren Ränge, ebenso die Militärbeamten waren Franzosen. Ehemalige Preußen und Hessen suchten in genügender Anzahl nach neuer Anstellung[22].

21 W. Meier: Erinnerungen aus den Feldzügen 1806–1815. Aus den hinterlassenen Papieren eines Militärarztes, Karlsruhe 1854, S. 2f., vgl. Uebe: Der Stimmungsumschwung in der Bayerischen Armee, S. 18ff., 31 und 39.

22 Die Armee des Königreichs Westfalen in den Jahren 1808 bis 1813, in: BMWBL (1887), S. 161ff., auch O. v. Pivka: Napoleons Verbündete in Deutschland, Bd. 1, Bonn 1979.

Vom Spanienkrieg waren diejenigen Rheinbundfürsten sogleich betroffen, die sich dem allmächtigen Protektor nicht zu widersetzen wagten. Hessen-Darmstadt mußte ein Regiment und eine halbe Batterie hergeben, Nassau zunächst ein Regiment und eine reitende Jägereskadron, Würzburg ein Regiment, Frankfurt ein Bataillon. Die sieben kleinen Fürstentümer von Schwarzburg-Sondershausen bis Waldeck hatten zusammen sechs Kompanien, formiert zum »Bataillon des Princes«, zu liefern. Als die drei mitteldeutschen Rheinbundregimenter Nr. 4–6 nach beendetem Feldzug aus Österreich zurückgekehrt waren, marschierten sie gleich weiter nach Katalonien. Das zweite nassauische Regiment folgte mit der anderen Jägereskadron im Frühjahr 1810[23]. Der greise gütige Großherzog von Baden konnte wenigstens erreichen, daß ihm der Kaiser das abverlangte Regiment mit der Fuß-Kompanie zu acht Geschützen auf die Kontingentszahl anrechnete, als die gesamte Feldbrigade wegen der österreichischen Rüstungen in schlagfertigen Zustand gesetzt werden sollte. Napoleon mischte sich auch in die inneren Angelegenheiten des unmittelbar benachbarten Protektoratsstaates weitgehend ein, wenn sie seine Interessen berührten[24]. Der König von Württemberg hingegen verweigerte die Gestellung eines Expeditionskorps. Energisch auf seine Souveränität bedacht, behauptete er größtmöglichen Handlungsspielraum. Der Kaiser, der ihn am meisten respektierte, verzichtete auf schärferen Druck[25]. Er hatte mit seiner Deutschland-Politik das Hauptziel erreicht und mußte jetzt um so mehr darauf bedacht sein, sich den guten Willen der militärisch stärksten Bundesfürsten für künftige Waffenhilfe zu erhalten. Das traf genauso auf Bayern und auf Sachsen zu. Solche Rücksichten bestanden im Hinblick auf die beiden Vasallenstaaten nicht. Wie die westfälische Division, so kämpfte auch ein Kontingent des Großherzogtums Berg im spanischen Orlog; vorausgeschickt zwei Eskadrons des ersten Chevauxlegers-Regiments, ab 1809 nacheinander drei Infanterieregimenter. Von allen Rheinbundtruppen, die im Verlaufe der Jahre durch Rekrutenersatz ergänzt werden mußten, sind nur Bruchteile in die Heimat zurückgekehrt. Das Regiment Hessen-Darmstadt steckte seit Jahresende 1811 in der Festung Badajoz und fiel bei der Eroberung der letzten Bastion durch Wellingtons Sturmkolonnen am 7. April 1812 in englische Gefangenschaft.

Zum Krieg gegen Österreich 1809 stellte der Rheinbund allein für die Grande Armée rund 76 000 Mann. Die Feldkontingente der drei Königreiche bildeten eigene

23 Zu den Kontingenten in Spanien außer der bereits genannten Rheinbund-Literatur: E. Blankenhorn: 1808–1814 Badische Truppen in Spanien (Amtl. Veröffentlichung des Armeemuseums Karlsruhe) 1939; W. Kopp: Würzburgs Wehr (Mainfränkische Studien, Bd. 22), Würzburg 1979, S. 127 ff. und 137 und F. Hergenhahn: Antheil der Hrzgl. Nassauischen Truppen am Spanischen Kriege von 1808–1814, Wiesbaden 1840.

24 W. Andreas: Geschichte der badischen Verwaltungsorganisation und Verfassung in den Jahren 1802–1818, Bd. 1, Leipzig 1913, S. 103 ff.

25 E. Hölzle: Württemberg im Zeitalter Napoleons und der Deutschen Erhebung, Stuttgart 1937, vgl. K. v. Raumer: Die Rheinbundstaaten, in: Deutschland um 1800, Krise und Neugestaltung, Konstanz o. J., S. 265 ff.

Korps unterschiedlicher Stärke: Die Bayern das siebente (27600) unter Marschall Lefebvre, die Württemberger das achte (12240) unter General Vandamme, die Sachsen das neunte (17530) unter Marschall Bernadotte. Die Badener und Hessen gehörten mit je einer Infanteriebrigade, einem Kavallerieregiment und 12 bzw. 6 Geschützen zum IV. Korps des Marschalls Massena. Neun Bataillone der Kleinstaaten waren zu einer Division unter General Rouyer zusammengefaßt[26]. Napoleon hielt sie alle unter dem Oberkommando kriegserprobter Truppenführer seiner Heeresschule fest in der Hand. Er wollte die Deutschen nun auch in der Großschlacht mitkämpfen lassen, was bereits ein deutliches Zeichen für den Aderlaß der französischen Regimenter in den Feldzügen seit 1806/07 war. Physische Leistungen und Bravour dieser Rheinbundtruppen bewiesen, daß der Kaiser vortreffliche Alliierte gewonnen hatte. Sie ernteten hohes Lob, Ordensauszeichnungen und Anteil an der üblichen Kriegsbeute. Als Mitglieder einer großen Kriegergemeinschaft wurden Offiziere und Veteranen im siegreichen Aufschwung vom Geist des napoleonischen Heeres erfaßt, unvergleichlich dem bescheidenen Ausmaß im früheren militärischen Leben. Nur die sächsische Infanterie traf im Gegensatz zur Kavallerie wegen ihrer angeblich geringen Standhaftigkeit in der Schlacht bei Wagram ein unverdient herabwürdigendes Urteil[27].

Aus dem Königreich Westfalen war eine Division nach Spanien abgerückt, als dort zu Kriegsbeginn Österreichs Aufruf zum Freiheitskampf einen nationalen Insurrektionsversuch bewirkte, der im Zusammenhang mit dem Rebellenzug des preußischen Majors v. Schill stand. Der geplante Volkskrieg in Norddeutschland mißglückte, weil dazu die Sprengkraft nicht ausreichte und ohne das Signal des sich versagenden Preußenkönigs auch nicht freigesetzt werden konnte. Erst Ende Juni marschierte König Jerôme mit einer westfälischen und einer holländischen Division über Leipzig nach Dresden, vereinigte sich mit den noch disponiblen sächsischen Truppen und operierte ziemlich erfolglos gegen die in Böhmen stehenden Österreicher. Nach dem Waffenstillstand von Znaim (12. Juli) bahnte sich der »Schwarze Herzog« von Braunschweig mit seiner Freischar den Weg nach Norden mitten durch westfälisches Gebiet bis zu den rettenden Schiffen der Engländer an der Wesermündung. Fast 6000 Mann des Generals Rewbell, dabei ein bergisches Infanterieregiment, hatten ihn nicht zu überwältigen vermocht. Die Westfalen verloren sogar eine erhebliche Anzahl Gefangene, von denen 300 zu den Braunschweigern überliefen[28].

Das erste große Beispiel des Volkskrieges auf deutschem Boden gaben die Tiroler Bauern. Sie wollten sich nicht länger von ihrem Kaiser getrennt halten lassen, nachdem seit 1805 der neue König von Bayern die ständische Verfassung aufgehoben, das

26 Krieg 1809 (nach den Feldakten des k. u. k. Kriegsarchivs), Bd. 1, Wien 1907, S. 137 ff. und Anlagen S. 642 ff.

27 Das hing offensichtlich mit dem Zerwürfnis zwischen dem Kaiser und Bernadotte zusammen, der das Kommando abgab; siehe Werlhof: Bernadotte und die Sachsen bei Wagram, in: BMWBl (1911), S. 14 ff.

28 Die Armee des Königreichs Westfalen, S. 182 ff.

Land nach modernem Regierungszentralismus in namenlose Departements aufgeteilt, den erzwungenen Waffendienst eingeführt und auch in die Rechte der Kirche eingegriffen hatte. Die Empörung der deutschen Tiroler gegen die deutschen Bayern in der Gefolgschaft einer nicht nationalen Kirche mag wie ein Nachhall des Mittelalters erscheinen; im Zeitalter Napoleons, der nicht nur Throne zusammenschlug, sondern auch das Selbstbestimmungsrecht der Nationen rücksichtslos verletzte, handelte es sich um eine stürmische Nationalbewegung im festen Vertrauen auf den Kaiser von Österreich. Die anfangs schwache Besatzung mußte nachhaltig verstärkt werden, auch durch französische Divisionen und norddeutsche Rheinbundtruppen. Erst nach dem Frieden mit Österreich brach der Widerstand gegen die erdrückende Übermacht ringsum zusammen. Zuvor hatte der Aufstand die Kriegslage noch so weit verschärft, daß auch Württemberg und Baden ihre Depot-Bataillone auskämmen mußten, um Sicherungs-Detachements über die Grenzen nach Vorarlberg zu schicken. Sofort ansteigende Desertionen in den ehemals vorderösterreichischen Landesteilen waren wiederum die Folge[29].

Im Kriegsjahr 1809 hatten Bayern schon rund 40 000, Baden 11 600 und Württemberg knapp 29 000 Mann unter Waffen. Das bedeutete eine drückende Militärlast, die den Staatshaushalt in immer schlimmere Finanznot brachte. Die Stimmung für Frankreich sank zusehends ab[30]. Unterdessen stellte König Jérôme drei neue Infanterie- und ein zweites Kürassierregiment auf, später noch zwei Husarenregimenter. Auch mußte er Nachersatz für die zerschlissene Division in Spanien liefern, den ebenso die anderen Rheinbundkontingente benötigten. Es war nicht die Schuld des charmanten, großzügigen Herrschers, wenn er schnell die Sympathien im Volke verlor. Die Reformen konnten keine Früchte tragen, weil das Räderwerk der napoleonischen Kriegsmaschine das Land erbarmungslos auspreßte. Sie verschlang Menschen, Geld und Material gegenüber schweren wirtschaftlichen Schäden durch die Drosselung der Kontinentalsperre. Unter zunehmendem Konskriptionsdruck wurden Refraktäre und Deserteure der Krebsschaden in der westfälischen Armee. Die 1810 und 1811 aus Spanien zurückgekehrten Restteile – ein schwaches Bataillon, das Chevauxlegers-Regiment und ein Artillerie-Detachement blieben dort bis zum Frühjahr 1813 – verbreiteten immer stärkere Widerspenstigkeit[31].

Das Muster der Militärkonskription war in allen Rheinbundländern von Gewicht selbstverständlich, wenn auch in verschieden modifizierter Form, doch schrittweise den steigenden Anforderungen angepaßt. Hinter der relativ weitgehenden Ausschöpfung der Wehrkraft stand der Machtspruch Napoleons. Davon hing die Souveränität der deutschen Mittelstaaten in der wenigstens zur Wahrung eigenständiger Interessen gewonnenen Position ab. Sie mußten sich erst festigen und wollten an Stärke zuneh-

29 Fr. v. d. Wengen: Der Feldzug der Großherzoglichen Badischen Truppen unter Oberst v. Stockhorn gegen die Vorarlberger und Tiroler, Heidelberg 1910.

30 Uebe: Der Stimmungsumschwung in der Bayerischen Armee, S. 69 ff.

31 Die Armee des Königreichs Westfalen, S. 174 ff.

men. Bürokratische Reformen von oben brachten die Vereinheitlichung, legten zum Teil wichtige Fundamente der altständischen-feudalen Sozialordnung nieder und schufen die Grundlage für das fortschrittliche Militärwesen. Die übergreifende Einheit in Gestalt eines stehenden Bundesheeres unter gemeinsamer Obergewalt, von bundesfreudigen Publizisten und Staatsrechtlern gewünscht, kam nicht zustande. Sobald in Spanien der Volkskrieg aufgelodert und sein Funke nach Deutschland hinübergesprungen war, legte der Kaiser keinen Wert mehr auf eine zu starke Machtkonzentration, die der französischen Vorherrschaft nur hindernd im Wege gelegen hätte[32].

Bayern schritt zu weiterem Ausbau der Wehrpflicht fort, indem die seit 1809 bestehende Nationalgarde zu zwölf Bataillonen I. Klasse als Reserve den aktiven Regimentern zugeteilt wurde. Die Formationen II. Klasse aus Männern bis 40 Jahre sollten im Verteidigungsfall zur inneren Sicherung aufgeboten werden und die Leute bis 59 Jahre sollten in III. Klasse als Bürgerwehr rein polizeilichen Zwecken dienen. Das Konskriptionsgesetz vom 29. März 1812 ließ vorläufige Ausnahmen von der Wehrpflicht zu und gab die Möglichkeit der Stellvertretung durch sogenannte »Einsteher«, die Dienstzeit von acht auf sechs Jahre herabgesetzt. König Friedrich von Württemberg hatte im Krieg gegen Österreich die Aushebungsbestimmungen verschärft. Nach neuer Konskriptionsordnung vom 20. August 1809 waren alle Untertanen zwischen 18 und 40 Jahren militärpflichtig, in Altersklassen eingeteilt auch nach unverändert gebliebener acht bis elfjähriger Dienstzeit (für Fuß- und berittene Truppe) als Reserve den Landbataillonen I. und II. Aufgebotes zugehörig. Diese ebenfalls rein absolutistisch verfaßten Bataillone dokumentierten seit 1806 das Ende der Volksbewaffnung aus altständischer Zeit. Als Absolutist gewährte der König die bedingte Befreiung von der Wehrpflicht. In Baden war es französischer Druck, der den Personenkreis für den Heeresersatz kontinuierlich erweiterte. Das entsprechende Gesetz vom 28. Juli 1812 hob fast alle Exemtionen auf, gestattete aber die Stellvertretung und zog die Konskribierten nur im Alter zwischen 19 und 23 Jahren zum Waffendienst heran.

Organisation und Ausbildung bestätigten sich von selbst durch die gemeinsamen Kampferfahrungen unter den Fahnen des »unbezwingbaren« Siegers. Beides ermöglichte verhältnismäßig reibungsloses Eingliedern ins Gefüge des napoleonischen Heerbannes. Sachsen war allerdings noch eine Zeitlang in den überkommenen starren Formen seines Militärsystems zurückgeblieben. Noch 1809 galten die höheren Ränge im Offizierkorps als Repräsentanten der alten Ordnung, so daß man erst nach Wagram im Hinblick auf taktischen Einsatz, Ertüchtigung der Führerschaft (Leistungsprinzip statt Anciennität) und Truppenökonomie (Abschaffung der Kompaniewirtschaft) gründlich zu reorganisieren begann[33].

32 R. Wohlfeil: Vom stehenden Heer des Absolutismus zur Allgemeinen Wehrpflicht (Deutsche Militärgeschichte in 6 Bänden 1648–1939), Bd. 1, Abschnitt II., S. 61 ff.

33 O. Schuster/F. A. Francke: Geschichte der Sächsischen Armee, Bd. 2, Leipzig 1885, S. 293 ff.

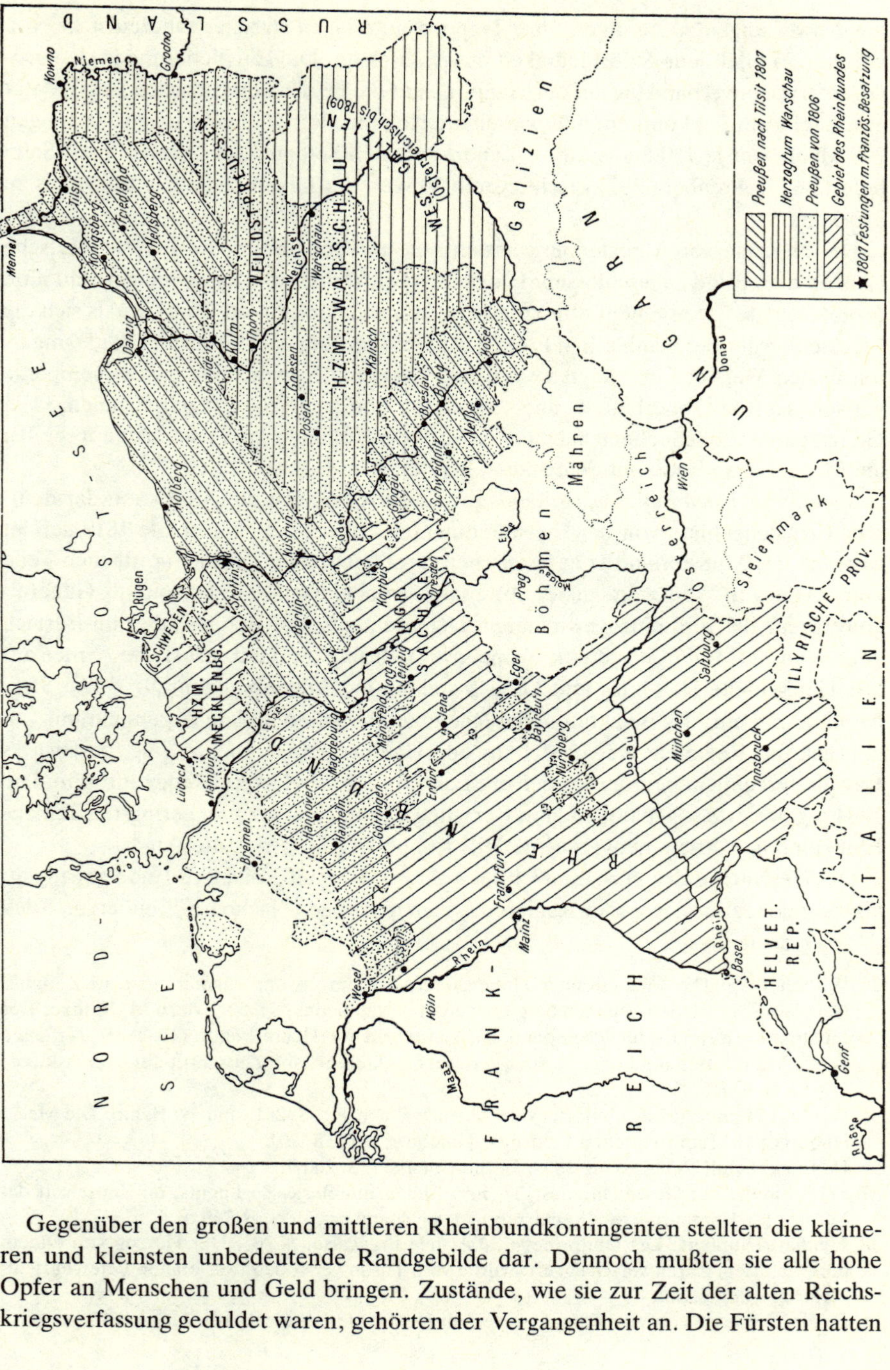

Abb. 36. Karte von Deutschland zwischen 1806 und 1813.

Gegenüber den großen und mittleren Rheinbundkontingenten stellten die kleineren und kleinsten unbedeutende Randgebilde dar. Dennoch mußten sie alle hohe Opfer an Menschen und Geld bringen. Zustände, wie sie zur Zeit der alten Reichskriegsverfassung geduldet waren, gehörten der Vergangenheit an. Die Fürsten hatten die Anweisungen zu befolgen, ihre Truppen unterlagen strenger Oberaufsicht, von vornherein blieb jede Selbständigkeit ausgeschlossen. Die Eingliederung in den größeren Truppenverband lag auf der Hand. Damit die beiden Nassauischen Regimenter aufgestellt werden konnten, überwiesen die Hohenzollern in Sigmaringen-Hechingen 290 Mann, auf je 150 Seelen ihrer Ländchen einen Soldaten; das Gesamthaus Salm lieferte 323, Arenberg 397, Liechtenstein 40, von der Leyen 29 und Isenburg bis zu 350 Mann[34].

Die Herzöge von Mecklenburg hatten sich im Frühjahr 1808 als letzte deutsche Fürsten dem Bund angeschlossen. Die beiden Schweriner und das Strelitzer Bataillon formierten »le 7.er régiment d'infanterie de la Confédération du Rhin[35]«. Als sich die Mecklenburger der Schill'schen Freischar auf ihrem Zug nach Stralsund bei Damgarten in den Weg stellten, zeigten sie wenig Lust zum Kampf; eine ganze Kompanie verweigerte den Feuerbefehl, über 300 liefen über, von 39 Offizieren fielen 34 in Gefangenschaft. Schließlich haben dann auch die Holländer und Dänen den Rebellen am 31. Mai das »Ende mit Schrecken« bereitet[36].

Sobald der Einverleibung Hollands ins Kaiserreich auch die Annektion der deutschen Küstengebiete von der Emsmündung bis Lübeck am Jahresende 1810 gefolgt war, die das Münsterland vom bergischen Großherzogtum und die nördlichen Teile Hannovers von Westfalen wieder abtrennte, ordnete Marschall Davout als Generalgouverneur der drei hinzugewonnenen Departements und Befehlshaber im Bereich der neuen 32. Militärdivision die Truppenvermehrung für die französische Armee an. Die Hansastädte Hamburg und Lübeck stellten das Linienregiment Nr. 127[37], Bremen Nr. 128 auf; das oldenburgische Rheinbundbataillon bildete zusammen mit Osnabrück das Regiment Nr. 129[38]. Aus den Hamburger Dragonern ging ein leichtes Kavallerieregiment hervor, das sich mit Leuten aus aller Herren Länder auffüllte. Die 1804 organisierte sogenannte Hannoversche Legion, eine nur zum geringsten Teil aus Einheimischen zusammengebrachte Hilfstruppe, verfiel der Auflösung[39].

Die Geschichte der kurhannoverschen Armee war 1803 nicht zu Ende gegangen, als sie unter ratlos zögernder Regierung, vom mächtigen Nachbarn Preußen im Stich

34 W. Schöntag: Die Fürstentümer Hohenzollern-Hechingen und Sigmaringen im Zeitalter Napoleons, in: Baden-Württemberg im Zeitalter Napoleons, S. 95 ff., dazu M. Bethke: Das Fürstentum Isenburg im Rheinbund, in: Zeitschrift für Heereskunde (1982), S. 94 ff. und ders.: Frankfurter Soldaten ... ein »verlorener Haufen«, in: Zeitschrift für Heereskunde (1979), S. 93 ff.

35 Lienhart/Humbert: Les Uniformes de l'Armée Francaise, S. 261, und W. Behm: Die Mecklenburger 1812 im russischen Feldzuge, Hamburg 1912, S. 20 f.

36 H. Bock: Schill Rebellenzug 1809, Berlin-Ost 1969, S. 200 ff.

37 Fr. Schmidt: Zur Geschichte des 127. Frz. Linien-Infanterie-Regiments, in: Zeitschrift des Vereins für Hamburgische Geschichte, Bd. 44, Hamburg 1958, S. 259 ff.

38 Lienhart/Humbert: Les Uniformes de l'Armee Francaise, S. 265. Der Herzog von Oldenburg, mit dem Zaren verschwägert, wurde vom Thron verstoßen, was man in Petersburg als »Ohrfeige« empfand.

39 E. Fieffé: Geschichte der Fremdtruppen im Dienste Frankreichs, Bd. 2, S. 185 ff.

gelassen, der französische Einmarsch ungerüstet getroffen und zur traurigen Kapitulation gezwungen hatte. England rief ein ausländisches Freiwilligenkorps ins Leben, das sich bis 1810 ausschließlich aus entlassenen Hannoveranern rekrutierte. Unter dem Namen »King's German Legion« bestanden seit 1806 zwei leichte und acht Linienbataillone, zwei leichte und drei schwere Dragonerregimenter, zwei reitende und vier Fußbatterien, eine Ingenieur-Abteilung, eine Depot- und eine Garnisonkompanie. Sie zählten zum Kern der englisch-portugiesischen Armee, mit der Wellington den zähen Erschöpfungskampf gegen Napoleon auf der Iberischen Halbinsel führte. In der Schlacht bei Talavera (27. Juli 1809) stand die Legion den Regimentern der deutschen Rheinbunddivision gegenüber, und beide Seiten zusammengenommen bezahlten den furchtbaren Bruderkrieg mit 2000 Mann blutigem Verlust. Der Sieg von Waterloo stand am Abschluß einer langen Kette von Schlachten, Belagerungen und Gefechten, nachdem abkommandierte Offiziere und Unteroffiziere schon ab Mai 1813 den Grund zur Neuaufstellung der hannoverschen Armee gelegt hatten. Als am 23. Dezember 1815 der Auflösungsbefehl des Prinz-Regenten aus London kam, ging Wellingtons deutsche Truppe in den Regimentern des Heimatlandes auf. Die Erinnerung an die englische Waffenbrüderschaft lebte fort, im Offizierkorps englische Anschauungen, Sitten und Gebräuche[40].

Die Heerfolge des Rheinbundes im Rußlandfeldzug betrug einschließlich des Nachersatzes rund 130 000 Soldaten. Aus militärischen, aber auch politischen Gründen hat Napoleon die Truppenteile der deutschen Kontingente wenig einheitlich mit den zahlreichen Gliedern seiner Vielvölkerarmee vermengt. Nicht einmal die eigenständigen Großverbände blieben vollzählig beisammen[41]. Die Bayern (30 000) mußten die sechs Chevauxlegers-Regimenter an Murats Kavallerie-Reserve und an das IV. Korps Eugen Beauharnais abgeben, während das zuvor schon in Danzig garnisonierte Infanterieregiment zum X. Korps des Marschalls Mac Donald nach Kurland gelangte. Noch mehr wurden die Sachsen (26 000) zersplittert. Die Masse bildete das VII. Korps unter General Reynier, doch ohne die zu Murat abgezogene schwere Reiter-Brigade mit den Prinz-Albrecht-Chevauxlegers. Zwei Infanterieregimenter und die Prinz Johann-Chevauxlegers folgten Ende August mit dem IX. Korps des Marschalls Victor der Großen Armee nach. Die Württemberger (15 000) formierten die 25. Division des III. Korps Ney, die vier Kavallerieregimenter wiederum auf französische Divisionen verteilt. Vom westfälischen VIII. Korps (26 000) kamen das Infanterieregiment Nr. 1 zu Mac Donald, das Regiment Nr. 8 zum VI. Korps, die Kürassier-Brigade zu Murat. Die badische Feldbrigade (7100) war mit den Truppen des Großherzogtums Berg (5000) ins IX. Korps eingereiht, dort außer den Sachsen

40 B. Schwertfeger: Geschichte der Kgl. Deutschen Legion 1803–1815, 2 Bde, Hannover/Leipzig 1907, dazu J. Kannicht: Und alles wegen Napoleon – Aus dem Kriegstagebuch des Georg v. Coulon, Koblenz 1986.

41 Nachweis in der bisher genannten Truppen-Literatur, Überblick bei P. Holzhausen: Die Deutschen in Rußland 1812, Bd. 1, Berlin 1912, S. XIX ff.

Abb. 37. Württembergische Infanterie in Rußland 1812. Anonyme Zeichnung aus der Zeit.

noch das hessische Chevauxlegers-Regiment. Ein badisches Bataillon marschierte mit dem kaiserlichen Hauptquartier, zwei bergische Pionierkompanien bei der Garde-Artillerie. Zwei Regimenter Hessen zogen bataillonsweise aufgeteilt im Vormarschbereich des I. Korps Davout mit und vereinigten sich erst wieder auf dem Rückzug zusammen mit der Jungen Garde des Kaisers. Am 9. Dezember stieß das 3. leichte Regiment mit sechs Geschützen dazu, das bis Oktober zum Küstenschutz bestimmt war und dann den Befehl zur Verstärkung des dezimierten bayerischen Korps erhalten hatte. Zum I. Korps gehörten auch die 2000 Mecklenburger. Das Strelitzer Bataillon ist anfangs kurze Zeit dem Regiment Nr. 127 der Hamburger und Lübecker unterstellt gewesen[42]. Niemand wußte später zu sagen, wie seine Spur am 2. November im Sumpfgebiet von Wjasma verlorenging.

Die kleinen Kontingente hatten sich nach ihrer Neuformierung aus den von Spanien zurückgekehrten Kadern zur »Division princière« (Fürstendivision) zusammengefügt, die einen Teil der Reserve unter Marschall Augereau (XI. Korps) bildete. Das Regiment Würzburg mußte nach Polen auf den äußersten rechten Heeresflügel, wo das österreichische Hilfskorps in Verbindung mit den Sachsen eine schwierige Dekkungsaufgabe zu erfüllen hatte. Die Regimenter Nr. 4–6, das Regiment Frankfurt und acht französische Bataillone traten Ende Oktober in Königsberg unter das Kommando des Generals Loison (34. Division), der den letzten Nachschub der »Großen Armee« zuführen sollte. Über Kowno und Wilna zog er in Etappen ihren Trümmern entgegen. Am Abend des 5. Dezember hielt die Division dem Kaiser, der tags zuvor zur eiligen Schlittenfahrt nach Paris aufgebrochen war, die Kosaken vom Halse. Auf

42 Fr. Schmidt: Zur Geschichte des 127. Frz. Linien-Infanterie-Regiments, S. 277; Verf. schreibt: »Die bösen Erfahrungen in Brandenburg ließen es wohl nicht geraten erscheinen, die Mecklenburger mit den desertionsverdächtigen Hanseaten zusammenzutun«, siehe auch S. 320.

Abb. 38. Revue der Rheinbundtruppen vor König Murat von Neapel in Königsberg am 28. Dezember 1812. Radierung von Geiling zur Geschichte des Regiments Herzog von Sachsen im russischen Feldzug 1812 von C. Geißler, Eisenach 1840.
Die bei Wilna schnell dezimierten Truppen der Division Loison hatten sich in Königsberg gesammelt und mit den zurückgebliebenen Teilen wieder vereinigt. Das Rgt Herzog von Sachsen zählte noch 550 Mann, das Rgt des Fürsten Primas noch 37. Seit 23. 12. waren von Danzig her 10 frische Btle in Königsberg eingetroffen. Infolge der Tauroggener Konvention zogen die Reste der Grande Armée bis zum 4. Januar Richtung Elbing ab.

dem Rückzugsweg bis Kowno lösten sich die frisch herangebrachten Nachhuttruppen unter den Einwirkungen grimmiger Kälte und wütend grassierender Typhus-Krankheit ganz auf. Wieder in Königsberg angelangt, waren von 14 000 Mann kaum noch 2000 übrig[43].

In der grausigen Verlust-Bilanz des Rußlandheeres weisen die Rheinbundtruppen entsprechende Zahlen auf: Das bayerische Kontingent galt als vernichtet. Etwa 500 Württemberger fanden sich auf dem Sammelplatz Hohensalza ein; in Marienwerder 145 Badener, dazu 330 bergische Infanteristen und Kavalleristen ohne Pferde. In Thorn zählten die Überreste der Westfalen knapp 700 Mann. 316 Hessen und 59 Mecklenburg-Schweriner kehrten in die Heimat zurück. Die Strelitzer sind vermutlich schon seit dem Nachhutkampf des I. Korps Davout bei Wjasma Anfang November spurlos verschollen. Die Sachsen hatten reichlich 22 000 Mann verloren. Abgesehen von den Österreichern waren nur das preußische Hilfskorps sowie das bayerische und westfälische Regiment unter Marschall Mac Donald in Kurland relativ wenig

43 Bernays: Schicksale des Großherzogtums Frankfurt und seiner Truppen, S. 352 ff.

geschwächt davongekommen[44]. Die Überlebenden der russischen Gefangenschaft lassen sich nur in minimaler Zahl nachweisen. Freiwillige Übertritte zur »Russisch-Deutschen Legion«, auf die der seit Juni 1812 als Berater des Zaren tätige Frhr. vom Stein große Hoffnungen setzte, sind nur vereinzelt erfolgt. Das lag wohl weniger an der Rheinbundtreue als am passiven Widerstand der russischen Behörden wie an der unterschiedslos schlechten Behandlung der Kriegsgefangenen[45].

Am 18. Dezember wohlbehalten in Paris eingetroffen, sprach Napoleon sogleich von neuen Armeen und Schlachtensiegen. So weit er noch Herr über Deutschland war, standen ihm auch die Rheinbundstaaten für seine unverzüglich beginnende gewaltige Rüstung zu Gebote. Die Fürsten reagierten je nach der geographischen Distanz zu Frankreich mit gehöriger Vorsicht und sahen ihr Schicksal vom Ausgang des nächsten Feldzuges abhängig, als Rußlands und Preußens gemeinsame Proklamation von Kalisch (25. März 1813) zur Teilnahme am Befreiungskampf aufrief. Angesichts der noch unentschiedenen Haltung Österreichs hatten sie sich aber schon ins Unvermeidliche gefügt. Freilich konnten die Kontingente von 1813 weder in der geforderten Stärke, noch in alter Qualität aus dem Boden gestampft werden. Immerhin bestand mit der vor wenigen Jahren geschaffenen Depot-Organisation ein personeller Rahmen, und das Konskriptionsgesetz sorgte für das nötige Rekrutenaufkommen, um sofort wieder neue Bataillone und Regimenter aufzustellen. Andererseits fand man gute Gründe, den Umfang zu beschränken und den Abmarsch zu verzögern. So betrug die Heerfolge zum Frühjahrsfeldzug Napoleons[46]: Für Bayern eine Division (8000), für Württemberg eine Division (7200), für Westfalen eine Division (6200), für die Großherzogtümer Berg 4200, Hessen 4600, Baden 5700, Frankfurt 1700 und Würzburg 1800 Mann. König Friedrich August von Sachsen war vor den in sein Land einrückenden Preußen nach Prag ausgewichen, um sich der österreichischen Friedensvermittlung anzuschließen, und hatte den Befehlshaber der in Torgau neuformierten Armee angewiesen, die Festung weder der einen, noch der anderen Kriegspartei zu öffnen. Nach Napoleons erstem Schlachterfolg bei Groß-Görschen trat er schnell wieder auf dessen Seite, so daß sich die sächsische Felddivision (6000) und die vier elitären Kavallerieregimenter der französischen Armee anschließen mußten. Bis die Katastrophe von Leipzig das improvisierte Rekrutenheer des Kaisers zur Auflösung brachte, waren auch die Rheinbundkontingente durch Kampfverluste, Gefangenschaft, Krankheit und Desertion erheblich zusammengeschmolzen.

44 Verlust-Übersicht bei Holzhausen: Die Deutschen in Rußland 1812, Bd. 2, S. 164 ff., auch Holleben: Geschichte des Frühjahrsfeldzuges 1813 und seiner Vorgeschichte, Bd. 1, Berlin 1904, S. 218 ff.; im einzelnen siehe die genannte Truppen-Literatur zum Rheinbund.

45 Über das Los der Gefangenen siehe Holzhausen, a. a. O. S. 207 ff. und Schmidt: Zur Geschichte des 127. Linien-Infanterie-Regiments, S. 292 ff. Angaben zur Deutsch-Russischen Legion bei G. H. Pertz: Das Leben des Ministers Frhr. vom Stein, Berlin 1849 ff., Bd. 3, S. 135 ff., vgl. M. Lehmann: Knesebeck und Schön, Beiträge zur Geschichte der Freiheitskriege, Leipzig 1875, S. 49.

46 Stärkeangaben bei Holleben: Geschichte des Frühjahrsfeldzuges, S. 218 ff.

Abb. 39. Die bayerische Division Raglovich in der Schlacht bei Dennewitz. Nach einer Originalzeichnung von Ernst Zimmer.
Die Darstellung betrifft den Beginn der Schlacht am 5. 9. 1813 (XII. AK Oudinot gegen das preußische Landwehrkorps Tauentzien) bei Zahna. Den Sieg erfochten die Truppen des Generals v. Bülow (III. AK) am folgenden Tag. Zwei württembergische Rgtr (IV. AK Bertrand) wurden »auf dem blutigen Sand von Dennewitz« aufgerieben, zuletzt die Bayern in den Rückzug der Armee des Marschalls Ney mit hineingerissen.

Bayern hatte unterdessen den Vorwand gefunden, seine weiteren Rüstungen von erstaunlicher Stärke zum Zweck des Landesschutzes gegenüber dem österreichischen Nachbarn zu betreiben. General v. Wrede, der führende und drängende Mann, vereinigte im großen Übungslager bei München Anfang Juli 1813 eine Feldarmee, die auf über 30 000 Kombattanten anwuchs. In so hoher Zahl wäre sie ohne die Formationen der Nationalgarde II. Klasse nicht zustande gekommen. Ihre Bereitschaft zum Einsatz außer Landes ließ im Heer wie im ganzen Volk keinen Zweifel mehr, daß damit nicht länger die Heerfolge für Napoleon gemeint sein konnte. Nach dem Beitritt Österreichs zur großen antifranzösischen Kriegsallianz wurden die Wünsche der Generale beiderseits der bayerischen Ostgrenze zur militärischen Zusammenarbeit immer offenkundiger. Als Wien guten Willen zeigte, die über 100jährige Gegnerschaft zwischen den Häusern Habsburg und Wittelsbach zu beenden, bald darauf auch alle verlangten Zusagen für volle Souveränität und Territorialbesitzstand gab, schloß General v. Wrede am 8. Oktober den Vertrag zu Ried. Mit ihm vollzog der größte Rheinbundstaat als erster den Übertritt zu den Verbündeten, noch ehe der napoleonische Nimbus der Unbesiegbarkeit ganz zerbrochen war. Zwei Tage später zog Wrede mit dem inzwischen vereinigten bayerisch-österreichischen Truppenkorps nordwestwärts Richtung Main, riß nacheinander den König von Württemberg, dann die Großherzöge von Würzburg und Hessen vom Rheinbund los und traf am 30. Oktober bei Hanau auf die Rückzugsbewegung der französischen Armee. Nicht ahnend, daß ihm der Kaiser selbst gegenüberstand, wurde er in hartem Kampf schwer verwundet. Die Schlacht verfehlte ihren Zweck, da Napoleon unter dem Schutz der Kanonen von Mainz ungehindert den Rhein passieren konnte, doch besaß sie für den Abschluß der alliierten Herbstoperationen in Deutschland ein bedeutendes politisch-moralisches Gewicht[47].

Am letzten Kampftage von Leipzig sind 4000 Sachsen zu den Alliierten übergegangen. Sie taten es gegen den Befehl ihres Königs, geschlossen und auf Kommando der Truppenführer, die dafür die volle Verantwortung trugen[48]. Auch die württembergische Reiterbrigade hatte eigenmächtig die Seite gewechselt, während die nicht an der Schlacht beteiligte Infanterie, 1200 Mann stark, sich erst auf dem Rückzug von den Franzosen trennte. Die noch 2300 Mann zählende bayerische Division war zur Bedeckung der Artillerie- und Wagenparks bei Eilenburg und Torgau verblieben. Am 22. Oktober vom französischen Gouverneur nach Leipzig entlassen, marschierte sie von dort am Monatsende zu ihrer Hauptarmee an den Oberrhein. Die zuletzt noch vereinigten badischen Bataillone und ein Rest Hessen hatten am 19. Oktober als brav ausharrende, verzweifelt kämpfende Nachhut in aussichtsloser Lage die Waffen strekken müssen. Obwohl zum Übertritt aufgefordert, wählten sie das Los der Gefangenschaft; allerdings in der Erwartung einer schnell erlösenden Nachricht aus dem Kabinett des fürstlichen Kriegsherrn[49].

Der schwächliche Großherzog Karl von Baden blieb aber noch bange Wochen im Schlepptau Napoleons und kehrte erst am 20. November im letztmöglichen Augenblick ausschließlich um der Selbsterhaltung willen dem Rheinbund den Rücken[50]. Das hatte seine Auswirkung auf ein letztes dramatisches Ereignis bei der »deutschen Division« der französischen Pyrenäen-Armee, die unter Marschall Soult bei Bayonne gegen Wellington kämpfte. Der Rest des nassauischen Regimentes nützte aufgrund einer geheimen Weisung des Landesherrn am 10. Dezember die günstige Gelegenheit, zu den Engländern hinüberzuwechseln. Das Bataillon Frankfurt schloß sich an. Das badische Regiment hingegen, auf ein schwaches Bataillon geschrumpft, blieb zurück, weil die »Ordre« des Großherzogs noch nicht eingetroffen sein konnte. Tags darauf ließ Marschall Soult sein Lager umstellen, alle Leute entwaffnen und in die

47 Geschichte des Bayerischen Heeres Bd. 6, T. 2, S. 267 ff. und Uebe: Der Stimmungsumschwung in der Bayerischen Armee, S. 117 ff.

48 Larraß: Zur Beurteilung der Überführung Kgl. sächsischer Truppen bei Leipzig, in: BMWBl (1906), S. 385 ff.

49 Denkwürdigkeiten des Markgrafen Wilhelm von Baden, Heidelberg 1906, S. 262 ff.

50 W. Windelband: Badens Austritt aus dem Rheinbund 1813, in: Zeitschrift für die Geschichte des Oberrheins, NF., Bd. 25 (1910), S. 102 ff.

Kriegsgefangenschaft abführen. Das gleiche Schicksal erlitten die Depot-Truppe der Nassauer und deren Regiment Nr. 1, das zusammen mit den beiden Schwadronen reitender Jäger noch in Barcelona bei der Katalonien-Armee stand[51].

Der Rheinbund war schnell aufgelöst, seine bedeutendsten Mitglieder hatten sich vertraglich an Österreich gebunden, seine französischen Vasallenstaaten und die drei annektierten Departements fielen zumeist an ihre ehemaligen Herren zurück, auch das Großherzogtum Frankfurt. In den befreiten Gebieten Norddeutschlands übte ein zentraler Verwaltungsrat der alliierten Mächte seine Tätigkeit aus, um die wirtschaftlichen und militärischen Reserven für den Endkampf gegen Napoleon zu mobilisieren. Den Vorsitz führte der Freiherr vom Stein, der in seinem patriotisch-revolutionären Impetus schon die Frage nach den Grundzügen einer neuen Reichsverfassung stellte. Diese Frage geriet jedoch ins Räderwerk der großen Politik, seitdem der österreichische Staatskanzler Metternich die deutschen Geschicke lenkte und die Rheinbundfürsten im Lager der Sieger standen. Nach dem vollständigen Umbruch der territorialen Verhältnisse während einer jahrzehntelangen napoleonischen Herrschaft gab es keine Rückkehr zum alten Reich. Wie die Einzelstaaten nicht bereit waren, ihre Souveränität zugunsten einer Zentralgewalt einzuschränken, auch die beiden deutschen Führungsmächte Österreich und Preußen auf der Erhaltung ihrer unabhängigen Position beharrten, so wünschten noch viel weniger die europäischen Großmächte ein bundesstaatlich geeintes Deutschland in ihrer Mitte. Der deutsche Staatsmann Stein hätte am liebsten alle Potentaten von Napoleons Gnaden abgesetzt, aber nun sollte mit der Befreiung »allen Sündern vergeben ... sein[52]«. Freilich hing ihre Zukunft von der Teilnahme am Winterfeldzug in Frankreich ab. Die Heerfolge für die drei verbündeten Monarchen erhöhte sich sogar auf eine Stärke, die nur durch den Einbezug der Landwehr-Organisation nötigenfalls nach preußischem Muster aufzubringen war. Bayern unterhielt ein Heer von 70 000 Mann, Württemberg 29 000, Baden 24 500 Mann[53]. Um die Jahreswende 1813/14 entstanden acht neue sogenannte Bundeskorps. Das schon in Aktion getretene bayerische Kontingent, auch das württembergische, bildeten zusammen mit österreichischen Regimentern im Großverband der alliierten Hauptarmee das VII. Korps unter General v. Wrede und das IV. Korps unter dem Kronprinzen von Württemberg. Die neuformierten, jeweils

51 Zum Ende der Rheinbundtruppen in Spanien: Bernays: Schicksale des Großherzogtums Frankfurt und seiner Truppen, S. 303 ff., Blankenhorn: 1808–1814, S. 31 ff. und entsprechend die genannte Truppen-Literatur.

52 Wort des preußischen Generals v. Müffling, zit. nach Windelband: Badens Austritt aus dem Rheinbund, S. 128. Zum Zentral-Verwaltungsrat siehe G. H. Pertz: Das Leben des Ministers Frhr. vom Stein, Bd. 3, S. 144 ff., vgl. G. Ritter: Stein, Stuttgart 1931, Bd. 2, S. 157 f.

53 Geschichte des Bayerischen Heeres, Bd. 6, T. 1, S. 24 und T. 2, S. 403; F. v. Hiller: Geschichte des Feldzuges 1814 gegen Frankreich unter besonderer Berücksichtigung der Anteilnahme der Kgl. württbg. Truppen, Stuttgart 1893, Anlage 5, S. 430; Fiedler: Das Militärwesen Badens in der Zeit Napoleons, S. 268.

vereinigten sechs Korps der anderen Staaten folgten als Belagerungs- und Sicherungskräfte nach[54].

Für die Rheinbundzeit gilt das historische Faktum, daß der Protektor Napoleon die heillos zersplitterte deutsche Staatenwelt in größere, einheitliche und zukunftsträchtige Gebilde umgewandelt hat, wenn auch mit der Zielsetzung, sein eigenes Imperium zu organisieren. Als die »Conféderation du Rhin« auseinanderbrach, konnten die Staatsmänner ihre Politik noch nicht nach deutsch-nationalen Motiven bestimmen. Dennoch kam im volkstümlichen Aufbruch zum Kampf gegen die Fremdherrschaft schon die Erweckungsbewegung der Nation zum Vorschein[55]. Die drei gewichtigen süddeutschen Rheinbundstaaten verdankten ihr territoriales Wachstum wie die Verschmelzung der verschiedenen vielgestaltigen Gebiete vorwiegend ihrem Militärwesen, ebenso das unangetastete Fortbestehen nach der Völkerschlacht bei Leipzig. Die Weiterentwicklung zum gleichartigen staatlichen Organismus mußte nun die schwierige zivile Aufgabe der folgenden Friedensjahre sein. Sie verlief auf dem Wege einer staatenbundlichen Lösung des deutschen Verfassungsproblems.

54 F. Herrmann: Das III. und V. Deutsche Bundeskorps 1813–14, in: Zeitschrift für Heereskunde (1975), S. 49 ff.

55 Stimmungsbilder bei W. H. Ganser: Vom Söldnerheer zur Volksarmee. Der deutsche Soldat in den Kriegen des 19. Jahrhunderts, Berlin 1940, S. 15 ff.; vgl. Uebe: Der Stimmungsumschwung in der Bayerischen Armee, und Windelband: Badens Austritt aus dem Rheinbund.

VI. Österreichs Kriegswesen gegenüber der Französischen Revolution und Napoleon

Mit ihrer Außenpolitik hat die Französische Revolution das Ancien régime insofern fortgesetzt, als sie in Österreich den Hauptgegner sah[1]. Um so hartnäckiger war der Widerstand, den Habsburgs Kriegsmacht den Armeen der levée en masse leistete. Bis zum Aufstieg des Generals Bonaparte erlitten sie nach schwer errungenen Anfangserfolgen immer wieder massive Rückschläge: 1793, 1795, 1796 und 1799. So lange sich in der Umbruchszeit alt und neu noch die Waage hielten und beide Seiten im Grunde genommen nach den Denkformen der herkömmlichen Kriegstheorie verfuhren, rangen sich unentwegter, rücksichtsloser Einsatz der Massen und überlegene Tüchtigkeit kampferprobter Truppen einander die Kräfte ab. Unbedingter Siegeswille der Revolutionsgenerale erzwang die taktische Entscheidung, während bei den

1 J. Bainville: Geschichte zweier Völker (dtsch. Ausg.), Hamburg 1939, S. 122 ff.

Abb. 40. Gefangennahme der französischen Besatzung von Mannheim, den 22. November 1795. Lithographie von Joseph Anton Bauer (1820–1904).
General Dagobert Graf Wurmser begrüßt seinen Gegner General Montaigu, gefolgt von 10 000 Franzosen; von ganz links nach rechts: Wurmsers Adjutant Rittmeister Friedr. Graf Degenfeld, F. M. L. Anton Graf Sztaray, F. M. L. Maximilian Graf Baillet de la Tour, Oberstlt. Frhr. v. Waquant im Generalstab, F. M. L. Friedrich Frhr. v. Hotze, Generalmajor Leopold Frhr. v. Underberger, ganz rechts Oberstlt. Joh. Graf Klenau.

Alliierten die divergierenden Interessen der Politik wie die talent- und tatenlose Führung der Feldherren eine folgenschwere operative Schwäche ergaben. Man kann sogar fragen, ob die Geschichte vielleicht anders verlaufen wäre, wenn das Zerwürfnis zwischen Österreich und Preußen wegen der polnischen Beute den preußenfeindlichen Minister Thugut in seinem »selbstmörderischen Argwohn«[2] nicht dazu verleitet hätte, eine ganze Armee zur Deckung Galiziens, Böhmens und Mährens zurückzuhalten. Auch dadurch war Belgien 1794 in Verlust geraten, im Jahr darauf den erschöpften Franzosen Zeit für neue Angriffe gegeben, und schließlich hatte es Bonaparte um so leichter, seinen Siegeszug zu beginnen.

Der überaus zähe Heeresorganismus beruhte nach Reglement, Feldinstruktion und Generalstabsvorschrift auf der von Feldmarschall Lacy in spättheresianischer Zeit geschaffenen Grundlage, die von den mannigfachen Erfahrungen des Siebenjährigen Krieges her bestimmt war. Die sprichwörtliche Schwerfälligkeit des Bewegungsapparates wirkte sich anfangs keineswegs zum Nachteil aus, wie noch der Feldzug des Erzherzogs Karl 1796 in Süddeutschland bewies. Die Generale Jourdan und Moreau mußten nach forcierten Märschen regellose Plünderungs-Praktiken anwenden, um ihre darbenden Truppen aufzufrischen, bevor sie wieder konzentriert weiterziehen konnten. Das geordnete Magazinsystem der Österreicher hingegen ermöglichte es dem Armeeführer, »stets die Ernährung mit dem Bewegen und Schlagen in reinsten Einklang zu bringen«[3]. Noch im italienischen Feldzug 1799 zeigte sich die Infanterie der revolutionären Fechtweise durchaus gewachsen, indem sie den feindlichen Tirailleurschwärmen durch »entschlossenes Vorrücken en front aber mit Vorausschickung nur weniger Plänkler«[4] wirksam zu Leibe ging. Bei Marengo ist der schon gelungene Überraschungssieg selbst einem konsternierten Bonaparte gegenüber allein durch das Verhängnis psychologischer Faktoren wieder entglitten. Die Niederlage von Hohenlinden wäre einem Erzherzog Karl nicht widerfahren. Dort hatte sich das geradezu blinde Oberkommando einschließlich begriffsstutziger Unterführer durch den Angriff des Generals Richepance aus den Angeln heben lassen, der selbständig im Sinne des Auftragsverfahrens geleitet war.

Am epochalen Ende der stehenden Heere unterschied sich das österreichische Kriegswesen nicht wesentlich vom allgemeinen Entwicklungsstand, doch zeigte es ein eigenes Gesicht. Das bedingte schon der übernationale Charakter des weit ausgedehnten Staatsgebietes mit seinen vielsprachlichen Bewohnern. In dieser Konstellation mußten sich absolutistisches Herrschaftsprinzip und zentralistische Verwaltung

2 H. v. Sybel: Polens Untergang und der Revolutionskrieg, in: Vorträge und Aufsätze, Berlin 1874, S. 213 und 219; vgl. O. Criste: Thugut und die Kriegführung 1793–1801, in: Streffleurs Militärische Zeitschrift, Bd. 1, H. 3, Wien 1908. Zur Beurteilung des Kampfwertes der Armee siehe M. Lehmann: Scharnhorst, Bd. 1, S. 130 ff.

3 B. v. Baumann: Studien über die Verpflegung der Kriegsheere im Felde, Leipzig/Heidelberg 1867, S. 380.

4 Armeebefehl des Feldmarschalls Melas v. 13. 4. 1800, abgedr. bei J. v. Gallina: Beiträge der Geschichte des österreichischen Heerwesens, Wien 1872, S. 144.

bei aller Stärke hemmend auf die Reformen auswirken, die der Wandel der Kriegsführung erforderte. Von seinen 23 Millionen Einwohnern war in Österreich allenfalls die Hälfte ins gesetzmäßig erfaßbare Potential der Heeresergänzung einzubeziehen und eine Konskription wie in Frankreich schien undenkbar[5]. Abgesehen von den Niederlanden garantierten die politischen Verfassungen Ungarns und auch Tirols eigenständige Wehrverhältnisse. Die Ungarn weigerten sich, mit den anderen Provinzen gleich die Lasten des Staates zu tragen. Kaiser Joseph II. ist mit seinen Neuerungsversuchen gescheitert, weil er die einheitliche Nationalität unter zentraler deutscher Herrschaft künstlich schaffen und erzwingen wollte. Der 1771 begonnene Übergang zum militärbehördlich gelenkten Rekrutierungssystem nach dem Vorbilde des preußischen Kantonswesens stieß auf Widerstand bis zum Rande des Aufruhrs, als er sich von den deutschen Erbländern her ausweitete[6] und damit die ständische Selbstverwaltung einschränkte. Die allerschlimmste Crux für Österreichs Rüstung bedeutete seine chronische Finanzkalamität. Schon 1789 war der Haushalt mit 338 Millionen Gulden Schulden beschwert, die unmöglich getilgt werden konnten[7]. In den Kriegen gegen Frankreich stieg die Last unermeßlich weiter an.

So war die komplizierte innere Staatsstruktur »immer auf den Frieden berechnet«, wie der neue Chef des Generalquartiermeisterstabes, Feldmarschalleutnant Graf Radetzky nach der Niederlage von Wagram 1809 bemerkte. Stets blieben die Mittel zum Krieg hinter den Bedürfnissen der Armee zurück. Nach Beginn eines Feldzuges mußte erst eine Zeit vergehen, bevor sie »ganz im schlagfertigen Stande dem Feind entgegengeführt werden konnte«. In Radetzkys Stellungnahme heißt es weiter: »es ist demnach kein Wunder, daß gerade die würdigsten Feldherrn das meiste Gegenstreben bei allen Zweigen der Staatsverwaltung, selbst im Hofkriegsrat gefunden haben«[8]. Damit meinte er vorwiegend Erzherzog Karl, der 1804 im Hinblick auf die noch zu sehr erschöpfte Wehrkraft vor einem grund- und zwecklosen Krieg gegenüber Frankreichs aufs höchste gespannter physischer und moralischer Energie warnte. Auch 1809 hielt er den Zeitpunkt zum Losschlagen wegen der noch ungenügenden Ausbildung der Armee, der schlimmen Finanzlage und der immer noch nicht gefestigten Verwaltungs-Organisation für verfrüht[9].

Der 1556 gegründete Hofkriegsrat mit einem vom Kaiser ernannten Präsidenten an der Spitze bildete die höchste Instanz, das zentrale dominierende Organ, wie es die Monarchie mit ihrer kompakten Ländermasse und deren Interessenvielfalt zur Ar-

5 Gutachten des Erzherzogs Carl v. 3. 3. 1804, abgedr. bei M. E. v. Angeli: Erzherzog Carl von Österreich als Feldherr und Heeresorganisator, Bd. 3, Beilage 1, S. 203 ff.

6 E. Kotasek: Feldmarschall Graf Lacy. Ein Leben für Österreichs Heer, Horn 1956, S. 127 ff.

7 J. Niemeyer: Das österreichische Heerwesen im Umbruch, Untersuchungen zum Kriegsbild zwischen 1830 und 1866, Osnabrück 1979, S. 43.

8 Zit. nach O. Regele: Feldmarschall Radetzky, Wien/München 1957, S. 86 f.

9 Gutachten des Erzherzogs von 1804, Angeli a. a. O. S. 224; für 1809 siehe »Ausgewählte Schriften« (hg. v. X. Malcher), Bd. 6, Wien/Leipzig 1894, S. 319 ff.; vgl. Hartenberger/Wiltschek: Erzherzog Karl – Der Sieger von Aspern, Graz/Wien/Köln 1983, S. 201 ff.

meeverwaltung zu benötigen schien. Die herkömmliche Kompliziertheit des Geschäftsganges infolge verwickelter Führungskompetenzen, die militärischen Administrations- und Organisationsressorts meistens von sachunkundigen Beamten, selten von Offizieren betreut und die Leiter immediat zum Kaiser gestellt, der erst vielerlei Rat einholte, ehe er sich entschied; das alles ergab einen Wirrwarr vielfältiger kollegial arbeitender, pedantisch-bürokratisch sich gegenseitig hemmender Amtsgewalten. Die Finanzstellen, die allein von der Kostenfrage her, doch militärisch laienhaft das zulässige Maß der Rüstung beurteilten, standen in Fehde mit der Generalität, die das Leistungsvermögen schlagkräftiger Truppen im Auge behalten mußte. So konnte der Hofkriegsrat nicht dazu organisiert sein, endlich gefaßte Beschlüsse rasch in die Tat umzusetzen. Nur wenn Feldherr und Präsident in einer Person vereinigt waren wie zur Zeit des Prinzen Eugen ließen sich die komplizierten Verhältnisse besser gestalten. Nachdem die Revolutionskriege das französische Heer grundlegend verändert und obendrein unter genialer Führung zum denkbar schärfsten Instrumentarium siegreicher Feldzüge ausgebildet hatten, bedurfte Österreich um so dringender einer Reform der obersten Militärbehörde.

Die schwierige Arbeit begann, als Erzherzog Karl am 1. Januar 1801 zum Präsidenten ernannt wurde[10]. Er brachte eigene Kriegserfahrung und die Autorität des schlachterprobten Feldherrn in sein Amt mit und trat es unter der leitenden Maxime an, für jeden künftigen Ernstfall eine nach neuen Organisationsformen und Führungsgrundsätzen gestärkte Armee bereitzustellen. Seine reformerische Tätigkeit konnte aber nur dann einen voll durchschlagenden Erfolg haben, wenn die gesamte Hofkriegsratapparatur einem allein dem Kaiser verantwortlichen Chef unterstand, der als moderner Kriegsminister die Geschäfte führte. Zugleich mußte das Militärwesen mit der Innen-Finanz- und insbesondere mit der Außenpolitik im Einklang stehen. Die Konzentration gelang nur vorübergehend, nachdem der Erzherzog im Februar 1806 zum Generalissimus der Armee erhoben und in dieser Stellung der gesamten Kriegsmacht einschließlich des Hofkriegsrates übergeordnet worden war. Auch dann ließen es aber die prinzipielle Reformgegnerschaft wie die Meinungsverschiedenheiten in den Fragen der Rüstung und Volksbewaffnung, zuletzt noch der übereilt auf den Kampf gegen Napoleon zusteuernde außenpolitische Kurs zu einer wirklich umfassenden Neuerung nicht kommen. Nach dem verlorenen Krieg von 1809 schied der Generalissimus aus dem Dienst, und der Hofkriegsrat erhielt seine frühere Selbständigkeit als oberste Behörde der Militärverwaltung mit eigenem Präsidenten zurück.

Zweimal hat die Armee entgegen dem Willen ihres Oberbefehlshabers 1805 und 1809 das auf Sand gebaute Kalkül der politischen Führung, die von militärtechni-

10 E. Wertheimer: Erzherzog Carl als Präsident des Hofkriegsrates 1801–1809, in: Archiv für österreichische Geschichte, Bd. 66, Wien 1885; auch J. Zimmermann: Militärverwaltung und Heeresaufbringung in Österreich bis 1806, Abschn. III, Bd. 1 der Deutschen Militärgeschichte in sechs Bänden 1648–1939, Lizenzausg. München 1983, S. 87 ff. und O. Regele: Der österreichische Hofkriegsrat 1556–1848, Wien 1949.

Abb. 41. Österreichische Infanterie und Artillerie um 1805. Nach einem Aquarell von Wilhelm v. Kobell.

schen Fragen wenig verstand, mit hohen Opfern bezahlen müssen. Die schweren Niederlagen vermochten jedoch ihr inneres Gefüge nur kurzzeitig im unmittelbaren Zustand der Erschöpfung und Depression anzutasten. Durch ihre Wertbeständigkeit und Assimilationskraft überstand sie unerschüttert, anders als in Preußen 1806, die revolutionären Kriegsstürme und blieb das starke Rückgrat der Habsburger Monarchie. Sie war die feste Klammer, die den Vielvölkerstaat zusammenhielt; alle Soldaten ohne Unterschied der Nationalität unter einem Gesetz und demselben Recht miteinander vereinigt. Im Hinblick darauf, nicht nur im Interesse der Ranggleichheit, war es ein bedeutender Vorgang, daß der Monarch nach Napoleons Selbstkrönung den Titel eines erblichen Kaisers von Österreich annahm; vom Namen seines Hauses hergeleitet, um kein Land und kein Volk zu brüskieren. Aber auch die im geschichtlichen Wesen begründete verbindende Idee von Kaiser und Reich lebte fort, wenngleich der französische Imperator das alte Reich 1806 in die Grube gestoßen und der Rheinbund die römisch-deutsche Kronwürde illusorisch gemacht hatte.

Das Offizierkorps fühlte sich ausschließlich dem Kaiser verpflichtet, gleich welcher Nationalität jeder einzelne angehörte. Franz I. mußte es allerdings wie etwas Unabänderliches hinnehmen, daß die oberen Befehlshaberstellen die hohen Herren der Aristokratie beanspruchten. Darin lag kein Segen; denn ihr mächtiges Geschlecht, das sie emporgebracht hatte, trug die Verantwortung auch für die Niederlagen und bewahrte hinterher die Versager mit Milde vor dem Schuldspruch. »Machen Sie gewöhnliche Dummheiten, so bin ich die schon gewohnt«[11]. Mit diesem Wort, das von einem bezeichnenden Fatalismus zeugt, wollte der Kaiser dem neu ernannten Generalstabschef Radetzky die Übernahme des schweren Amtes ein wenig erleichtern.

11 Memoiren Radetzkys (Mitteilungen des k. u. k. Kriegsarchivs, Bd. 1), Wien 1867, S. 69.

Abb. 42. Erzherzog Karl. Stich von Schiavonetti (1765–1819) nach einem Gemälde von Moritz Kellerhoven (1758–1830).

Der mangelhaften Schulung der Generalität hat auch Erzherzog Karl als hervorragender Militärtheoretiker durch seine »Grundsätze der Kriegskunst« von 1806, aus gutem Grund verfaßt, nicht abzuhelfen vermocht.

Die Masse der Offiziere entstammte teils alten Soldatenfamilien, teils dem gebildeten und Kleinbürgertum. Da die meisten keine Stütze an Geld oder Gut besaßen, erblickten sie in der Armee ihre Heimat und widmeten sich mit Hingabe dem erlernten Beruf. Hier fiel Karls reformerisches Bemühen um das militärische Bildungswesen, um Lehrbücher, neue Dienstvorschriften und Exerzier-Reglements auf einen günstigen Boden. Das trifft auch für die Beschäftigung mit der Kriegsgeschichte zu, die in der 1808 gegründeten »Österreichischen Militär-Zeitschrift« – der eigene Beitrag zur überall blühenden Militärpublizistik am Übergang vom 18. zum 19. Jahrhundert – ihr Forum fand. Die materielle Lage der Subaltern-Offiziere konnte freilich nicht schlimmer sein. Auch zu nur geringfügigen Verbesserungen fehlten dem verarmten Staat die Geldmittel. Neben den wenigstens notdürftig versorgten Soldaten glichen viele reinen Hungerleidern.

Das Reformwerk des Erzherzogs in den Jahren 1801 bis 1809 schuf die Grundlage der künftigen, für das 19. Jahrhundert maßgeblichen Militärverfassung. Es verbesserte allerdings nur, so weit das kritische Wechselverhältnis von Staat und Heer profunde Veränderungen zuließ. Die Schwierigkeiten, die Verluste der zurückliegenden Kriegsjahre an Menschen und Material zu ersetzen, waren nicht zu beseitigen, zumal die Dominanz der Sparsamkeit nicht einmal den Versuch gestattete. Andererseits bestand aufgrund der sich neu gestaltenden territorialen Besitzstände in Deutschland auch zur Reichswerbung keine Möglichkeit mehr. So gab es nur den Rückgriff auf die bereits bestehende Konskription, doch jetzt durch noch stärkeres Ausschöpfen des verfügbaren Rekruten-Reservoirs. Dazu mußte aber die im Volke verhaßte lebenslängliche Dienstzeit entfallen. Das kaiserliche Patent vom 4. Mai 1802 hob sie auf und bestimmte für die vom Los betroffenen Männer in den »konskribierten« Ländern eine Präsenzdienstpflicht von 10 Jahren bei der Infanterie, 12 bei der Kavallerie und 14 Jahren bei der Artillerie einschließlich der Genietruppe. Nach der neuen »Conskriptions- und Rekrutierungsvorschrift« vom 25. Oktober 1804 bestand die Stellungspflicht vom 18. bis 40. Lebensjahr mit der Einschränkung, daß in normalen Zeiten nur die Altersklassen bis zu 26 Jahren ausgehoben werden sollten. Die große Zahl der zeitlich Befreiten verringerte sich, aber die Vorrechte der seit alters her privilegierten Bevölkerungsgruppen, die für die Wirtschaft wichtigen Leute, der Adel, die Beamten und die Geistlichen, wagte man nicht anzutasten. Folglich blieb der Militärdienst eine auf die unteren Volksschichten abgewälzte Last. Das neue Konskriptions-Gesetz galt für die deutschen Erbländer und Galizien. Die Einführung des Aushebungssystems in Ungarn scheiterte nach wie vor an der heftigen Opposition der Landstände[12].

Die Unzulänglichkeit des nur halb reformierten Ergänzungswesens zeigte sich, als die Armee 1805 auf Kriegsfuß gesetzt wurde. Aus den 13 Millionen Einwohnern der Erbländer erbrachte die Konskription nur 83 000 Wehrpflichtige, obwohl 30 000 Mann mehr nötig gewesen wären. Die österreichische Armee zog mit übereilt zusammengerafften, unkompletten und mangelhaft ausgerüsteten Truppen ins Feld. Zu diesem unglücklichen Waffengang hatte sie der diplomatische Druck gezwungen. Während ihr größerer Teil in Italien anfangs siegte, traf den kleineren überraschend die Katastrophe von Ulm. Es war der erste Krieg, den der Gegner rein »napoleonisch« führte. Schon sechs Wochen später versetzte er in der »Drei-Kaiser-Schlacht« von Austerlitz den alles entscheidenden Schlag, wodurch die windige dritte Koalition buchstäblich auseinanderplatzte. Nach den erlittenen schweren Einbußen an Landbesitz und Wehrpotential durften keinerlei Zweifel bestehen, daß sich Kaiser Franz aus dem nächsten Krieg von 1806/07 heraushielt. Aber der Tilsiter Vertrag, der Kontinental-Europa in zwei Herrschafts- und Interessenblöcke aufteilte, mußte ihn um die Großmachtstellung seiner Monarchie besorgt machen. Um sie zu behaupten, schien es unumgänglich, die Armee mit allen erdenklichen Kraftmitteln so gut es unter den gegebenen Verhältnissen ging wieder aufzurüsten. Das große Problem bestand in der Voraussetzung, trotz nicht vermehrbarer Friedenspräsenz die Kriegsstärke zu erhöhen. Da zur Errichtung neuer Regimenter das Geld fehlte, beschritt Erzherzog Karl den weniger kostspieligen Weg, die im Konskriptionsgesetz liegenden Möglichkeiten

12 Siehe Zimmermann: Militärverwaltung und Heeresaufbringung in Österreich bis 1806, S. 119 ff.

Abb. 43. Begegnung zwischen Napoleon und Kaiser Franz von Österreich nach der Schlacht von Austerlitz. Gemälde von Antoine Jean Gros (1771–1835). Die Unterredung führt der Sieger in der Mühle von Saruchitz am 4. 12. Er bewilligt den erbetenen Waffenstillstand, fordert aber von Kaiser Franz die Trennung von seinem Verbündeten. Napoleon will sogar auf territoriale Abtretungen verzichten, falls der Zar sofort den Frieden schließt. Da Alexander nur seiner Armee den Abzug befiehlt, diktiert er Österreich harte Friedensbedingungen.

weiter auszunützen. Aus dem vorhandenen Überschuß an waffenfähiger Mannschaft, die im Kriege den Nachersatz zu liefern hatte, konnte schon im Frieden eine feldverwendungsfähige Reserve organisiert werden. Das ergab für jedes der 46 deutschen Infanterieregimenter zwei Bataillone zusätzlich ausgeloster, kurzfristig vier Wochen lang ausgebildeter, dann zu jährlicher Wehrübung einberufener Soldaten; für die 35 Kavallerieregimenter je eine Eskadron bei erhöhter Remontenzahl. Die am 12. Mai 1808 beschlossene Kriegsreserve war das Ergebnis langwierig sich dahingeschleppter Kommissionsberatungen, die im Zusammenhang mit der wenig emsigen Behördenarbeit zur praktischen Anwendung des Rekrutierungsgesetzes von 1804 standen. Unter dem Eindruck des Kriegsgeschehens in Spanien bewilligte nun auch der ungarische Reichstag zu Preßburg außer dem Recht zum Insurrektionsaufgebot von 60 000 Mann 20 000 Rekruten und eine Reserve von 11 000 Mann[13].

Am 9. Juni 1808 erfolgte der Aufruf zur Bildung der Landwehr. 150 Bataillone, jeweils 800 bis 1200 Mann stark, sollten sich zur Landesverteidigung formieren, jeder

Dienstpflichtige, zwischen 18 und 45 Jahren, der noch nicht für die Reserve bestimmt war, sollte ihr angehören. Die kreisweise eingeteilten Bataillone übten an Sonn- und Feiertagen, einmal im Monat gefechtsmäßig in unmittelbarer Nähe des Heimatortes. Die Ausbildung leiteten Stabsoffiziere als Kommandanten und Subalternoffiziere zu ihrer Unterstützung. Im Verteidigungsfall sollten altgediente Soldaten, Adlige, Gutsbesitzer und Beamte die Führer der Landwehr sein. Die Leitung der Organisation oblag nicht dem Kriegsministerium, sondern den Chefs der Verwaltungen in den deutsch-erbländischen Provinzen. Dort wurde sie vom Volk begeistert begrüßt. Noch bedeutete auch die Landwehr keine allgemeine Wehrpflicht, aber immerhin »näherte sich die Armee in ihrem Wesen einigermaßen dem Volksheer«[14].

Auf die Idee der Volksbewaffnung hatte Österreich als erster deutscher Staat schon 1793 zurückgegriffen, um die dünn besetzte Nebenfront am Oberrhein durch Landmilizen zu verstärken. Die gleichfalls dazu aufgeforderten Reichsstände waren mit Ausnahme der Markgrafschaft Baden dem Grenzschutz ferngeblieben. Das Projekt ist an dem im Grunde unlösbaren Rätsel der Reichskriegsverfassung gescheitert, so daß die Wiederholung 1799 noch viel weniger glücken konnte[15]. Erzherzog Karl stand der Miliz-Organisation anfangs sehr reserviert gegenüber, weil er als typischer Repräsentant der alten Heeresschule ihren militärischen Wert geringschätzte und die Aufwendung der Geldmittel zum Nachteil der Armee nicht gutheißen mochte. Um so eifrigere Fürsprecher fand die Volksbewaffnung in seinem jüngeren Bruder Johann und dem leitenden Minister, dem Grafen Johann Philipp Stadion (1763–1824). Beide führten die Kriegspartei an, der Karl wiederum nicht angehörte[16].

Stadion hoffte auf den Anschluß Preußens, mit dem er schon 1808 heimlich Fühlung aufnahm, und auf eine Volkserhebung in ganz Deutschland mit gezieltem Blick nach den Rheinbundstaaten. Eine nationale Propaganda bereitete den Freiheitskampf schon vor. Das Habsburger Reich sollte ihn unzweideutig in den Dienst der deutschen Sache stellen, wie der spätere »Aufruf an die Nation« bezeugte, mit dem Erzherzog Karl Ende März 1809 den Krieg einleitete. So lange der Aufstand der Spanier Napoleon mit einem ganzen Kriegsheer an der Pyrenäenfront festhielt, konnte er gegen Österreichs Rüstungen zwar protestieren, doch nichts unternehmen, wie man in Wien glaubte. Die günstigen Nachrichten über die militärische und politische Situation, die aber der gesicherten Grundlage entbehrten, bewogen zuletzt die

13 Zimmermann: a. a. O., S. 123 ff. und Krieg 1809 (k. u. k. Kriegsarchiv), Bd. 1, Wien 1907, S. 69 ff. Die Reformen des Erzherzogs schlossen auch die moralische Festigung der Heeresdisziplin (Humanisierung des Dienstes und Anerkennung des Soldaten als Mann von Ehre) mit ein, was in den Kriegsartikeln von 1808 zum Ausdruck kam.

14 Krieg 1809, Bd. 1, S. 70; zur Landwehr siehe auch Zimmermann: Militärverwaltung und Heeresaufbringung in Österreich bis 1806, S. 124 ff.

15 O. Heinl: Heerwesen und Volksbewaffnung in Vorderösterreich im Zeitalter Josephs II. und der Revolutionskriege, Freiburg i. Br. 1941; vgl. Zimmermann: a. a. O., S. 114 ff.

16 Der Generalissimus war aber auch kein prinzipieller Kriegsgegner, wie es bei Hartenberger/ Wiltschek: Erzherzog Karl, im unzulässigen Bemühen um Aktualisierung im neumodischen Geist der »österreichischen Nation« gedeutet wird.

Kriegspartei in der Hofburg zu dem unheilvollen Entschluß, sofort loszuschlagen[17]. Sie setzte auf das Überraschungsmoment und den gewissen Anfangserfolg an der Donau, der die Preußen und die Deutschen mitreißen würde. Dazu riet auch der Finanzminister mit der Erklärung, daß sein Geld nur noch für eine verkürzte Aufmarschzeit der Armee ausreiche und die weiteren Kosten dem Feind aufgebürdet werden müßten. Da man sich mit der frankreichfeindlichen Rüstung schon zu weit vorgewagt hatte, war die Verteidigung im präventiven Angriff, so lange noch keine Übermacht entgegentreten konnte, das entscheidende Argument.

Mit erstaunlicher Kraftanstrengung hatte Österreich sein Kriegsheer auf eine Stärke von 360 000 Mann gebracht, die Ergänzungsmannschaften eingerechnet. Dahinter standen weitere 300 000 Mann »Sedentärtruppen« zweiter Linie, damals auch in Frankreich so genannt[18]. Zum unverzüglichen Feldeinsatz fehlte es der Armee aber noch an taktischer Schulung wie am Marschtraining. Die Kommandanten der erst kurz zuvor geschaffenen Korpsverbände besaßen samt ihren Stäben keinerlei Erfahrung im Umgang mit dem modernen Operationsinstrument. Noch weniger war die Miliz auf den Kriegseinsatz vorbereitet. Die kurze Zeit bis April 1809 hatte keineswegs ausgereicht, eine so große Masse von Landwehrmännern in eigenständiger Organisation, genügend bewaffnet und bekleidet, zu Verteidigungsaufgaben brauchbar bereitzustellen. Zudem entzog ihr die Errichtung von 14 Freiwilligenbataillonen wertvolles Unterführerpersonal. Als dann der Feind unerwartet schnell ins Land eindrang, »schmolz während der Invasion die gewaltige Zahl der 150 Bataillone wie Schnee an der Frühlingssonne dahin«[19], so daß nur noch ein solider Kern zur Unterstützung der Feldarmee übrigblieb.

Erzherzog Karl wollte den Krieg von vornherein verteidigungsweise führen. Der Offensive innerlich widerstrebend, verlor er die Chance der Überraschung, die ihm der zeitliche Vorsprung im Heeresaufmarsch in die Hand gegeben hatte. Die Armee war seit Februar an der böhmisch-deutschen Grenze mit Operationsrichtung obere Donau versammelt worden, mußte dann aber bei schlechtem Wetter den langen erschöpfenden Quermarsch an den Inn ausführen, weil die besorgten Ratgeber um den Kaiser den Vormarsch von dort aus mit Rücksicht auf die Deckung Wiens und die engere Verbindung mit Tirol für sicherer hielten[20]. Nach fatalen Rückschlägen ge-

17 Wie im Kreis der preußischen Heeresreformer machte man sich ein weit übertrieben optimistisches Bild von den Auswirkungen des spanischen Guerillakampfes und von der Aufstandsbereitschaft in Deutschland; hinzu kamen die illoyalen Einflüsterungen Talleyrands über die allgemeine Kriegsmüdigkeit in Frankreich, siehe auch das Generalstabswerk Krieg 1809, Bd. 1, S. 61 ff.

18 Krieg 1809, Bd. 1, S. 72 f.

19 Krieg 1809, Bd. 1, S. 86.

20 Nach O. Criste: Erzherzog Karl, Bd. 3, Wien/Leipzig 1912, S. 14 f. wäre der Hauptgrund Preußens Abfall gewesen. Das erscheint ganz unglaubwürdig; denn auf vage, unverbindliche Gespräche ließ sich kein Aufmarschplan gründen. Auch war der Zeitverlust von 3 Wochen, den der Quermarsch dauerte, sehr wohl ein Nachteil. Vgl. wiederum Hartenberger/Wiltschek: Erzherzog Karl, S. 210 ff.; sachlicher und objektiver beurteilt siehe: Krieg 1809, S. 167 ff., 177 ff., 189 ff.

wann der Generalissimus bei Aspern den Ruf eines Feldherrn, der als erster Napoleon besiegte, aber in einer Verteidigungsschlacht ohne Folgen[21]: Wenn die noch vorhandenen Reserven nicht dazu eingesetzt wurden, den zum Weichen gezwungenen Feind in die Donau zu werfen, so verriet diese Vorsicht eine Strategie, die primär auf die Erhaltung der Armee bedacht blieb. Bei Wagram kämpfte der Sieger von Aspern »in erster Linie für einen ehrenvollen Rückzug, um den Rest der Armee nicht nutzlos zu opfern«[22]. Obgleich an Manövrierfähigkeit unterlegen, auch im Elan des Angriffs dem Gegner nicht ebenbürtig und von den Korpskommandanten wenig initiativ geführt, hatte sie mit ihrer Widerstandskraft Napoleon hohen Respekt abgetrotzt; auch die zum Einsatz gekommenen Landwehrbataillone hatten sich bewährt.

War der Krieg allein schon durch die Art und Weise seiner Eröffnung wie durch die Schwerfälligkeit im Heeresorganismus verloren, so konnte erst recht nicht das Ziel der Befreiung Deutschlands erreicht werden. Die Hoffnungen auf den Zerfall des Rheinbundes hatten getrogen. Seine Heerfolge bedeutete für Napoleon eine fest bestimmbare Größe, die mitentscheidend ins Gewicht fiel. Der Beistand des Königs von Preußen war nicht zu erwarten; denn ohne die Rückendeckung Rußlands und ohne die Waffenlieferungen der Briten durfte er mit seiner schwachen Armee im frühen Stadium der Reorganisation keinen Verzweiflungskampf wagen, in dem es nur Sieg oder Untergang gab. Österreich bestand weiter, Preußen hätte der gewaltige Militärkaiser vernichtet. So fehlten auch die Voraussetzungen zur Insurrektion in Norddeutschland.

Nur die Befreiungsversuche der Tiroler gaben das Beispiel eines wirklichen Volkskrieges. Er ist nicht spontan ausgebrochen, sondern in Wien sorgsam vorbereitet worden, wenn auch von Erzherzog Johann und dem Grafen Stadion anders beurteilt als vom Generalissimus: Der Plan einer elementaren Volkserhebung gegenüber der Absicht bloß unterstützender Ergänzung der militärischen Kräfte. Der Aufstand beruhte auf der überlieferten Pflicht zur Landesverteidigung, ihn trugen die Treue der Landesbewohner zum angestammten Kaiserhaus und starke religiöse Motive. Seine Aktionen sollten in enger Verbindung mit den kaiserlichen Truppen ablaufen. Letzteres wurde schnell durch die kritische Kriegslage zum Problem, da Tirol nur als ein Nebenschauplatz galt. Dennoch hat das Bauernvolk unter Andreas Hofers Führung dreimal die bayerische Besatzung aus dem Land vertrieben und die herbeigeeilten Eingreifdivisionen der Franzosen samt Rheinbund-Deutschen dazu. Die erste Befreiung Innsbrucks war das Werk des aufgebotenen Landsturmes (11.–13. April), die zweite geschah nach dem Abzug der Südarmee Erzherzog Johanns überwiegend mit den organisierten Schützenkompanien der Landmiliz (29. Mai), die dritte in schon

21 Krieg 1809, Bd. 1, S. 301 ff. und Bd. 4, S. 283 ff.

22 K. Peball: Zum Kriegsbild der österreichischen Armee und seiner geschichtlichen Bedeutung in den Kriegen gegen die Frz. Revolution und Napoleon I. in den Jahren von 1792–1815 in: Napoleon I. und das Militärwesen seiner Zeit, S. 148. Zu Wagram siehe M. Rauchensteiner: Die Schlacht bei Deutsch-Wagram am 5. und 6. Juli 1809 (Militärhistorische Schriftenreihe, H. 36), Wien 1977.

Abb. 44. Der Tiroler Landsturm. Lithographie von Tobias Grießer (gest. 1869), gemalt von Joseph Koch (1768–1839).
In der Mitte Andreas Hofer.

auswegloser Bedrängnis nach dem Waffenstillstand von Znaim mit 15 000 Tirolern gegen eben so viel Soldaten des Feindes (13. August). Der Schönbrunner Frieden brachte das Drama zum tragischen Ende, indem der Kaiser entgegen seinem unter dem Eindruck des Sieges von Aspern gegebenen Versprechen das Land unwiderruflich preisgeben mußte. Von erdrückender Übermacht umstellt, hörte der Widerstand rasch auf. Durchmarschwege ließen sich unpassierbar machen, aber ein Bauernheer ohne geregelte Versorgung und ohne Artillerie, um feste Plätze zu bezwingen, konnte im armen Gebirgslande nicht länger beisammen gehalten werden[23]. Andreas Hofer wollte nicht emigrieren und fiel durch Verrat in die Hände seiner Häscher. Am 10. Februar 1810 wurde er in der Festung Mantua auf Befehl Napoleons erschossen. Drei Tage zuvor hatte der inzwischen geschiedene Militärkaiser in Paris den Ehevertrag unterzeichnen lassen, der ihm mit der österreichischen Erzherzogin Marie-Luise den ersehnten Leibeserben bescheren sollte.

23 J. Hirn: Tirols Erhebung im Jahre 1809, Innsbruck 1909, dazu M. Lehmann: Die Erhebung Tirols im Jahre 1809, in: Historische Aufsätze und Reden, Leipzig 1911, S. 241 ff. und H. W. Koch: Die Befreiungskriege, Berg 1987, S. 244 ff.

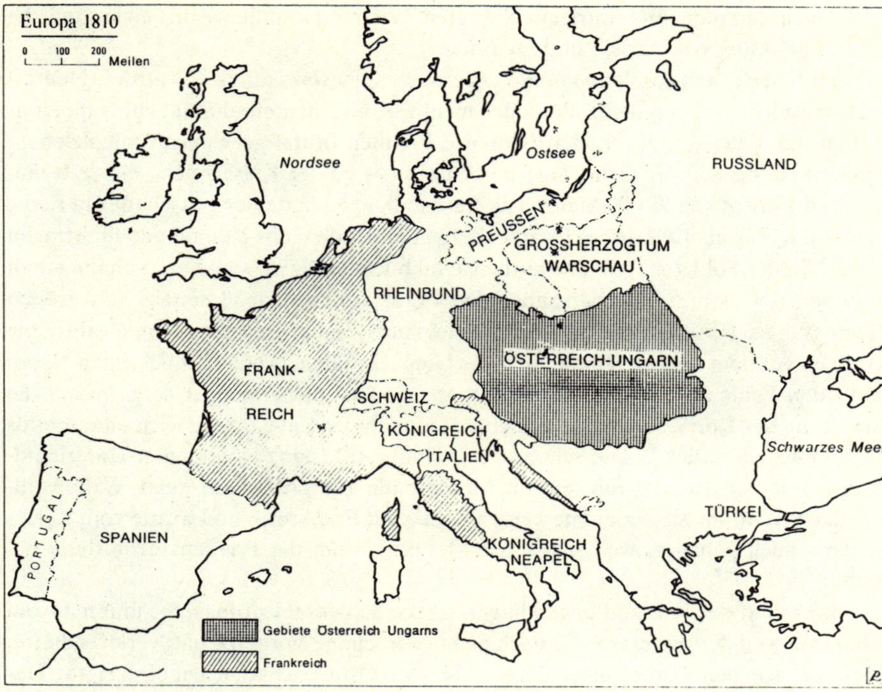

Abb. 45. Karte von Europa 1810.

Mit der »österreichischen Hochzeit« leitete der neue Staatskanzler Metternich die Politik des entspannten Verhältnisses zu Frankreich ein. Auf diesem Wege sicherte sich die zum Binnenstaat reduzierte Donau-Monarchie am besten ab, um eine ruhige Zeit für die innere Konsolidierung zu gewinnen. Durch die neuen territorialen Einbußen des Friedensschlusses – neben Salzburg und dem Innviertel, Westgalizien und Teilen Ostgaliziens sämtliche Gebiete südlich von Drau und Save – gingen auch die Grenzregimenter der tapferen treuen Kroaten verloren, die später im russischen Winter von 1812, soweit am Feldzuge beteiligt, das Schicksal der Vernichtung erlitten[24]. Im übrigen mußte Österreich eine Kriegsentschädigung von 85 Millionen Gulden zahlen und die Armee auf 150000 Mann herabgesetzt halten. Der verlorene Krieg brachte auch für Erzherzog Karl das Ende seines Wirkens in allen leitenden militärischen Ämtern; durchaus nicht zum Segen der obersten Heeresführung. Im Zerwürfnis des Kaisers mit seinem begabteren Bruder zeigt sich auf dem Hintergrunde des

24 H. Knötel: Die Uniformierung der Kroaten in den Feldzügen von 1812 und 1813, in: Zeitschrift für Heereskunde (1976), S. 206 ff. und P. Wacker: Die Kroatenregimenter in der kaiserlich französischen Armee, in: Zeitschrift für Heereskunde (1977), S. 67 ff.

von Machtkämpfen und Intrigen bewegten Wiener Hofmilieus die eigentümliche Wechselwirkung von Armee und Dynastie[25].

Dem Krieg gegen Rußland konnte Österreich keinesfalls durch bewaffnete Neutralität ausweichen. Es brauchte aber auch nicht wie ein Rheinbund-Staat auf Napoleons Befehl unter dessen Oberhoheit oder wie Preußen brutal gezwungen mitzuziehen, sondern stellte auf der Grundlage der Gleichheit beider Kaiserreiche ein selbständiges Hilfskorps von 30 000 Mann. Die Verhandlungen hatte der Botschafter in Paris, General d. Kavallerie Fürst Schwarzenberg geführt, dem das Kommando übertragen wurde. In der Soldatenlaufbahn verdienstvoll hochgestiegen, stand er in einem guten Ansehen der Armee. Schwarzenberg operierte auftragsgemäß seitab vom großen Heereszug nach seiner Einsicht, seiner Pflicht und seinem Gewissen. Er bewahrte die Truppen vor dem ärgsten Hunger und vor Unglücksfällen, erhielt auf Ersuchen Napoleons den Feldmarschallstab, blieb deswegen jedoch nicht weniger sorgsam auf die Erhaltung des Korps bedacht. Nach dem Einbruch der Katastrophe wich er kampflos nach Galizien zurück[26]. Die schon am 8. Januar 1813 aufgenommenen Unterhandlungen mit den Russen führten am Monatsende zum Abschluß einer Waffenstillstandskonvention. Sie bedeutete keinen Bruch mit Frankreich und wurde vom Kaiser in Paris auch gebilligt, weil sich Fürst Metternich um die Friedensvermittlung bemühte[27].

Am Verlauf der Verhandlungen hing jetzt das Schicksal Europas. Sie mußten wohl scheitern, weil der Imperator die noch nicht gebrochene Vorherrschaft verloren hätte, wenn er sich den Forderungen Rußlands oder Österreichs nachgiebig zeigte. Der verlustreiche Frühjahrsfeldzug bewog ihn zu dem im Grunde verfehlten Schachzug, über die Wiener Diplomatie seinen Feinden einen Waffenstillstand anzubieten, um die eigenen Kräfte zu verstärken und die Österreicher in dieser Ruhezeit zu sich hinüberzuziehen. Nach Lage der Dinge war aber deren konträrer Schritt schon vorgefaßt. Die Konferenzgespräche dienten in der Hauptsache dem Zweck, die Frist des Stillhaltens noch so lange hinauszudehnen, bis die neu gebildete Feldarmee in Böhmen auf Kriegsfuß gesetzt war. Dem 1811 bankrott gegangenen Staat stellten sich bei der Wiederaufrüstung fast unüberwindliche Schwierigkeiten entgegen. Wellingtons entscheidender Sieg bei Vitoria erleichterte den Beitritt zur großen antinapoleonischen Koalition, die mit Ablauf der Waffenruhe am 10. August erfolgte. Alle Geduld, die im alliierten Lager aufzubringen war, hatte sich gelohnt. Feuerzeichen leuchteten von den böhmischen Bergen zum Einrücken der russischen und preußischen Regi-

25 M. Rauchensteiner: Kaiser Franz u. Erzherzog Carl – Dynastie und Heerwesen in Österreich 1796–1809, München 1972; vgl. W. Nemetz: Erzherzog Karl, in: Klassiker der Kriegskunst, Darmstadt 1960, S. 285 ff. und R. Lorenz: Erzherzog Carl als Denker, in: Das Bild des Krieges im Deutschen Denken, Bd. 1, Stuttgart/Berlin 1941, S. 235 ff.

26 K. Schwarzenberg: Feldmarschall Fürst Schwarzenberg – Der Sieger von Leipzig, Wien/München 1964, S. 156 ff.

27 Österreich mußte jetzt seine Großmachtstellung stärken, indem es sie auch gegen das drohende Übergewicht Rußlands absicherte.

Abb. 46. Fürst Schwarzenberg, Feldmarschall und Oberbefehlshaber der verbündeten Armee. Holzschnitt nach einer Zeichnung von Ludwig Burger (1825–1884).

menter über die Grenze. Sie formierten sich mit 127 000 Mann österreichischer Truppen[28] zur Hauptarmee.

Als ausschlaggebende Macht durfte Österreich den Oberbefehl beanspruchen. Im Hinblick auf die verbündeten Gesamtstreitkräfte und die Anwesenheit der drei Monarchen im großen Haupt-Quartier eine recht undankbare Aufgabe; denn eine konsequente einheitliche Führung ergab sich daraus nicht. Doch Fürst Schwarzenberg war allein schon durch seine diplomatische Gewandtheit und sein subtiles Verhältnis für das Wechselspiel von Politik und Strategie der hierzu am besten geeignete Mann[29]. Die Heeresmacht des Habsburgerreiches wuchs bis zum Jahresende auf über 550 000 Mann an und diente Metternich als Stütze zum Aufstieg in die Stellung eines »Premierministers der Koalition«. Organisatorisch und in der Kampfführung – Kolonnentaktik, Artilleriekonzentration, Massierung der Kavallerie und Einsatz der Reserven – hatte sich die österreichische Armee dem Vorbilde Napoleons inzwischen weiter angenähert, nur konnten die Truppen noch nicht durchweg den Leistungsstand

28 Hierzu kamen die Beobachtungskorps gegen Bayern und Italien sowie die Besatzungen der festen Plätze in Böhmen und Mähren; siehe Friedrich: Geschichte des Herbstfeldzuges 1813, Bd. 1, Berlin 1903, S. 51 ff. und Anlagen S. 563 ff.

29 Schwarzenberg-Biographie, S. 221 ff., siehe auch das Urteil des preußischen Generals v. Boyen: Denkwürdigkeiten und Erinnerungen 1771–1813 (2. Aufl.), Bd. 2, Stuttgart 1913, S. 294.

Abb. 47. Graf Joseph Radetzky als Generalstabschef. Stich von Johann Georg Mansfeld (1764–1817).

von 1809 erreicht haben. Wie in der preußischen Feldarmee trat auch die Landwehr mit ins Gefecht, bei jedem deutschen Infanterieregiment ein Bataillon[30].

Schwarzenbergs Generalstabs-Chef Radetzky, der offensivste Stratege der k. k. Generalität, hat dem gemeinsamen Operationsplan die wesentlichen Lineamente hinzugefügt, nach denen das Zusammenwirken der drei alliierten Armeen bis zur Entscheidung von Leipzig sich ausrichtete: Unbedingte Offensive gegen die Nebenheere der Marschälle, aber dem Kaiser die Annahme einer Schlacht verweigern; erst nach wirksamer Zermürbung den vernichtenden Schlag vereint führen. Radetzky hat es andererseits deutlich formuliert, worauf es der österreichischen Heerführung in ihrer eminenten Abhängigkeit von der traditionellen Politik des Staates ankommen mußte, daß nämlich ihre »Hauptmacht ungeschwächt auf die empfindlichste Seite des Feindes in seinem Rücken zu operieren die Kraft behält[31].« Die vor Leipzig gegebene Disposition zur möglichen, aber nicht geglückten Vernichtung beruhte auf der Abwehr der erwarteten taktischen Offensive. Auf Verlangen des Zaren mußte sie in den eigenen allgemeinen Angriff abgeändert werden, der obendrein einen Tag zu früh begann. Der durch Napoleon erzwungene Fortgang des Krieges 1814 in Frankreich wurde anders als 1813 ganz von politischen Zielsetzungen beherrscht, die auf öster-

30 Die Landwehr konnte erst mit beendeter Friedensvermittlung, d. h. dem Entschluß zum Beitritt der Koalition einberufen werden; ihre Stärke betrug im Juli 1813 knapp 50 000 Mann, insgesamt 50 Bataillone, siehe Zimmermann: Militärverwaltung und Heeresaufbringung in Österreich, S. 125 und Friedrich: Geschichte des Herbstfeldzuges 1813, Bd. 1, S. 55. Angaben zur gesamten Heeresstärke bei O. Regele: Feldmarschall Radetzky, S. 118.

31 zit. nach K. Peball: Zum Kriegsbild der österreichischen Armee, S. 159. Zum Operationsplan auch O. Regele: Feldmarschall Radetzky, S. 121 ff.; vgl. Delbrück: Das Leben des Fm. Grafen N. v. Gneisenau, Bd. 1, Berlin 1908, S. 327 ff.

Abb. 48. Österreichisch-Ungarische Infanterie 1813. Richard Knötel, Uniformenkunde Bd. VII, Tafel No. 59.

reichischer Seite Metternich im wieder stabilisierten Gleichgewicht der Mächte zwischen West und Ost sah. Aus diesem Grund verbot er dem Oberkommandierenden Schwarzenberg eine kritische Zeitlang, den gefährlichen Gegner niederzuwerfen[32]. Radetzky sprach gegen das Retardieren. Nach seiner Ansicht mußte im Primat der Waffen, in der Schlacht auf dem Weg nach Paris die schnelle Beendigung des Krieges liegen. Damit war aber das eigenmächtige und unvorsichtige Vorprellen, das der schlesischen Armee des »Marschall Vorwärts« Blücher sehr schlimme Verluste zufügte, nicht gemeint. Am Ende des vergeblich nebenhergelaufenen Diplomatisierens ergab sich der Marsch der Gesamtmacht auf Paris aus der militärischen Lage. Nun auch mit Metternichs Zustimmung stürzte er die Herrschaft Napoleons und machte jeden weiteren Kampf überflüssig[33].

In den Kriegen gegen die Französische Revolution und gegen Napoleon von 1792 bis 1809 hat Österreichs Armee als stärkste Landmacht Alt-Europas unter meist mißlichen Umständen und Gegebenheiten tapfer gekämpft; mit wenig Glück, aber um so mehr Zähigkeit. Als die Kaisermacht 1813 in den Endkampf eintrat, fiel ihr immer noch starkes Gewicht entscheidend in die Waagschale der Befreiung von der Fremdherrschaft. In der folgenden Friedenszeit gingen jene Errungenschaften der Reform im Heerwesen wieder verloren, die mit dem schwierigen Nationalitätenproblem der Donau-Monarchie zusammenhingen. Ein Volksheer ließ sich nicht verwirklichen, auch die Landwehr wurde aufgelöst.

32 Metternich wollte daher Napoleon nicht vom Thron stürzen.

33 Zum Feldzug 1814 siehe O. Regele: Fm Radetzky, S. 164 ff. und Schwarzenberg-Biographie, S. 263 ff.; vgl. wiederum Delbrück: Gneisenau, Bd. 2, S. 1 ff.

VII. Preußens Zusammenbruch und Wiederaufstieg

Ein so kunstvoll erschaffener, auf noch recht schwachen physischen Grundlagen ruhender Militärstaat wie der altpreußische war 1806 schon deshalb rasch und vollständig zusammengebrochen, weil ihn König Friedrich »der Einzige« hinterlassen und die epigonenhaften Führer der Armee eine solche Schöpfung für unüberwindlich gehalten hatten. Um so jäher und kläglicher mußte die Schlachtniederlage in der Katastrophe enden, als der gewaltigste Kriegsmann der Neuzeit mit der geballten Kraft seines revolutionären Staats- und Heerwesens der friderizianischen Monarchie mitten ins Herz stieß. »Kunersdorf war für Preußen zu verwinden, Jena nicht[1].« Damals bestand gegenüber den strukturellen Grenzen der österreichisch-russischen Kriegskunst die Möglichkeit des Ausgleichs, jetzt triumphierte der Wille des Feldherrngenies zur Vernichtung.

Preußens tiefer Fall erklärt sich aber nicht so vordergründig aus angeblich geschichtsnotorischer Unfähigkeit zu Entwicklung und Fortschritt. Eine Reform an Haupt und Gliedern schien durchaus möglich, zumal die richtungweisenden Ideen offenen Eingang ins Staatsleben gefunden, im einzelnen auch schon auf den praktischen Weg der Erneuerung geführt hatten. Maßgebliche Persönlichkeiten der späteren Wiedergeburt waren bereits tätig. Warum sollte es im »klassischen Land des Militarismus[2]«, wo sich der Kantonist längst an den Kriegsdienst gewöhnt hatte, nicht möglich gewesen sein, den ursprünglichen Plan des Potsdamer Soldatenkönigs für eine Qualitätsarmee nur aus Landeskindern an der Zeitenwende mit aller nötigen Konsequenz zu verwirklichen? Wenn keine Ausländer mehr in die Regimenter kamen, dafür die Befreiung von der Kantonpflicht erheblich eingeschränkt wurde, die Soldaten des stehenden Heeres nicht mehr lebenslänglich bei der Fahne bleiben mußten, sondern nur noch wenige Jahre, um dann zusammen mit den ungedienten wehrtauglichen Leuten die Landmiliz zu bilden, wenn auch Bürgerliche grundsätzlich Zutritt zum Aufstieg in der Offizierlaufbahn erhielten und die Kompaniewirtschaft aus der Militär-Ökonomie verschwand, so ergaben sich daraus die weit besseren Lebensbedingungen eines nationalen Volksheeres. Das hieß Abschaffung der Prügelstrafe, gefestigter Zusammenhalt statt Massendesertion, größere Beweglichkeit der Truppen auf dem Marsch und aufgelockerte Fechtweise in der Schlacht.

1 H. Delbrück: Geschichte der Kriegskunst, Bd. IV, S. 491.
2 O. Hintze: Staat und Verfassung (Gesammelte Abhandlungen, Bd. 1), Göttingen 1970, S. 71 und ders.: Preußische Reformbestrebungen vor 1806, in: Historische Zeitschrift (Bd. 76), S. 413 ff.; vgl. Jany: Geschichte der preußischen Armee (2. Aufl.), Bd. 3, Osnabrück 1967, S. 465.

Ein solcher gründlicher Wandel im Heeressystem begann noch während des Krieges 1807 in Ostpreußen, Pommern und Schlesien aufgrund eines einzigen königlichen Befehls[3]. Mit einem machtbewußten, willensstarken Monarchen an der Staatsspitze hätten schon Jahre zuvor durchgreifende Reformen dekretiert werden können, gerade weil das autokratische Herrschaftsprinzip in Preußen hierfür die beste Voraussetzung bot. Die damit eng zusammenhängenden politischen und sozialen Zustände, insbesondere die starke Position des Adels, herrschten doch nicht so starr und absolut, daß ernsthafte Erschütterungen die Folge sein mußten[4]. Preußen konnte die gleiche Kraftanstrengung vollbringen, wie sie Österreich nach 1807 zur Verstärkung seiner Kriegsmacht bewältigte.

Das schwerste Hindernis, das im Wege lag, war jedoch König Friedrich Wilhelm III. selbst. Alles andere als eine kraftvolle Herrschernatur, wogen seine Gewissenhaftigkeit, seine Güte und sein nüchterner Verstand längst nicht auf, was ihm an Energie und an der Fähigkeit fehlte, selbst den Vorsitz im Staatsrat zu führen. Ebenso wenig Einsicht zeigte er, daß es deshalb der starken Hand eines Premierministers bedurfte, anstatt weiter wie bisher vom Kabinett aus zu regieren und die widersprüchlichen Meinungen unverantwortlicher Berater zu sanktionieren, so daß der oberste Wille im Lande nur noch eine Fiktion war[5]. Unter seinem milden, um Ruhe, Frieden und humanitäres Wohlfahrtsstreben bemühten Regime verlor die nachfriderizianische Monarchie den Charakter als Kriegsstaat, der nur noch dem karikaturhaften Abbilde seines Originals glich. Darin lag der fundamentale Irrtum, daß die maßgeblichen Erbeshüter die vom Fridericus geschaffenen Heereseinrichtungen für unantastbar hielten und den Infanterieangriff »en echelon« für unüberwindlich. Weil sie das in der Vergangenheit Hochbewährte als ein »ehrwürdiges Original« ansahen, schienen den Autoritäten, obenauf der Herzog von Braunschweig, auch die vom Oberst v. Scharnhorst vorgeschlagenen Reformen »auf eine königlich Preußische Armee wohl nicht anwendbar[6]« zu sein. So blieb es bei halben Einzelmaßnahmen – z. B. die sehr systematisch betriebene Ausbildung zum Schützengefecht bei der leichten Infanterie und zuletzt, doch viel zu spät, die Übernahme der Divisionsgliederung –, die dem veralteten System bloß aufgepfropft waren. Bezeichnend für die innere Schwäche der gesamten Militärstaatlichkeit war, daß die seit 1803 geplante Kriegsreserve von 78 Miliz-Bataillonen nicht auf die Beine kam, da die Zivilbehörde wegen »nachteiliger Folgen auf die Bevölkerung[7]« dagegen ihre Bedenken erhob. Die bürgerlichen Interessen hatten Vorrang gegenüber den militärischen.

3 Nach dem Ortelsburger Publicandum vom 1. Dezember 1806 abgedruckt bei: 1806, Das Preußische Offizierkorps und die Untersuchung der Kriegsereignisse, Berlin 1906, S. 7 ff.

4 C. Frhr. v. d. Goltz: Von Roßbach bis Jena und Auerstedt (2. Aufl.), Berlin 1906, S. 94 f.

5 Zum Kabinettsystem als öffentliches Ärgernis siehe P. G. Thielen: Hardenberg Eine Biographie, Köln/Berlin 1967, S. 162 ff.

6 Zit. nach M. Lehmann: Scharnhorst; Bd. 1, Leipzig 1886, S. 307, siehe auch Jany: Preußische Armee, Bd. 3, S. 428.

7 Zit. nach Goltz: Von Roßbach bis Jena, S. 302.

Als das preußische Koalitionskorps 1795 aufgrund des Baseler Friedensschlusses unbesiegt vom Kriegsschauplatz am Rhein abmarschierte, befand sich das Kampfverfahren der Franzosen noch im Rohzustand, steckte sozusagen noch in den Kinderschuhen und empfahl wenig zur Nachahmung. Man sprach verächtlich von »zerlumpten Carmagnolen ohne wahren militärischen Geist und Haltung«, vom wild gewordenen Mob der Sansculotten und ihrer »Hordentaktik[8]«. Was aber die Stagnation gerade im preußischen Militärwesen noch verfestigte, war die Rechtfertigung jener Kriegskunst, aus der mit dem Status-quo-Frieden von Hubertusburg 1763 der ruhige Zustand des politischen Gleichgewichtes in der Staatenwelt Europas hervorgegangen war. Sind schon während der letzten Feldzüge keine blutigen Schlachten mehr geschlagen worden, weil ein Angriff zu hohe Verluste kostete und ein Sieg an der strategischen Patt-Situation kaum etwas geändert hätte, so erst recht nicht im letzten Kabinettskriege um die bayerische Erbfolge. Als zu spätabsolutistischer Zeit die technischen Militärwissenschaften ihren Höhepunkt erreichten, konstatierte die Kriegstheorie apodiktische Grundsätze, Regeln und Rezepte, wonach die weiter gesteigerte Kraft der Defensive, wie es hieß, die Waffenentscheidung künftig ganz unmöglich machen würde. Wenn aber das zu große Risiko des Blutvergießens die streitenden Parteien gegenseitig abschreckte, müßten auch die Kriege selbst immer seltener werden und schließlich aus der Welt kommen[9]. Solche Auffassung traf sich mit den humanitären Tendenzen des ausgehenden Aufklärungszeitalters. Diese Tendenzen erzeugten freilich eine breite und tiefe Opposition gegen die stehenden Heere der absoluten großen und kleinen Fürsten, doch ist es bezeichnend, daß in der Reihe fachkundiger Militärs auch der junge, vom wissenschaftlichen Rationalismus gebildete Scharnhorst die disziplinierte Berufsarmee mit dem Gegenargument bester Friedenssicherung durch die im Gleichgewicht der Abschreckung gehaltenen, wohlgerüsteten Machtstaaten verteidigt hat[10].

Die schärfsten Kritiker der Monarchie Friedrichs des Großen, Georg Heinrich v. Berenhorst und Dietrich v. Bülow, trafen auf den Nerv. Im Zusammenhang mit dem orthodoxen Reglement der Lineartaktik, die den Soldaten zum »seelenlosen Automaten« herabwürdigte, stellten sie die scheinbar so fest gefügte Staatsverfassung in Frage, die Armee und Volk voneinander getrennt hielt, keine wirklichen »Staatsverteidiger« heranbilde und deshalb für den modernen Krieg unbrauchbar wäre[11]. Von der eigentümlichen Psychologie der Spätaufklärung her ist es vielleicht am sinnfällig-

8 G. v. Valentini: Erinnerungen eines alten preußischen Offiziers aus den Feldzügen von 1792, 1793 und 1794 in Frankreich und am Rhein, Glogau 1833, S. 26.

9 H. Rothfels: Clausewitz, Politik und Krieg, Eine ideengeschichtliche Studie, Berlin 1920, S. 35 ff., und Delbrück: Geschichte der Kriegskunst, Bd. 4, S. 449, auch Fiedler: Grundriß der Militär- und Kriegsgeschichte, Bd. 3, München 1978, S. 24 ff.

10 Lehmann: Scharnhorst, Bd. 1, S. 212 ff.

11 Zu Berenhorst siehe E. Kessel: G. H. v. Berenhorst. Ein Anhaltinischer Theoretiker und Geschichtsschreiber der Kriegskunst am Ende des 18. Jahrhunderts, in: Militärgeschichte und Kriegstheorie in neuerer Zeit, Ausgewählte Aufsätze (Historische Forschungen, Bd. 33), Berlin 1987, S. 80 ff.

sten zu erklären, daß trotzdem die Anschauung nicht weichen wollte, der Bürger sei glücklicherweise am Kriege ganz unbeteiligt, doch der Schutz der Waffen sichere ihm seinen Wohlstand in Ruhe und Frieden. General v. Rüchel, einer der Unglücksmänner von 1806, hat sie in schwülstiger Rede beim ersten Stiftungsfest der »Militärischen Gesellschaft« zu Berlin im Jahre 1803 am Geburtstage Friedrichs des Großen zum Ausdruck gebracht: »Aber, meine Herren! Besser, nutzbarer wird der Mensch nur in moralischer Tendenz – durch die unbegrenzte Kraft eines guten, edlen, die Menschen liebenden Willens – durch die richtige Anwendung seiner Kenntnisse zum allgemeinen Wohl – durch die Handlung für das allgemeine Beste ... So gesellet sich die allegorische Minerva mit ihrer Eule zu den Künsten des Krieges und des Friedens ...[12]« Mars und Minerva innig vereint! Gegenüber diesem Ideal erschien das revolutionäre französische Kriegswesen als Rückschritt, Entartung und Verwilderung. Es betraf ebenso die Vorzüge der Solidität altpreußischer Finanzwirtschaft, indem die Teilnahme an den Feldzügen von 1792–1793 das gesamte wohlgeordnete fiskalische Finanzierungssystem schon erschüttert hatte. Jetzt vollzog sich »auch auf dem Gebiet der Staatsfinanzen die kopernikalische Wendung von den stabilen statischen Zuständen der vorrevolutionären Zeit zu dem mobilisierten, dynamischen Zustand des 19. Jahrhunderts«[13].

Aus solcher Sicht mag man es verständlich finden, wenn in Preußen wenig Neigung bestand, die Heeresverfassung prinzipiell zu verändern und den Weg der Kriegstheorie zu verlassen. Allgemein wurde die schwächlich zaudernde Neutralitätspolitik der Obrigkeit, die im Gedanken des ewigen Friedens beschlossen zu liegen schien, als Gipfel der Staatskunst gepriesen. In der Bürgerschaft herrschte behagliche Zufriedenheit, weil sie vom Militärdienst und manchen damit verbundenen Lasten großzügig verschont blieb. Das öffentliche Interesse galt mehr der literarischen Welt des Guten und Schönen, dem Theater und den Zeitereignissen in fernen Ländern als der Aufmerksamkeit gegenüber äußeren Gefahren des eigenen Staates. Kaum jemand zweifelte an der überlegenen Schlagkraft der Armee und an der Führungsqualität ihres Offizierkorps[14]. Von Scharnhorst abgesehen haben nicht einmal die späteren Militärreformer fundamentale Neuerungen gefordert. Zumindest bis in die letzten Tage vor der Jenaer Katastrophe war Gneisenau sehr zuversichtlich gestimmt; den Geist der Offiziere hielt er für »vortrefflich«. Der junge Clausewitz hegte große Siegeshoffnungen[15]. Wer wollte auch resignieren, ehe er gekämpft hatte?

12 Denkwürdigkeiten der Militärischen Gesellschaft, Bd. 2, Berlin 1803, S. 2–6.

13 C. Hinrichs: Preußen als historisches Problem (Veröffentlichung der Histor. Kommission der freien Universität Berlin, Bd. 10), Berlin 1964, S. 27.

14 Goltz: Von Roßbach bis Jena, S. 156 ff. und 508 f.; auch W. Gembruch: Bürgerliche Publizistik und Heeresreform in Preußen (1805–1808) in: Militärgeschichtliche Mitteilungen (1974), H. 2, S. 7 ff.

15 Delbrück: Das Leben des Feldmarschalls Grafen Neithardt v. Gneisenau, Bd. 1 (3. Aufl.), Berlin 1908, S. 42 und K. Linnebach (Hrsg.): Karl und Marie von Clausewitz, Ein Lebensbild in Briefen und Tagebuchblättern, Berlin 1917, S. 57 ff. und S. 67.

Die glänzende Außenseite des altpreußischen Heeres verdeckten jedoch innere Dürftigkeit und tiefer sitzende Übel[16]. Bei sinkendem Geldwert und steigenden Preisen sollte sein Unterhalt möglichst wenig kosten, um im Lande keine Unzufriedenheit zu erregen. Das hielt die Mittel karg und knapp, nur für die Mannschaft gab es als Ausgleich freie Brotverpflegung. Etwa ein Drittel der Leute zählte 30 bis 40 Jahre, 50- bis 60jährige waren keine Seltenheit. Auch die Überalterung der Offiziere hing mit der übertriebenen Sparsamkeit zusammen. Auf einem anderen Blatt stand der schwere Vorwurf gegen eine Reihe von Einheitschefs, die mit den Erträgen der Kompaniewirtschaft zum Zweck persönlicher Bereicherung Mißbrauch trieben. Seitdem das Gewicht des alten Königs nicht mehr von oben drückte, lockerte sich die Disziplin im Offizierkorps. Die Lust zum Dienst wich in seiner Enge und Eintönigkeit zunehmender Abstumpfung. Wenn früher der »roi connétable« durch seine Offiziere auf die Armee wirkte, so wurde diese virtuelle Kraftübertragung spürbar schwächer. Da es an Autorität fehlte, das Bedürfnis nach fester »innerer Führung« zu befriedigen, neigten insbesondere die jüngeren Herren zu Kritiksucht und dilettantischer Besserwisserei, je reger sie die Schriften der zahlreichen Militärpublizistik lasen und sich mit den dort dargelegten geistigen Wehrfragen der Zeit auseinandersetzten[17]. Statt dessen schraubten die Koryphäen und Exerzierkünstler die Revuetaktik zum »Paradetanz« hinauf und achteten streng auf »Egalité«. Von der leichten Infanterie abgesehen, wurde die Führerschaft durch laxes Vernachlässigen der kriegsmäßigen Bereitschaft im Felddienst unpraktisch und für das moderne Gefecht unbrauchbar[18]. Alledem zufolge klafften die Möglichkeiten des preußischen Militärstaates und seine Leistungen zu weit auseinander. Sonst hätte er 1806 nicht so leicht und rasch vom Sturm der napoleonischen Kriegführung umgerissen werden können.

König Friedrich Wilhelm III. teilte den Optimismus seiner verblendeten Paladine nicht. Er war sich der Mängel und Schwächen im gesamten Heerwesen durchaus bewußt[19] und hielt schon dehalb an der leitenden Idee seiner Politik fest, Preußen den Frieden zu erhalten. Demgegenüber trifft es sicher zu, »daß das Preußen von 1803 bis 1813 weit stärker einer klugen Außenpolitik als einer reformerischen Innenpolitik – abgesehen von der Heeresreform – bedurft hätte[20].«

Selbst bei letztmöglicher Gelegenheit im Jahre 1805 hatte man nicht den Entschluß finden können, aus der bewaffneten Neutralität heraus und mit einer zum Teil schon

16 Goltz: Von Roßbach bis Jena, S. 187 ff. und 510 ff., auch Jany: Preußische Armee, Bd. 3, S. 398 ff. und 489 ff.

17 Siehe die »Untersuchung und Beantwortung der wichtigen Frage: Sind die Franzosen in den neuesten Zeiten in der Kriegskunst weitergekommen als die Deutschen?« in: Zeitschrift Minerva, Jg. 1806, Bd. 2, S. 405, dazu Jany: Preußische Armee, Bd. 3, S. 428 f.

18 Goltz: Von Roßbach bis Jena, S. 199 f. und 206 ff., auch Jany: Preußische Armee, Bd. 3, S. 429 ff.

19 Henckel v. Donnersmarck: Erinnerungen aus meinem Leben, Zerbst 1846, S. 44, und H. v. Boyen: Denkwürdigkeiten und Erinnerungen, Bd. 1, (2. Aufl.) Stuttgart, S. 147

20 R. Ibbeken: Preußen 1807–1813, Staat und Volk als Idee und Wirklichkeit (Veröffentlichungen aus den Archiven Pr. Kulturbesitz, Bd. 5), Berlin 1970, S. 292.

Abb. 1. Garde Française 14 Juillet 1789. Kolorierte Lithographie nach Omer Charlet (1809–1882). Nach der Kapitulation der Bastille: Der Gardist des Leibregiments mit Orden und Degen des Gouverneurs Jourdan de Launay, der zum Grèveplatz abgeführt wird, wo ihn der Pöbel zusammen mit drei Offizieren und drei Invaliden niedermetzelt.

Abb. 2. Französische Truppen auf dem Marsch in Deutschland 1800. Zeichnung von Wilhelm v. Kobell (1766–1855). Die noch unreglementierten Uniformen sind willkürlich den Erfordernissen langer Märsche angepaßt; in der Mitte der linken Gruppe ein Grenadier, der Kürassier vom 8. Rgt noch mit Dreispitz, davor das Pferd eines Unteroffiziers, daneben ein Carabinier à cheval, rechts zwei Soldaten der leichten Infanterie.

Abb. 3. Leipziger Kriegsszenen. Radierung von C. G. H. Geißler, Leipzig 1807. In Befolgung des kaiserlichen Dekretes über die Kontinentalsperre untersuchen zwei französische Soldaten der leichten Infanterie am Grimmaischen Tor das Gepäck der Passanten nach englischen Waren; der sächsische »Rheinbündler« muß dabei assistieren; links ein französischer Kürassier unterwegs zum Stall, mit trockener Fourage bepackt.

Abb. 49. Französische Karikatur auf die preußische Armee von 1806. Nach einer Kopie im ehemaligen Völkerschlachtmuseum bei Leipzig.
Spottbild auf die Berliner Bürgerschaft zum Einzug der Armee Napoleons durch das Brandenburger Tor. Aus dem illustrierten Gedicht-Band zum Ruhme der Französischen Armee »Allons enfants de la patrie« von Jean Richepin. Paris 1920.
Der junge, ganz unmilitärisch aussehende Knirps aus der Pariser Vorstadt als Avant-Garde vor dem stolzen Regiment, genießt es mit Ironie, den begriffsstutzigen Berlinern vorzuführen, was hier passiert.

mobilisierten Armee dem antinapoleonischen Abwehrbunde beizutreten. Dadurch war die Chance vertan, auf dem Schlachtfeld von Austerlitz die Entscheidung zu bringen. Neun Monate später, als inmitten aller Aufregung über den Austritt der Rheinbundfürsten aus dem Reichsverband Napoleons hinterlistige Schachzüge bekannt wurden, befahl der »nichtregierende Souverän« dann doch, seine Regimenter gegen das mächtige Kaiserreich auf Kriegsfuß zu setzen. Der Imperator fand den Gedanken, daß die Preußen allein losschlagen könnten, einfach lächerlich, als er davon hörte. Sobald er aber erfuhr, daß der Zar den inzwischen ausgehandelten Friedensvertrag nicht ratifizierte, sah die Sache ernster aus. Auf jeden Fall wollte Napoleon eher in Berlin sein als die Russen. Der Schritt des Königs war mit Rücksicht auf die Ehre seines Thrones nur als passive Schutzmaßnahme gedacht. Von der Kriegspartei opponierender Patrioten, die am Rande der Rebellion stand, samt allen

Abb. 50. Die tödliche Verwundung des Herzogs Karl Wilhelm Ferdinand von Braunschweig bei Auerstedt. Holzschnitt nach einer Zeichnung von Ludwig Burger.

jungen Heißspornen im Offizierkorps ließ er sich zur Unzeit buchstäblich in die Katastrophe hineinzerren[21].

Im ratlosen Kriegsrat kollegialer Führung blieb der eigene Operationsplan zwischen den Vorschlägen zu kühner Offensive und ängstlicher Defensive an eine Illusion gebunden. Ein Ultimatum forderte von Napoleon als Garantie für Ruhe und Sicherheit den Abzug seiner Truppen aus Deutschland. Erst nach abgelaufener Frist am 8. Oktober wollte die preußische Regierung notfalls schießen lassen. Nicht einmal mit ganzer Macht ausgerückt, blieb die Armee auf halbem Wege zwischen Elbe, Saale und Thüringer Wald weit verzettelt sozusagen unverrichteter Sache stehen. Auch angesichts des energischen Vormarsches der Franzosen über das Fichtelgebirge Richtung Leipzig kam kein einziger vernünftiger Entschluß mehr zustande, als ob das Oberkommando von allen guten Geistern verlassen gewesen wäre[22]. Der Feldzug von 1806 erhellt, wie schwerwiegend der Anteil der geschichtlichen Individuen am Gang der Ereignisse gewesen ist, welche Rolle ihr Charakter gespielt und welchen Ausschlag das persönliche Element im Bereich von Politik und Kriegführung gegeben hat.

In der Schlacht hat es der Truppe an Bravour und Angriffsgeist nicht gefehlt. Bei Jena durch unsinnigen sukzessiven Einsatz verbraucht, mußte ihre staunenswerte Gefechtsordnung zuletzt im Vernichtungsorkan der Hauptarmee Napoleons auseinanderbrechen. Anders lagen die Verhältnisse bei Auerstedt, wo es nach schon angetretenem Rückzug nicht einmal gelang, mit 48 000 Mann das nur 27 000 zählende,

21 Thielen: Hardenberg, S. 162 ff.; vgl. B. v. Münchow-Pohl: Zwischen Reform und 147. Krieg – Untersuchungen zur Bewußtseinslage in Preußen 1809–1812, Göttingen 1987, S. 434.

22 Fiedler: Grundriß der Militär- und Kriegsgeschichte, Bd. 3, Napoleon gegen Preußen, S. 90 ff.

Abb. 51. Versprengte Truppen in Erfurt. Holzschnitt nach einer Zeichnung von August Beck.
Die Hauptarmee gerät auf dem Rückzug von Auerstedt nach Westen in die Fluchtbewegung der Hohenloheschen Truppen. Da der neue Befehl »nach Sömmerda« nicht mehr überall durchdringt, gelangen einzelne Abteilungen bis Erfurt. Die Festung kapituliert schon am 16. Oktober mit 10000 Mann.

obendrein mit dem Rücken zum steilen Saaletal kämpfende Korps Davout aus dem Weg zu schlagen. Dort »war es von preußischer Seite eine Kunst, die Schlacht zu verlieren«. Das Fiasko läßt sich durch den Ausfall des tödlich verwundeten Oberfeldherrn, der »seinen Schlachtplan in der Tasche behalten«, allein nicht erklären. Die totale Konfusion hing mit den nachgeordneten Kommandanten zusammen. Sie warteten auf nicht gegebene Befehle, weil ihnen im Schlendrian der monotonen Friedensroutine jedes selbsttätige Handeln abhanden gekommen war. Der Generalstabschef, Oberst v. Scharnhorst, führte an Stelle des gefallenen Generals eine Division im Brennpunkt vor Hassenhausen, rief verzweifelt nach einer Batterie und 12 Schwadronen Reiter, die nicht kamen, und verließ mit den letzten Soldaten das Schlachtfeld, die Muskete in der Hand. Der Schock der Niederlage knickte den Rest der Besonnenheit, des Mutes und des festen Entschlusses; er warf zu viele Offiziere »aus dem Gefühl des Hochmuts in das der äußersten Schwäche«[23]. Das Versagen an der Spitze bewirkte nach unten fortzeugend eine fatale Haltungskrise, die auf dem Rückzuge wie ein Geschwür aufbrach. Von Napoleons Verfolgungskorps bis an die Oder gejagt, verschwand die in abgesplitterten Trümmern kapitulierende Armee wie eine Spukerscheinung. Der Marsch des Generals v. Blücher wieder zurück Richtung Elbe und dann nach Lübeck bildete eine rühmliche Ausnahme, doch seine Regimenter besaßen zu wenig Gefechtskraft, um dem bitteren Ende der Gefangennahme zu entkommen.

23 Boyen: Denkwürdigkeiten, Bd. 1, S. 153 und 170.

Auf die schnelle Kunde von der Vernichtung der Feldarmee fiel eine Festung nach der anderen ohne ernsthafte Gegenwehr in die Hände der kaiserlichen Marschälle. Das gab Napoleon unverzüglich einen guten Teil seines Operationsheeres zur Fortsetzung des Krieges gegen die Russen frei. Die Festungskommandanten handelten mit innerer Logik nach dem Kausalkomplex der vorrevolutionären strategischen Theorie: feste Stützpunkte und marschierende Truppen bedingten sich gegenseitig, und wenn das mobile Element nicht mehr existierte, verlor das andere seine Funktion. Die Magistrate der bombenbedrohten Bürgerschaft halfen nach; auch beherrschten die französischen Parlamentäre mit ihren einseifenden Appellen an Menschlichkeit und Friedensliebe die Kunst der psychologischen Kriegführung[24].

Die allbekannte Proklamation an die Einwohner Berlins: »Jetzt ist Ruhe die erste Bürgerpflicht« bedeutet weder etwas beispiellos Ungewöhnliches, noch eine Schmach. Zur levée en masse bestanden keinerlei Voraussetzungen, und niemand hätte guten Gewissens das besiegte Land zum Widerstand aufrufen dürfen. In der beschämenden Reaktion der Öffentlichkeit auf die sturzbachartig hereingebrochenen Ereignisse hingegen offenbarte sich die Katastrophe des Staates: die Unterwürfigkeit vor der französischen Besatzungsmacht, das bereitwillige Weiterklappern der Verwaltungsmaschine für deren Kriegserfordernisse, die Verherrlichung Napoleons und die Schmähartikel in den Zeitungen, der Zeit vor dem Kanonendonner von Jena ganz entgegengesetzt und seitenverkehrt[25]. Doch der Zusammenbruch der nachfriderizianischen Militärmonarchie war die charakteristische Folge des Unterganges ihrer Armee.

Preußens Schicksal hing nun allein noch von der Waffenstärke der russischen Armee und dem Kampfwillen ihrer Führung ab. Der Entschluß des Königs, an der Seite des Zaren den Krieg auf seinem Rest-Territorium ostwärts der Weichsel fortzusetzen, lenkte endlich auch zu einem festen außenpolitischen System hin, indem ein großes Bündnis aller antinapoleonischen Mächte erstrebt wurde. In den folgenden Monaten des Jahres 1807 lag bereits der Wendepunkt der preußischen Geschichte, obgleich anfangs ein Ministerkonflikt das innere Gefüge des hoch gefährdeten Staates unnötig belastete[26]. Mit der Überwindung der Heereskrise begann die militärische Reorganisation. Ein königliches Publicandum vom 1. Dezember kündigte allen pflichtvergessenen Offizieren harte Strafen an; hervorragende Waffentaten sollten gebührend belohnt werden, was auch die Beförderung von Männern des Mannschaftsstandes zum Leutnant mit einschloß. Fast gleichzeitig hatten die Generale der Armee in Ostpreußen eine Instruktion erhalten, die das selbständig, beweglich geführte Gefecht der

24 Siehe: 1806, Das preußische Offizierkorps und die Untersuchung der Kriegsereignisse, auch Jany: Preußische Armee, Bd. 3, S. 434.

25 Goltz: Von Roßbach bis Jena, S. 100 ff., auch Gembruch: Bürgerliche Publizistik und Heeresreform in Preußen, S. 14, 17, 22 ff.

26 Die Entlassung des Frhr. v. Stein am 4. Januar 1807, der durch Hardenberg, praktisch mit den Befugnissen eines Staatskanzlers, ersetzt wurde; siehe Thielen: Hardenberg, S. 175 ff.

Kombination von Schützen und Bataillonskolonne zur Richtschnur erhob[27]. Für erneut unterbreitete Vorschläge zur allgemeinen Volksbewaffnung, wie sie Scharnhorst in seiner revolutionären Denkschrift vom April 1806 gefordert hatte, war die Zeit allerdings immer noch nicht reif. Auch nach der Katastrophe des Herbstfeldzugs blieb der König mit seinen engsten Militärberatern in der traditionell hohen Einschätzung des stehenden Berufsheeres befangen[28]. Die personelle Rüstung beschränkte sich auf ausgehobene Kantonisten und wieder einberufene gediente Soldaten, auf den Zulauf von Freiwilligen und Versprengten. Neu entstanden 19 Reserve-Bataillone, sechs Kavallerie-Brigaden, improviserte Einheiten leichter Truppen sowie einige Freikorps, die tatenfreudige Offiziere aus eigener Initiative aufstellten. Zusammen mit den 1806 in den Ostprovinzen zurückgebliebenen Regimentern und Garnisonstruppen ergab das eine Gesamtstreitmacht, die bei Kriegsende 63 000 Mann zählte[29].

Diese schon neupreußisch zu nennende Armee kämpfte tapfer, auch wo die Gefechte unglücklich verliefen. In der Schlacht bei Pr. Eylau am 7. Februar hat die Infanterie, bei Heilsberg am 10. Juni die Kavallerie die verlorene Waffenehre ruhmvoll zurückgewonnen, beide Male praktisch von einem Generalstabsoffizier und künftigen Reformer angeführt: Oberst v. Scharnhorst und Hauptmann v. Grolman[30]. Die Festungen Danzig und Neiße sind hartnäckig verteidigt worden; Kolberg, Pillau, Graudenz, Cosel, Glatz und Silberberg blieben bis zum Friedensschluß unbezwungen. Im schlesischen Gebirgsland brachte der neue Generalgouverneur Graf Götzen bis zu 7000 Leute teils aus Freiwilligen aller Bevölkerungsschichten zusammen, die er zur Verwendung im Kleinkrieg heranbildete. Seine Gesamtorganisation verdient besondere Beachtung, weil sie keine Rücksicht mehr auf herkömmliche Regeln und Gesetze nahm. Dies betraf den Offizierersatz durch den Aufstieg junger geeigneter Soldaten nach kurzer Frontbewährung wie die Abschaffung der Prügelstrafe, die Beseitigung der Kompaniewirtschaft und der lästigen Offiziertrosse. Nicht zuletzt knüpfte sich das innere Band zwischen Militär und Zivil sichtbar enger. In gleicher Weise verfuhr der Kommandant von Kolberg, Major v. Gneisenau[31]. Auch diese beiden Männer gehörten zu den markanten Heeresreformern der Jahre von 1807 bis 1813, die mit ihrem praktischen Beispiel bereits Modelle für den Aufbau einer wirkli-

27 Die Instruktion vom 23. November 1806 an die Generale, in Teilen abgedruckt bei D. v. Malachowski: Scharfe Taktik und Revuetaktik im 18. und 19. Jh., Berlin 1892, S. 56 f.

28 Ibbeken: Preußen 1807–1813, S. 55 ff., auch W. Gembruch: Krieg und Heerwesen im politischen Denken des Frhr. v. Stein, in: Militärgeschichtl. Mitteilungen (1971), H. 2, S. 27 ff.

29 Nach Jany: Preußische Armee, Bd. 3, S. 596 ff. und 651; vgl. Boyen: Denkwürdigkeiten, Bd. 1, S. 208.

30 Goltz: Von Jena bis Pr.-Eylau, Berlin 1907; vgl. Lehmann: Scharnhorst, Bd. 1, S. 481 ff.; zu Heilsberg siehe E. v. Conrady: Leben und Wirken des GendInf. C. v. Grolman, Bd. 1, Berlin 1894, S. 111 ff.

31 Zu Götzen siehe H. v. Wiese und Kaiserswaldau: Fr. W. Graf v. Götzen – Schlesiens Held in der Franzosenzeit 1806 bis 1807, Berlin 1902; zu Gneisenau siehe Kolberg 1806/07, Urkundliche Beiträge und Forschungen zur Geschichte d. Preuß. Heeres, H. 16–19, Berlin 1912.

Abb. 52. Der sinnende Hauptmann. Kreidestudie von Gottfried Schadow (1764–1850). Ungefähr 5000 Offiziere des altpreußischen Heeres mußten ausscheiden. Die ärmsten verdienten ihr Brot durch Holzhacken oder Feldarbeit, den Halbsoldempfängern ging es kaum besser, manche nahmen fremde Kriegsdienste. Begierig, die Scharte von 1806 wieder auszuwetzen, bildeten diese Offiziere, auch Unteroffiziere, Zellen konspirativer Vorbereitung zum Volksaufstand. 1813 noch etwa 2800 kriegstauglich, die meisten als KpChef u. Btl Kdr in Reserve- bzw. Landwehrformationen.

chen Volksrüstung lieferten. Was sich im Großen noch nicht durchsetzen ließ, das gelang im Kleinen; Vorläufer einer inhaltsschweren Entwicklung.

Als Zar Alexander nach der Niederlage von Friedland (14. Juni) zu Tilsit eilig Frieden mit Napoleon schloß (7. Juli), brach er sein dem König gegebenes Treueversprechen, rettete wenigstens aber die Dynastie Hohenzollern vor ihrer Vernichtung. Um so nachdrücklicher war es die Absicht des Siegers, Preußen als Beute fest umklammert zu halten, das halbierte Königreich im Rang eines Kleinstaates niedergedrückt zu lassen, es als Satellit seiner Universalmonarchie dauernd an die Kette zu legen und obendrein das ganze Land total auszuplündern. Auf seine Kosten sollte eine 150000 Mann starke Okkupationsarmee bis zur Weichsellinie stationiert bleiben und erst dann abgezogen werden, wenn die auferlegte riesige Kontributionssumme von 150 Millionen Francs bezahlt sein würde. Auch machtpolitische Gesichtspunkte waren für die Frage der Räumung maßgeblich; denn Napoleon traf Vorsorge, das preußische Territorium jederzeit als Aufmarschgebiet gegen das Zarenreich benützen zu können.

In dieser Lage berief der König schon eine Woche nach dem Abschluß des Tilsiter Friedensdiktates mit Kabinetts-Ordre vom 15. Juli 1807 Gerhard v. Scharnhorst unter gleichzeitiger Ernennung zum Generalmajor an die Spitze der »Militär-Reorganisations-Kommission«. Nach Abschluß ihrer grundlegenden Arbeiten sollte dieses Gremium ins neue Kriegsministerium übergehen; freilich unter beibehaltener Teilung des traditionellen Staatsapparates in eine militärische und eine zivile Hälfte, die durch den Monarchen miteinander verbunden waren. Daß ein Mann wie Scharnhorst die hohe Mission des Heeresreformators erfüllen sollte, hat manchen Repräsentanten der altpreußischen Armee in Harnisch gebracht; vielleicht weniger aus Aversion gegen den »Ausländer« als in der Wut des Troupiers gegen den gelehrsamen Generalstab, der seiner Meinung nach das beschämende Durcheinander der Direktiven und ihrer

Ausführung verschuldet hatte[32]. Der König wußte jedoch am besten, wer in der Katastrophe zu den tadelsfreien Paladinen gehörte. So brauchte Scharnhorst sein unbedingtes Vertrauen niemals in Zweifel zu ziehen, auch nicht gegenüber schweren Vorwürfen und Anschuldigungen seiner politischen Feinde. Ihm zur Seite standen Oberstleutnant v. Gneisenau und Major v. Grolman. Die Widersacher wurden nach ungedeihlichen Meinungskämpfen zu Beginn des Jahres 1808 durch Oberstleutnant Graf Götzen und Major v. Boyen ersetzt, so daß die Reformpartei das Übergewicht in der Kommission besaß. Der leitende Staatsminister v. Stein hatte Sitz und Stimme, wovon er zur vorwurfsvollen Verwunderung seiner zivilen Ober-Räte wenig Gebrauch machte; denn er stand im harmonischen Einklang mit dem Scharnhorstschen Freundeskreis. Dessen Grundsätze und Ziele waren auch die Richtlinien seines eigenen Programms.

Da Preußen in ständiger Gefahr schwebte, entweder weiter zerstückelt oder ganz beseitigt zu werden, wenn es sich dem Willen Napoleons nicht gefügig zeigte, war das Werk der Wiedergeburt unlösbar mit der Vorbereitung zum Befreiungskampf verknüpft. Im Bezug zur Existenzfrage des Staates hatte sie die Bedeutung eines obersten Zweckes. Demzufolge wollte Stein auch keine Reduktion der Armee auf die bescheidenen Ausmaße eines Mittelstaates von 20000 Mann, wie es Beamte des Reformministeriums vorschlugen[33]. Die bisher verborgenen sittlichen Kräfte im Volksleben mußten nun zum Wohle des Gemeinwesens hervorbrechen, zugleich aber auch der militärischen Stärkung dienen. Die zusammengebrochene Hohenzollern-Monarchie sollte wieder Militärmacht werden, weil es die Freiheit ganz Deutschlands zu gewinnen galt. Gegenüber der gewaltigen Kriegsmaschine Napoleons durfte auch das stehende Heer nicht abgeschafft und durch eine Miliz ergänzt werden. Wohl aber ging es darum, seine Neubildung aus den Hilfsquellen der ganzen Nation zu kräftigen, sie im Volke fest zu verankern und auf die allgemeine Wehrpflicht zu gründen. Die Männer um Scharnhorst wollten die Heeresreform eng mit der Reform der Staatsverfassung und Sozialordnung verknüpft sehen, aber in erster Linie kam es ihnen darauf an, die bisher von der Armee getrennten bürgerlichen Untertanen als Staatsbürger in das neue Volksheer zu integrieren. Es sollte eine »Schule der Nation« sein, die »ein ganzes Volk zu Soldaten« machte und ihnen »mitten im Frieden militärischen Geist einhauchte«. Der nationalpädagogische Impetus trat am deutlichsten in dem Gedanken hervor, an den Stadtschulen vormilitärische Ausbildung zu betreiben[34]. Ein derartig tiefgreifendes Militarisierungsprogramm ans Ziel zu bringen, war nur auf einem historischen Boden möglich, wo sich die Bindungen staatlicher Gemeinsamkeit und Zusammengehörigkeit am stärksten ausgeprägt hatten. So gesehen mag es als ein Wink des Schicksals erscheinen, daß der Tilsiter Frieden die Monarchie Friedrichs d.

32 Goltz: Von Jena bis Pr.-Eylau, S. 115; vgl. Stadelmann: Scharnhorst Schicksal und geistige Welt, Wiesbaden 1952, S. 26ff. und Henckel v. Donnersmarck: Erinnerungen S. 381.

33 Gembruch: Krieg und Heerwesen im politischen Denken des Frhr. v. Stein, S. 37f.

34 G.H. Pertz: Das Leben des Feldmarschalls Grafen Neithardt v. Gneisenau, Bd. 1, Berlin 1864, S. 318ff.; zur militärischen Einrichtung der Stadtschulen, S. 330ff.

Großen auf ihren Kernbestand der vier Provinzen Brandenburg, Pommern, Ostpreußen und Schlesien reduzierte, ausgenommen die westpreußischen und oberschlesischen Distrikte mit polnischem Bevölkerungsanteil. Die großen prinzipiellen Reformen waren bis Anfang August 1808 zum Abschluß gebracht; ein ziemlich kurzer Zeitraum, in dem auch der Freiherr vom Stein nur um wenige Monate länger den Grund zum Umbau des Staates legte.

Die entsprechenden Gesetze betrafen das Disziplinarwesen, die neuen Kriegsartikel und die Ergänzung des Offizierskorps, was sich mit innerer Logik aus der Volksheer-Idee ergab. Die Zusammensetzung dieses Heeres aus Freiwilligen und Dienstpflichtigen ohne geworbene Ausländer erforderte die Erhebung des Soldatenstandes zum Ehrenstand, der allgemeine Achtung genoß. Sie bedingte außerdem, daß Beförderung und Auszeichnung für alle Angehörigen gleichgestellt waren. Unter solchen Verhältnissen hätte die brutale Abschreckungsmethode des Gassenlaufens wie überhaupt jede Stockprügel eine Unmöglichkeit bedeutet. Das neue System sah nur noch den Freiheitsentzug durch Arreststrafen verschiedener Grade vor und weiter abgestuft das Nachexerzieren, den Arbeitsdienst und die Strafwache bei kleineren Vergehen. Die Mittel der Disziplinargewalt hatte der jeweilige Offizier im praktischen Truppendienst sinnvoll anzuwenden. Der König erwartete von allen Offizieren, »daß sie sich ihre ehrenvolle Bestimmung, die Erzieher und Anführer eines achtbaren Theils der Nation zu seyn, immer vergegenwärtigen . . .«[35]. Die mit der »Verordnung wegen der Militärstrafen« am 3. August 1808 verkündeten Kriegsartikel enthielten einführende Grundsatzerklärungen, die den staatspolitischen Gehalt der reformierten Heeresverfassung als leitendes Prinzip klar zum Ausdruck brachten: Ankündigung der Wehrpflicht als Ehrendienst, Aufstieg eines jeden Soldaten nach Würdigkeit und Fähigkeiten bis zum höchsten Grad sowie fürsorgliche Belohnung und Abschaffung der Prügelstrafe. Der König sprach nicht mehr wie gegenüber den früheren Söldnern als »Kriegsherr«, sondern als »Landesherr« zu Männern, die ihren Kriegsdienst im Verhältnis des Bürgers zum Staatsoberhaupt zu leisten hatten. Die nachfolgenden Artikel behandelten die Dienstverbrechen und allgemeinen Verbrechen mit den gültigen, teilweise gemilderten Strafbestimmungen, doch unverändert scharf in den Begriffen der Zucht und Strenge erfaßt[36].

Die Offizierreform war die weitreichendste Änderung des militärischen und gesellschaftlichen Staatsgefüges. Abgesehen von dem Gleichheitsprinzip, das hinsichtlich der Pflichten und Rechte – die Pflichten den Rechten vorangestellt! – in der preußischen Wehrverfassung erstmalig verankert stand, war der Einzug des Bürgertums in die Reihen der Armee und damit ein wesentliches Attribut seines berechtigten An-

35 Verordnung wegen der Militärstrafen v. 3. 8. 1808, zit. nach E. v. Frauenholz: Entwicklungsgeschichte des deutschen Heerwesens, Bd. 5, München 1941, S. 114.

36 Die Kriegsartikel bei Frauenholz, S. 101 ff. Zur Diskussion um die Bezeichnung »Kriegsherr« und »Landesherr« siehe: Das pr. Heer vom Tilsiter Frieden bis zur Befreiung 1807–1814, Bd. 1, hrsg. v. R. Vaupel (Publikationen aus den preuß. Staatsarchiven, Bd. 94), Leipzig 1938, S. 411 und 473 f.

teils am modernen Staat gesetzlich gesichert. Die hinzutretende bürgerliche Intelligenz sollte sich mit dem alten adligen Kriegertum verschmelzen. »Ein neuer einheitlicher Berufsstand, der Stand des wissenschaftlich gebildeten Offiziers sollte geschaffen, der Abgrund zwischen Techniker und Kavalier überwunden werden[37].« Was Scharnhorst schon vor dem Zusammenbruch mit seiner bedeutsamen Erziehertätigkeit als Schöpfer und Direktor der Berliner Kriegsakademie angebahnt hatte, das setzte vom Geistigen her die Maßstäbe der Bildung und Leistung und gab dem neupreußischen Militärwesen im Zeitalter der befreienden Volkserweckung das typische Gepräge. Der berufliche Werdegang des jungen Nachwuchses begann für jeden einzelnen nach abgeleistetem Grundwehrdienst von drei Monaten mit dem Nachweis verlangter Kenntnisse vor der Prüfungskommission und führte durch die Kriegsschule bis zum Abschlußexamen. Die weitere Beförderung sollte bis zum Major nach der Anciennität erfolgen, dann nach dem Grad der Bewährung. Geschärftes Verantwortungsbewußtsein mußte neben gesteigerter Fähigkeit zu selbständigem Handeln einhergehen; denn davon hing Preußens Zukunft ab. Von den alten Offizieren wurde ins neue Heer nur übernommen, wer sich vor dem zuständigen Regimentstribunal für sein Tun und Lassen anno 1806 gerechtfertigt und das Zeugnis der Vorwurfsfreiheit erhalten hatte[38]. Der militärgeschichtlich einmalige Selbstreinigungs- und Sühneprozeß stand im Einklang mit der Pflicht zur Selbstüberwachung durch Offizierwahl und Ehrengerichte; zwei korporativ bindende Elemente, die im neuen Geist die Gemeinschaft der Korpskameraden um so fester zusammenschlossen.

Dienten die ersten Verordnungen und Gesetze der inneren Vorbereitung auf die allgemeine Wehrpflicht, dem Kernstück des gesamten militärischen Reformwerkes, so lag das schwierigste Problem auf dem Weg zum Ziel bereits in der Organisation zur Heranbildung einer genügend starken Kriegsreserve. Bei der trostlosen Finanzlage des in seiner Souveränität erheblich eingeschränkten Staates konnte der Präsenzstand der Armee nur gering sein. Nach den Rapporten für Juni 1808 betrug ihre Gesamtstärke 49 817 Köpfe. So griff die Reorganisations-Kommission schon mit ihrem Entwurf vom 25. 9. 1807 auf ein Verfahren zurück, das noch im Boden der friderizianischen Heeresverfassung wurzelte und bereits kurz vor dem Kriege Anwendung gefunden hatte[39]. Der König sanktionierte dieses Verfahren mit Verordnung vom 6. August 1808: Jede Kompanie stellte monatlich fünf Rekruten aus den Kantonen ein und entließ dafür fünf der ältesten Leute. Der regelmäßig ausscheidende Jahrgang wurde als »Krümper« bezeichnet. Von einer monatlichen Kurzausbildung sah man ab, weil sich das übertrieben ausgedehnte Beurlaubungssystem alter Art sehr nachteilig auf die Leistungsfähigkeit der Armee im gerade verlorenen Krieg ausgewirkt hatte. Die Einrichtung der Krümper erhielt ihr volles Gewicht, als der Machtspruch Napoleons laut Pariser Konvention vom 8. September 1808 die Höchststärke des preußischen

37 Stadelmann: Scharnhorst, S. 153, das Offiz. Reglement bei Frauenholz, S. 121 ff.
38 1806, Das pr. Offizierkorps und die Untersuchung der Kriegsereignisse, S. 30 f.
39 Jany: Geschichte der preußischen Armee, Bd. 3, S. 463 ff.

Friedensheeres auf 42000 Mann beschränkte und gleichzeitig die Bildung von Milizen verbot. Da der Kaiser Preußens finanzielle Schwäche zu gut kannte und gegen das im Grunde unzeitgemäße Kantonwesen auch nichts einzuwenden hatte, ließ sich ein Rückgriff auf das absolutistische Prinzip der Heeresergänzung aus versunkener Zeit am unauffälligsten vortäuschen. Zur allgemeinen Wehrpflicht konnten die Reformer auf diesem Wege freilich nicht gelangen.

Scharnhorst hatte in drei Denkschriften vom 31. Juli, vom 31. August und Dezember 1807 die Bildung einer Landmiliz bzw. einer »Reserve-Armee« aus »Provinzialtruppen« vorgeschlagen, die zwei Grundgedanken miteinander verband. Nach dem ersten waren »alle Bewohner des Staates... geborene Verteidiger desselben«. Der zweite vertrat die Scheidung zwischen dem stehenden Heer und der Reserve aufgrund der Vermögenslage eines jeden Wehrpflichtigen, wonach alle Selbsteinkleider- und Bewaffner zwischen 18 und 30 Jahren auf eigene Kosten außerhalb der Linienarmee in den Reihen der Nationalmiliz zwei Monate lang üben sollten. Scharnhorst hat diese an sich bedenkliche Unterscheidung in arm und reich nicht nur deswegen empfohlen, weil sie den Militär-Etat entlastete. Sie war vor allem psychologisch auf die starke Abneigung des gebildeten Bürgertums gegen den Wehrdienst abgestellt, das mehr durch moralische Verpflichtung als durch gesetzlichen Zwang gewonnen werden sollte. Selbst gegen diese privilegierte Sonderstellung richtete sich heftiger Widerstand. Er kam aus den Reihen der adligen Standesvertretung, der höheren Beamtenschaft und der städtischen »Bourgeoisie«; kurzum aus jener elitären Oberschicht, die der Premierminister mit dem alleinigen Recht zur Nationalrepräsentation beglücken wollte. Der König forderte neue Gutachten ein und stellte ein Gesetz zur allgemeinen Wehrpflicht nur in Aussicht, wie es ja auch in den neuen Kriegsartikeln niedergeschrieben stand[40].

Bald gerieten die weiteren Entwürfe in die Turbulenzen der Außenpolitik. Als alle Versuche gescheitert waren, das drückende Joch der Kontribution und der fremden Besatzung zu erleichtern, veränderten die Nachrichten aus Spanien über erste Erfolge der Rebellen gegen die französische Militärmaschine die innere Lage. Mit dem Blick auf die Rüstungen Österreichs planten Scharnhorst, Gneisenau und Stein unter dem Deckmantel gesuchter Scheinallianz mit Frankreich die Organisation des Volksaufstandes. Angesichts der drohenden Haltung Napoleons waren sie bereit, das Wagnis des Kampfes auf Leben und Tod einzugehen. Die preußische levée en masse hätte allerdings in einem äußerst vagen Verhältnis zur Realität gestanden, wenn sie losgebrochen wäre. Die meisten Offiziere der Armee dachten dabei nur an eine Verstärkung der Linientruppen durch reguläre Miliz. Daß auch märkische, pommersche und schlesische Bauern bewaffnet werden sollten, um wie spanische Guerillas auf die Franzosen einzuschlagen, war unvorstellbar. Es bestanden auch nur lose Kontakte zur Aktionspartei in den Provinzen, die hauptsächlich aus entlassenen, im Elend lebenden und schon deshalb zum Krieg entschlossenen Offizieren gebildet wurde. Ein

40 Das Preußische Heer im Jahre 1812, hrsg. v. Gr. GenStab, Berlin 1912, S. 73ff.

konspiratives Netz zum Sammeln und Ordnen der insurrektionellen Kampfgruppen war noch gar nicht geknüpft. Nicht minder entbehrte die außenpolitische Absicherung des Volksaufstandes jeder festen Grundlage, wozu in erster Linie Englands Waffenhilfe und ein Landungskorps als voraussetzender Stütze für die erweiterte Insurrektion in ganz Norddeutschland gehörten[41]. Daß Stein und Gneisenau auch noch das Beispiel der Vendée nannten, die der grausamste revolutionäre Vernichtungskampf in einen wüsten Friedhof verwandelt hatte, mußte größte Bedenken erregen. Von zu allem bereiten Patrioten durfte man erwarten, daß sie den Fehlschlag als »ehrenvollen Untergang« auf sich nahmen, keinesfalls konnte ein ganzes Volk ins organisierte Chaos geführt werden. So war es auch kein Wunder, wenn den leitenden Aktivisten heftigste Opposition entgegenschlug; eine bunt gemischte Gruppe von Widersachern, nicht nur Franzosenfreunde und konservative Gegner der Agrargesetzgebung wie der Militärreform, sondern auch Angehörige des zivilen Reformerkreises. Freunde Steins fürchteten sogar, der extremistisch gewordene Staatsmann würde die Menschen nur noch als Werkzeuge benützen und das Band des sittlich Erlaubten zerreißen[42]. Als sich der Minister durch seinen abgefangenen Insurrektionsbrief schwer kompromittiert sah, hätte niemand mehr seinen Sturz verhindern können. Natürlich lehnte der König die Politik des Abenteuers und der Verzweiflung rundweg ab. In der Ratifikation des Pariser Vertrages erblickte er wenigstens eine Möglichkeit, daß Preußen einigermaßen gesichert weiterexistierte und er selber nach dem Abzug der Besatzungstruppen wieder Herr im eigenen Hause sein werde.

Dennoch trieben der finanzielle Ruin, die wirtschaftlichen Schäden durch die Kontinentalsperre und die mit dem Abtragen der Kontributionsraten verbundenen hohen materiellen Opfer die furchtbare Not im Lande weiter. Wenige Monate später verschärfte sich auch die äußere Lage bis zu einem Grad, da Preußens Schicksal buchstäblich auf des Messers Schneide lag, als der Krieg zwischen Österreich und Frankreich ausbrach. Wieder drängten die Heeresreformer zur Waffenerhebung. Wieder versagte sich der König, weil er sie ohne den Beistand Rußlands von vornherein für aussichtslos hielt und auch die eigenen Kräfteverhältnisse wohl realistischer beurteilte als seine Ratgeber. Begann Österreich den Krieg unvollständig gerüstet, so lagen Preußens Vorbereitungen noch viel weiter zurück. Der Neubau des aktiven Heeres war noch gar nicht abgeschlossen, den Truppen fehlte die Manöverübung im Groß-

41 Über die bedenkliche Einschätzung des Volksaufstandes durch die Militärreformer siehe Münchow-Pohl: Zwischen Reform und Krieg, S. 81 ff.; vgl. Ibbeken: Preußen 1807–1813, S. 116 ff.; die Denkschriften Gneisenaus zur Organisation des Volksaufstandes bei Förster/Gudzent (Hrsg.) A.W.A.N. v. Gneisenau: Ausgewählte Schriften, Berlin-Ost 1984, S. 117 ff.

42 P.Hassel (Hrsg.): Geschichte der pr. Politik 1807–1815, T. 1 (Publikationen aus den pr. Staatsarchiven, Bd. 6), Leipzig 1881, S. 192; A. Pick: Zeit der Noth 1806–1815, Berlin 1900, S. 124, H. J. Schoeps (Hrsg.): Aus der Zeit preuß. Not und Erneuerung. Tagebuchblätter und Briefe der Gebrüder Gerlach und ihres Freundeskreises 1805–20, Berlin 1963, S. 360.

Abb. 53. Major Ferdinand v. Schill. Stich von Friedrich Wilhelm Bollinger (1777–1825) aus dem Jahr 1809.
Stiche von Schill und Andreas Hofer wurden in Berlin wie in allen Provinzen verkauft, besonders 1812.

verband, es fehlte an Gewehren und Ausrüstung[43]. Wie Gneisenaus mißglückte Reise nach England bewies, war auch von dort weder mit rechtzeitiger, dringend benötigter Waffenlieferung zu rechnen, noch mit einer Landeexpedition in Norddeutschland, die ganz im eigenen Interesse an der Scheldemündung erfolgte und kläglich scheiterte[44]. Die mögliche Stärke der Armee für die Feldverwendung wurde auf knapp 40 000 berechnet, die Reservemannschaften um ungefähr die gleiche Anzahl vermehren sollten. Die geplanten Milizen hätten erst militärisch vorgebildet werden müssen, um brauchbar zu sein. Wenn nun auch eine viel einmütigere Stimmung für den Volkskrieg herrschte als im Vorjahr, so bestanden sehr berechtigte Zweifel an einer allgemeinen Aufstandsbereitschaft. Abgesehen davon war die voraussetzende Organisation zum Massenaufgebot immer noch nicht vorhanden. Schließlich durfte auch Österreichs militärische Stärke und führungsmäßiges Leistungsvermögen einem Napoleon gegenüber nicht zu hoch eingeschätzt werden, wie die enttäuschend schnellen Rückschläge und der nicht ausgenützte Sieg von Aspern zeigten.

Niemals hätte der König an der Seite Österreichs den Krieg mit einer Volkserhebung beginnen lassen. Wie der Auszug des Majors v. Schill mit seinem Berliner

43 Über den arg geringen Rüstungsstand an Handfeuerwaffen siehe A. Wirtgen: Handfeuerwaffen und preußische Heeresreform 1807–1813, Herford 1988, S. 83; zur inneren und äußeren Lage Münchow-Pohl: Zwischen Reform und Krieg, S. 132 ff.

44 England konzentrierte alle finanziellen Mittel und militärischen Kräfte auf Spanien, wo es den sichersten Weg sah, Frankreich zu erschöpfen. Zu Gneisenaus Englandreise siehe Pertz: Gneisenau, Bd. 1, S. 565 ff. vgl. J. Niemeyer (Hrsg.): Scharnhorsts Briefe an Fr. v. d. Decken 1803–1813, Bonn 1987, S. 25 f.

Abb. 54. Feierlicher Einzug des Königs von Preußen in die Residenz Berlin am 23. 12. 1809. Stich von Bollinger nach einer Zeichnung von Ludwig Wolf aus dem Jahr 1811.
Die von Napoleon erzwungene Rückkehr des Hofes nach Berlin begrüßte das Volk mit Jubel, auch wenn es vergeblich auf bessere Zeiten hoffte. Der Aufenthalt im fernen Königsberg hatte Schills Rebellion begünstigt, doch nun standen König und Regierung unter scharfer Kontrolle des französischen Nachrichtendienstes, militärisch flankiert von den Oder- u. Elbefestungen.

Husarenregiment am 28. April zu beweisen schien, untergruben rebellische Umtriebe sogar schon die Disziplin der Armee, die bisher stärkste Stütze der preußischen Monarchie. Auch die Kunde von einer Geheimverschwörung pommerscher Edelleute wie die Sorge der Behörden, die öffentliche Ruhe nicht mehr unter Kontrolle halten zu können, führten dem Regenten im allzuweit entfernten Königsberg die Gefährlichkeit der inneren Lage deutlich vor Augen. Schill war durch seine inzwischen entdeckte Konspiration mit Führern des bereits im Ansatz gescheiterten Aufstandsversuchs in Westfalen in die Klemme geraten. Vermutlich hatte er von Scharnhorst für den Alarmfall erste Weisungen erhalten, doch mit Sicherheit ohne Vollmacht zur Freiheit des Handelns. Als Opfer jener nationalen Emotion, die er selbst mit erzeugt hatte, durfte der populäre Volksheld von Kolberg um keinen Preis erwarten, daß sein Sturmzeichen die Armee samt dem König mitreißen würde. So blieb Österreich seinem Schicksal überlassen[45].

In diesem kritischen Zeitraum mußte auch die Wehrpflichtfrage verstärkt ins Blickfeld rücken. Doch erst Anfang Juni befaßte sich damit die ad hoc gebildete »Konskriptions-Kommission«, die jetzt aus Mitgliedern des am 1. März etablierten Kriegsministeriums bestand. Neben der Miliz in Gestalt eines »allgemeinen Heerbannes« im bewußten Gegensatz zum napoleonischen Konskriptionsmuster trat Scharnhorst mit seiner »Lieblingsidee« der Volontär-Jägerkompanien zur Verstärkung der Feldarmee hervor. Sie betonte die Absicht der Sonderstellung für das besitzende Bürgertum. Allerdings verstießen solche Maßnahmen gegen die Bestimmungen der Pariser Konvention, weswegen der König die ganze Sache weiter vor sich herschob.

Im Jahre 1811 wurde sie wieder akut, als sich die beiden großen Tilsiter Allianzmächte offensichtlich entzweit hatten und Preußen dazwischen in einer neuen Katastrophe endgültig zu versinken drohte. Unmöglich konnte es in einem Krieg Napoleons gegen das Zarenreich neutral bleiben. Wieder waren die Heeresreformer um Scharnhorst die »überpreußischen Stürmer und Dränger[46]« zum Bündnis mit Rußland und zu unverzüglicher Vorbereitung eines Volkskrieges en masse einschließlich aller irregulären Mittel. Die vom Kaiser geforderte Besetzung der Ostseeküste gegen eine mögliche Flottenoperation der Briten und die Einfuhr von Kolonialwaren sollte der Rüstung einen gedeckten Weg bieten. Weiter als bis zum Versammeln der Krümper und zum Bau verschanzter Lager als Rückhalt für die Feldarmee neben den Festungen wollte der König aber nicht gehen. Der russische Kriegsplan überzeugte ihn vollends von der Undurchführbarkeit gemeinsamer Heeresoperationen. Wenn der große Verbündete dem Angriff Napoleons auswich, konnten die eigenen Truppen nicht mitziehen und das Land schutzlos dem Feind überlassen. Andernfalls blieben sie isoliert der Grande Armée gegenüber, für die der ganze Ostteil der Monarchie zum Aufmarschgebiet bestimmt war. Einem Existenzkampf auf Leben und Tod standzuhalten, hätten die eigenen Kräfte niemals ausgereicht. In Preußen standen damals 80 000 Mann unter Waffen, die nach weiterer Rüstung höchstens auf 125 000 verstärkt werden konnten. Darüber hinaus fehlten Gewehre und Geschütze[47]. Noch weniger war mit einer spontanen Volkserhebung zu rechnen, obwohl die kriegerischen Armeereformer den bewaffneten Aufstand nach dem Muster der spanischen Partisanen-Taktik zu allem entschlossen im Schilde führten. Wie in Gneisenaus Denkschrift für den Fall einer feindlichen Invasion vom August 1811 zu lesen ist, hatte der Verfasser bereits stärker den obrigkeitlichen Zwang betont, was der allgemeinen tiefen Apathie im Lande Rechnung zu tragen schien. Schon gar nicht wäre die

45 Zu Schills Abenteuer Münchow-Pohl: Zwischen Reform und Krieg, S. 143 ff. und G. Gieraths: Handelte Schill auf eigene Faust?, in: Zeitschrift für Heereskunde (1959), S. 81 ff.
46 Fr. Meinecke: Das Zeitalter der deutschen Erhebung (6. Aufl.), Göttingen 1957, S. 113.
47 Lehmann: Scharnhorst, Bd. 2, S. 656.

große Mehrzahl der als Anführer in Frage kommenden Offiziere bereit gewesen, nicht uniformierte Bauern mit Dreschflegeln und Mistgabeln in einen verdeckten Kampf zu schicken[48].

Die gefährliche Lage spitzte sich schnell weiter zu, da Preußens militärisches Verhalten Napoleon allen Grund zum Mißtrauen gegeben hatte. Durch seine Berliner Spionagezentrale genau unterrichtet, forderte er ultimativ, sämtliche Rüstung sofort einzustellen und bereitete im Zuge des planmäßigen Heeresaufmarsches die rasche Überrumpelung der Garnisonen vor. Unter solchem allgewaltigen Preßdruck, der nur die Wahl zwischen Unterwerfung oder verzweifeltem letzten Kampf vor dem sicheren Ende Preußens ließ, ratifizierte der König den bereits unwiderruflich festgeschriebenen Pariser Vertrag über ein »Schutz- und Trutzbündnis« vom 24. Februar 1812. Er bürdete dem Lande eine ungeheuerliche Last an Lebensmitteln, Transportbedarf und Quartieren für die durchziehenden Truppenmassen auf, außerdem ein Hilfskorps von 20 000 Mann zur Teilnahme am Krieg gegen Rußland. Die Armee gehorchte, wenngleich rund 30 Offiziere in russische Dienste traten[49]. Scharnhorst ließ auch seine beiden Lieblingsschüler Clausewitz und Tiedemann mitziehen, deren Handlungsweise er nicht mißbilligen wollte.

Das preußische Korps unter General v. Yorck bewies beim ersten Kriegseinsatz in Kurland, was auch auf dem Gebiet der taktischen Reformen geleistet worden ist. Der Kommandeur selbst hatte als führender Fachmann des zerstreuten Gefechtes und Mitschöpfer des neuen Exerzierreglements von 1812 der Ausbildung die fortschrittliche Bahn gewiesen. Er hatte sich inzwischen auch dem Volkskriegsgedanken seiner früheren Gegner schon weit angenähert[50]. Mit seiner Konvention von Tauroggen am 30. Dezember 1812 gab Yorck den auslösenden Impuls zum Befreiungskampf. König und Staatskanzler Hardenberg fürchteten anfangs noch, in ungeklärter Lage zu früh gegen Frankreich bloßgestellt zu werden. Friedrich Wilhelm III. klammerte sich zunächst weiter an seinen stereotypen Vorsatz, eine Schilderhebung nur im Bündnis mit Rußland und Österreich, möglichst mit aller Welt vereint zu wagen, obwohl Preußen so oder so zum Kriegsschauplatz werden mußte. Die Streitmittel des Landes konnten dann nur fremden Händen anheimfallen, ganz gleich ob sie der französische Feind oder der russische Freund in Beschlag legte. Wenigstens siedelte der Potsdamer Hof am 22. Januar nach Breslau über, wo die im Pariser Vertrag zugesicherte Neutralität vorläufigen Schutz gewährte. In diesem Schwebezustand, der nicht lange andauern

48 Münchow-Pohl: Zwischen Reform und Krieg, S. 313 ff.

49 Lehmann: Knesebeck und Schön, Beiträge zur Geschichte der Freiheitskriege, Berlin 1875, S. 67. Scharnhorst durfte seinen Posten nicht länger besetzt halten, Boyen reiste, zum Oberst befördert, nach Rußland, Gneisenau in geheimer Mission des Staatskanzlers nach Schweden und England, Grolman war schon 1809 nach Österreich und Spanien gegangen.

50 Zur taktischen Reform siehe Malachowski: Scharfe Taktik und Revuetaktik, S. 88 ff. Yorcks gewandelte Ansicht in seinem Brief an Scharnhorst v. 22. 8. 1811 und an den König Ende Januar 1812, bei J. A. Droysen: Das Leben des Feldmarschalls Grafen Yorck von Wartenburg (5. Aufl.), Leipzig 1868, Bd. 1, S. 172 und 188.

durfte, gingen die Rüstungen fort, nachdem Napoleon schon am 14. Dezember gefordert hatte, das Hilfskorps auf 30 000 Mann zu verstärken und damit ein Deckmantel dem eigenen Zweck dienstbar zu machen war. Scharnhorst stand an der Spitze der hierzu einberufenen Kommission.

Inzwischen hatte der Freiherr vom Stein in Ostpreußen die Dinge weitergetrieben. Es war fast ein Glücksfall, daß er durch die Kraft seiner mitreißenden Persönlichkeit den Zaren zur Weiterführung des Krieges über die russischen Grenzen hinaus als einen europäischen Befreiungskampf bewegen konnte[51]. Gegen dessen Berater hielt er ihn aber auch davon ab, preußisches Gebiet bis zur Weichsel in Besitz zu nehmen. Alexander begriff, daß sich nur der Souverän eines unversehrten Staatsverbandes zum Verbündeten gewinnen ließ. Damit machte Stein als russischer Bevollmächtigter in Königsberg den Weg zur Volksbewaffnung der zuerst von den Franzosen verlassenen Provinz frei.

Auch in Breslau mußten die längst geleisteten Vorarbeiten zur allgemeinen Wehrpflicht konsequent zu Ende geführt werden. Die massenweise Einberufung der Krümper und Rekruten erschöpfte die Leistungsfähigkeit der Kantone, ebenso die Kapazität an unterem Führerpersonal, und die trostlosen Finanzverhältnisse erforderten Aushilfen. So erließ der König am 3. Februar das Manifest zur Aufstellung Freiwilliger Jäger-Detachements, die Scharnhorst schon 1809 ins Leben rufen wollte. Für den Aufklärungsdienst und das bewegliche Gefecht vorgesehen, traten sie zu den Infanteriebataillonen und Kavallerieregimentern, um gleichzeitig das Reservoir für den Offiziersersatz zu bilden. Der Aufruf enthielt aber auch eine massive Drohung, womit geradezu ein Zwang zur Freiwilligkeit ausgesprochen war: Kein wehrfähiger junger Mann, der fernblieb, sollte künftig eine Stelle im Staatsdienst, weder einen Titel noch eine Belohnung bekommen[52]. Die Militärreformer wären keinesfalls bereit gewesen, den nun bevorstehenden Befreiungskampf wie die französische Nationalversammlung 1791 auf den guten Willen der Bürger zu gründen. Noch fehlte das Kernstück ihres Gesamtreformwerkes, die allgemeine Wehrpflicht. Wenn der Weg zur wirklichen Volksbewaffnung weiter beschritten werden sollte, mußte die Proklamation des Zwanges dem Freiwilligen-Aufruf unmittelbar folgen. Dies geschah sechs Tage später am 9. Februar mit dem Gesetz über die »Aufhebung der bisherigen Exemtionen von der Kantonpflichtigkeit für die Dauer des Krieges«, das die Wehrpflicht für alle Tauglichen vom vollendeten 17. bis 24. Lebensjahr bestimmte und im Nachgang tags darauf auch die älteren Jahrgänge zum freiwilligen Waffendienst aufforderte.

Noch blieb aber unausgesprochen, gegen wen sich diese Verordnungen richteten, weil der König den Schein der Friedensbereitschaft weiter zu wahren gedachte. Scharnhorst mußte ihn erst mit aller Beredsamkeit davon überzeugen, daß keine Zeit

51 Gembruch: Krieg und Heerwesen im politischen Leben des Frhr. v. Stein, S. 46; vgl. Meinecke: Das Zeitalter der deutschen Erhebung, S. 119.

52 Die Ausrüstung auf eigene Kosten war bereits der wesentliche Gedanke in Scharnhorsts Plan zur National-Miliz vom Dezember 1807, wieder aufgenommen 1809.

Abb. 4. Wilhelm Graf von Hochberg an der Beresina 1812. Ölbild von Feodor Dietz (1813–1870), gemalt 1851, Wehrgeschichtliches Museum Rastatt. Graf Wilhelm, Sohn des ersten Großherzogs Karl Friedrich von Baden (1792–1859), kommandierte die badische Feldbrigade und hielt am 28. November seine Stellung auf dem ostwärtigen Flußufer gegen alle russischen Angriffe.

Abb. 5. Die Siegesnacht von Belle-Alliance 18./19. Juni 1815. Kunstblatt von Richard Knötel (1857–1913) zum großen Erinnerungswerk »Die deutschen Befreiungskriege«, Bd. 2, Historischer Verlag, Berlin. Die Verfolgung des französischen Heeres durch die Preußen: Die brandenburgischen Ulanen an der Spitze, ein Trommler der Infanterie auf erbeutetem Pferd, das zum Reisewagen Napoleons gehört. In Preußen benannte man die Schlacht nach dem Ort Belle-Alliance, wo sich Blücher und Wellington begegneten.

Abb. 6. Fahnenweihe preußischer Regimenter auf dem Marsfeld in Paris am 3. September 1815. Ölgemälde (Ausschnitt) von Charles Vernet (1758–1836), Schloß Charlottenburg. GenLt Prinz Carl von Mecklenburg-Strelitz (Chef der Garde- und Grenadierbrigade) reitet König Friedrich Wilhelm III. entgegen, um die Truppen in Paradeaufstellung zu melden. Die Reitergruppen sind die bevorzugten Modelle des Malers und Pferdeliebhabers; neben den Offizieren Linien- und Landwehrkavallerie, die Ulanen mit inzwischen neu eingeführter Tschapka; die zur Absperrung eingesetzten Landwehrmänner zu Fuß rechts noch in der Uniform englischer Herkunft, dabei ein Gardesoldat der Armee Wellingtons; auch im weiten Paradefeld englische und russische Reiter.

Abb. 55. Kosaken vertreiben die letzten Franzosen aus Berlin am 4. März 1813. Anonymer Stich um 1838.

mehr zu verlieren war und höchstens noch wenige Tage zur Täuschung des Feindes ausgenützt werden konnten. Der ostpreußische Landtag hatte bereits am 7. Februar neue Aushebungen für das Yorcksche Korps, zusätzliche Rekrutendepots, Verstärkungen der Kavallerie und 20 000 Mann Landwehr-Miliz beschlossen[53]. Nach Yorcks Vorschlägen wurde alles sogleich in die Wege geleitet; zwar vorbehaltlich der Zustimmung des Souveräns, aber eben doch ohne allerhöchste Erlaubnis. In dieser konsequenten Weiterführung der Tat von Tauroggen lag die bedrohliche moralische Schwäche der Monarchie. In Ostpreußen begann das nicht mehr zu bändigende Ungestüm der Volksmenge, erfüllt vom Rachegeist gegen die jahrelange Fremdherrschaft. Bald mußte in allen Provinzen mit dem spontanen Losbruch der nationalen Insurrektion gerechnet werden, falls der König noch länger zauderte. Der Zustrom an Freiwilligen übertraf alle Erwartungen und beschämte einen jeden, der daran nicht hatte glauben wollen. Ihre Gesamtzahl betrug in der Endsumme rund 30 000 Mann. Keineswegs beschränkte sie sich auf den vielbesungenen Kern der akademischen Jugend, deren Anteil bei ungefähr 12 Prozent lag. Wie die statistischen Unterlagen ausweisen, bestand Preußens Kriegheer von 1813–15 zu etwa 10 Prozent aus Freiwilligen: die Minorität als Speerspitze, die der Freiheit eine Gasse bahnt, während die Masse willig folgt. Ohne Zweifel hatte eine enthusiasmierte Massenbewegung das ganze Volk erfaßt[54].

Am 19. Februar überschritt Yorck mit seinem Korps die Weichsel, die westpreußischen Truppen unter General v. Bülow schlossen sich seinem Vormarsch an die Oder an, die russische Spitzenverbände zuvor passierten. Am Monatsende brach auch General v. Borstell mit seinen Regimentern in Pommern von Kolberg aus gegen Berlin auf. Somit war bereits über die Hälfte der Armee der Hand des Königs entglitten. Am

53 Zur ostpreußischen Landwehr siehe Droysen: Yorck, S. 351 ff.

54 Die statistisch überzeugend belegte Korrektur der Legende von der akademischen Jugend wie der Nachweis der hohen Freiwilligenzahl bei Ibbeken: Preußen 1807–1813, S. 393 ff.

23. Februar entschloß er sich endlich, dem Willen des Volkes nachzugeben, am 27. wurde in Breslau die Kriegsallianz mit Rußland besiegelt. Am 16. März ließ man die Maske fallen, indem der Staatskanzler den französischen Gesandten vom Abschluß des Bündnisses unterrichtete. Das Doppelspiel war beendet, der Kriegszustand erklärt, mithin auch das entscheidende letzte Hindernis zur allgemeinen Wehrpflicht beseitigt. Die »Verordnung über die Organisation der Landwehr« vom 17. März erhob sie zum Gesetz, wenn auch zunächst noch auf die Dauer des Krieges eingeschränkt.

Die Landwehr umfaßte alle nicht zu den Linienregimentern eingezogenen Wehrpflichtigen vom 17. bis 40. Lebensjahr. Ihre Errichtung wurde den von allen Ständen vertretenen Ausschüssen der Landkreise übertragen, auf deren Kosten, mit Ausnahme von Waffen und Munition. In Stärke von 120 000 Mann bestand diese Nationalmiliz aus Infanterie- und Kavallerieregimentern. Auch zur Landwehr eilten, zumindest in der märkischen Kernprovinz, genügend Leute freiwillig, so daß in einzelnen Bezirken nicht das Los zu entscheiden brauchte[55]. Die Freiwilligenbewegung von 1813 war insgesamt genommen ein überzeugender Beweis für den Erfolg der inneren Heeresreform. An die Spitze der Bataillone und Kompanien traten Subalternoffiziere der alten Armee, die 1806 zum Teil die Katastrophe mehr oder weniger mitverschuldet hatten, aber jetzt von bestem Willen beseelt die Scharte tapfer wieder auswetzten.

Obwohl die Landwehr eigentlich die Aufgaben eines Heeres zweiter Linie hätte erfüllen sollen, wurden große Teile vor dem Herbstfeldzug während des Waffenstillstandes regimentsweise in die Brigaden der drei Feldkorps miteingegliedert; das IV. Korps im defensiven Nordabschnitt des Operationsraumes setzte sich fast ausschließlich aus Miliz-Formationen zusammen. Allein auf seine geringen Kräfte angewiesen, nahm die Armeeführung die großen Qualitätsunterschiede in Kauf, da ihr in Napoleons Rekrutenregimentern ebenfalls ein nicht vollwertiger Feind entgegentrat. Schweren Marschanstrengungen und Strapazen waren die improvisierten Landwehrtruppen nicht gewachsen, doch gewannen sie dauernd an Wert und kämpften schließlich besser als erwartet[56]. Mit Hilfe englischer Waffen- und Materiallieferungen vollbrachten die Männer der preußischen Heeresreform eine geschichtlich einmalige organisatorische Leistung. Nach Erlaß der Wehrgesetze stellten sie, die Krümper vorausgeschickt, durch fortlaufende Neuausbildung einschließlich des Nachersatzes 300 000 Mann in Reih und Glied. Das waren 6 Prozent von 4,6 Millionen Einwohnern! Dazu brachten die ausgemergelten Menschen des wirtschaftlich total ruinierten Landes noch Millionenbeträge an Spenden auf, um die Rüstung zu finanzieren.

Mit dem Landsturm-Edikt vom 21. April 1813 ist auch noch der letzte Schritt zum wirklich revolutionären, totalen Volkskrieg irregulärer Partisanenhaufen erfolgt. Da-

55 Ibbeken: Preussen 1807–1813, S. 414; in den Landesteilen mit polnisch gemischter Bevölkerung hingegen mußte harter Zwang angewendet werden.

56 v. Zimmermann: Milizheere. Die preußische Landwehr und die »Konskribierten Napoleons« im Jahre 1813, in: Vierteljahreshefte für Truppenführung und Heereskunde (1912), S. 294 ff.

Abb. 56. Gedenkblatt zur Feier des 50jährigen Jubiläums des Aufrufs »An mein Volk« und der Erhebung des preußischen Volkes zur Befreiung des Vaterlandes. Lithographie von Ludwig Burger.
Auf dem Hügel der König, seine Söhne und die Prinzen, vorn Hardenberg, Stein und Scharnhorst, links unten Fichte, Schleiermacher, Jahn und Arndt. Der Aufmarsch von Freiwilligen, Landwehrmännern und Linientruppe, angeführt durch Blücher und Gneisenau, dahinter der Lützower Theodor Körner, zuletzt vor der Linien-Formation General v. Yorck. In der Mitte des triumphbogenartigen Bildrahmens das am Geburtstag der verstorbenen Königin Luise (10. 3. 1813) gestiftete Eiserne Kreuz, links der am 3. 8. 1813 gestiftete Luisen-Orden, rechts das Landwehrkreuz.

vor schreckten König, Obrigkeit und Bürokratie dann wieder zurück. Auch im Volk war wenig Resonanz zu spüren. Anders als in Spanien wollte man in Preußen als wohl eingeübter Soldat Uniform tragen und in gewohnter fester Ordnung ins Gefecht ziehen[57]. Schon am 17. Juli wurde das Gesetz revidiert und der Landsturm zur harmlosen Bürgergarde zusammengestutzt, nachdem auch die Gefahr einer feindlichen Invasion durch den dicht bevorstehenden Beitritt Österreichs zum großen Bündnis beseitigt zu sein schien. Zum Glück ist dem Land der absolute Kampf gegen den absoluten Feind erspart geblieben.

57 Fiedler: Grundriß der Militär- und Kriegsgeschichte, Bd. 3, S. 324 ff.; Delbrück: Gneisenau, Bd. 1, S. 323 ff. und Ibbeken: Preußen 1807–1813, S. 400 ff.

Schlesische privilegirte Zeitung

No. 34. Sonnabends den 20. März 1813.

Se. Majestät der König haben mit Sr. Majestät dem Kaiser aller Reußen ein Off- und Defensiv-Bündniß abgeschlossen.

An Mein Volk.

So wenig für Mein treues Volk als für Deutsche, bedarf es einer Rechenschaft, über die Ursachen des Kriegs welcher jetzt beginnt. Klar liegen sie dem unverblendeten Europa vor Augen.

Wir erlagen unter der Uebermacht Frankreichs. Der Frieden, der die Hälfte Meiner Unterthanen Mir entriß, gab uns seine Segnungen nicht; denn er schlug uns tiefere Wunden, als selbst der Krieg. Das Mark des Landes ward ausgesogen, die Hauptfestungen blieben vom Feinde besetzt, der Ackerbau ward gelähmt so wie der sonst so hoch gebrachte Kunstfleiß unserer Städte. Die Freiheit des Handels ward gehemmt, und dadurch die Quelle des Erwerbs und des Wohlstands verstopft. Das Land ward ein Raub der Verarmung.

Durch die strengste Erfüllung eingegangener Verbindlichkeiten hoffte Ich Meinem Volke Erleichterung zu bereiten und den französischen Kaiser endlich zu überzeugen, daß es sein eigener Vortheil sey, Preußen seine Unabhängigkeit zu lassen. Aber Meine reinsten Absichten wurden durch Uebermuth und Treulosigkeit vereitelt, und nur zu deutlich sahen wir, daß des Kaisers Verträge mehr noch wie seine Kriege uns langsam verderben mußten. Jetzt ist der Augenblick gekommen, wo alle Täuschung über unsern Zustand aufhört.

Brandenburger, Preußen, Schlesier, Pommern, Litthauer! Ihr wißt was Ihr seit fast sieben Jahren erduldet habt, Ihr wißt was euer trauriges Loos ist, wenn wir den beginnenden Kampf nicht ehrenvoll enden. Erinnert Euch an die Vorzeit, an den großen Kurfürsten, den großen Friedrich. Bleibt eingedenk der Güter, die unter ihnen unsere Vorfahren blutig erkämpften: Gewissensfreiheit, Ehre, Unabhängigkeit, Handel, Kunstfleiß und Wissenschaft. Gedenkt des großen Beispiels unserer mächtigen Verbündeten der Russen, gedenkt der Spanier, der Portugiesen. Selbst kleinere Völker sind für gleiche Güter gegen mächtigere Feinde in den Kampf gezogen und haben den Sieg errungen. Erinnert Euch an die heldenmüthigen Schweizer und Niederländer.

Große Opfer werden von allen Ständen gefordert werden: denn, unser Beginnen ist groß, und nicht geringe die Zahl und die Mittel unserer Feinde. Ihr werdet jene lieber bringen, für das Vaterland, für Euren angebornen König, als für einen fremden Herrscher, der wie so viele Beispiele lehren, Eure Söhne und Eure letzten Kräfte Zwecken widmen würde, die Euch ganz fremd sind. Vertrauen auf Gott, Ausdauer, Muth, und der mächtige Beistand unserer Bundesgenossen, werden unseren redlichen Anstrengungen siegreichen Lohn gewähren.

Aber, welche Opfer auch von Einzelnen gefordert werden mögen, sie wiegen die heiligen Güter nicht auf, für die wir sie hingeben, für die wir streiten und siegen müssen, wenn wir nicht aufhören wollen, Preußen und Deutsche zu seyn.

Es ist der letzte entscheidende Kampf den wir bestehen für unsere Existenz, unsere Unabhängigkeit unsern Wohlstand; keinen andern Ausweg giebt es, als einen ehrenvollen Frieden oder einen ruhmvollen Untergang. Auch diesem würdet Ihr getrost entgegen gehen um der Ehre willen, weil ehrlos der Preuße und der Deutsche nicht zu leben vermag. Allein wir dürfen mit Zuversicht vertrauen: Gott und unser fester Willen werden unserer gerechten Sache den Sieg verleihen, mit ihm einen sicheren glorreichen Frieden und die Wiederkehr einer glücklichen Zeit.

Breslau den 17. März 1813. Friedrich Wilhelm.

Abb. 57. Der »Aufruf an mein Volk«. Veröffentlicht in der Schlesischen privilegierten Zeitung zu Breslau.

Alles andere als eine starke Kriegsmacht, übernahm Preußen Anfang 1813 die geistig-moralische Führung im Befreiungskampf des deutschen Volkes. Wäre der Staat 1807 untergegangen, so hätte es nach dem Rußlandfeldzug Napoleons in Deutschland nur isolierte Insurrektionsversuche gegeben, die kaum Erfolg versprechen konnten. Die echte Kriegsbegeisterung der Volksmassen ist sicherlich nicht auf positive Auswirkungen der Staatsreform zurückzuführen. Die davorliegenden Elendsjahre der Wirtschaftsmisere, der Kontributionszahlungen, der Zwangsanleihen und des steigenden Steuerdruckes, in schockierender staatlicher Ohnmacht ständig von der äußeren Gefahr einer neuen Katastrophe bedroht ohne Hoffnung auf eine bessere Zukunft, boten dazu noch keine Möglichkeit[58].

58 Siehe Münchow-Pohl: Zwischen Reform und Krieg, und Ibbeken: Preußen 1807–1813.

Abb. 58. Scharnhorsts Verwundung. Holzschnitt nach einer Zeichnung von Ludwig Burger. In der Schlacht bei Groß-Görschen (2. 5. 1813), der Feuertaufe und Bewährungsprobe des neupreußischen Heeres, erhielt sein Schöpfer die todbringende Wunde bei der letzten Attacke, die er als Blüchers Generalstabschef mitgeritten hatte. Freiwillig mit diplomatischer Mission nach Wien unterwegs, starb er am 28. Juni 1813 in Prag; einziger preußischer General, der das siegreiche Ende nicht mehr erlebte.

Nur die Reorganisation des Heerwesens trug auf günstigem historischen Boden ihre Früchte. Abgesehen davon, daß sich in Preußen ein selbstbewußter »dritter Stand« erst noch bilden mußte, konnte unter solchen traurigen Umständen auch kein Verfassungswunsch und kein staatsbürgerlicher Geist die Gemüter bewegen[59]. Die Wende zur konstitutionellen Entwicklung war zwischen dem Joch der napoleonischen Unterdrückung, Reform und Aufbruch der Nation erst mühsam schleppend eingeleitet. »Ohne das prägende Erlebnis von Besatzung und fremder Vorherrschaft von sechs Jahren schwerster wirtschaftlicher Probleme im Zeichen politischer Abhängigkeit ist die Wucht der Erhebung von 1813 nicht zu begreifen[60]«. In dieser »Zeit der Not«, die 1812 noch eine verstärkende Wirkung durch allerschlimmste Drangsal erfuhr und schließlich im Willen zur Selbstbehauptung gipfelte, hat das »Volk in Waffen« das Bewußtsein nationaler Identität erlangt, wie es im Siebenjährigen Krieg schon einmal mächtig geworden ist. Die innere Verbundenheit mit der Hohenzollern-Dynastie und die Kraft der friderizianischen Tradition wirkten fort. Der »Aufruf an Mein Volk« vom 17. März stellte die Existenzfrage in den Mittelpunkt. Er lenkte den Blick noch einmal zurück zur Plage und Quälerei in jüngster Vergangenheit und rief zugleich die Erinnerung an die einst erkämpften Güter in der Zeit vom Großen Kurfürsten bis zum Großen König wach. Die geforderten Opfer würden diese Güter nicht aufwiegen, »für die wir streiten und siegen müssen, wenn wir nicht aufhören wollen, Preußen und Deutsche zu sein«. Max Lehmann schrieb in seiner Scharnhorst-Biographie: »Der Niedergang des preußischen Königtums war auch der Niedergang des preußischen Staates gewesen; die Erhebung des einen wurde auch die Erhebung des anderen[61].«

59 Ibbeken: Preußen 1807–1813, S. 289 ff.
60 Münchow-Pohl: Zwischen Reform und Krieg, S. 427.
61 Lehmann: Scharnhorst, Bd. 2, S. 518 f.

Abb. 59. Feldmarschall Blücher (links) und Scharnhorsts Nachfolger Gneisenau (rechts). Zeichnung von Adolph v. Menzel (1813–1905) aus dem Jahr 1882, Kreidezeichnung von Franz Krüger (1797–1857).

Die preußische Landwehr von 1813 war die Verwirklichung des nationalen Volksheeres, in dessen Reihen sogar der Tagelöhner neben dem Gutsbesitzersohn, der Handwerker neben dem jungen Beamten oder Professor stehen konnte; Angehörige früher schroff voneinander getrennter sozialer Gruppen jetzt im gemeinsamen patriotischen Solidaritätsgefühl vereint. Am 3. September 1814 vollendete der Kriegsminister Generalmajor v. Boyen als Scharnhorsts Testamentvollstrecker das Werk der preußischen Heeresreform, indem die allgemeine Wehrpflicht nun auch für die Friedenszeit Gesetzeskraft erhielt: mit dreijähriger Dienstzeit im stehenden Heer, zwei Jahre bei der Reserve und vom vollendeten 26. bis 39. Lebensjahr bei der Landwehr. Mit dieser Organisation ging Preußen der Welt voran.

VIII. Das Kriegsbild im Zeitalter der Französischen Revolution

Wenn es leicht gewesen wäre, das Kriegsbild der Zukunft deutlich zu erkennen, sobald eine Epoche zu Ende ging, dann hätte sich wohl ein anderer Verlauf von Schlachten und Feldzügen ergeben. Das trifft auf die Wende vom 18. zum 19. Jahrhundert ebenso zu wie auf das Jahr 1914. In beiden Fällen eines Anfanges und Abschlusses wurde die Kriegstheorie durch die Zinsen des angehäuften Erfahrungskapitals zunächst ins Stadium der Irrtümer geleitet, bis sich die Wandlungsphase zur Klarheit läuterte. Schon aus diesem Grunde kann die Darstellung und Betrachtung der militärgeschichtlichen Bedingtheiten im Zeitalter der Französischen Revolution nicht besser zum Verständnis des Kriegsgeschehens am Übergang von der alten zur neuen Entwicklung beitragen. »Die ungeheuren Wirkungen der französischen Revolution nach außen sind aber offenbar viel weniger in neuen Mitteln und Ansichten ihrer Kriegführung, als in der ganz veränderten Staats- und Verwaltungskunst, in dem Charakter der Regierung, in dem Zustande des Volkes usw. zu suchen ... Es ist wahr, auch der Krieg selbst hat in seinem Wesen und in seinen Formen bedeutende Veränderungen erlitten, die ihn seiner absoluten Gestalt näher gebracht haben; aber diese Veränderungen sind ... aus der veränderten Politik entstanden, welche aus der französischen Revolution sowohl für Frankreich als für ganz Europa hervorgegangen ist. Diese Politik hatte andere Mittel, andere Kräfte aufgeboten und dadurch eine Energie der Kriegführung möglich gemacht, an welche außerdem nicht zu denken gewesen wäre ...[1]« Mit dieser Feststellung in seinem Hauptwerk »Vom Kriege« hat Karl v. Clausewitz den Kerngehalt des epochalen Wandels im Militärwesen seit 1792 präzis erfaßt. Den bewegenden Anstoß dazu gab die Revolution, als sie auf der Grundlage einer neuen Staats- und Gesellschaftsordnung noch im frühen Wirkungsstadium den »Krieg gegen die Könige Europas« entfesselte, dabei in die gefährlichste Krise hineingeriet, aber aus ihrem Ideengut eine kriegerische Nation heranbildete. Dem chaotischen Notstand der jungen Republik erwuchsen durchgreifende Neuerungen im Zuge einer gewaltigen, durch brutalen Zwang wie durch belebende Kräfte der Freiwilligkeit vorangetriebenen Improvisation. Ein umfassendes militärtechnisches Konzept der Kriegführung existierte nicht, wohl aber die alles voraussetzende Militärverfassung. Sie stellte den stehenden Soldheeren der absoluten Fürsten die Revolutionsarmeen entgegen, die von einem einheitlichen Staatsbewußtsein, von einem mächtigen patriotischen Elan erfüllt waren und für ein nationales Kriegsziel kämpften: zuerst die Verteidigung des Vaterlandes, dann die Errungenschaften der Revolution zum Zwecke der Eroberung über die Landesgrenzen hinaustragend. Hinter diesen

1 C. v. Clausewitz: Vom Kriege (16. Aufl.), Bonn 1952, S. 895.

Armeen standen die durch gerechtere soziale und politische Staatseinrichtungen verjüngten Kräfte des ganzen Volkes, das bis zum Enthusiasmus gesteigerten Anteil am Kriege nahm. Die levée en masse schuf ein unerschöpfliches Reservoir an Soldaten, die nun in ihrer neuen historischen Rolle als Bürger in Waffen auf den Schlachtfeldern erschienen. Ohne darauf mittels scharfen Exerzierdrills eingeübt zu sein, mußten sie dort die geeigneten Gefechtsformen erst praktisch erlernen, auch dieses kriegerische Pensum ohne Lehrbuch.

Situationsbedingt ergaben sich daraus grundlegende Veränderungen der Taktik und Strategie. Aber noch erlaubte der unverändert gebliebene Stand der Waffentechnik keine Kampfweise, wie sie der revolutionären Mentalität des »citoyen armée« im Hinblick auf sein Bekenntnis zur Freiheit, Natürlichkeit und Individualität am ehesten entsprochen hätte. Der zerstreute Einsatz der Tirailleure erforderte den Rückhalt der Angriffskolonnen in geschlossener Ordnung, die noch mangelhafte Schußleistung der Steinschloßgewehre den massierten Feuerkampf der Bataillone[2] en front nebeneinander in der Abwehr, und die Schlachtentscheidung den kompakten Massenstoß mit dem Bajonett. Doch alle drei Elemente im wendigen Wechselverhältnis zur Entfaltung gebracht, verhalfen der neufranzösischen Taktik zu unvergleichlicher Durchschlagskraft. Die 100 Jahre zuvor als Muster für alle Heere Europas linear aufgestellte, effektive, aber überempfindliche und leicht störbare Schießmaschine war unbrauchbar und galt als absurder Anachronismus. Im Unterschied zur starr in einer Dimension festgelegten Schlachtlinie bewegten sich die schachbrettartig vorrückenden Bataillonskolonnen[3] viel leichter und schneller im Gelände. Kombiniert mit den aufgelösten Schützenschwärmen konnten sie Hindernisse besser überwinden und nach Möglichkeit Deckungen ausnützen. Die dadurch gegebene Freiheit zu elastischer Gefechtsentwicklung forderte die geistigen Kräfte der oberen wie unteren Führung in höherem Maße heraus als zuvor. Sie bot ein erweitertes Betätigungsfeld für den Einsatz von Truppenmacht in Raum und Zeit, um sie an Wirkung zu verdoppeln oder gar zu vervielfachen.

Aber längst nicht alles, was die politischen und moralischen Antriebe im Heerwesen veränderten, war revolutionäres Gedankengut. Im geschichtlichen Prozeß drängt die Kontinuität ständig voran, und jeder Wandel liegt in der logischen Entwicklung. Besonders in Frankreich hatten die Militärtheoretiker schon Jahrzehnte vor der Revolution kritische Überlegungen zur Kriegskunst der absolutistischen Epoche angestellt[4]. Sie bezogen sich zunächst auf das Hauptproblem der Lineartaktik. Es bestand im natürlichen Übergewicht der Defensive durch Feuerkraft und Geländevorteil, so

2 Unverändert blieb das Btl die taktische Grundeinheit, die für alle Gefechtszwecke die erforderliche Waffenstärke besaß.

3 In jetzt aufgelockerter Treffengliederung mit Intervallen, die den Durchzug beim Treffenwechsel ermöglichten.

4 M. Jähns: Geschichte der Kriegswissenschaften, Bd. 3, S. 2593; vgl. W. Gembruch: Zur Diskussion um Heeresverfassung und Kriegführung vor der Frz. Revolution, in: Napoleon I. und Das Militärwesen seiner Zeit, S. 9 ff.

daß die geringe Stoßwirkung den Infanterieangriff bei verstärktem Einsatz der Abwehrmittel – steigende Anzahl der Geschütze und befestigte Höhenstellungen – immer schwieriger und verlustreicher machte. Demgegenüber mußte dann auch die Tendenz zum Vorschein kommen, nach besseren Möglichkeiten für den Erfolg der Offensive zu suchen. Die Bedeutung des Schützengefechtes, das den Angriff einleiten und den Feind niederhalten sollte, wie der Bataillonskolonnen, die im zweiten Treffen nachfolgten und in der Aufmarschformation unverändert die »colonne d'attaque« bildeten, war längst erkannt. 700 bis 800 Mann stark, 35 Glieder tief und dicht zusammengerückt, konnte die dünne Feindlinie im energischen Vorwärtsdrängen mit dem Bajonett leichter durchbrochen werden als durch herkömmliches »Chargieren« in der Bewegung, das ohnehin kaum funktionierte. Freilich hielten die Gegner dieser Methode nichts vom Zusammendrängen im Feindfeuer »nach Art der Schafe«; sie fürchteten »Desorganisation«, wenn Teile der festen Schlachtordnung voneinander getrennt angriffen. Immerhin hatte der Herzog von Broglie ein derartiges Verfahren bereits 1759 in der Schlacht bei Bergen gegenüber Herzog Ferdinand von Braunschweig mit Erfolg angewendet. Es führte noch weiter auf die Idee des Chevalier de Folard (1669–1752) zurück, den Massenstoß der Infanteriekolonnen zum richtigen Zeitpunkt gegen die entscheidende Stelle der feindlichen »Ordre de bataille« zu dirigieren[5]. Dem entsprach das Prinzip, auch eine kräftige Überlegenheit an Artillerie vor diesem Punkt zu bewirken. Inzwischen hatte Jean Baptiste Gribeauval (1715–1789) das Material einheitlich erneuert, die Geschütze leichter und beweglicher gemacht und dadurch bessere technische Voraussetzungen für den offensiven Einsatz der schweren Waffen geschaffen. Das Infanteriereglement von 1791 enthielt schon Bestimmungen über den Gebrauch der Kolonne, auch wenn es noch auf den Grundsätzen der Lineartaktik beruhte und jeder Hinweis auf das Schützengefecht fehlte[6].

Was in diesem Zusammenhang den Amerikanischen Unabhängigkeitskrieg anbetrifft, der große geistig-politische Auswirkungen auf Europa hatte, so ist ein direkter Einfluß auf die revolutionäre Fortentwicklung der Taktik in Frankreich nicht genau nachzuweisen. Hier wurde die neue Art zu fechten aufgrund eigener Kampferfahrungen gefunden. Dort sind die Miliz-Aufgebote bei allem unüberwindlichen Freiheitswillen mit ihrer erdverbundenen, aber doch ganz unreglementierten Buschjägerei zunächst nicht imstande gewesen, die englischen Linienregimenter samt ihren gemieteten Soldtruppen aus Deutschland zu besiegen. Dazu mußte der vom Kongreß ernannte Oberbefehlshaber George Washington (1732–1799) erst die Einsatzmittel einer regulären Armee gewinnen, die ihm der ehemals preußische Major Friedrich Wilhelm v. Steuben (1730–1794) auf dem Wege der Potsdamer Exerzierschule verschaffte. Die Überlegenheit erhielten die Amerikaner auf die Dauer durch das Zu-

5 Jähns: Geschichte der Kriegswissenschaften, Bd. 3, S. 1823 ff., 2581 ff., 2591 ff.

6 Jähns: a. a. O., S. 2371 ff., siehe auch H. v. Kuhl: Bonapartes Erster Feldzug 1796, Berlin 1902, S. 39 f. Bei Valmy ging die preußische Avantgarde gem. der letzten Instruktion Fr. d. Großen mit einer Tirailleurlinie von 5 Kp Fußjäger u. 3 FüsBtle dahinter vor.

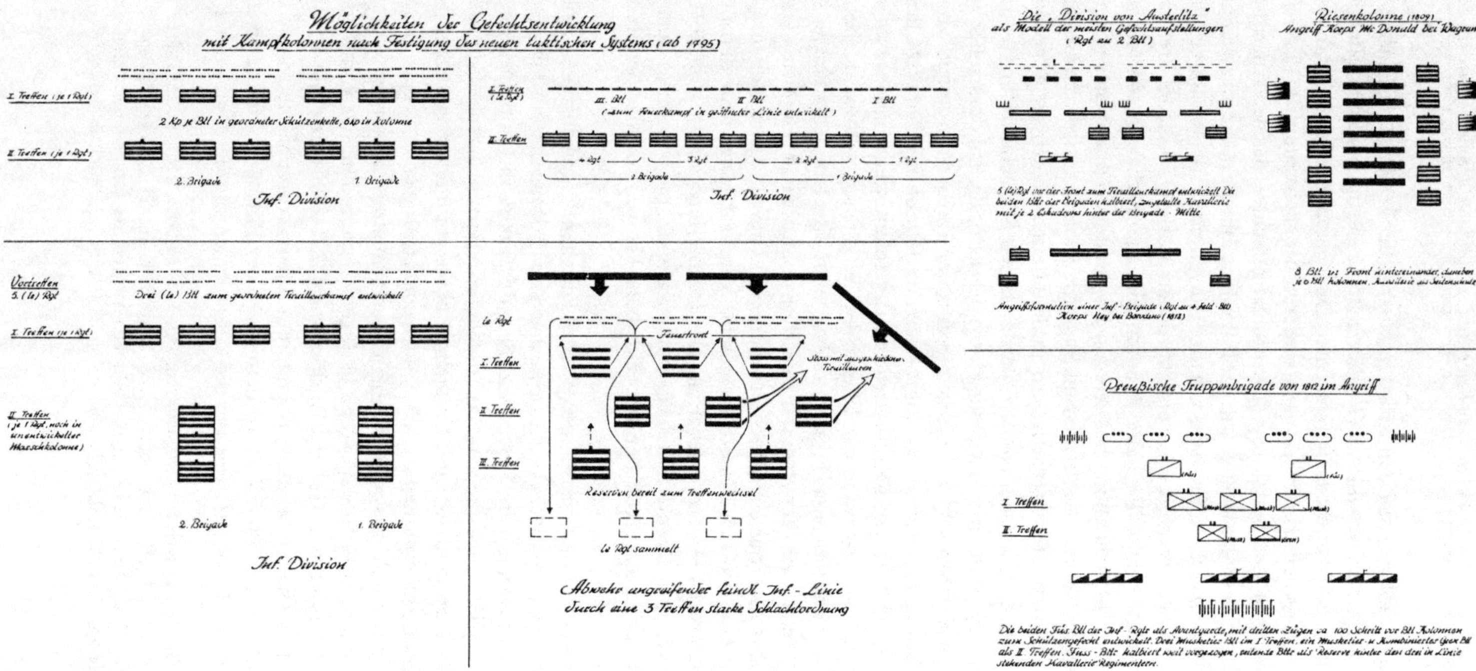

Abb. 60. Grundmuster der Infanterietaktik 1795–1812.

sammenwirken aller gegebenen Faktoren: Die ausgebildeten Soldaten der Bundesarmee, ihre leichten Bataillone und die »riflemen«, die Verbindung von aufgelöster und geschlossener Gefechtsordnung, die günstigen Bodenverhältnisse, die Weite des Kampfraumes und die größtenteils englandfeindliche Einwohnerschaft. Fast gegen den Willen Washingtons zeigte die Rebellion wesentliche Elemente des modernen Volkskrieges. Andererseits hat die Unzulänglichkeit der Engländer, sich in Amerika zu behaupten, schon das nahe Ende der Epoche stehender Heere angekündigt[7].

Was in Frankreich am meisten zur Nachahmung angeregt haben mag, waren die Methoden, mit denen jenseits des Ozeans der »Kleine Krieg« taktisch und operativ geführt worden ist. Gegenüber den unschlagbaren Feindheeren gab es auch keinen anderen Weg, als auf das Gebiet dieses Kleinkrieges absichtlich auszuweichen[8]. Im zurückliegenden Zeitalter der Manöverstrategie hatte er wachsende Bedeutung erlangt, weil deren Angriffsobjekte weniger die äußerst kostbaren, an die Schlachtordnung wie an die logistische Organisation gebundenen Linienarmeen selbst waren als die schutzbedürftigen Lebensadern im Hinterland zwischen Magazinbasis und Lagerposition. Solches indirektes Operieren erforderte den Einsatz schnell beweglicher Detachements leichter Truppen, die nicht ins starre Schema der Lineartaktik hineinpaßten und auch gar nicht passen sollten.

Dafür schienen »der erfinderische Geist der Franzosen, die Begierde, sich hervorzutun... und die Cultur des Verstandes[9]« wie geschaffen zu sein. Folglich wurden auch die Praktiken des kleinen Krieges im großen permanent angewendet. Unter ganz anderen Verhältnissen hatte schon der Bürgerkrieg in der Vendée zu ähnlicher Kampfführung gezwungen, doch durch einen entsetzlichen Vernichtungswillen bis zur Ausrottung eigener Landsleute gesteigert. Den äußeren Feind hielten unaufhörliche Vorpostengefechte, Störaktionen, Listen und Täuschungen aller Art, Überfälle auf schwächere Abteilungen, lange Gewaltmärsche und Scheinangriffe bei jedem Wetter und zu jeder Jahreszeit in Atem, so daß er auch im gewohnten Winterquartier keine Ruhe mehr fand. Das Revolutionsheer gewann in der Verteidigung noch den besonderen Vorteil, daß die angreifenden Korps der Verbündeten einen nachteiligen zeitraubenden Krieg vor den französischen Festungsbarrieren führen mußten. Im Lande der levée en masse besaßen diese Bollwerke unverändert hohes Gewicht, weshalb kaum etwas anderes übrigblieb als methodisch zu verfahren: d. h. zu belagern, zu beobachten, zu sichern und alle an den eigenen Bewegungslinien liegenden Stütz-

7 Jähns: Kriegswissenschaften, Bd. 3, S. 2604 ff.; R. Wohlfeil: Revolution und Unabhängigkeitskrieg in der neuen Welt, in: Deutsche Militärgeschichte in 6 Bänden 1648–1939, Bd. 1, Abschn. II, Liz. Ausg. 1983, S. 31 ff.; Fiedler: Grundriß der Militär- und Kriegsgeschichte, Bd. 2, S. 99 ff.

8 W. Hahlweg: Preußische Reformzeit und revolutionärer Krieg (Beiheft 18 der Wehrwissenschaftlichen Rundschau), 1982.

9 Scharnhorst: Entwicklung der allgemeinen Ursachen des Glückes der Franzosen in dem Revolutionskriege, Ausgewählte militärische Schriften (Militärische Klassiker des In- und Auslandes), Berlin 1881, S. 224.

punkte in die Hand zu bekommen. So wirkte der aktive Kleinkrieg der Franzosen unheilvoll auf jenen kräftezersplitternden Kordonkrieg ein, zu dem sich die alliierte Heeresführung gezwungen sah[10]. Das alles ist in Betracht zu ziehen, wenn man ein plausibles Bild über die Entstehung der Tirailleur- und Kolonnentaktik gewinnen will. Weder ausschließliche Erfindung der Revolution, noch unbedingter Rückgriff auf schon Vorhandenes, hat sie sich den Gegebenheiten der Kriegslage angepaßt entwickelt. Die große Leistung bestand darin, daß fähige Generale die in der Not geborenen Einzelmaßnahmen mit zunehmender Bewußtwerdung ihrer durchschlagenden Erfolge in ein System brachten. Dabei wurden sie von den vielen ehemaligen Unteroffizieren, die in großer Zahl Kriegserfahrungen aus Amerika mitgebracht hatten und durch die Revolution in mittlere Führerstellen hochrückten, tatkräftig unterstützt.

Aus der zwangsläufigen Abkehr von der Lineartaktik, die den umständlichen Aufmarsch des Einheitsheeres als ungeteilter Schlachtkörper mit breitem Infanterierumpf, beiderseits anschließenden Kavallerieflügeln und großen Batterien vor der Front gleich dem Aufbau einer schwerfälligen Kriegsmaschine bedingte, resultierte die Gliederung in Divisionen. Auch diese Idee des waffengemischten Teilverbandes war nicht neu. Schon der Verlauf des Siebenjährigen Krieges hat zur Auflockerung der starren Organisationsformen hingedrängt[11]. In Amerika ist Steuben bewußt vom preußischen Schema abgewichen, als er für den weiträumigen Detachementskrieg zwei Infanteriebrigaden zu jeweils zwei Regimentern, »Armee-Division« genannt, mit einem Jägerbataillon, zwei Dragonerschwadronen und zwei Artilleriekompanien zur »Legion« vereinigte. Ein Begriff, der wiederum auf den Vorschlag des überraschend modern denkenden und von einem neuen Volksheer träumenden Marschall Moritz von Sachsen (1696–1750) zurückführt, kleine bewegliche Einheiten nach römischem Muster zu schaffen. In Frankreich verfügte 1778 eine Ordonnanz des Königs die Umgliederung des Heeres in »Armee-Divisionen« zu maximal vier Infanteriebrigaden, einer Kavalleriebrigade und zugeteilten Geschützen. Neben dem militärischen Zweck spielte freilich auch das Bestreben eine Rolle, den zahlreichen unbeschäftigten Generalen eine nutzbringende Kommandostelle zu besorgen. Die laxen Kavaliere des Hochadels haben allerdings von einer solchen weit sinnvolleren Beschäftigung als das Hofleben in Versailles kaum Gebrauch gemacht. Es gab aber auch organisatorische Schwierigkeiten; denn die gebotene Gleichartigkeit von taktischer und administrativer Einheit erforderte eine veränderte Armeestruktur mit neuen Garnisonbezirken insbesondere für die berittenen Truppen. Jedenfalls lag nun ein Projekt vor, das bloß wiederaufgenommen zu werden brauchte. Das reformerische Planen und Ausprobieren schon vor 1789, wozu auch die Verstärkung der techni-

10 R. Warschauer: Studien zur Entwicklung der Gedanken Lazare Carnots über Kriegführung 1784–1793, S. 23 f.

11 U. a. der Herzog von Broglie, Ferdinand von Braunschweig mit seinen beweglichen Detachements auf dem Kriegsschauplatz in Westdeutschland, zuletzt selbst in der Schlacht Prinz Heinrich mit seinen vier getrennt vorrückenden Kolonnen bei Freiberg am 27. 10. 1762.

schen Truppen gehörte, erklärt sich nicht zuletzt als eine Reaktion auf den Schock von Roßbach samt allen bis 1762 noch folgenden Niederlagen und mißglückten Feldzügen. Auf preußischer Seite vor 1806 hemmte die illusionäre Kraft des Sieges[12].

1793/94 bildeten die Elemente verbundener Waffen als Teile des Ganzen mit der Verschmelzung von Linien-, Freiwilligen- und Requisitionaire-Bataillonen das neue System der Heeresgliederung. Wie schon zuvor die Detachements bei den Aktionen des Kleinen Krieges, konnten nun die aus schwerer und leichter Infanterie, aus Reiterei und einer Anzahl Geschützen dauerhaft zusammengesetzten Truppenkörper auch im Rahmen einer Schlacht selbständig das Gefecht führen. Hierzu dienten den Divisionskommandeuren Generalstabsoffiziere als Gehilfen. Da es an leistungsfähiger Berufskavallerie fehlte, ging ihr Stärkeverhältnis zur Fußtruppe im Vergleich zu den Kriegen des 18. Jahrhunderts von ungefähr 1 : 3 auf 1 : 7 zurück[13].

Die im Bereich der Taktik gewonnene höhere Beweglichkeit übertrug sich automatisch auf das viel weiterreichende Gebiet der Heeresoperationen. Das hing bereits mit dem Übergang zum Divisionssystem zusammen, der auch durch neue Probleme der Logistik mitbestimmt war. Die verarmte Republik hätte ihr Massenheer gar nicht mehr auf dem Wege konventionell geregelter Magazinzufuhr versorgen können. Der nun vom ganzen Volk unterhaltene Krieg mußte sich bald selbst auf Kosten eroberter Länder ernähren und ließ dann auch keine Schonung mehr gelten. Sobald der Nachschub versagte, wurde alles beigetrieben, was die Soldaten brauchten: Lebensmittel, Teilbekleidung, Pferde und Fuhrwerke einschließlich Hilfspersonal. So hoch auch die Zahl der Deserteure liegen mochte, es gab genügend Ersatz an willigen, sogar begeisterten jungen Franzosen, die man ebenso requirieren wie im zerstreuten Schützengefecht herumspringen lassen durfte. So gut wie nichts mehr hinderte die Führung daran, ihre Truppen verteilt auf offene Quartierräume anzuweisen. Die Divisionsgliederung bot die beste Handhabe, die niederen Verbände der Armee rasch auseinanderzuziehen und wieder zu versammeln. Die umständliche, zeitraubende Lagerkunst hatte ein Ende, die riesigen Troßkolonnen verschwanden, der Hüttenbau ersetzte die Zeltausrüstung und auch die durch Requisition einreißende Indisziplin bedeutete im Hinblick auf den inneren Gesamtzusammenhalt des nationalen Volksheeres nur eine lokale, wenngleich mehr oder weniger bedrohliche Schwäche. Auf diese Weise veränderten revolutionäre Taktik und Logistik das vordem eng begrenzte Operationsverfahren. Requirierende Divisionen marschierten schneller als die an den Fesseln der Magazinversorgung liegende Einheitsarmee absolutistischer Prägung. Vor allem aber befähigte die höhere Beweglichkeit rundum jetzt viel wirksamer zur Offensive[14].

Auch die geistigen Waffen gehörten zum großen Arsenal, aus dem die Revolution ihre Armeen ausrüstete: der allein vom absoluten Fürsten befohlene Kabinettskrieg

12 B. Kroener: Militärischer Professionalismus und soziale Karriere. Der französische Adel in den europäischen Kriegen 1740–1763, in: Europa im Zeitalter Friedrichs d. Großen, München, erscheint 1989.

13 J. Niemeyer: Das österreichische Militärwesen im Umbruch, Onsabrück 1979, S. 80.

14 O. Fiedler: Grundriß der Kriegsgeschichte, Bd. 2, S. 134 ff.

hatte ausschließlich dynastischen Interessen gedient, ohne nach der Meinung der Untertanen zu fragen. Jetzt wurde das zum Kampf gegen alle Feinde der Republik aufgerufene Volk durch die psychologischen Antriebe machtvoller Ideensuggestion politisch beeinflußt und militärisch gestärkt. Die natürlichen Empfindungen der Vaterlandsliebe noch übersteigernd, glaubten die »citoyens armées«, daß auf ihrem Kampf die Würde der Revolution beruhe, die der Welt die Menschenrechte verkündet hatte. Sie schienen davon überzeugt zu sein, alle Tyrannen bekriegen zu müssen, um auch deren Völkern die Freiheit zu bringen. War schon für den politisch-sozialen Umbruch im Inneren Frankreichs die Propaganda mit freier Rede und gedruckten Presseerzeugnissen als erforderliches Stimulanzmittel eingesetzt worden, so wendete man sie nun ebenso auf die Kriegführung an. Die Propaganda arbeitete nach der einfachen Beschwörungsmethode, Geist und Moral des Feindes zu schwächen und den eigenen Truppen das Gefühl der Überlegenheit einzuflößen. Wenn auch der erwartete große Erfolg auf der Gegenseite ausblieb, so zeigte dennoch der Ideen-Missions- und Propagandakrieg am deutlichsten den Übergang von der Epoche besoldeter Berufsheere zur kämpfenden Nation auf[15].

Als nach erfolgreicher Abwehr aller Einbruchsversuche die Gewalt der Revolution den Krieg ins Feindesland hinübertrug, um den Sieg durch eroberte Ressourcen zu festigen und die Gefahr neuer Invasion endgültig auszuschalten, setzte sich die Erkenntnis durch, daß nur die vernichtete Widerstandskraft der konterrevolutionären Heere ans Ziel führen würde. Folgerichtig galt der Hieb des Schwertes in der großen Feldschlacht als einzig mögliches, absolutes Mittel der Kriegführung. Die levée en masse, die gleich einem Fieber den ganzen Volkskörper durchpulste und zum Blutvergießen drängte, hatte im Gegensatz zum vorsichtigen Operationsstil des Manövrierens statt des Bataillierens wie in vergangener Zeit die Niederwerfung des Feindes begründet: die Strategie der Vernichtung.

So war die Szenerie des Kriegstheaters beschaffen, als General Bonaparte die Bühne betrat. Man kann nicht sagen, was nun kam, sei seine Erfindung gewesen. Die teils vorweggenommenen, teils vorausgeahnten Aspekte der französischen Kriegstheorie sind ihm schon auf der Militärschule in Brienne und darauf beim vertiefenden Selbststudium in der Garnison zu Valence klar geworden. Der Artillerist Du Tail hatte seinen Schülern den Angriffswert der schweren Waffen gelehrt, ebenso die Meinung, daß die Festungen keine Hauptsache der Strategie mehr wären, weil ihre Funktion meistens doch nur vom Ergebnis einer Schlacht abhängen würde[16]. Inzwischen waren auch nach vier Jahren Revolutionskrieg die neuen Elemente des Truppengebrauchs und der Armeeführung zum Prinzip erhoben.

Bonapartes erster Feldzug in Italien 1796/97 offenbarte schlagartig, wie unvergleichliche Meisterschaft es fertigbrachte, die durch die Revolution geschaffenen militärischen Möglichkeiten zielgerichtet auszunützen und noch vorhandene technische

15 L. Fiedler: a. a. O., S. 155 ff.
16 J. L. A. Colin: L'Education militaire du Napoléon, Paris 1900, S. 129.

Unvollkommenheit unter ordnender Hand zu überwinden. Nach seinem Siegestriumph wurde er auf dem Wege über den Militärkonsul zum Militärkaiser der Gestalter des modernen Krieges schlechthin. Die Schnellkraft unbedingter Offensive – entscheidungssuchende Operationsführung – energischer Vorstoß gegen die feindlichen Armeen als absolutes Angriffsobjekt, um sie zu vernichten – Überraschung durch optimale, genau berechnete Marschgeschwindigkeit – die Kunst, niemals Zeit zu verlieren – Konzentration aller verfügbaren, auch insgesamt numerisch unterlegenen Macht zu örtlicher Überlegenheit auf dem Schlachtfelde – überall sorgfältig angewendete Sicherung – militärische und politische Führung in einer Person als charakteristische Aktionseinheit – das waren die Grundsätze der napoleonischen Strategie. So lange den Gegnern das Verständnis ihres Wesens fehlte, so lange ihnen solche Rücksichtslosigkeit als etwas Regelwidriges erschien und kein Wille zur Anpassung sich stärkte, blieben sie die hoffnungslos Unterlegenen. »Auf die ganze Volkskraft gestützt«, schritt die Kriegsmacht des Kaisers »zertrümmernd durch Europa mit einer solchen Sicherheit und Zuverlässigkeit, daß ... auch nicht einmal ein zweifelhafter Augenblick entstand ...[17]«

Ob Napoleon unter den Großen der Weltgeschichte am wenigsten menschliche Züge aufwies, wie seine Verdammer meinten, mag dahingestellt bleiben. In jedem Falle waren seine intellektuellen Kräfte zur alles überragenden Potenz eines universalen Genies entwickelt. Im höchsten Grade auf sich selbst bezogen und von seiner Bestimmung völlig durchdrungen, richtete er in gigantischem Tatendrang die eigenen Fähigkeiten auf das gesetzte, eine Zeitlang auch erreichte Ziel, weil er das Große wie Kleine selber anordnete und bewerkstelligte.

In autokratischer Stellung organisierte Napoleon das Revolutionsheer zum schlagkräftigsten Operationsinstrument für die Zwecke seiner Kriegführung. Aus den Bausteinen des Divisionssystems, das den Nachteil der Kräftezersplitterung mit sich gebracht hatte, entstand die Gliederung in autonome, beliebig zu verstärkende Infanteriekorps und entsprechende Kavallerieverbände. Sie steigerte die Operationsfähigkeit der »grande armée« so mächtig zum offensiven Bewegungskrieg, daß eine weit über 150 000 Mann zählende Heeresmasse überraschend schnell über mehrere hundert Kilometer hinweg zur Waffenentscheidung und noch weiter zu rastloser Verfolgung des geschlagenen Feindes geleitet werden konnte. Die speziellen Sub-Divisionen der Kavallerie mit zugeteilter reitender Artillerie hatten die Aufgabe, vor der Front der Armee aufzuklären, nach dem taktischen Siege die Früchte zu ernten, aber auch in der Schlacht selbst im entscheidenden Moment zu attackieren. Daß Napoleon die schweren Regimenter wieder zu Kürassieren umrüstete, unterstreicht den Wert, den er der Reiterwaffe im Rahmen seines taktischen Instrumentariums zumaß. Als Fachmann hat er die Artillerie zu einer Waffe durchgebildet, die unterstützende Kampfhandlungen selbständig ausführte. Zahlenmäßig vermehrt, erreichte sie kraft schneller Geschützkonzentrationen ihre höchste Leistungsstufe. Das massierte, nie-

17 Clausewitz: Vom Kriege, S. 869.

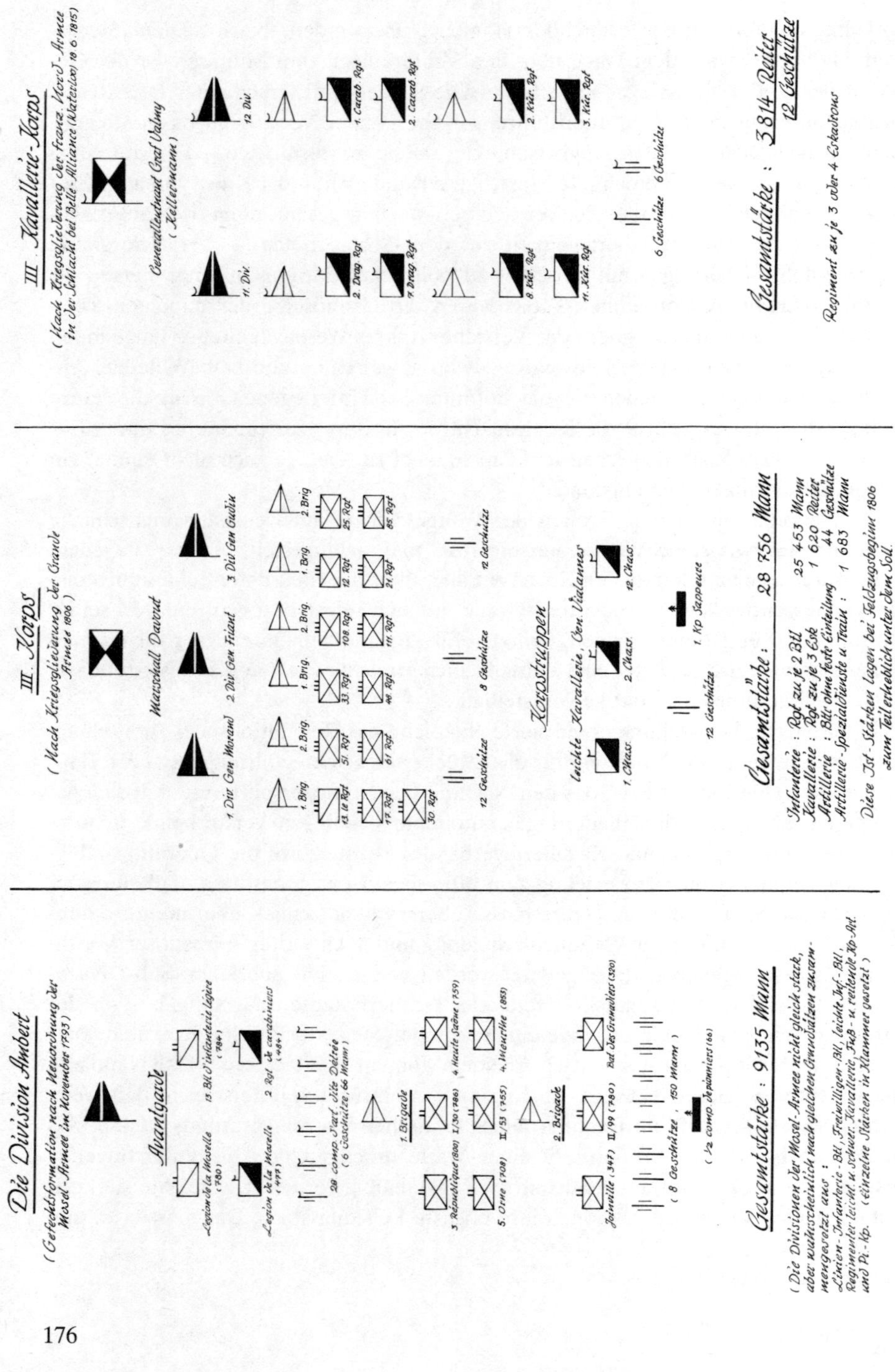

Abb. 61. Gliederungsbilder der Großverbände.

derwalzende Feuer war später bei abgesunkenem Wert der Infanterie das einzige Mittel, in der Schlachtkrise die Lage wiederherzustellen oder gar noch Schlimmeres abzuwenden. Mit der Übernahme der Bespannungsdienste durch ausgebildete Soldaten hatte er bei der Artillerie jene Militarisierung begonnen, die in den folgenden Jahren auch die Pionier-Munitions- und Verpflegungstrosse zu brauchbaren Versorgungstruppen umwandelte[18].

Im Lager zu Boulogne fand die neue taktische Elementarschule ihren Abschluß. Alle improvisierten Verfahren des Zusammenwirkens von Tiraillement und colonne d'attaque waren durch reglementierte »liaison«[19] nun auch organisatorisch gefestigt. Mit überlegener Beweglichkeit und massiver Stoßkraft trafen die französischen Divisionen in jedem gangbaren Gelände ihre Gefechtsziele. Spätestens seit diesem Zeitpunkt hatte die weltberühmte Präzision des preußischen Infanterieangriffs ihre geschichtliche Rolle ausgespielt. Dennoch wird meistens übersehen, daß auch Napoleons Füsiliere, die den Kern des Bataillons bildeten, stets zur Linie aufmarschierten, wenn sie in defensiver Absicht den Feuerkampf führten. Um den Infanteriebataillonen die im Rahmen der Kolonnentaktik gewonnene größere Selbständigkeit zu erhalten, wenn sie durch Verlust und Teilauflösung im Tirailleurgefecht geschwächt waren, erhöhte der Kaiser ihre Kopfstärke 1808 bis auf 1000 Mann bei Verminderung der Kompaniezahl (vier Füsilier-, eine Grenadier- und eine Voltigeurkompanie)[20].

Unterschied sich »das neue, in und von der Revolution geschaffene Kriegswesen von dem der alten Monarchie durch ein Dreifaches[21]«: die viel größere Heereszahl, die Taktik und die Requisition, so mußte es im logistischen Bereich wieder eine Einschränkung erfahren. Auch Napoleons Armeen konnten im Verlauf eines Feldzuges nur bei raschem Durchschreiten fruchtbarer, volkreicher Gebiete aus dem Lande leben. Trat Operationsstillstand ein, erst recht in der Weite öder, unwirtlicher Räume, blieben sie auf ein planvolles System vielseitiger Aushilfen angewiesen. Es bestand in rücksichtsloser wirtschaftlicher Ausbeutung errungener Siege, in der Anlage großer Vorratsstützpunkte und in einer sorgsam errichteten Etappen-Organisation mit gesicherter Basis. Bei Überschreiten der »Verpflegungsgrenze[22]« unter schlechten geographischen Verhältnissen half nur die Rückkehr zur Magazinversorgung aus der Kalamität heraus. Damit ist der Kaiser trotz gründlichster Vorbereitung in Rußland gescheitert. Die Tribut-Methode fand an der Frage eine Grenze, wie weit man bei

18 V. Regling: Grundzüge der Landkriegführung zur Zeit des Absolutismus und im 19. Jahrhundert (Deutsche Militärgeschichte in sechs Bänden), S. 213 ff. und Fiedler: Grundriß der Militär- und Kriegsgschichte, Bd. 2, S. 81 ff.

19 Die Auflösung zum Schützengefecht auf das nötigste Maß reduziert, die Tirailleure mit der Angriffskolonne fest verbunden.

20 W. Rüstow: Geschichte der Infanterie, Bd. 2, Gotha 1858, S. 318 und 340 f.

21 Delbrück: Geschichte der Kriegskunst, Bd. 4, S. 484.

22 In bezug auf Heeresstärke und weniger dicht besiedelte Gebiete lag sie theoretisch bei rund 300 km (15 Tagesmärsche) von der Magazin-Basis entfernt, siehe G. Perjès: Die Frage der Verpflegung im Feldzuge Napoleons gegen Rußland, in: Militärgeschichtliche Mitteilungen (1968), H. 2, S. 37.

ihrer Anwendung gehen konnte. Der Aufbruch des sechs Jahre lang in bitterster Not gehaltenen preußischen Volkes zum Befreiungskampf von 1813 war die repressive Folge davon. Generell bedeutete das Requisitionsverfahren für die Disziplin eines jeden Heeres eine große Gefahr, weil das Kommando schnell seine Macht über die Soldaten verlor, wenn sie der Hunger plagte. Aus diesem Grund hat Wellington in Spanien stets die ältere schonendere Kriegsweise beibehalten. Das Problem der Versorgung beeinflußte die Operationsführung des Massenheeres in hohem Maße; weniger wenn es sich auf weit gesteckte Ziele hinbewegte, um so mehr im Falle enger Versammlung zur Schlacht.

Obwohl Napoleon immer eine sehr klare Vorstellung von seinem strategischen Konzept besaß, hat er sich doch nie auf die konsequente Durchführung des ursprünglichen Feldzugplanes festgelegt. Zwei Grundzüge lassen sich in den Operationen voneinander unterscheiden: der Durchbruch aus zentraler Stellung und das großangelegte Umgehungsmanöver. Im ersten Falle war es die Absicht, die Offensive mit einem Stoß gegen die Nahtstelle zweier feindlicher Versammlungsräume einzuleiten, wo die größte Distanz zwischen den getrennten Heeresteilen die geringste Möglichkeit zu gegenseitiger Unterstützung bot, so daß sie nacheinander geschlagen werden sollten. Dies glückte bei der ersten Probe 1796 auf Anhieb, während die gleiche Methode im letzten Feldzug 1815 zum Untergang führte. Den meisten strategischen Manövern lag die andere Idee zugrunde, nämlich der rasche Vormarsch auf die Flanke des Feindes unter gleichzeitigem Abdrängen von seiner Operationsbasis, um ihn dadurch mit umgekehrter Front zur Schlacht zu zwingen, zu schlagen und zu vernichten.

Napoleons Anordnungen für die Schlacht waren frei von jedem schematischen Methodismus. Ein vorgefaßtes Angriffsprinzip wie es Friedrich der Große aus den zeitbedingten Gründen der lineartaktischen Gefechtsmechanik meistens anzuwenden suchte, kannte er nicht. Seine Devise hieß: »Man engagiert sich überall und sieht dann, was zu tun ist.« Der eigentliche Kampfplan entstand erst während der Überleitung der Operation in die taktische Lage. Alle Bewegungen entwickelten sich aus einem spontanen Kräfteansatz. Die zuerst ins Gefecht tretenden Divisionen packten die feindliche Front auf ganzer Breite an und führten einen stehenden Feuerkampf um Stellungen. Der Gegner sollte zunächst gefesselt und zum sukzessiven Kräfteverbrauch veranlaßt werden. Die Resultate entschieden alles weitere. Die oft gerühmte Durchbrechung des Feindzentrums kennzeichnete das Wesen der napoleonischen Schlachttaktik weniger, als es den Anschein hatte. Wohl aber ist ein gewisser Dreitakt im Sinne des Ineinandergreifens von Frontalkampf (Fixierung des Gegners), Umfassung (Herbeiführung der Krise durch Angriff auf die Flanke und Bedrohen der Rückzugslinie) und Massenstoß (Entscheidung) festzustellen. Die Umfassungsbewegung, ausgeführt von ein oder zwei Korps, ergab sich oft schon aus der Art des Anmarsches zur Schlacht. Seinen Unterbefehlshabern ließ Napoleon im Bereich ihrer Aufträge viel Spielraum, doch die Aufstellung der Großverbände und der Einsatz der konzentrierten Massen aller Waffen unterlagen seinem straffen Befehl. Die Reserven hielt er

Abb. 62. Fesselballon bei der Belagerung von Mainz durch die Franzosen 1794. Zeitgenössischer Stich.

nach Möglichkeit geschlossen und fast unerträglich lange Zeit für den Entscheidungsstoß zurück. War die Schlacht gewonnen, so bestimmte die leitende Operationsidee der Feindvernichtung die Fortsetzung des Feldzuges. Man wird wohl nie genau sagen können, was bei der Anwendung derartig variabler Verfahrensweisen jeweils theoretische Planmäßigkeit war und was die Macht der Umstände erzwungen hat. Sicher ist jedoch, daß dem Meister der Offensivstrategie gewaltige Projekte gelangen, weil er die richtigen Folgerungen aus dem revolutionären Wandel des Kriegswesens zog[23].

Napoleon ist kein Schrittmacher der technischen Entwicklung gewesen, ja er hat sich sogar auffallend wenig um sie gekümmert. Neue Waffen sind in seiner Ära trotz aller Kriege nicht erfunden worden. Wie hätte aber gerade dieser Mann, in dessen Kopf sich ein Universum politisch-militärischer Ideen bewegte, auch noch Zeit für Pläne finden sollen, die damals keinerlei Aussicht auf nutzbringende Realisierung boten? Die beiden 1794/95 errichteten, mit Fesselballons versehenen Luftschiffer-Kompanien bestanden nur vier Jahre, nachdem die Österreicher 1796 bei Würzburg die eine gefangengenommen hatten und die ganze Ausrüstung der zweiten in der

23 Fiedler: Grundriß der Militär- und Kriegsgeschichte, Bd. 2, S. 205 ff.

Abb. 63. Die Übergabe von Stettin am 29. Oktober 1806. Aquarell von Theodor Jung (1803–1865) aus dem Jahr 1836.
Die Festung kapitulierte widerstandslos vor General Lassale und seiner Husarenbrigade. Noch im Geist der vorrevolutionären Zeit wurde die Verteidigung als zwecklos erachtet, nachdem die reguläre Feldarmee nicht mehr existierte und nur noch das sofortige Kriegsende denkbar schien.

Seeschlacht bei Abukir 1798 verlorengegangen war. Das Fernmeldenetz der optischen Telegraphie hingegen ließ Napoleon bis 1813 immer weiter ausbauen, weil es ihm von Anfang an gute Dienste geleistet hatte[24]. Auch für die Belange der Seestreitkräfte zeigte er mehr Verständnis als von den Kritikern behauptet wurde. Freilich mußte er sich auf das Glück seiner Admirale verlassen. Da sie das Pech verfolgte und die Engländer in besserer Kondition operierten, abgesehen von Nelsons überlegener Führung, war die Enttäuschung durch Trafalgar besonders groß. Trotz aller Knappheit der maritimen Mittel hat der Kaiser aber bis zum Jahre 1809 wieder eine beachtliche Flotte aufgebaut[25].

Die raschen, weit ausgreifenden Operationen des Massenheeres brachten es mit sich, daß der Festungskrieg nicht mehr die entscheidende Rolle spielte. Wo aber sperrende Bollwerke trotz hartnäckiger Verteidigung angegriffen werden mußten wie im Fall Danzig 1807, wo sie der Feind eroberte, um seinen Vormarsch im Hinterland versorgungsmäßig abzusichern, wo sie im Volkskrieg als Stützpunkte dienten wie in Spanien oder in der strategischen Defensive eine breite Operationsbasis verstärkten wie Napoleons Elbelinie 1813, besaßen Befestigungsanlagen durchaus noch ihr Gewicht.

Wie die Statistik ergibt, liegt die Bilanz der blutigen Verluste zunächst viel niedriger als in den Schlachten des 18. Jahrhunderts. Das ist in der Hauptsache aus der

24 H. Giehrl: Der Feldherr Napoleon als Organisator, Berlin 1911.
25 H. de Nanteuil: Logistische Probleme der napoleonischen Kriegführung, in: Napoleon I. und Das Militärwesen seiner Zeit, S. 77.

beweglichen Kampfweise zu erklären. Mit den rücksichtslosen Angriffen der kompakten Sturmkolonnen gegen mächtig gesteigertes Artilleriefeuer stiegen sie bald wieder an und erreichten bei Eylau, Aspern, Wagram, Borodino und Waterloo die Höhe des Siebenjährigen Krieges. Auch der innere Zwang zur Vernichtung des Feindes, die damals als Prinzip nicht zu befolgen war, jetzt aber schon durch den jederzeit möglichen Ersatz aus der unerschöpflichen Menschenquelle der Nation in den meisten Schlachten auf dem Plan stand, ließ das Blutvergießen ungehemmt anschwellen[26]. Was mit der levée en masse begonnen hatte, setzte sich unentwegt fort: das makabre Wort vom »Kanonenfutter«, in der Epoche der stehenden Heere kaum vorstellbar, wurde kriegsgeschichtlich relevant.

Um den Hauptfeind England niederzuwerfen, der seine beherrschende Stellung zur See zäh behauptete und aus jedem zerschlagenen antifranzösischen Bündnis sofort ein neues zusammenschmiedete, reichten die maritimen Kräfte des Kaiserreiches nicht aus. So mußte zur Absicherung seiner Vorherrschaft über die besiegten Länder die Kontinentalsperre als politisches Instrument dienen. Sie mobilisierte alle abhängigen Großmächte und Mittelstaaten zum Wirtschaftskrieg, der wiederum weitere Eroberungen zur Folge hatte und mit riskanten militärischen Abenteuern ins Uferlose trieb[27]. Der erwartete Bankrott Britanniens trat dennoch nicht ein. Es zahlte wie bisher seit 1793 seine Subsidien, ohne die weder Österreich noch Rußland und Preußen in der Lage gewesen wären, gegen Napoleon zu Felde zu ziehen. Die Beanspruchung der Wirtschaft für die Zwecke des Krieges bürdete den unterworfenen Völkern eine schwere, jahrelang andauernde Last auf. Brutal oktroyiert, bereitete sie ihnen nicht nur Not und Elend, sondern demütigte zugleich und verletzte ihre nationalen Gefühle.

Zu den von der Revolution freigesetzten Energien gehörte der Geist des Nationalismus. Wie er die französische Armee beseelte, so erzeugten die aggressiven Handlungen und Gewalttätigkeiten des Kaisers tödliche Gegenkräfte. Mit dem Volksaufstand der Spanier, der in Form des Guerillakampfes die gewaltigste Militärmacht der nachantiken Geschichte empfindlich traf, waren sie zuerst hervorgedrungen. Als Österreich 1809 den Befreiungskampf riskierte, mußte dem Militärkaiser sehr daran gelegen sein, daß er sich in den Grenzen des Kabinettskrieges hielt, wie er andererseits selbst auch kein Interesse zeigte, eine revolutionäre Insurrektion gegen die Habsburger Monarchie anzustiften. 1813 kam der Völkerhaß vereint zum kriegerischen Ausbruch. Dennoch kann das überwältigende Geschehen nicht als massiver nationaler Volkskrieg bezeichnet werden. Die Feldzüge sind von den Kabinetten nach hergebrachter Weise geleitet worden und sie verliefen in den geordneten Bahnen der

26 G. Roloff: Der Menschenverbrauch in den Hauptschlachten der letzten Jahrhunderte, in: Preußische Jahrbücher (Bd. 72), Berlin 1893, S. 131 ff.; vgl. O. Berndt: Die Zahl im Kriege, Statistische Daten aus der neueren Kriegsgeschichte in graphischer Darstellung, Wien 1897, S. 49 ff.

27 R. v. Roosbroeck: Betrachtungen über Ziel und Wirkungen der Kontinentalsperre, in: Napoleon I. und die Staatenwelt seiner Zeit, S. 119 ff.

regulären Feldarmeen. Die Rheinbundtruppen fochten sogar eine Zeitlang an der Seite Napoleons weiter. Die volkstümlichen Freikorps, allen voran die Lützower, operierten fast nach der gleichen Manier des »petite guerre« wie im 18. Jahrhundert. Ein wesentlicher Unterschied bestand allerdings im patriotischen Geist dieser Truppen.

Als die alliierten Sieger 1814 in Frankreich eindrangen, gebrauchten sie ihrerseits die Waffe der Propaganda. In kluger Beschränkung zielten die Proklamationen aber lediglich darauf ab, die schon weit aufgerissene Kluft zwischen dem gescheiterten Imperator als einzigem Friedenshindernis und der ebenso kriegsmüden wie stolzen Nation zu vertiefen[28]. Napoleon mußte erkennen, daß er den Willen des französischen Volkes auch nicht durch seine straff gelenkte Presse länger zu beherrschen vermochte. Da es ihm zur Erhaltung seiner Macht an Gefolgschaft fehlte, konnte er den eigenen Sturz zwar noch etwas hinauszögern, aber nicht mehr abwenden.

Die napoleonische Epoche macht die Leistungsunterschiede der europäischen Heere, die Grenzen des Erreichbaren und die davon abhängigen strategischen Erfolgsmöglichkeiten besonders deutlich. Die Gründe hierfür treten klarer hervor als in der vorangegangenen Zeit. Bei der Niederwerfung der militärisch rückständigen Großmächte hatte der Kaiser leichtes Spiel. Je mehr sich aber seine Feinde der durch ihn veränderten Kriegswirklichkeit anpaßten und ihre heeresstrukturellen Hindernisse abbauten, desto stärker leisteten sie Widerstand. Um so höhere Verluste kosteten die Siege, die an der Substanz des imperialen militärischen Arsenals bedrohlich zehrten. Als 1813 die noch wenig geschulten Volksheere der großen Koalition dem Kaiser zu Leibe rückten, besaß auch er keine »grande armée« mehr. Sieht man beide Seiten ungefähr im Gleichgewicht, so gab den Ausschlag die endlich geglückte Vereinigung der alliierten Streitkräfte zur Entscheidungsschlacht mit klarer Überlegenheit der Zahl. Ihre Feldherrn wendeten ähnliche, im einzelnen die gleichen Methoden an, die sie der große Meister des Krieges zuvor gelehrt hatte. Nicht zuletzt aber ist Napoleon an der Unzulänglichkeit seiner straff zentralisierten Führung bei schon viel zu großer Heeresmasse gescheitert.

Das unter Napoleon entstandene Kriegsbild verblaßte in der nachfolgenden Restaurationszeit. Ein pazifistischer Grundzug bestimmte die Außenpolitik der erschöpften europäischen Staaten. Die Strategen planten die Defensive, die Heere exerzierten wieder in den Paradeformen der Friedensroutine, Erzherzog Karl von Österreich führte als Theoretiker der Kriegskunst den Untergang des Kaisers auf das wütende Tempo und die hybride Überspannung seiner Feldzüge zurück, und selbst in Frankreich schienen die Schüler Napoleons die Taktik und Operationslehre ihres Meisters vergessen zu haben[29]. Da die Revolution weiterschwelte, kam es zu kriegeri-

28 G. Roloff: Geistiger Kampf in den Revolutions- und Befreiungskriegen, in: Wissen und Wehr (1938), S. 296.

29 V. Regling: Grundzüge der Landkriegführung zur Zeit des Absolutismus und im 19. Jahrhundert, S. 307 f.

Abb. 64. Antoine Henri Jomini (1779–1869) als russischer General. Lithographie von Pierre Roch Vigneron (1789–1872).
Bedeutendster Interpret der napoleonischen Kriegführung, im Unterschied zu Clausewitz pragmatischer Theoretiker, der ein »Grundprinzip für alle Kriegshandlungen« zum Zweck seiner Lehre erhob. Gebürtiger Schweizer, 1798 ohne militärische Ausbildung helvetischer Major, 1804 Adjutant des Marschalls Ney, 1805 Oberst u. sein Generalstabschef, 1810 Generalmajor u. Baron, wegen »Besserwisserei« in dauernder Schwierigkeit, 1813 nach d. Schlacht bei Bautzen wegen Ungehorsams von Festungshaft bedroht, am 14. 3. Übertritt in den Dienst des Zaren.

schen Ausbrüchen der unterdrückten nationalen Freiheitsbewegungen, aber ohne sich zum großen gewaltsamen Waffenstreit zwischen den Militärmächten auszuweiten. Für den preußischen General v. Clausewitz, den bedeutsamsten militärischen Geist jener Periode, war Napoleon das richtungweisende Erlebnis. Von den Fragen nach den Prinzipien seines Feldherrntums her drang er jedoch tiefer zur philosophischen Untersuchung über das Wesen des Krieges hin. Dabei gewann er die Erkenntnis, daß der Schlachtenkaiser die Kriegführung auf die Bahn einer Maß und Grenzen überschreitenden Entwicklung gebracht hatte. Doch erst die waffentechnisch-industrielle Revolution in der zweiten Hälfte des 19. Jahrhunderts ließ sie deutlicher werden. Rückschauend aus heutiger Sicht längst nicht deutlich genug; denn die damit begonnene Tragödie Europas trat nicht ins Bewußtsein der Zeit. Seine Vereinigung unter dem Leitbilde der Französischen Revolution war an der gewaltsamen hegemonialen Gleichschaltung durch Napoleon und den dagegenstehenden historischen Bedingtheiten des Erdteiles gescheitert. Neue Kriege im Zeitalter des Nationalismus und Imperialismus endeten in der Selbstzerfleischung der Völker. Das Resultat bestand im Verlust der europäischen Vorrangstellung in der Welt[30].

30 R. Aron: Clausewitz. Den Krieg denken, Frankfurt/Berlin/Wien 1980.

IX. Kriege und Kriegführung

Der erste Revolutionskrieg 1792–1797

1792[1]

Die Französische Revolution war durch ihre Ausstrahlungen, durch die gedrückte Lage König Ludwigs XVI. und die Hetze der bewaffneten Emigration längst zum europäischen Problem geworden, als nach vorangegangenen gegenseitigen Drohungen die demokratischen Machthaber in Paris Kaiser Franz II. in Wien den Krieg erklärten. Zur großen Überraschung der Franzosen stand Preußen bereits im Waffenbündnis mit Österreich, in Abkehr von der friderizianischen Politik. Sein Feldmarschall Herzog von Braunschweig, dem man unter dem Eindruck steigender Kriegsgefahr den Oberbefehl für die französische Armee angetragen hatte[2], besaß nun sogar das Generalkommando, um die Invasion der alliierten Truppen zu leiten. Ihr politischer Zweck sollte die Rettung des bourbonischen Königtums sein, wozu ein schneller Vormarsch auf Paris unabdingbar gewesen wäre. Die Emigranten behaupteten, es handle sich um eine militärische Promenade, doch in Wirklichkeit hätte die Revolution niedergerungen werden müssen. Nach zunächst noch zeitgemäßer Anschauung des methodischen Manöverkrieges waren weit stärkere Streitkräfte nötig als die in den Grenzräumen weit verzettelt und schleppend langsam aufmarschierten: die Hauptarmee mit knapp 50 000 Preußen im Zentrum zwischen Koblenz und Trier, gefolgt von 6000 Hessen und 4500 Emigranten; die Österreicher mit 25 000 Mann in Belgien zur angriffsweisen Diversion auf die nordfranzösischen Festungen, eine 14 000 Mann starke Gruppe bei Namur zur Flankendeckung der preußischen Offensive, 15 000 Mann südlich Mannheim zum gleichen Zweck, schließlich 11 000 Österreicher mit 6000 Emigranten bei Freiburg, die den Oberrhein sicherten[3]. Mehr glaubte der kaiserliche Hofkriegsrat bei der chronischen Finanznot nach gerade beendetem Türkenkrieg nicht aufbringen zu können. Kaum minder beunruhigte die Sorge vor den bereits erkannten Absichten der Zarin Katharina auf Polen, natürlich auch im Berliner Geheimkabinett. Im Gegensatz zu König Friedrich Wilhelm II. meinte sein

1 C. Renouard: Geschichte des französischen Revolutionskrieges im Jahre 1792, Cassel 1865; Krieg gegen die Frz. Revolution 1792–1797 (K. u. K. Kriegsarchiv), Bd. 2, Wien 1906; v. Borries: Der Feldzug von 1792, in: Vierteljahreshefte für Truppenführung und Heereskunde (VjhTH), Jg. 1910, S. 91 ff., 233 ff. und 417 ff.; C. Jany: Geschichte der Preußischen Armee, Bd. 3, S. 236 ff.

2 O. Aubry: Die Französische Revolution, Bd. 1, S. 496; H. v. Sybel: Geschichte der Revolutionszeit, Bd. 1, S. 312 und 411.

3 Renouard: Geschichte des Revolutionskrieges 1792, S. 79 f.

Abb. 65. Vicomte de Mirabeau im Kreis von Emigranten in Freiburg i. Br. Nach einer kolorierten Zeichnung aus der Zeit.
Jüngerer Bruder des geistigen Führers der Revolution, wegen seiner Leibesfülle »Mirabeau-Tonneau« genannt, verweigerte den Bürgereid, erklärte am 17. 6. 1791 seinen Rücktritt als Mitglied der Nationalversammlung u. ging nach Baden in die Emigration, wo er die »Légion de Mirabeau« gründete, gestorben am 15. 9. 1792 in Freiburg. Die Hauptgruppe der Emigranten folgte dem alliierten Heer von Koblenz aus nach Valmy; 1795 noch 6000 unter General Wurmser; ein Korps landete in englischen Uniformen an der bretonischen Küste, am 20. 7. von General Hoche vor Quiberon vernichtend geschlagen.

dem Krieg ohnehin abgeneigter Feldmarschall, daß die geringe eigene Waffenstärke für einen raschen Stoß ins Innere Frankreichs nicht ausreichen würde. Dennoch hatte er das fatale Manifest unterzeichnet, das die turbulente Entwicklung in Paris zum Sturz des Thrones beschleunigte[4].

Erst am 19. August, eine gute Woche nach dem Tuileriensturm, überschritten die mit schwerfälligem Heerestroß bepackten Preußen die Reichsgrenze. Ohne ernsthaften Widerstand vorzufinden, doch durch anhaltend kaltes Regenwetter gehemmt, standen sie 10 Tage später an der Maas vor der Festung Verdun, die schon am 2. September auf ehrenvollen Abzug der Garnison kapitulierte. Damit hatte man eine sehr vorteilhafte Position gewonnen. Die beiden französischen Armeen bei Sedan

4 K. Th. v. Heigel: Das Manifest des Herzogs von Braunschweig vom 25. Juli 1792, in: Neue geschichtliche Essays, München 1902, S. 138 ff.

und Metz waren voneinander getrennt, das österreichische Flankenkorps des Feldzeugmeisters Graf v. Clerfait war von Namur herangekommen, das andere des Fürsten zu Hohenlohe-Kirchberg von Schwetzingen bis Diedenhofen gelangt. Obgleich der Herzog von Braunschweig genau wußte, daß der Feind in seinem demoralisierten Zustand nicht zu offener Feldschlacht entgegentreten würde, blieb er noch tagelang stehen. Gründe anderer Art mahnten ihn zur Vorsicht: Die weit mehr revolutionäre als royalistische Stimmung im Lande, das Wetter, die morastigen Wege, die wachsende Krankenzahl und die verzögerten Nachschubtransporte[5]. Unterdessen handelte der Gegenspieler auf scharfen Befehl der neuen republikanischen Regierung, der Nachfolger Lafayettes General Dumouriez. Er rückte mit der Ardennenarmee von Sedan in die Argonnen, besetzte die Straßenpässe und zog General Kellermann mit einem Korps der Rheinarmee zur Verstärkung heran. Auf die Nachrichten über diese Feindbewegungen hin drängte jetzt der Preußenkönig zur unverzüglichen Fortsetzung der Offensive. Da es der Feldmarschall bereits versäumt hatte, die nur 25 km von der Maas entfernte südliche Übergangsstelle auf der Hauptstraße Clermont–Châlons–Paris vor dem Gegner zu gewinnen, entschloß er sich endlich, die Stellung der Franzosen nördlich zu umgehen, um auf indirektem Wege ihre Räumung zu veranlassen[6].

Am 12. September leiteten die Österreicher am rechten Flügel das Manöver unter geringer Mühe mit der Besitznahme des Bergpasses von la Croix aux Bois ein. Weiter umfassend zwangen sie die Verteidiger, auch den südlich gelegenen Paß von Grand Pré freizugeben, worauf General Dumouriez seine ganze Armee abwärts hinter das Argonnen-Hindernis führte und nordwestlich St. Menehould aufstellte. 1000 preußische Husaren der Hauptarmee setzten zur Verfolgung an, als sie am 15. September gegenüber Grand Pré den Abzug bemerkten, und erzeugten in der zehnmal so starken Marschkolonne eine wilde Panik, die erst am Zielort ihr Ende fand[7]. Was bei raschem Nachdruck mit ganzer Macht hätte erreicht werden können, liegt auf der Hand. Statt dessen erfolgte weiterer Lager-Aufenthalt von drei Tagen wegen Brotmangels. Dumouriez erhielt bis zum 18. September starken Zuwachs, das Korps Kellermann und Detachements der Nordarmee, so daß er zusammen mit den Sperrtruppen am Les-Islettes-Paß über 60 000 Mann zählte. Im Rücken gesichert, wollte er den Feind wie Leonidas an den Thermopylen zum Kampf fest entschlossen erwarten. Nicht zu Unrecht ist ihm seine kühne Standhaftigkeit hoch angerechnet worden[8], obwohl sie sich durch keinerlei Aktivität zusätzlich stärkte. Dazu waren aber seine

5 Über die Zustände in der alliierten Armee siehe Magister Laukhards Leben und Schicksale, bearbeitet von V. Petersen, Bd. 2, Stuttgart 1908, S. 20 ff.; vgl. Goethes Campagne in Frankreich und Erinnerungen des Genlt. Fr. K. v. Schmidt, in: Urkundliche Beiträge und Forschungen zur Geschichte des Preußischen Heeres, H. 11, Berlin 1906.

6 A. L. v. Massenbach: Memoiren zur Geschichte des preußischen Staates, Bd. 1, Amsterdam 1809, S. 56, und Krieg gegen die Frz. Revolution (K. u. K. Kriegsarchiv), S. 148.

7 Renouard: Revolutionskrieg 1792, S. 195 ff.

8 Renouard: a. a. O. S. 153, A. v. Boguslawski: Das Leben des Generals Dumouriez, Bd. 2, Berlin 1879, S. 34 und 39.

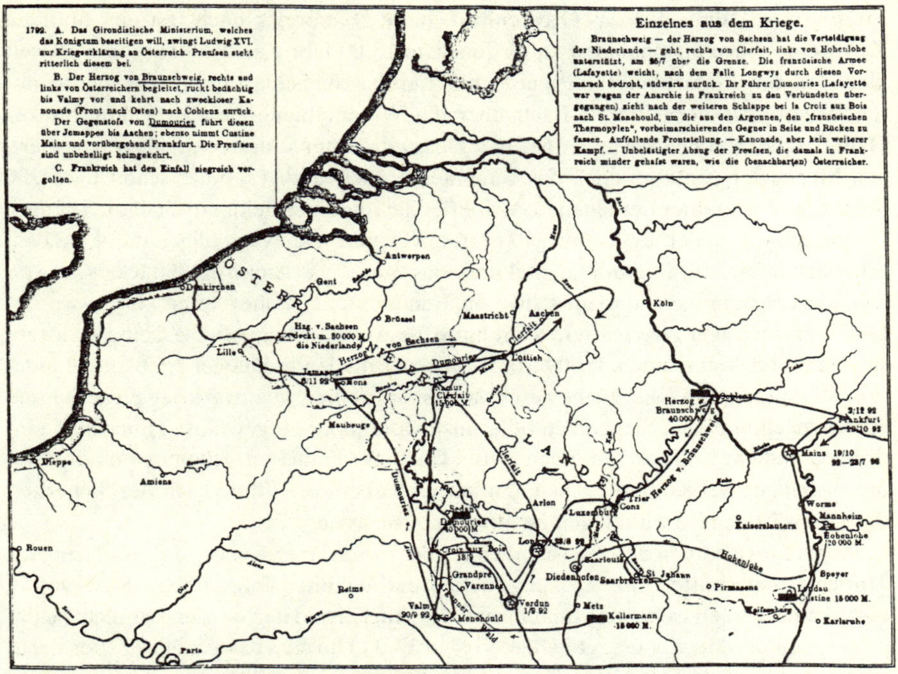

Abb. 66. Operationsskizze zum Kriegsjahr 1792. Nach »Karten u. Skizzen aus der allgemeinen Geschichte der letzten 100 Jahre« von Eduard Rothert.

schlecht disziplinierten Truppen gar nicht in der Lage. Sie litten ebenso unter dem schrecklichen Regenwetter, und auch ein fortgesetzter Rückzug hätte die ganze Armee zur Auflösung gebracht. Außerdem ließ das bisherige matte Operieren der Preußen kaum noch Schlimmeres befürchten.

Sobald der Herzog von Braunschweig von seinen «Abschneidern»[9], Offizieren des Generalquartiermeisterstabes, den groben Standort der Franzosen erfuhr, war es seine Absicht, sie durch ein neu angesetztes Manöver aus den Argonnen heraus nach Südwesten gegen die Marne zu drängen und die noch ostwärts des Gebirges stehenden Kräfte – Österreicher und Hessen – an sich zu ziehen. An eine Schlacht dachte er nicht, als die Spitze der preußischen Armee am Morgen des 20. September nach stürmischer Regennacht die Chaussee St. Menehould-Châlons erreichte und dort auf die Vortruppen des Generals Kellermann stieß. Noch hinderte dichter Nebel die Sicht, doch die Avantgarde erhielt vorsichtshalber Befehl zum Einschwenken mit

9 So genannt, weil diese Erkunder dauernd vom Abschneiden des Feindes redeten, nach G. v. Valentini: Erinnerungen eines alten preußischen Offiziers aus den Feldzügen von 1792, 1793 und 1794, Glogau 1883, S. 5; vgl. Massenbach: Memoiren, S. 98.

Front gegen Valmy. Bis das Gros eintraf, hatte Dumouriez noch fast vier Stunden Zeit, seine Gegenmaßnahmen zu treffen. Um 13.00 Uhr war das Panorama so weit klar, daß die aufmarschierten Preußen die französische Schlachtlinie erkennen konnten. Sie reichte vom Bionne-Bach über die Windmühlenhöhe von Valmy bis zur Hauptstraße. Ein beiderseitiger heftiger Geschützkampf schien nach allem langwierigen Manövrieren nun endlich das Bataillieren anzukündigen, aber schon nach 200 Schritten, noch hinter der eigenen Artillerielinie, hielt der Feldmarschall die Infanterie-Bataillone wieder an. Dafür gab es gute Gründe: Der Verteidiger stand an Zahl erheblich stärker in überhöhter Stellung, das morastige Angriffsgelände erschwerte das Vorwärtskommen, das im schweren Kanonenfeuer hohe Opfer kosten würde. Durch die im Lager grassierende Ruhr hatte die Armee schon zu viele Leute verloren, sie zählte vor Valmy noch 35 000 Mann, und der quälende Hunger trieb zur Plünderei. Wie sollte dann eine solche geschwächte, auf reinen Manöverkrieg eingerichtete Armee nach blutigem Siege noch tiefer ins revolutionär aufgewühlte Hinterland eindringen und gar bis Paris hinfinden[10]? Bei Châlons sammelten sich neue Feindkräfte, die Anhänger des Königtums bangten um ihr Leben, die Frage nach der Sicherheit der rückwärtigen Verbindungen beantwortete sich von selbst.

Da nach zweistündiger, offensichtlich weniger wirksamer Kanonade[11] Kellermanns Truppen unerschüttert ihre Stellung hielten und dahinter Dumouriez's Reserven in Sicht kamen, blieb es bei der Inhibierung des Angriffs. »Hier werden wir nicht schlagen«[12], soll der Herzog gesagt haben. Gegen 17.00 Uhr ließ das Artilleriefeuer nach, bis es ganz erlosch. Der Versuch, die Schlacht am nächsten Tage mit den inzwischen eingetroffenen Österreichern des rechten Heeresflügels noch einmal zu wagen, fiel außer Betracht. Daß man nun aber tagelang untätig stehenblieb und zu parlamentarisieren anfing, zeigt die Hilflosigkeit einer Kriegführung, die mit den Mitteln des ancien régimes einer Revolution zu Leibe gerückt war, ohne sie auf herkömmliche Weise bezwingen zu können. Die Revolutionsarmee selbst war bei Valmy noch gar nicht in neuer Gestalt gekräftigt. Heterogen zusammengesetzt, ohne jede Einheitlichkeit in der Ausbildung und erkennbar zuchtlos, dennoch nach unveränderter Manier in Linie zur Defensivschlacht rangiert, hatte sie bloß einem mächtigen Kanonendonner standgehalten und dadurch Selbstvertrauen gewonnen.

König Friedrich Wilhelm verhandelte vergeblich, um Ludwig XVI. wieder in Freiheit zu setzen; General Dumouriez im Auftrage Dantons, um unbehelligten Rückzug zuzusichern, um Österreich zu isolieren und England friedlich zu stimmen[13]. Schließ-

10 Das bekannte Urteil in der Kriegsgeschichts-Literatur bezieht sich zu sehr auf die taktische Lage der preußischen Armee und zu wenig auf die Folgen eines möglichen Pyrrhussieges. Die Truppe lebte unter dem Zwang der Not so gut es ging aus dem Lande, doch fehlte jede Reglementierung.

11 Die Franzosen verloren 300, die Preußen 173 Mann.

12 Nach Massenbach: Memoiren, S. 98.

13 O. Aubry: Französische Revolution, Bd. 1, S. 498; Krieg gegen die Frz. Revolution (K. u. K. Kriegsarchiv), Bd. 2, S. 254 f.

Abb. 67. Szene aus der Schlacht bei Valmy. Lithographie von H. Bellangé (1800–1866) aus dem Jahr 1833.

lich zwangen die verschlimmerten Lagerverhältnisse am 29. September zur Umkehr ohne Wenn und Aber. Die Preußen mußten denselben beschwerlichen Weg zurück, den sie gekommen waren, und wurden von den ebenso erschöpften Haufen des Generals Kellermann in vorsichtiger Distanz beobachtet. Ihnen fiel die Masse der Lazarettkranken in die Hände. Den Elendsmarsch an den Rhein hatte der überraschende Vorstoß des Generals Custine ins Reichsgebiet im zähen Fluß gehalten. Unter Ausnützung der günstigen Lage im entblößten Sicherungsraum war er mit 17000 Mann der Rheinarmee von Landau aus über Speyer (29. September), das schlecht verteidigte Mainz (21. Oktober) und das wehrlose Frankfurt (22. Oktober) bis in die Wetterau eingedrungen. Nach kurzer Regeneration gelang es jedoch den Preußen zusammen mit den Hessen, den Feind noch vor Jahresende wieder vom rechten Rheinufer zu vertreiben. Nur die Festung Mainz blieb in seinem Besitz.

Inzwischen hatte General Dumouriez den Schwerpunkt der weiteren Operationen nach Belgien verlegt, wohin auch die österreichischen Korps abgezogen waren. Dort schlug er am 6. November bei Jemappes westlich der Festung Mons die erste Angriffsschlacht, in deren Verlauf die Tirailleur-Taktik chaotisch zum Vorschein kam, die erdrückende Masse der Artillerie den Sturm vorbereitete und die Stoßkolonnen die Entscheidung ertrotzten: 42000 Franzosen gegen 14000 Österreicher. So gesehen kein stolzer, doch der erste bedeutsame nationale Sieg seit Fontenoy 1745. Neue Freiwilligenbataillone waren mit rühmenswerter Bravour daran beteiligt.

Daraufhin ging die ganze Außenprovinz des Habsburgerreiches dem Kaiser verloren. Die Bevölkerung empfing die Eroberer freundlich, weil sie die antikatholische Politik Josephs II. noch nicht vergessen und die Schrecknisse der jakobinischen Revolution noch nicht kennengelernt hatte. Unter Preisgabe aller Festungen zogen sich die kordonmäßig aufgestellten österreichischen Korps und Detachements bis hinter Aachen zwischen Erft und Rhein zurück, ein Teil nach Luxemburg. Zur Gewinnung der Rheinlinie reichte die Kraft der Armee Dumouriez's nicht mehr aus, doch hatte sie sich leichter den Weg gebahnt, »als dies den Marschällen Ludwigs XIV. je gelungen war«[14]. Da der König von Sardinien auf der Seite der antirevolutionären Koalition stand, wurde auch Savoyen besetzt und annektiert, zu Beginn des neuen Jahres noch die Grafschaft Nizza.

1793[15]

Um das Verlorene zurückzuholen, waren im nächsten Kriegsjahr weit stärkere Anstrengungen nötig. Sie wurden erbracht, weil neue Bundesgenossen hinzutraten. Voran England als Frankreichs gefährlichster Feind, der die See beherrschte, auch Landtruppen zuführte und vor allem unerschöpfliche Geldmittel für Subsidien besaß. Als Präventivschlag gedacht, schritt General Dumouriez schon am 17. Februar zum übereilten Angriff auf Holland. Er mußte aber bald zurück, da der neue österreichische Oberbefehlshaber am Niederrhein Prinz von Koburg Anfang März dessen Flankendeckung bei Aldenhoven durchbrach. Mit diesem leichten Erfolg begann ein Feldzug, der die junge französische Republik in die schlimmste politische Krise stürzte[16]. Bei Neerwinden am 18. März geschlagen, verlor Dumouriez's Armee auf dem Rückzug jeden Zusammenhalt unter massenweisem Abgang von Deserteuren und großem Verlust an Kriegsmaterial, so daß sie noch vor Monatsende wieder auf eigenem Gebiet bei Valenciennes stand. Hätte der General in der Schlacht gesiegt, wäre sein geheimes Einvernehmen mit dem Prinzen von Koburg, nach Paris zu marschieren, um die Königsmörder zu verjagen und die konstitutionelle Monarchie wiederherzustellen, vielleicht geglückt. Jetzt lastete ihm die aufgewühlte Nation schon die Niederlage als Verrat an. Die Truppe verweigerte die Gefolgschaft, und er konnte sich dem sicheren Todesurteil des Revolutionstribunals nur noch durch die Flucht zum Feind entziehen (18. April).

Die Folgen kamen einer Katastrophe gleich. Der National-Konvent, in den Händen einer fanatischen Minderheit, suchte die Rettung aus höchster Gefahr im Terror. Mit neuartigen abnormen Mitteln organisierte er den Widerstand à outrance, den bis zur Irrationalität gesteigerte Begeisterung trug. Demgegenüber häuften sich die alliierten Heere in erheblicher Stärke an Frankreichs Ostgrenze: In Belgien rund 140000 Mann – Österreicher, Engländer und Hannoveraner, Holländer, Preußen und Hessen –, am Mittel- und Oberrhein fast ebensoviel – Preußen, Österreicher, Hessen, Sachsen und andere Reichstruppen.

14 H. Stegemann: Der Krieg, sein Wesen und seine Wandlung, Bd. 2, S. 192.

15. A. v. Horsetzky: Kriegsgeschichtliche Übersicht der wichtigen Feldzüge der letzten 100 Jahre (5. Aufl.), Wien 1898; Scharnhorst: Übersicht des Feldzuges von 1793 in den Niederlanden, in: Militärische Schriften von Scharnhorst, Berlin 1881; H. v. Sybel: Geschichte der Revolutionszeit (2. Aufl.), Bd. 2, Düsseldorf 1859, S. 220ff., 390ff. und 439ff.; Pirmasens und Kaiserslautern (Kriegsgeschichtliche Einzelschriften, H. 16), Berlin 1893.

16 O. Aubry: Französische Revolution, Bd. 1, S. 577ff.

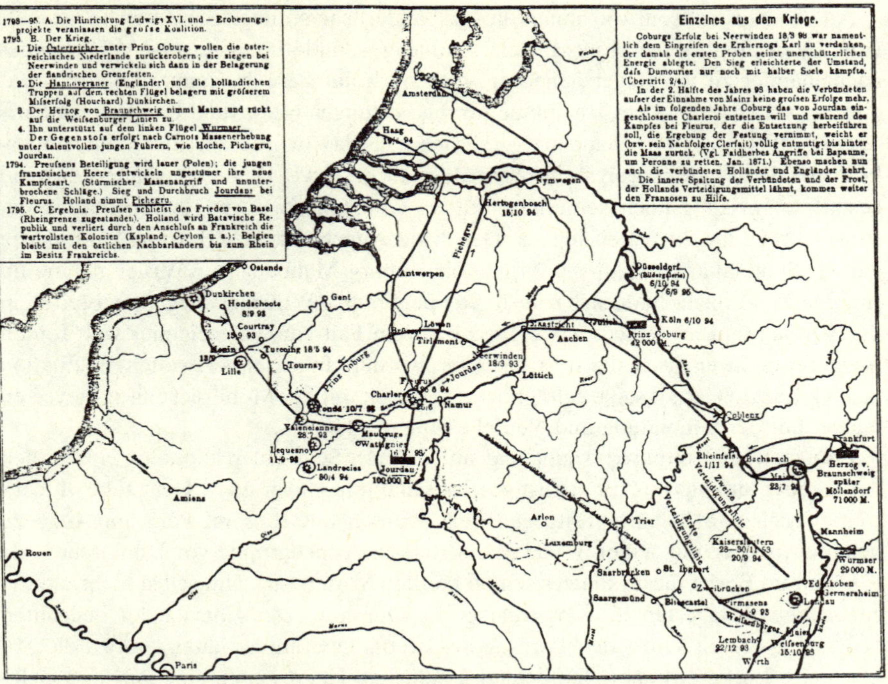

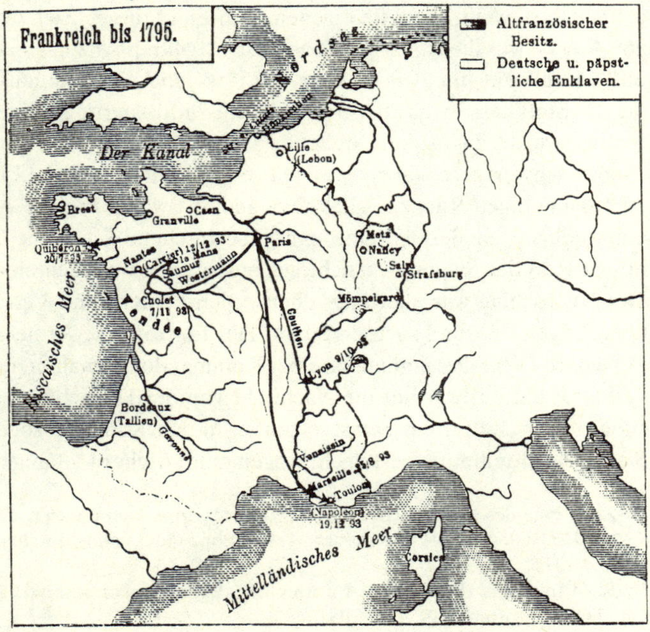

Abb. 68. Operationsskizzen zu den Feldzügen von 1793–1795 und zum Bürgerkrieg in Frankreich. Nach E. Rothert.

An der Nordostfront war ihnen die unabänderliche strategische Aufgabe gestellt, den blockierenden Festungsgürtel Maubeuge-Condé-Le Quesnoy-Valenciennes nacheinander zu bezwingen, ehe der Vormarsch auf Paris beginnen konnte[17]. Das gleiche Axiom galt an der Rheinlinie für die Festungen Mainz und Landau. Da Paris dem nördlichen Kriegsschauplatz gefährlich nahe lag, wurde dort die Widerstandskraft des Revolutionsheeres am nachhaltigsten gestärkt. Dessen desolater Zustand gestattete vorläufig noch keinerlei offensive Kriegführung. Am 10. Juli fiel die Festung Condé, am 28. Valenciennes. Der dritte Angelpunkt der Barriere kapitulierte am 11. September, worauf der Prinz von Koburg Maubeuge ins Visier nahm. Im Inneren Frankreichs hatte sich wie ein Steppenbrand der Bürgerkrieg ausgebreitet, in der Vendée und im Süden. Zwei Tage vor dem Fall von Valenciennes war Toulon freiwillig an die englische Flotte ausgeliefert worden. In dieser verzweifelten Situation begann Lazare Carnot seine erfolgreiche Tätigkeit mit der Mobilisierung zur levée en masse, mit der Umbildung und Neuschaffung des Heeres.

Zum gleichen Zeitpunkt beging man auf alliierter Seite einen kapitalen Fehler, den der Gegner anfangs nur für ein listiges Täuschungsmanöver hielt. Der Duke of York trennte sich von Koburg. Entgegen dem Wunsch des Kaisers, Paris im Auge zu behalten, zog er mit seiner 37000 Mann starken Armeegruppe vor Dünkirchen, da England im Besitz dieses Platzes seinen größten Vorteil sah. Um selbst nicht untätig zu bleiben, belagerten die Österreicher Le Quesnoy. Der Entsatz der bedrohten Seefestung erhielt sofort den Vorrang in Carnots Operationsplanung, wozu die 150 km breite Lücke zwischen den beiden feindlichen Heeresteilen eine günstige Gelegenheit bot, wenn man die eigenen Kräfte auf dieses Ziel zusammenfaßte. Bis zum 26. August war die französische Nordarmee durch Abzug von der ruhigen Ardennen- und Moselfront um 30000 Mann verstärkt und eine erstmals divisionsweise gegliederte[18] Stoßmasse von über 50000 Mann zum Angriff gebildet worden. Am 8. September wurde das isoliert stehende Deckungskorps der Hannoveraner bei Hondschoote schwer geschlagen, was den englischen Oberbefehlshaber vor Dünkirchen zum schleunigen Rückzug nach Ostflandern zwang. Für die Alliierten bedeutete die empfindliche Niederlage eine ganz überraschend schlimme Schlappe, die sie vom hohen Roß der Siegeszuversicht gegenüber einem verachteten Feind herunterholte. Der Rückschlag war allerdings ebenso den Fehlern und Versäumnissen einer wenig umsichtigen Führung zuzuschreiben. Der französische Armeekommandant, General Houchard, dem die Kommissare bei Kommandoübernahme den ganzen Generalstab verhaftet hatten, war auf die Nachricht von der Hinrichtung seines Vorgängers Custine mit erschüttertem Selbstvertrauen in den Kampf gezogen und mußte auch als Sieger die Gouillotine besteigen; wegen militärischer Unfähigkeit, weil die Engländer

17 Zur Frage des Vormarsches auf Paris interessante, wenn auch z. T. einseitige Ausführungen bei H. Belloc: Die Französische Revolution, Goldmanns Taschenbuch Nr. 1367, S. 124ff. und 137f.

18 R. Warschauer: Studien zur Entwicklung der Gedanken Lazare Carnots über Kriegführung 1784–1793, Berlin 1937, S. 106f.

samt ihren zugeordneten Truppen entkommen konnten. Die Kapitulation von Le Quesnoy (11. September) mochte die Beurteilung seines »Falles« noch verschärft haben[19].

Inzwischen marschierte Koburg gegen Maubeuge, um die letzte, den Weg nach Paris sperrende Festung zu erobern. Ihre Rettung begründete Carnots Ruf als Feldherr auf dem Schlachtfelde[20]. Unter größter Kraftanstrengung »permanenter Requisition« ballte er neue Truppen der levée en masse von Arras bis Sedan innerhalb von acht Tagen zu einer Angriffsarmee zusammen. Am 15. Oktober schlug das österreichische Obervationskorps bei Wattignies die Franzosen blutig zurück, tags darauf griffen umgruppierte Massen, vom Feind unbemerkt, dessen linke Flanke an. Der freiwillige Rückzug über die Sambre beendete die Belagerung, am 17. Oktober zogen die Sieger in Maubeuge ein. Damit endete der Feldzug in den Niederlanden; beide Seiten hielten ihre Stellungen, die ungefähr dem Grenzverlauf folgten.

Die Kämpfe an der Mittelrheinfront verliefen unter ähnlichen Verhältnissen, doch blieben sie trotz zunächst erheblicher numerischer Überlegenheit gegenüber nur 70 000 Franzosen an Rhein, Mosel und Nahe auf weit engeren Raum beschränkt. Preußen und Österreich konnten sich über die Operationsziele nicht einig werden. Bis zum 22. Juli fiel die Festung Mainz, während die Blockade von Landau wirkungslos andauerte. Die französische Rheinarmee war im Rheintal zurückgedrängt worden. Der Herzog von Braunschweig hielt mit den Preußen in der Pfalz einen Kräfte verzettelnden Sicherungskordon zwecks Deckung aller Gebirgszugänge besetzt; zweimal in erfolgreicher Abwehr feindlicher Gegenangriffe bei Pirmasens (14. April) und Kaiserslautern (29./30. November). Beide Siege wurden nicht ausgenützt; der Erfolg von Kaiserslautern erzeugte sogar eine Ursache der Niederlage, die Graf Wurmser, der draufgängerische österreichische General, zuletzt erlitt. Um das Elsaß wiederzuerlangen, hatte er am 13. Oktober mit seinem Korps die Weißenburger Linie erstürmt und die Franzosen im Rheintal bis vor Straßburg zurückgeworfen. Im Vertrauen auf den Beistand der Preußen verharrte er in seiner weit vorgeschobenen auseinandergezogenen Stellung, bis die mächtige Gegenoffensive zum Entsatz von Landau am 22. Dezember ihren rechten Flügel eindrückte[21]. Hauptsächlich durch den fehlenden Willen des Herzogs von Braunschweig zu kräftigen Schlägen war dem Feind die Zeit gelassen worden, die Mosel- und Rheinarmee unter neuen tüchtigen Generälen, Hoche und Pichegru, auf rund 100 000 Mann zu verstärken. Trotz seines verlustreichen Mißerfolges bei Kaiserslautern ging Hoche schon nach wenigen Tagen (13. Dezember) mit dem rechten Nachbarn zum gemeinsamen Stoß wieder vor. Nach pausenlosen Angriffen wurden Wurmsers ruinierte und total ermattete Bataillone am 26. Dezember am Geis-Berg bei Weißenburg vollständig geschlagen. Der Herzog hatte zu spät mit zu geringen Kräften Hilfe geleistet. Jetzt konnte er nur noch den Rückzug auf das rechte

19 Belloc: Die Frz. Revolution, S. 136.
20 Warschauer: Studien, S. 135 f.
21 Pirmasens und Kaiserslautern, S. 368 ff.

Rheinufer decken. Am 28. Dezember zog Hoche in Landau ein. Auch an dieser Stelle war die Überlegenheit geschulter Truppen über das revolutionäre Massenheer nicht mehr ins Gewicht gefallen. Ein wesentlicher Grund bestand hier aber im gespannten politischen Verhältnis zwischen Österreich und Preußen. König Friedrich Wilhelm ist schon am 21. September vom Rhein nach Polen abgereist, wo es das Geschäft der zweiten Teilung zu besorgen galt. Eine Doppelpolitik, die das Machtpotential seines Staates rasch erschöpfen mußte, während die Diplomaten in Wien sich übervorteilt sahen und heftig protestierten. Der Herzog hatte mit seinem Verhalten dem Interesse seines Kriegsherrn Rechnung getragen: die eigenen Kräfte sollten so weit wie möglich geschont werden[22].

Für die Republik Frankreich endete das Jahr 1793 mit einer fast vollständigen Entlastung auf ihrem Territorium. Die Alpenarmee verteidigte das annektierte Savoyen gegen 50 000 Österreicher und Piemontesen. Starke Teile hatte sie zur Niederschlagung des Aufstandes im Süden abgeben müssen. Toulon wurde am 16. Dezember zurückerobert, wobei sich der Artilleriemajor Bonaparte hoch auszeichnete und zum Brigadegeneral aufstieg. Die besiegten Bauernrebellen der Vendée konnten die Revolution nicht mehr gefährden, auch wenn hinter der Loire ein mörderischer Kleinkrieg weiterflackerte. An der Pyrenäenfront gegen die Spanier hielten sich die Kämpfe in der Waage. Der Wendepunkt des Kriegsglückes schien erreicht zu sein.

1794[23]

Wie die Ereignisse in den letzten Monaten des Vorjahres gezeigt hatten war auf französischer Seite das Konzept reiner Verteidigung aufgegeben. Carnot erkannte die Notwendigkeit des Angriffs mit konzentrierter Macht in der großen Feldschlacht als das eigentliche Prinzip der Kriegführung. Auf diesem Wege sollten im nächsten Feldzug 1794 entscheidende Siege errungen werden. Die innere Not der Republik zwang zu unbedingter Offensive. Das hieß bei dem herrschenden Wirtschaftschaos, dem totalen Finanzbankrott und dem tiefen Hungerelend militärische Expansion, damit sich die Nation auf Kosten des Feindes materiell stärken konnte. Im Vertrauen auf die Glaubenssätze des Revolutionsheeres und seinen kämpferischen Geist, der »große Dinge auszurichten vermochte«[24], durfte man auch auf die notorische Schwäche der Feindkoalition und die Mittelmäßigkeit ihrer Heerführer hoffen. Tatsächlich erhielt das Bündnis durch den Hader um Polen bereits grobe Risse. Mit dem neuen preußen-

22 C. Frhr. v. d. Goltz: Von Roßbach bis Jena und Auerstedt, Berlin 1906, S. 445 f.; auch P. G. Thielen: Karl August von Hardenberg. Eine Biographie, Köln/Berlin 1967, S. 66 f.

23 Horsetzky: Feldzüge der letzten 100 Jahre; H. v. Zeißberg: Erzherzog Carl von Österreich. Ein Lebensbild, Bd. 1, 2. T., Wien/Leipzig 1895; Sybel: Geschichte der Revolutionszeit, Bd. 3, S. 100 ff.; M. Lehmann: Scharnhorst, Bd. 1, Leipzig 1886.

24 Scharnhorst: Entwicklung der allgemeinen Ursachen des Glückes der Franzosen in dem Revolutionskriege (Ausgewählte militärische Schriften), Berlin 1881, S. 206.

feindlichen Minister Thugut am Ruder[25], intrigierte Österreichs Diplomatie in Petersburg gegen die territoriale Vergrößerung des Nebenbuhlers, der wiederum erklärte, seine Geldmittel nicht länger in den französischen Krieg zugunsten Wiens stecken zu wollen. Als England die Bezahlung von 62 000 Mann übernahm, blieben sie dennoch am Mittelrhein stehen, nachdem König Friedrich Wilhelm die vom österreichischen Befehlshaber in Belgien vorgeschlagene Aufteilung der preußischen Truppen zur Deckung der alliierten Heeresflanke entschieden abgelehnt hatte.

Angesichts der immer stärker wachsenden französischen Rüstung blieben die Kräfte der Verbündeten so weit zurück, daß sie günstigenfalls zur Verteidigung ausreichten. Der im Frühjahr losbrechende Polenaufstand stellte eine neue Teilung in Aussicht, was die Wiener Regierung veranlaßte, die noch verfügbaren Reserven gegen Osten gerichtet bereitzuhalten. Die Hauptmacht der Österreicher stand unter dem Prinzen von Koburg in Belgien, zusammen mit den Bundesgenossen nicht viel über 150 000 Mann. Sobald auch Kaiser Franz bei der Armee eingetroffen war, begann unter seinen Augen in der zweiten Aprilhälfte der Feldzug mit der Einnahme von Landrecies. Inzwischen hatten auch die Franzosen den Generalangriff eingeleitet, der den Gegner fortan in der Defensive hielt. Ihr linker Flügel in Flandern drückte den alliierten rechten über die Schelde zurück. Koburgs Versuch, mit der Armee des Zentrums den zwischen Lille und Courtrai vorgetriebenen Keil zu durchstoßen, scheiterte am 18. Mai in der Schlacht bei Tourcoing. Wie bei Wattignies siegten die Revolutionstruppen durch hohe Marschleistung zur Konzentration an entscheidender Stelle im Stärkeverhältnis von drei zu eins. »So wie immer, siegte ... die einfache Anordnung über die verwickelte – das wahrhaft Praktische, welche, strenge auf dem Papier berechnet, zaudernd ausgeführt wurde[26].« Der errungene Abwehrerfolg nach dem Rückzug am 22. Mai bei Tournai änderte nichts mehr daran, daß man im kaiserlichen Hauptquartier den Feldzug für verloren gab. Die Levée en masse fuhr fort, die gerissenen Lücken in den Kampfverbänden unverzüglich wieder aufzufüllen. Ihre taktischen Mängel zählten wenig, da die Gegenseite keinen entsprechenden Ersatz erhielt. Am 13. Juni reiste der Kaiser nach Wien zurück, 13 Tage später fiel der zweite Hauptschlag an der Sambre.

Nach Carnots Kriegsplan hatte die Nordarmee unter Pichegru von West nach Ost in Flandern einzubrechen, General Jourdan mit der durch Truppen der Rheinfront auf 75 000 Mann verstärkten Maas-Sambre-Armee gegen den schwachen alliierten linken Heeresflügel von Süden nach Norden vorzudringen. Koburg mußte seinen Schwerpunkt dorthin verlegen. Viermal zurückgeworfen, nahm Jourdan unter dem Druck der Kommissare St. Just und Lebas – er konnte nur siegen oder sterben – einen

25 Über die Hintergründe der Thugutschen Politik siehe H. v. Sybel: Polens Untergang und der Revolutionskrieg, in: Vorträge und Aufsätze, Berlin 1874, S. 212 ff.; vgl. Jany: Geschichte der preußischen Armee, Bd. 3, S. 282 ff.

26 Erzherzog Carl: Ausgewählte Schriften, Bd. 4, Wien/Leipzig 1894, S. 205 f.; vgl. Belloc: Die Französische Revolution, S. 143 ff.

fünften Anlauf. Sobald die Sambre überquert war, begann er aufs Neue die Belagerung von Charleroi. Zum Entsatz kam Koburg herbeigeeilt, der am 26. Juni bei Fleurus die zweite Schlacht suchte (die erste am 16. Juni), sie aber zuletzt freiwillig abbrach, da die Festung am Abend zuvor gefallen war und dadurch neue Feindkräfte in den Kampf traten[27]. So sehr den unglücklichen Feldherrn nachträglicher Tadel traf, ein Sieg hätte ihm hier nicht mehr viel genützt. Am 13. Juni war auch vor Ypern der Entsatzversuch des rechten alliierten Heeresflügels gescheitert, der bis an die holländische Grenze zurückging.

Die Folgen waren endgültiger Art. Gegenüber der einheitlichen Führung des Revolutionsheeres bewirkten divergierende Interessen verschiedene Rückzugsrichtungen. Die Armeen der Verbündeten trennten sich, indem auch die bisherige Mischung der Kontingente aufhörte. Von Pichegru gedrängt, wichen Engländer, Hannoveraner, Hessen und Holländer auf Hertogenbusch und Antwerpen aus, bis Ende Oktober weiter an die Waal. Die Österreicher gingen unter dem neuen Befehlshaber Clerfait kampflos über Brüssel hinter die Maas zurück, nach Jourdans Angriff Mitte September hinter die Roer, Anfang Oktober bei Düsseldorf und oberhalb auf das rechte Rheinufer.

Die Operationen auf dem rheinischen Kriegsschauplatz waren noch unbedeutender als im Vorjahr. Die Preußen, jetzt vom alten Feldmarschall v. Möllendorff angeführt, nützen auch den Abmarsch französischer Truppenteile an die Sambre nicht zu kräftiger Aktivität. Trotz erheblicher Überlegenheit – mit Österreichern und Reichsarmee zählte man rund 145 000 Mann – begnügten sie sich Ende Mai mit dem Vorschieben ihrer vordersten Linie, die in einer 105 km langen Kordonaufstellung vom Hunsrück über St. Wendel-Kaiserslautern bis in die Rheinebene bei Speyer reichte. Als die ungestört verstärkten Franzosen seit 2. Juli wieder angriffen und elf Tage später die dünne Linie an einem Postenpunkt im Haardt-Gebirge bei Edenkoben durchbrachen, was umsichtig wendige Abwehrführung in einen guten Erfolg hätte verwandeln können, befahl Möllendorff die Konzentrierung nach rückwärts bis hinter die Pfrimm zur Deckung von Mainz. Teile der Österreicher hatten sich im Mai dem Vorgehen von Mannheim aus angeschlossen und räumten nun das linke Rheinufer. Im August gingen der wichtige österreichische Posten von Trier, die Verbindung mit der Festung Luxemburg und der Armee an der Maas verloren, da die Preußen auf die schlechten Nachrichten aus Belgien hin nichts mehr zur Unterstützung unternommen hatten. Im September errangen sie bei kurzem Vorstoß bis Kaiserslautern ihren letzten, doch taktisch unergiebigen Sieg, dann hörte die ohnehin nur schwache Tätigkeit im Mittelabschnitt der Rheinfront ganz auf. Da die Engländer im Oktober die Subsidien nicht mehr zahlten, die Verbündeten schon in Holland und bei Köln standen, ließ der König auch seine Truppen über den Rhein zurückgehen. Ein Teil zog nach Polen ab. Den Staatsbankrott vor Augen, vor allem aber von den Vereinbarungen Rußlands und Österreichs über eine dritte polnische Teilung in Kenntnis gesetzt, tat Preußen

27 Zu Fleurus siehe H. v. Zeißberg: Erzherzog Carl von Österreich, Bd. 1, S. 309 und 329 ff.

den Gegenzug. In Basel begannen die Gespräche um einen möglichst schnellen Frieden mit Frankreich[28].

Am Jahresende hatten die Franzosen das gesamte linksrheinische Gebiet Deutschlands in ihrem Besitz. Ganz im Norden standen sie unmittelbar vor der Eroberung Hollands. Die Alpenarmee hielt die Pässe des Kleinen St. Bernhard und des Mont Cenis, ihre Divisionen lagen in den Flußtälern dahinter. Die »Armee von Italien« hatte die Übergänge der Seealpen nicht gewinnen können, dafür aber ihren rechten Flügel an der Riviera ausgebreitet, der die wichtigen Seehäfen von Oneglia und Vado beherrschte. In den Ost- und Westpyrenäen hatten die Spanier die französischen Grenzplätze verloren und waren ins eigene Land zurückgedrückt.

1795[29]

Das Kriegsjahr 1795 begann mit der fast kampflosen Eroberung Hollands durch General Pichegru, bei grimmiger Kälte über die zugefrorenen Stromläufe hinweg. Frankreich proklamierte die Batavische Republik und erzielte einen Riesengewinn. Der Rückzug der kombinierten englisch-hannoverschen und hessischen Armee führte rechtsabschwenkend unter katastrophalen Winterverhältnissen ins nordwestdeutsche Gebiet[30], wohin auch preußische Truppen vom Rhein abzogen, um eigenes Land zu schützen. Genauer gesagt übernahmen sie den Schutz der Neutralitätszone, wie sie in Basel ausgehandelt und durch eine Demarkationslinie festgelegt wurde. Am 5. April kam es zum definitiven Friedensschluß, der die Mehrzahl der norddeutschen Reichsstände in die Neutralität mit einbezog. Preußen hatte die französische Republik anerkannt und mit seinem Ausscheiden aus dem großen Bündnis den Sieg der Revolution endgültig gesichert. Die seit 1792 erbrachten hohen Opfer waren infolge mittelmäßiger Kriegführung, Zwietracht und allseitiger unnachsichtig wahrgenommener Sonderinteressen umsonst erbracht.

Andererseits hatten sich aber auch Frankreichs militärische Kräfte durch übermäßige Anspannung erschöpft. Die instabile Lage im Inneren nach Robespierres Sturz bewirkte eher Lähmung als Stärkung. Mit beseitigter nationaler Gefahr nahm die Kampflust der Soldaten rapide ab und viele liefen nach Hause. Die Verteidigung der deutschen Front am Mittel- und Oberrhein lag jetzt allein auf den Schultern des kaiserlichen Heeres und der noch zu ihm haltenden Reichstruppen. Ein großer Stellungswechsel führte die zerstreuten Armeegruppen zu einem Schwerpunkt zwischen dem Ehrenbreitstein und Frankfurt zusammen; in der Operationsplanung war der Entsatz von Mainz und Luxemburg[31] vorgesehen. Die beste Zeit des Jahres ging

28 Thielen: Hardenberg, S. 67 ff.

29 Horsetzky: Die Feldzüge der letzten 100 Jahre; H. v. Sybel: Geschichte der Revolutionszeit, Bd. 4, S. 457 ff. und 558 ff.; Streffleurs Österreichische Militärische Zeitschrift, Jg. 1831, Bd. 4; 1832, Bd. 1, 2 und 3; 1834, Bd. 3 und 1835, Bd. 4; G. Cardinal v. Widdern: Der Rhein und die Rheinfeldzüge, Berlin 1869.

30 Lehmann: Scharnhorst, Bd. 1, S. 194 ff.

31 Die Festung wurde durch Hunger bezwungen und kapitulierte am 6. Juni.

Abb. 69. General Charles Pichegru. Schabkunstblatt nach einer Zeichnung von Périé Hilaire (1780–1833).

jedoch ungenützt verloren. Die Vorbereitungen zur Aktion schleppten sich hin; denn die Engländer verweigerten die Vorschußzahlung auf die versprochenen Subsidien und der Minister Thugut gab in argwöhnischer Sorge vor dem offenen Bruch mit Preußen der Versammlung von 80 000 Mann in Böhmen, Mähren und Galizien den Vorrang. So kamen die Franzosen mit ihrer Offensive den Österreichern zuvor, obwohl diesmal an Zahl nicht mehr überlegen.

General Jourdan ging am 6. September unterhalb Düsseldorf über den Rhein. Ohne die Neutralität preußischen Gebietes zu respektieren, umfaßte er den österreichischen Stellungsflügel und drängte die ganze, 95 000 Mann starke Armee unter Clerfait über Sieg und Lahn bis hinter den Main zurück. Den anderen Stoß führte Pichegru mit dem linken Flügel der Rheinarmee. Durch leichte Eroberung Mannheims gewann er schnell das rechte Flußufer, um dann die rheinaufwärts bis Basel stehende Armee des Generals Wurmser (etwa 70 000 Mann) von Clerfaits Hauptmacht zu trennen. Die zwei vorderen, auf Heidelberg vorgehenden Divisionen wurden aber am 24. September bei Handschuhsheim geschlagen, worauf hin Pichegru in seltsamer Untätigkeit verharrte und Jourdan ohne Unterstützung ließ[32]. Die Gunst

32 Pichegru stand insgeheim mit der royalistischen Partei in Verbindung und erwog den Abfall vom Direktorium. Nach dem Staatsstreich der Republikaner vom 4. 9. 1797 deportiert, konnte er von Cayenne entfliehen. 1804 am Komplott gegen Bonaparte beteiligt, endete er

der Lage nützten beide gegnerischen Feldherrn zu raschen Schlägen aus. Clerfait warf die Maas-Sambre-Armee in die Ausgangsstellung zurück, brach dann in der Nacht zum 29. Oktober aus Mainz zum Angriff auf das Blockadekorps hervor und drängte es bis hinter die Queich. General Wurmser hatte Pichegru vor Mannheim geschlagen (18. Oktober). 10 000 Franzosen blieben in der Festung zurück, die sich am 22. November den Österreichern ergaben. Ein neuer Vorstoß Jourdans, nun linksrheinisch von der Mosel her, scheiterte Ende November, und ebensowenig gelang es Pichegru bei Kaiserslautern, eine gesicherte Verbindung mit der linken Nachbararmee zu gewinnen. So stand die Hauptmasse der Österreicher auf dem linken Rheinufer; als breiter Keil im weiten Bogen von Speyer über Kaiserslautern bis Baumholder nach Süden, über Kirn bis Bingen gegen Westen vorgeschoben. Am Jahresende unterbrach ein Waffenstillstand die Operationen auf diesem Kriegsschauplatz, der für die Dauer von fünf Monaten gelten sollte.

Frankreichs Truppen in den Pyrenäen waren durch den Frieden mit Spanien, der dem Baseler Vertrag folgte (22. Juli), frei geworden. Sie konnten zur Beendigung des Kleinkrieges in der Vendée eingesetzt und zur Verstärkung nach Italien geschickt werden. Dort wartete die Armee in den Grajischen Alpen auf den Erfolg der anderen an der Riviera. Ihre Position versprach leichteren Einbruch in die Lombardische Ebene. Weil es aber an Transportmitteln fehlte, hatte sie den Übergang über den Apennin nicht zu erzwingen vermocht. Wichtig war allerdings für den Feldzug im kommenden Jahr, daß die »Armee von Italien« den vorübergehend verlorenen Hafen von Vado wieder in Besitz hielt, von dem wegen des Seeverkehrs mit Genua die Verpflegung abhing[33].

Die Österreicher hatten zur Unterstützung der schon kriegsmüde gewordenen Piemontesen ein selbständiges Korps geschickt, doch verfügten sie auf dem italienischen Kriegsschauplatz nicht mehr als knapp über 45 000 Mann. Die Armee des Bundesgenossen zählte insgesamt 70 000 Mann einschließlich der Milizen. Sie sicherte gegen die französische Alpenarmee, besetzte die Festungen und stand mit etwa 25 000 Mann dem Feind an der Riviera gegenüber.

1796/97[34]

Am Jahresanfang stand ein Friede um so weniger in Aussicht, als England zur Weiterführung des Kampfes fest entschlossen blieb. Dazu hatte es eine neue Tripel-Allianz

im Gefängnis vermutlich durch Selbstmord, siehe Aubry: Frz. Revolution, Bd. 2, S. 410 und 469; Fournier: Napoleon I. Bd. 2, S. 41, und Sybel: Geschichte der Revolutionszeit, Bd. 4, S. 219.

33 H. v. Kuhl: Bonapartes Erster Feldzug 1796, Berlin 1902, S. 104 ff. und 175.

34 Horsetzky: Feldzüge der letzten 100 Jahre; Kuhl: Bonapartes Erster Feldzug; W. Rüstow: Die ersten Feldzüge Napoleon Bonapartes in Italien und Deutschland, Zürich 1867; H. v. Sybel: Geschichte der Revolutionszeit, Bd. 4, T. 2, S. 159 ff., 219 ff., 249 ff., 277 ff., 335 ff. und 401 ff.

mit Österreich und Rußland zustande gebracht, der sich das Königreich Sardinien, Neapel und Portugal anschlossen. So brauchte die französische Republik neue Siege, um ihre Eroberungen zu sichern, und mit den Siegen neue Beute. Keinesfalls konnten die Armeen in ein krisengeschütteltes, zum Unterhalt unfähiges Land heimkehren. Da die Österreicher auf dem linken Rheinufer zwischen Bingen und Speyer gefährlich tief in die eigene Aufstellung hineinragten, sollte gegen sie der Schwerpunkt der Offensive gerichtet werden. Das lange geplante Unternehmen der »Armee von Italien« war mehr als Diversion gedacht. Da warf der neue Führer dieser Armee, General Bonaparte, die Strategie der Direktorialregierung ganz aus dem Konzept, wenngleich er dadurch ganz Frankreich in jubelnde Begeisterung versetzte und von drükkender Sorge befreite. Frühzeitig und noch nicht einmal voll operationsbereit, begannen seine vier Divisionen in Stärke von rund 45 000 Mann einen Feldzug, den sich der 27jährige, im Oberkommando von Großverbänden noch ganz unerfahrene Feldherr selbst ausgedacht hatte, um mit allen herkömmlichen Regeln der Kriegskunst zu brechen. Innerhalb von 14 Tagen erreichte er, was an dieser Front zwei Jahre lang nicht gelungen war[35].

Er hatte von vornherein die Absicht, die zusammen überlegenen Alliierten zu trennen und einzeln zu schlagen, deren Rückzugslinien divergierend auf Turin und Mailand führten. Erstes Angriffsobjekt sollten die Piemontesen sein, bevor die Österreicher aus ihren Winterquartieren aufbrachen. Sie kamen ihm aber schon am 10. April mit unvorhergesehenem Stoß gegen seinen rechten Flügel bei Voltri zuvor. So änderte Bonaparte blitzschnell seinen Plan und griff zuerst den weit gefährlicheren Gegner an: das Korps des Generals Beaulieu, der den strategischen »Grünschnabel« im Lebensalter um 44 Jahre überragte. Doch der unterschätzte Feldherr warf den unvorsichtig zerstreut entgegentretenden Feind rasch aus dem Wege; am 12. April bei Montenotte, vom 13. bis 15. April bei Millesimo/Cassaria und Dego, immer mit gesammelter Kraft über die schwächeren, zu spät unterstützten Teile siegend. Fünf Tage nach Feldzugsbeginn hatte Bonaparte die erste Aufgabe glänzend gelöst. Beaulieu vereinigte seine schwer angeschlagenen Truppen nach rückwärts Richtung Po-Übergang bei Valenzia, die Piemontesen waren isoliert. Sie räumten ihre vorgeschobenen Stellungen und wichen kämpfend vor der nun gegen sie konzentrierten Italienarmee bis ins Turiner Vorland aus. Die seit Tagen unversorgten Franzosen ergossen sich nach jedem Gefecht wie »Raubgesindel« über die Dörfer und plünderten, um ihren Hunger zu stillen[36]. Nun kamen die »Schätze Italiens« in Sicht und es ging in Erfüllung, was der General seinen Soldaten zuvor versprochen hatte. Je mächtiger die Siegesfreude anschwoll, desto weiter zerbrach der Widerstandswille des Gegners. Am 28. April zu Cherasco bewilligte Bonaparte dem König von Sardinien den erbetenen Waffenstillstand als Einleitung zum Frieden. Dann wandte er sich sofort wieder den

35 Kuhl: Bonapartes Erster Feldzug, S. 224 ff.

36 Kuhl: a. a. O., S. 293 ff. Die übelsten Plünderer ließ Bonaparte erschießen, sein Bericht an das Direktorium vom 24. 4. 1796.

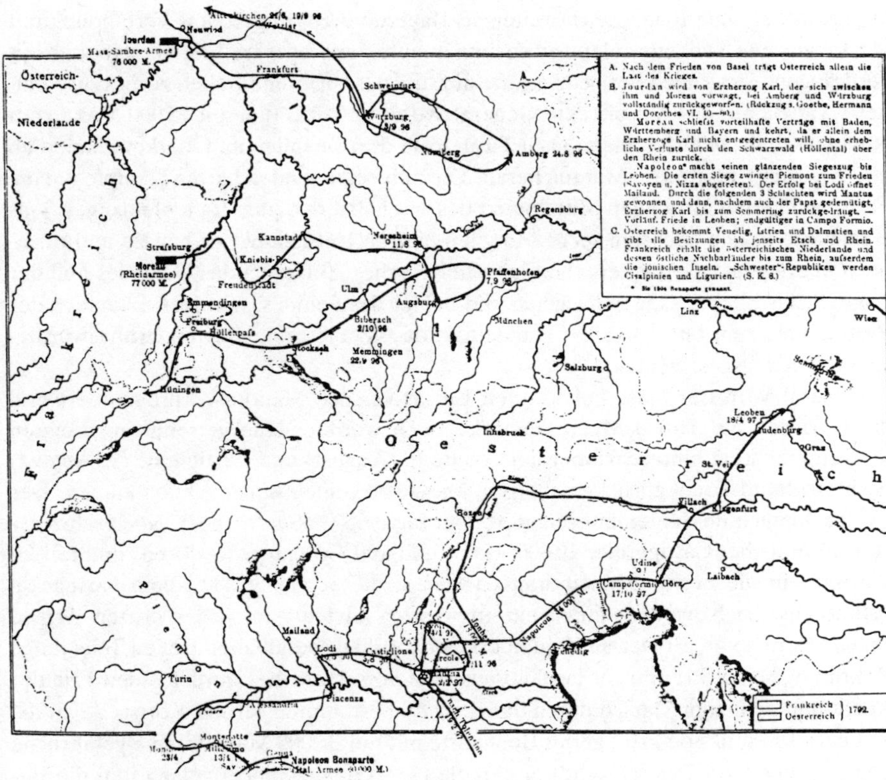

Abb. 70. Operationsskizze zum Feldzug 1796/97. Nach E. Rothert.

Österreichern zu, die seinen Uferwechsel am Po bei Piacenza nicht mehr verhindern und auch – unter Aufgabe von Mailand – die Adda-Linie nicht halten konnten. Mit ihrem schon halb vergötterten Anführer an der Spitze erzwangen die Sturmkolonnen am 5. Mai den Übergang über die Brücke von Lodi. Die bis Cherasco errungenen taktischen Siege setzten sich in einem atemberaubenden Verfolgungszug weiter über den Einmarsch in Mailand und den Mincio mit der Einschließung von Mantua am 7. Juni fort. Gleich das erste Auftreten Bonapartes hatte ein in der neuzeitlichen Kriegsgeschichte noch nie gekanntes Beispiel für eine solche Operation geliefert. Nicht ohne vorher noch die Garnison von Mantua zu verstärken, führte Beaulieu die Heeresreste längs der Etsch nach Südtirol zurück. Für die französische Alpenarmee war der Weg in die Lombardei frei, auf dem sofort Verstärkungen nachrückten[37]. Die

37 Ihr Führer, General Kellermann, sollte auf Weisung des mißtrauisch gewordenen Direktoriums das Kommando in Italien mit Bonaparte teilen, was der stolze Sieger ignorierte; siehe Fournier: Napoleon I., Bd. 1, S. 102, und Aubry: Frz. Revolution, Bd. 2, S. 436 f.

kühne strategische Idee, gleich weiter bis Bayern vorzudringen, um Verbindung mit der Invasion in Süddeutschland zu suchen, mußte der Sieger freilich aus seinem Kopf verdrängen. Österreich bot neue Kräfte auf, um das verlorene Italien zurückzugewinnen. Auf Befehl des Kaisers eilte General Wurmser Mitte Juni mit 25 000 Mann vom Rheinabschnitt bei Mannheim nach Tirol, löste dort Beaulieu im Oberkommando ab und zog zum Entsatz von Mantua heran. Die nun beginnenden harten Kämpfe um die Festung bildeten fortan den Mittelpunkt des erst halb erledigten Italienfeldzuges. Was Bonaparte in den nächsten sechs Monaten hier an Entschlußkraft bewies und turmhoch überlegener Gedankenarbeit leistete – rasches Auffassen des Geländes und der Lage, Scharfblick für die Schwächen und Fehler des Feindes, richtiges Erkennen des Zeitpunktes zum blitzschnellen Handeln –, das gehört »zum Bewunderungswürdigsten der Kriegsgeschichte«[38].

General Wurmser hatte beim ersten Entsatzversuch Mantua vorproviantiert und die Garnison auf 16 000 Mann verstärkt, doch wurden seine getrennt angesetzten Stoßtruppen kurz hintereinander bei Lonato (3. August) und Castiglione (5. August) nach Tirol und Trient zurückgeschlagen, ehe sie zu gemeinsamer Aktion kamen. Der zweite Versuch im September scheiterte bei Bassano (8. September). Noch schwerer getroffen als bei Castiglione, 10 000 Mann und 100 Geschütze verloren, mußte sich Wurmser in die Festung hineindrängen lassen, die er mit 30 000 Mann hartnäckig verteidigte. Im November ging Feldzeugmeister Alvinczy mit einer dritten Armee gegen Mantua vor. Er war an Zahl überlegen (50 000), besaß aber großen Teils junge Rekruten. Seine Streitmacht bestand aus dem vom Piave her anrückenden Friauler Korps und dem zum Marsch durch das Etschtal bestimmten Tiroler Korps. Wenn die Kooperation funktionierte, geriet Bonaparte mit nur 35 000 Mann in eine gefährliche Lage. In der Drei-Tageschlacht von Arcole (15.–17. November) gelang ihm die Befreiung aus der Bedrängnis. Nach lange unentschiedenem Kampf hatten zuletzt die kriegsgewohnten, abgehärteten und selbstbewußten Soldaten über den wenig geübten Heeresersatz von weit geringerer Ausdauer gesiegt. Am 21. November zwang der unüberwindlich operierende Feldherr auch das schwächere Tiroler Korps bei Rivoli zum Rückzug. Der Ausfall der Besatzung von Mantua zwei Tage darauf erzielte keine Wirkung mehr. Der vierte und letzte Rettungsversuch am Jahresanfang 1797 mißglückte ebenso wie alle vorangegangenen Entsatzoperationen. Gegen seine eigene Überzeugung zog Alvintzy noch einmal mit Hauptmacht und Nebenkolonne das Etschtal hinab, während 15 000 Mann des Friauler Korps von Osten her bei Verona demonstrierten und über Legnano Verbindung mit Mantua herstellen sollten. Bonaparte war aber inzwischen durch Truppenzuzug aus Frankreich dem Feind an Stärke gewachsen. Sobald sein Urteil über dessen Absicht feststand, eilte er, ohne eine Minute Zeit zu verlieren, mit allen entbehrlichen Kräften der auf der Hochebene von Rivoli hart bedrängten Sicherungsdivision zu Hilfe und errang am 15. Januar einen vollständigen Sieg über Alvintzy, der alles entschied. Die bis vor Mantua gedrungene

38 Fournier: Napoleon I., Bd. 1, S. 106.

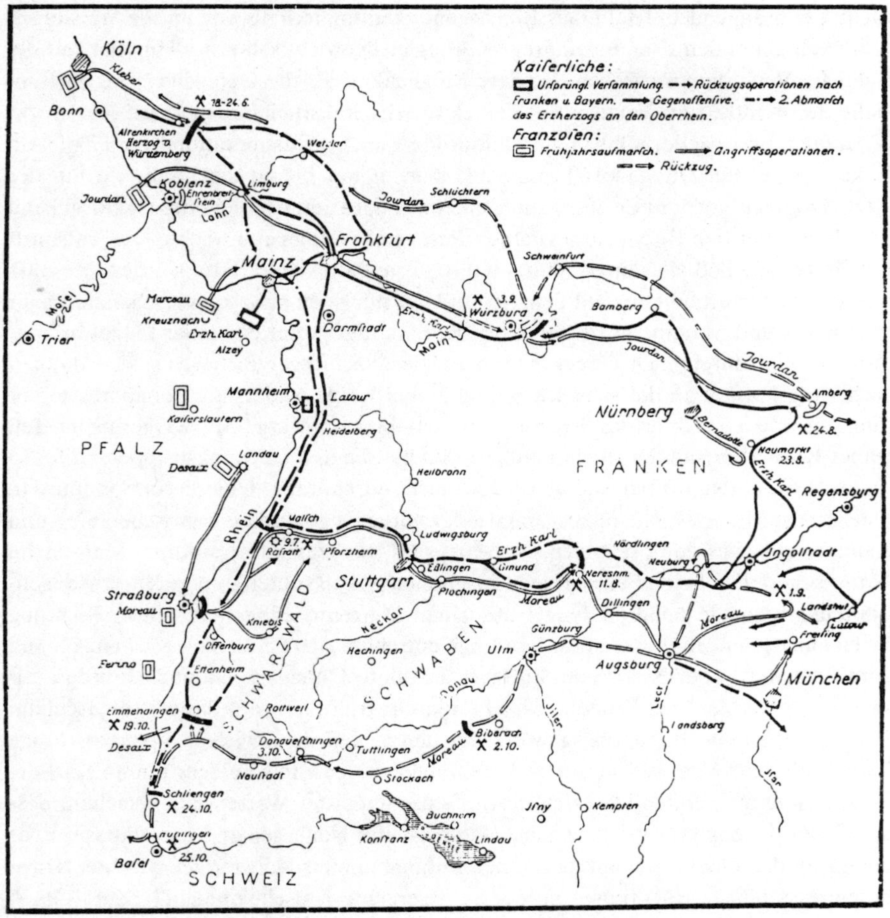

Abb. 71. Operationsskizze zum Feldzug in Süddeutschland 1796.

Nebenkolonne mußte am folgenden Tage bei San Giorgo die Waffen strecken, ein neuer Ausfall wurde abgewiesen. Damit war das Schicksal der Festung besiegelt; General Wurmser kapitulierte am 2. Februar.

Schon die stürmischen Anfangserfolge der Italienarmee hatten nachdrücklich auf die Ereignisse in Deutschland eingewirkt. Die französischen Obergenerale der beiden Armeen am Rhein sahen der Aufkündigung des Waffenstillstandes wegen des schlechten Zustandes ihrer Truppen mit wenig Zuversicht entgegen, wurden nun aber vom Direktorium zu neuer Offensive ermuntert. Auf österreichischer Seite erhielt der 25jährige Kaiserbruder Erzherzog Karl den Oberbefehl im Abschnitt von Düsseldorf bis Mannheim, nach Wurmsers Abzug über die gesamte Front; ausgestattet mit dem nicht viel besagenden Titel eines Reichsgeneralfeldmarschalls eng an die Weisungen aus Wien gebunden. Bei ungefährem Kräftegleichgewicht sah er im Hinblick auf die mißliche Versorgungslage keine andere Möglichkeit als die Defensive. Das hieß im Falle der Feindaktion Verzicht auf den Besitz der linksrheinischen Pfalz.

Anfang Juni wiederholte General Jourdan die Angriffsoperation von 1795. Am linken Flügel bei Düsseldorf beginnend, kam er nur bis an die Lahn, wo ihn der Erzherzog bei Wetzlar (15. Juni) zur Umkehr nötigte und bei Siegburg nachdrückend (19. Juni) über den Rhein zurückmanövrierte. Die gering geschwächte Gefechtskraft der Franzosen ließ allerdings befürchten, daß sie bald wieder tätig würden, weshalb sich die Rheinverteidigung auf dem linken Ufer nur noch auf zwei verschanzte Lager vor Mainz und Mannheim beschränkte. Kurz darauf geriet der linke Flügel in Not. Am 24. Juni durchbrach General Moreau, der Nachfolger Pichegru's, den dünnen Sicherungskordon an der schwächsten Stelle bei Kehl. Anders als Bonaparte zog er langsam und vorsichtig das Rheintal abwärts bis zur Murg. Mit zu geringem Teil seiner Kräfte brachte der junge Feldherr den bedrängten Deckungstruppen Hilfe, so daß sein Gegenangriff bei Malsch (9. Juli) nicht durchdrang. Obendrein war Jourdan gleich nach Moreaus Rheinübergang wieder vorgegangen und das zwischen Sieg und Lahn zurückgelassene österreichische Korps im Rückzug auf Frankfurt. Man durfte voraussehen, daß beide Feindarmeen zusammenwirken sollten, um mit ihrer Zangenbildung gegen die äußeren Flügel auf einen konzentrischen tiefen Stoß Richtung Wien abzuzielen. In dieser mißlichen Lage entschloß sich Erzherzog Karl am 11. Juli zum Abmarsch über Pforzheim-Stuttgart ins obere Donautal. Da auch Jourdan seinen Gegner weiter über Würzburg ins Fränkische trieb, fiel ganz Südwestdeutschland unter französische Besatzungsgewalt, was den Abfall der Reichstruppen zur Folge hatte und einen Verlust von 16000[39] Mann bedeutete. Um so eiliger mußte Karl die Vereinigung mit seinem Unterfeldherrn Feldzeugmeister Wartensleben suchen, dessen fortlaufendes Ausweichen nach Osten an die Naab seiner Magazinbasis Eger entgegen die Operation auf der inneren Linie immer schwieriger machte. Dazu hemmte ständiges Rückfragen in Wien zeitgerechte Entscheidungen[40]. Zum Glück kam bei den Franzosen die Kooperation nicht zustande. Sowohl Jourdans als auch Moreaus Truppen rückten sehr langsam vor, weil sie sich zu weit zerstreuten und dann erst wieder konzentrieren mußten. Es wird schwer zu klären sein, ob sie die Zeit beim Requirieren infolge zuchtlosen Plünderns oder durch das vom Direktorium anbefohlene Einsammeln der Kriegsbeute verloren[41]. Außerdem warf der neue Brennpunkt Mantua in Oberitalien seine Schatten voraus. Moreau wurde angewiesen, Bonapartes Abwehrkampf gegen Wurmser im Rücken durch Vorgehen in Tirol zu unterstützen.

39 Dies betraf die Truppen der Reichskreise und die 8000 Sachsen. Am Main standen 59000 Franzosen gegen 45000 Österreicher, an der Donau über 70000 gegen jetzt noch 42000.

40 Hartenberger/Wiltschek: Erzherzog Karl. Der Sieger von Aspern, Graz/Wien/Köln 1983, S. 53ff.

41 H. v. Sybel: Geschichte der Revolutionszeit, Bd. 4, T. 1, S. 232ff.

Der innere Widerspruch einer solchen Doppelaufgabe lähmte den General, dem unter bedeutsamen Feldherrneigenschaften die Kraft zum raschen Entschluß fehlte. Er diskutierte im Kriegsrat, erwog und schwankte[42]. Während von Jourdan nichts zu hören war, besaß der Gegenspieler wenigstens den Vorteil des einheitlichen Oberbefehls. Ein kurzer Stoß bei Neeresheim (11. August) gab ihm größere Bewegungsfreiheit zum Abzug über die Donau bei Ingolstadt nach Norden, wo Wartensleben schon ostwärts Amberg hinter der Naab stand[43]. Der Erzherzog rief ihn energisch zur Vereinigung zurück. Am 24. August konnte Jourdan gemeinsam bei Amberg geschlagen werden. Von da ab gab der Sieger die Initiative nicht mehr aus der Hand. Es folgte der Sieg bei Würzburg (2./3. September), der die Franzosen auf beschwerlichem Weg an die Lahn zur Gewinnung der Rückzugslinie nach Düsseldorf im Laufen hielt. Die Verfolgungsgefechte bei Wetzlar (15. September) und Altenkirchen (19. September) besorgten den Rest. Fast nur noch Trümmerhaufen jammernswerter Flüchtlinge eilten ab Köln über den Rhein. Jourdan legte sein Kommando nieder.

Moreau hatte sich in diesen Wochen vom Nebenkorps des Feldzeugmeisters Latour bis an die Isar ziehen lassen, mußte dann aber auf seinen Rückzug bedacht sein. Als ausmanövrierter Heerführer wählte er den sichersten Weg über den Schwarzwald durch das Höllental bei Freiburg. Da er keine Niederlage erlitten und noch 58 000 Mann beisammen hatte, schüttelten seine besser geführten, taktisch überlegen kämpfenden Divisionen den Verfolger Latour am 2. Oktober bei Biberach mühelos ab. Auch als der Erzherzog mit gesammelten Kräften aus den deblockierten Rheinfestungen herangezogen kam, um Moreau abzufangen, lieferte der im Unglück standhafte General sichere Nachhutgefechte bei Emmendingen (19. Oktober) und Schliengen (24. Oktober). Am 25. und 26. Oktober vollzog die noch intakte Armee ungestört den Uferwechsel bei Hüningen.

Die Niederlage in Süddeutschland hatten Bonapartes Ruhm in Oberitalien um so höher steigen lassen. Der Unterschied seiner Kriegführung zur Operationskunst des Erzherzogs, der sich mit der Vertreibung der Franzosen vom rechten Rheinufer begnügte, bestand im festen Willen, die Widerstandskraft des Feindheeres so weit zu zerbrechen, daß trotz Rückschlägen an anderer Stelle der Siegfrieden die Folge davon war. Am Jahresanfang 1797 marschierten von beiden Armeen am Rhein 30 000 Mann Verstärkung zu ihm ab. Da der Weg nach Wien durch den Fall von Mantua freigelegt schien, lag dort der Schwerpunkt des nächsten Feldzuges. In letzter Hoffnung betraute der Kaiser seinen erfolgreichen Bruder mit dem Oberkommando an der bedrohten Südfront der Monarchie. Die nötige Truppenzuführung verzögerte sich jedoch bis nach der Kapitulation der beiden restlichen Brückenköpfe von Kehl und Hüningen (10. Januar und 5. Februar). Noch ehe der Erzherzog seine Kräfte zur

42 H. v. Sybel, a. a. O., S. 292.

43 Karl ließ 30 000 an der Donau und zog mit 28 000 (durch Nachersatz verstärkt) zu Wartensleben, der noch 34 000 unter Waffen hatte, gegenüber dem auf 40 000 geschwächten Jourdan, siehe Sybel, S. 282.

Abb. 72. Französische Soldaten auf dem Rückzug 1796. Nach einer Zeichnung von Johann Baptist Seele (1774–1814) aus dem Jahr 1796.

Abwehr enger zusammenfassen konnte, schlug Bonaparte los. Am 12. März überschritt er mit der Hauptmacht (43 000) den Piave und bezwang vier Tage später die österreichischen Postierungen am Tagliamento, während das Nebenkorps unter General Joubert (18 000) in Südtirol Richtung Villach vorrückte. Vor dem heftigen Druck der Übermacht zog sich der Verteidiger bei steigenden Verlusten über die Pässe nach Innerösterreich zurück. Die Armee verlor in ihrem ungefestigten Zustand den moralischen Halt und zerbröckelte, wofür man in der Wiener Hofburg dem unglücklichen Feldherrn ganz ungerechtfertigt die Schuld aufbürdete[44]. Nur die Spitzen der Rheinverstärkungen erreichten noch den Anschluß. Am 28. März standen die Vorhuten des Feindes in Villach und Klagenfurt. Drei Tage darauf richtete Bonaparte an den Erzherzog ein Friedensangebot. Mit Rücksicht auf seine eigene exponierte Lage weitab von Frankreichs Kraftquellen wollte er keinen Kampf um Wien mehr wagen. »Der General trat hinter den Staatsmann zurück[45].« Als er am 7. April nach letztem Rückzugsgefecht der Österreicher (4. Juli) in Judenburg die Unterhändler empfing, schwiegen die Waffen. Am 18. April wurde in Leoben der Entwurf zum Präliminarfrieden unterzeichnet. Zuletzt hatten die Franzosen auch am Rhein wieder eine neue Offensive eingeleitet. General Hoche stieß mit schnell regenerierten Divisonen der Maas-Sambre-Armee, das Kernstück ein Kavalleriekorps, bis Frankfurt vor (13. April), Moreau wie im vergangenen Sommer bis zur Murg, als die Nachricht von Leoben die Kämpfe zum Stillstand brachte und dem ersten Revolutionskrieg das allseits herbeigesehnte Ende setzte.

44 Hartenberger/Wiltschek: Erzherzog Karl, S. 81 f.
45 H. Stegemann: Der Krieg, Bd. 2, S. 209.

Abb. 73. Aus dem Seekrieg zwischen England und Frankreich: Kampf einer französischen mit zwei englischen Fregatten. Stich nach einem Gemälde von Pierre Julien Gilbert (1783–1860). In der Kriegführung gegen die Revolution und Napoleon fehlte den Engländern der geniale strategische Plan; sie unternahmen und unterstützten zu viel zur gleichen Zeit, was die Mißerfolge auf dem Festland mitverursachte. Seemacht und Durchhaltewille erzwangen schließlich den Zusammenbruch des kaiserlichen Imperiums.

Der zweite Koalitionskrieg 1799/1800[1]

Um seine territorialen Gewinne zu behaupten, mußte Frankreich auch noch England niederringen, das den Kampf verbissen weiterführte. Sein Landheer hatte es zurückgezogen, doch seine Seemacht lastete wie ein Schatten über allen Siegen der Revolutionsarmeen. Die Trikolore war so gut wie ganz von den Meeren verschwunden, so weit sie Handelsschiffe führten. Der Kaperkrieg der zahlreichen, einzeln jagenden Fregatten und Freibeuter gegeneinander brachte der englischen Wirtschaft zwar schwere, insgesamt aber nur geringe Verluste bei, während der eigene Handel durch die enge Blockade fast völlig brachlag[2]. Die Eroberung Hollands 1795 und das Bünd-

1 Horsetzky: Feldzüge der letzten 100 Jahre; Hüffer: Quellen zur Geschichte der Kriege von 1799 und 1800, 2 Bde., Gotha 1900/01; ders.: Der Krieg 1799 und die 2. Koalition, 2 Bde., Gotha 1904/05; Clausewitz: Die Feldzüge von 1799 in Italien und der Schweiz, 2 Bde., Berlin 1858; Fürst N. S. Galitzin: Allg. Kriegsgeschichte der Neuesten Zeit, Bd. 2, T. 2, Kassel 1889; Miliutin: Geschichte des Krieges mit Frankreich unter der Regierung Kaiser Paul's I., 5 Bde., München 1856/58.

2 Siehe Mahan: The Influence of Seapower upon French Revolution and Empire (Dtsch. Ausgabe), Berlin 1899.

nis mit Spanien im Jahr darauf brachte den Franzosen eine Zeitlang die numerische Überlegenheit der kontinentalen Flotten, bis die Engländer die spanischen Linienschiffe nach dem Sieg am Kap St. Vincent (14. Februar 1797) in Cadiz festhielten und die holländischen bei Camerduin vernichtend schlugen (11. Oktober 1797). Letzteres geschah im Zusammenhang mit dem zweiten vergeblichen Landungsversuch in Irland. Der erste im Dezember des Vorjahres, von General Hoche angeführt, war im schweren Seesturm an der Bantry-Bucht gescheitert. In jenem Jahr hatten die Siege Bonapartes und der Zutritt der Flotte Spaniens die Lage im Mittelmeer-Raum zugunsten Frankreichs verändert. Auch Nelsons kleines Geschwader war nicht imstande, die mit Lebensmitteln beladenen Küstenfahrzeuge aus den Buchten der Riviera zu vertreiben, die französische Batterien deckten. Dennoch behauptete der spätere Seeheld, daß eine weit bessere Kooperation mit den Österreichern möglich gewesen wäre und die Eroberung Italiens verhindert hätte[3]. Inzwischen kommandierte der populäre Triumphator die »Armee von England« zwischen Brest und Antwerpen. Dort kam er bald zu der Überzeugung, daß jedes Invasionsprojekt undurchführbar sei. Das wiedererstandene Rom könne aber das neue Karthago besiegen, wenn es in Ägypten an empfindlicher Stelle auf dem Weg nach Indien getroffen würde. So begann im Juni 1798 auf unsicherer Basis das kühne Wagnis der Expedition. Wie durch ein Wunder entkam das schwerfällige Geschwader mit 13 Linienschiffen, 14 Fregatten und 300 Truppentransportern Nelsons Wachhunden an der Küste der Provence in stürmischer See. Bonaparte eroberte Malta (10. Juni), erstürmte Alexandria, schlug das Mameluckenheer an den Pyramiden (21. Juli) und unterwarf Ägypten. In seinem Rücken hatte aber Nelson die französische Flotte auf der Reede von Abukir gesichtet und am 1. August vernichtet. Die Siegesnachricht beschleunigte, was für England schon beschlossene Sache war; denn es blieb sein Bestreben, keinem europäischen Staat das Übergewicht auf dem Festlande zuzugestehen. Die zweite große Koalition gegen Frankreich kam zustande; durch den Hinzutritt Rußlands und der Türkei[4] an Stelle Preußens und Spaniens bedrohlicher als zuvor, da die Republik ihre besten Truppen mit ihrem besten Feldherrn nach Ägypten geschickt hatte und keine gleichstarken Heere entgegenstellen konnte. Kaum 40 000 Mann standen in Süddeutschland, ein Obervationskorps am Rhein entlang verteilt kaum die Hälfte davon, in Oberitalien rund 56 000, in Süditalien kamen etwa 35 000 Mann zusammen und in der Schweiz 40 000. Seitdem die »Helvetische Republik« durch das Bündnis vom 21. August 1798 zu einem Klientelstaat Frankreichs geworden war, diente sie als »Pivot«, um den sich die süddeutschen und die italienischen Feldzüge wie von selbst ordneten[5]. Demzufolge führten auch die Alliierten den Krieg auf drei Kriegsschauplätzen: Erzherzog Karl in Süddeutschland (95 000), Österreicher und später noch ein Teil der Russen in

3 Mahan: The life of Nelson, Bd. 1, London 1897, S. 199.
4 Der mißglückte Feldzug Bonapartes nach Syrien, dann wieder sein großer Sieg bei Abukir über das Türkenheer (25. 7. 1799) waren die Folge.
5 H. Stegemann: Der Krieg, Bd. 2, S. 212 f.

Abb. 74. Erzherzog Karl siegt im März 1799 über den Obergeneral Jourdan in der Gegend von Ostrach. Nach einer kolorierten Radierung von G. u. H. Vollmer aus der Zeit.

der Schweiz (60 000), Österreicher und der andere Teil des Bundesgenossen in Oberitalien (135 000)[6].

Schon am 1. März, als die ersten Russen bei Krems und St. Pölten eingetroffen und gegenseitige Ultimaten unbeantwortet geblieben waren, als Paris den Krieg noch nicht erklärt hatte (12. März) und der Rastatter Friedenskongreß weitertagte, drang General Jourdan in Oberschwaben ein. Erzherzog Karl zwang ihn bei Ostrach zur Umkehr (21. März). Nach der verlorenen Schlacht bei Stockerach am 25. März trat er den Rückzug über den Rhein an; ohne verfolgt zu werden, da sich der Sieger mit dem blutig errungenen Erfolg zufrieden gab. Sobald er dann weiter in die Schweiz wollte, um den bis zum Oberrhein beiderseits Chur vorgestoßenen General Massena wieder

6 Die Stärken der Franzosen beziehen sich auf den Stand vor, der Alliierten nach Operationsbeginn aller Armeen.

aus Graubünden zu vertreiben, hielt ihn der unumschränkt alles bestimmende Minister Thugut fest. Er war gleichsam der Chef eines eigenen, über den Militärs stehenden Diplomaten-Generalstabes. In diesem Falle sollte erst das zweite russische Hilfskorps abgewartet werden. Das erste trat unter Feldmarschall Suworow in Italien auf, wo die Österreicher die französische Offensive am 5. April bei Magnano an der Etsch gestoppt hatten. Der große russische Feldherr übernahm den Oberbefehl über die alliierte Armee (15. April), trat am 19. April den Vormarsch an, schlug die jetzt von Moreau geführten Franzosen an der Adda bei Cassano (27. April) und zog am 29. April in Mailand ein. Die Po-Ebene bis Turin fiel ihm in die Hände. Moreau war nach Alessandria abgezogen, wegen des losgebrochenen Aufruhrs in Piemont sogar weiter bis zur Riviera. Im Juni rückte General Mac Donald mit drei neapolitanischen Divisionen über Bologna-Parma heran. Suworow besiegte sie in der Dreitage-Schlacht an der Trebbia (17.–19. Juni). Er brach die Verfolgung ab, weil Moreau wieder zur Kooperation mit Mac Donald erschienen war, der aber vor dem Sieger sogleich bis Genua zurückwich. Am 21. Juli kapitulierte Mantua. Die dort frei gewordenen Truppen kamen gerade zurecht, um an Suworows nächster Schlacht mitzuwirken. Er schlug sie am 15. August bei Novi gegen die vereinigten Korps Moreau und Mac Donald. Sein Sieg bedeutete für die Franzosen eine Katastrophe; denn damit waren Bonapartes Eroberungen an die Alliierten verloren. »Sein Feldzug in Italien lag unter so vielen Schlachten verschüttet, daß er einer überwundenen Epoche der Kriegführung anzugehören schien[7].« Erst zu diesem Zeitpunkt traf das zweite russische Hilfskorps unter General Korsakoff in der Schweiz ein, nachdem Erzherzog Karl Ende Mai doch eingerückt war und General Massena am 4. Juni in der Schlacht bei Zürich in seine feste Albisstellung hinter der Stadt zurückgedrängt hatte.

Diese günstige strategische Situation veränderten jetzt die unsachgemäßen Eingriffe der Politik in die Kriegführung. In Wien sah man den italienischen Kriegsschauplatz als alleinige Domäne an und gedachte, die politisch störenden Russen in die Schweiz zu versetzen. Andererseits hatten die Engländer mit Hilfe der türkischen Flotte die volle Seeherrschaft im Mittelmeer wiedererlangt. Um nun auch gegen die andere Flanke der französischen Küstenfront verstärkten Druck auszuüben, bereiteten sie ein Landeunternehmen im Verein mit russischen Truppen in Holland vor und wünschten eine Neugruppierung der alliierten Streitkräfte. Einem solchen Plan stimmte Minister Thugut bereitwillig zu, mit Zögern auch das Kabinett in Petersburg. Suworow sollte zusammen mit General Korsakoff allein in der Schweiz operieren, Erzherzog Karl die Rheinfront sichern und die englisch-russische Expedition unterstützen. Die am 26. August bei den Österreichern beginnenden Dislozierungsmärsche führten die wichtigsten Truppenkorps seitab vom Feind. General Massena wartete

7 Stegemann, a. a. O., S. 212. Suworow verdankte die beachtlichen Erfolge des austro-russischen Heeres nicht zuletzt den österreichischen Pionieren, die im gebirgigen, flußreichen Terrain unter Radetzkys Führung ihre Tüchtigkeit bewiesen; siehe O. Regele, Feldmarschall Radetzky, Wien 1957, S. 52 ff.

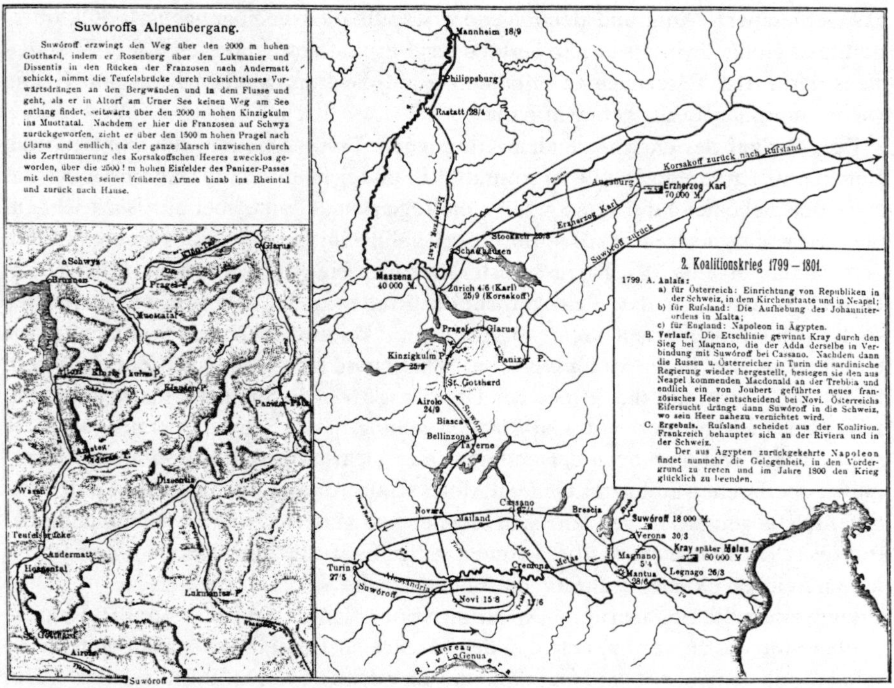

Abb. 75. Operationsskizze zu den Feldzügen 1799 in Italien, Süddeutschland und der Schweiz. Nach E. Rothert.

demzufolge das Eintreffen seines gefährlichen Gegners nicht ab, sondern bereitete Korsakoff am 26. September in der zweiten Schlacht bei Zürich eine vernichtende Niederlage. Suworow hatte gerade den St. Gotthard kämpfend überschritten. Von da ab isoliert, setzte er die äußerst schwierige Operation mit total erschöpften, im Gebirgskrieg unerfahrenen Regimentern in einem heroischen Rückzug auf Umwegen über Schnee und Eis fort. Die russischen Soldaten leisteten unter ihrem robusten Feldmarschall Unmögliches, Pferde und Geschütze gingen verloren[8]. Als zwischen dem 8. und 10. Oktober die Trümmer der Armee im Oberrheintal bei Chur ankamen, lehnte Suworow jede weitere Mitwirkung am Krieg gegen Frankreich ab. Er zog nach Bregenz und wartete auf den Abmarschbefehl des Zaren, der am 22. Oktober das Waffenbündnis aufkündigte. Erzherzog Karl hatte die französische Observationsarmee im Schach gehalten, Philippsburg genommen, Mannheim zurückerobert (18. September) und marschierte auf die Nachricht von den Ereignissen bei Zürich wieder an die obere Donau. Das Landungskorps war bei Bergen geschlagen worden

8 R. v. Reding-Biberegg: Der Zug Suworoff's durch die Schweiz, Zürich 1896.

(19. September). Aufgrund demütigender Kapitulationsbedingungen (18. Oktober) mußte es Holland verlassen[9]. So bestand das Resultat des Feldzuges von 1799 wenigstens darin, daß Österreich Oberitalien bis auf die französischen Reste um Genua wieder in seinen Besitz gebracht hatte.

Den Verlauf des entscheidenden Kriegsjahres 1800 bestimmte der Militärkonsul Bonaparte. Er vereinigte alle Machtmittel Frankreichs in seiner Hand und gab das erste Beispiel einer autoritären nationalen Regierung, konnte aber aus Rücksicht auf die Verfassung noch nicht als »prince connétable« an die Spitze des Heeres treten. Seit Januar brachte der Kriegsminister Berthier eine Reservearmee (40 000) um Dijon zusammen, die das Gleichgewicht der Kräfte mit den Österreichern herstellen sollte. Unauffällig gegen Genf vorgeschoben, konnte sie Moreaus Hauptgruppe (120 000) in der Linie Straßburg-Basel-Schaffhausen einschließlich Zürich-Luzern bei ihrem Angriff auf die Armee des Feindes (80 000) in Süddeutschland unterstützen, aber auch aus der zentralen Flankenstellung in der Schweiz heraus gegen die rückwärtigen Verbindungen der anderen österreichischen Armee (90 000) in Oberitalien operieren. Mit ihr trat General Melas schon Anfang April bei Alessandria zur Offensive gegen die Riviera an. Sein Gegner war Massena, der das Kommando der französischen Italienarmee übernommen hatte. Er wurde nach Genua hineingeworfen und eingeschlossen, während die Engländer die Seeseite blockierten.

Das veranlaßte Bonaparte zur Änderung seiner Pläne. Ohne auf erste Erfolgsnachrichten Moreaus zu warten, befahl er den Marsch der Reserve-Armee auf dem kürzesten Weg an den Po, mit der Hauptkolonne über den Großen St. Bernhard-Paß[10]. Der Alpen-Übergang geschah vom 16. bis 20. Mai und zog sich in weit gespanntem Bogen vom Mt. Cenis bis zum St. Gotthard hin. Pro Tag passierten 7–8000 Mann der Hauptgruppe den St. Bernhard, mit sechs Tagesrationen Reis und Zwieback bepackt, für weitere sechs Tage auf Maultieren verlastet, die Artillerie zerlegt auf Schlittenlafetten und ausgehöhlten Baumstämmen, von Soldaten und Bauern gezogen. Das schnell geglückte Marschmanöver war das Ergebnis exakter Generalstabsarbeit. Anstatt nach den Gefechten mit den Feindpostierungen beim Austritt aus den Alpentälern unverzüglich weiter auf Turin vorzugehen, wo der Gegner im Anmarsch vermutet werden mußte, bog Bonaparte jetzt nach Osten auf Mailand ab, vereinigte sich mit den linken Nebenkolonnen und sperrte nördlich wie südlich des Po die beiden lebenswichtigen Verbindungswege der Österreicher mit ihrer Operationsbasis, um dann nach Westen einzudrehen. Der Wechsel der eigenen Operationslinie sicherte ihm zugleich den leichteren Nachschubtransport von den Züricher Magazinen über den St. Gotthard. Die Idee war allerdings kühner als es seine Kräfte vertrugen. Den alten Melas hatte der Alpenübergang völlig überrascht, weil er den zur Täuschung ausge-

9 F. Hönig: Die Landung der Engländer und Russen in Nordholland 1799, in: Jahrbücher für die Deutsche Armee und Marine (1882), Bd. 42 ff.

10 Bonaparte leitete die Operation persönlich, wenn auch nicht als nomineller Oberbefehlshaber; in Paris galt er für kurze Zeit verreist.

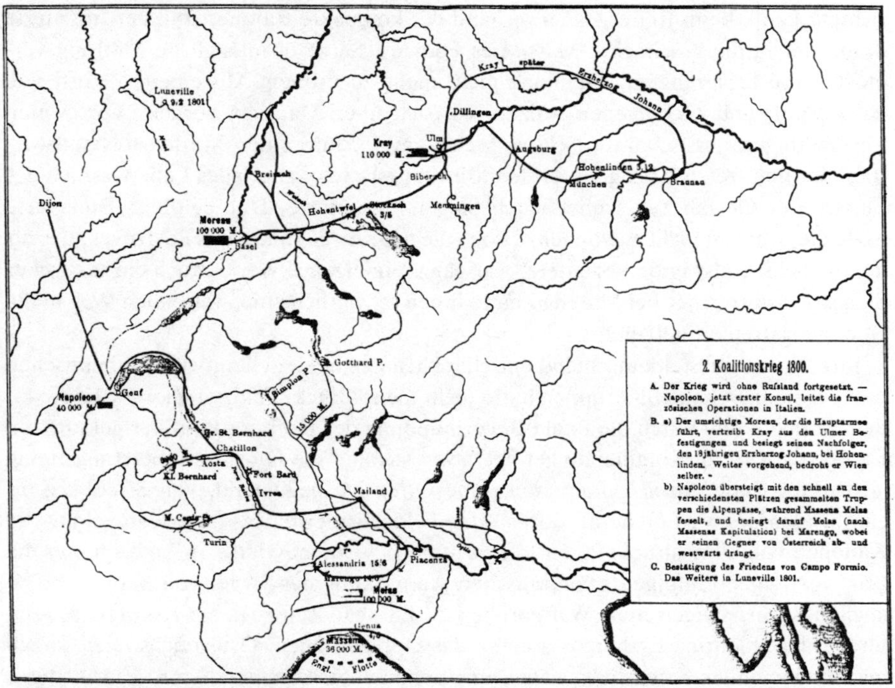

Abb. 76. Operationsskizze zu den Feldzügen in Italien und Süddeutschland 1800. Nach E. Rothert.

streuten Meldungen über den Zug der Reserve-Armee im Rhônetal an die Riviera erlag. Unverzüglich war er nach Turin geeilt (26. Mai), von dort ostwärts bis Alessandria. Hier zog er die Belagerer von Genua zur unausweichlichen Schlacht heran (10. Juni). Die Festung hatte am 4. Juni kapituliert. Die Waffenentscheidung mit umgekehrten Fronten stand dicht bevor, die auch Bonaparte zielstrebig anvisierte, aber keineswegs in Erwartung eines feindlichen Angriffs. Starke Kräfte standen rückwärts an der Sperrbarriere, nordwestwärts ging eine Division zur Aufklärung vor und am frühen Morgen des Begegnungskampftages war noch eine zweite unter General Desaix nach Süden in Marsch gesetzt worden, um die Straße Alessandria-Genua zu blockieren. So stießen am 14. Juni keine 25 000 Franzosen mit nur 15 Geschützen auf 35 000 Österreicher. Am Nachmittag durfte sich Melas als eindeutiger Sieger fühlen. Der Feind war im fluchtartigen Rückzug auf Tortona, als der erschöpfte, leicht verwundete Feldherr den Rest des Nachrückens bis zum Rand des Schlachtfeldes seinem Generalstabschef überließ und nach Alessandria zurückritt. Da traf der gerade noch rechtzeitig zurückgerufene General Desaix mit seiner Division zum Schutz der Retirade am rechten Flügel der Verfolger ein. Das überraschende Geschützfeuer brachte die österreichischen Kolonnen in Verwirrung, die heftige Attacke von 500 Dragonern richtete Panik beim Reitergegner an, und der kompakte Bajonettstoß der Infanterie drang tief in die geschockte Masse des Feindes. Seine unzulängliche Führung vermochte die zersprengten Bataillone nicht mehr zu ordnen. Mit einem Verlust von 9000 Toten und Gefangenen wälzten sie sich über Marengo zurück. Von seinen Verbindungen abgeschnitten schloß Melas am 15. Juni einen Waffenstillstandsvertrag, der ihm freien Abzug hinter den Mincio gestattete, aber alles Land westlich des Flusses der Gewalt des schließlichen Siegers auslieferte. Der Feldherr Bonaparte hatte die Schlacht nicht gewonnen[11], doch die operative Anlage des Feldzuges, der für ihn die Schicksalswende bedeutete, war ganz sein eigenes Werk. Auch ein taktischer Sieg der Österreicher bei Marengo hätte ihnen schwerlich einen rettenden Weg in die Bewegungsfreiheit gebahnt.

Ihre Armee in Süddeutschland einschließlich der bayerischen, württembergischen und kurmainzischen Hilfstruppen hatte nicht mehr Glück. Feldzeugmeister Kray war dem kranken und durch die fatale Bevormundung der Hofburg-Politiker gekränkten Erzherzog Karl im Kommando gefolgt[12], was sich auf die Führung äußerst nachteilig auswirkte. Ende April/Anfang Juni seine Offensive beginnend, von Straßburg bis zum Bodensee, warf General Moreau den Feldzeugmeister bis unter den Schutz der Kanonen von Ulm zurück; in der letzten Juniwoche manövrierte er ihn bis hinter die Isar, vorwiegend infolge der moralischen Auswirkung des Sieges von Marengo. Die auch in Bayern eingetretene Waffenruhe (15. Juli) gab Zeit zu neuer Kräftigung. Jetzt mußte der 18jährige Erzherzog Johann das Opfer bringen, Österreichs letztes noch machtgebietendes Kriegsheer wenigstens nominell zu kommandieren. Ein weiteres Beispiel für die Tragik der Armee im Habsburgerreich, deren gesunde Kräfte durch die Dominanz der politischen Zentralbürokratie ruiniert wurden. Der verlängerte Waffenstillstand (20. September) diente der weiteren Konsolidierung, der aber mit der Übergabe von Philippsburg, Ulm und Ingolstadt teuer bezahlt werden mußte. Da sich die eingeleiteten Friedensgespräche in Lunéville unter dem Druck der zähen Engländer nicht vom Fleck bewegten, kündigte Bonaparte Mitte November das Abkommen, worauf der kurze Schlußakt des Krieges begann. Zu Moreaus großer Verwunderung zogen die Österreicher aus ihrer festen Stellung am Inn den Franzosen entgegen. Am 1. Dezember stieß sein linker Flügel westlich Mühldorf auf den zur Umgehung angesetzten rechten des Gegners. Rasch zog Moreau alle Kräfte bei Hohenlinden zur Abwehrschlacht zusammen. Im Glauben an den Rückzug des Feindes auf München ließ Erzherzog Johann die Armee in vier Marschkolonnen durch die ausgedehnten Wälder des Ebersberger Forstes ziehen (3. Dezember).

Im stürmischen Schneegestöber auf vereistem Gelände und ohne nötige Sicherung an Gefechtsbereitschaft unterlegen, traf sie beim Heraustritt der Überfall mit solcher

11 Da der Sieger Desaix bei Ausführung seiner rettenden Tat gefallen war, konnte Bonaparte die amtlichen Berichte um so leichter auf sein Ruhmeskonto umbuchen, siehe Fournier: Napoleon, Bd. 1, S. 248 f., auch: Zum 80. Jahrestag der Schlacht von Marengo, in: Jahrbücher für die deutsche Armee und Marine (1880), Bd. 36, S. 37 ff.

12 Hertenberger/Wiltschek: Erzherzog Karl, S. 73 ff.

Abb. 77. Die Schlacht bei Hohenlinden am 3. 12. 1800. Lithographie von Jacques François Swebach (1769–1823) nach einer Zeichnung von Ch. Vernet.

Wucht, daß der Zusammenhang einheitlicher Kampfführung schnell aufhörte. Von vernichtender Wirkung war der Stoß der rechten Flügel-Division des Generals Richepance in Flanke und Rücken. Hier wurde das Auftragsverfahren im Verband einer entsprechend gegliederten Armee mustergültig vorexerziert. Die österreichischen Kolonnen stoben in wilder Flucht Richtung Inn auseinander; 17 000 Tote und Gefangene, dazu 80 Geschütze, blieben auf der Strecke.

Unaufhaltsam setzte sich der Rückzug über Salzburg und die Traun fort. In ebenso hoffnungsloser Lage wie im Frühjahr 1797 an der Italienfront übernahm Erzherzog Karl am 17. Dezember den Oberbefehl. In diesem Fall sah er sich aber nicht mehr imstande, die vorgefundenen Heerestrümmer noch einmal dem Feind entgegenzuführen. Der Weg nach Wien war frei, und so beendete am 25. Dezember der Waffenstillstand von Speyer den unseligen zweiten Koalitionskrieg. Auch in Oberitalien hatten die wiederaufgenommenen Feindseligkeiten den Rückzug vom Mincio bis an den Piave zur Folge, da kein General mehr die Armee in einer Schlacht aufs Spiel zu setzen wagte.

Napoleons Feldzug von 1805[1]

Als Napoleon am 23. September 1805 Österreich den Krieg erklärte, stand seine Operationsarmee – sechs Infanteriekorps, die Garde und sechs Kavallerie-Divisionen – von Straßburg bis Mainz schon zum Einfall in Süddeutschland bereit. Nach Aufgabe des gestörten Landungsprojektes gegen England war sie innerhalb von vier Wochen von der Kanalküste heranmarschiert. Das Korps des Marschalls Bernadotte kam aus Hannover und zog gegen Würzburg, um sich mit den bayerischen Bundestruppen zu vereinigen. Das ergab zusammen eine Heeresmasse von etwa 186 000 Mann; eine numerische Größe, wie sie noch nie zuvor auf so eng begrenztem Operationsraum zur Offensive komprimiert war.

Den Franzosen gegenüber hatten die Österreicher den Vormarsch über den Inn an die Iller angetreten (8. September). Sie wollten ihre Verpflegung auf fremdem Terrain eintreiben, Bayern zum Anschluß an die Koalition zwingen und am zunächst gesteckten Ziel mit rechtem Flügel bei Ulm das Eintreffen der ersten russischen Streitmacht erwarten. Es handelte sich um die Nebenarmee, die an der Iller rund 50 000 Mann zählte. Sie führte de facto Feldmarschalleutnant v. Mack unter Erzherzog Ferdinands nominellem Oberbefehl »in Vertretung des Kaisers«[2]. Bei Ingolstadt stand ein Observationskorps (10 000) und deckte die rechte Flanke gegen die vor den Invasoren nach Oberfranken ausgewichenen Bayern. Die Hauptarmee sollte unter Erzherzog Karl am gewählten Schwerpunkt in Oberitalien offensiv operieren (84 000, wovon an der Etsch aber nur 60 000 disponibel). Das Bindeglied zwischen beiden Kriegsschauplätzen bildeten die Truppen in Tirol einschließlich der Landmiliz (30 000). Mack hatte geglaubt, der Zeitpunkt des Kriegsbeginns sei wegen Napoleons Invasionsvorbereitungen günstig gewählt, und mit mehr als 60 000 Franzosen wäre wohl kaum zu rechnen. So war er sorglos in eine Falle gelaufen.

Der Militärkaiser besaß frühzeitig durch Spione und Telegraph alle nötigen Informationen über die Feindlage in Süddeutschland, so daß sein vorausdisponierter Feldzugsplan endgültige Gestalt gewann. Mack mußte an der Iller festgehalten und durch operative Einkreisung, den Schwarzwald nördlich umfassend und dann weit ostwärts ausholend, vernichtet werden, ehe die Russen Hilfe brachten. Der nächste Stoß sollte auch sie unverzüglich noch vor Wien entscheidend treffen, bevor die ihnen folgenden Verstärkungen herankamen und auch die bald erwartete österreichische Hauptarmee aus Italien zur Stelle war. Die Zeit drängte; denn Napoleon rechnete mit dem Beitritt Preußens zur Koalition, weil das Korps Bernadotte auf seinem Weitermarsch an die Donau unter Mißachtung der Neutralität ansbachisches Gebiet passierte. Daß eine

1 Horsetzky: Feldzüge der letzten 100 Jahre; A. Krauß: Der Feldzug von Ulm, Wien 1912; W. Rüstow: Der Krieg von 1805 in Deutschland und Italien, Frauenfeld 1853; M. v. Angeli: Erzherzog Carl von Österreich als Feldherr und Heeresorganisator, Bd. 3, Wien und Leipzig 1897; F. Willbold: Napoleons Feldzug um Ulm, Ulm 1987. W. Reinländer: Vorträge über die Taktik, Bd. 2, Wien 1872.

2 Angeli: Erzherzog Carl, Bd. 3, S. 24.

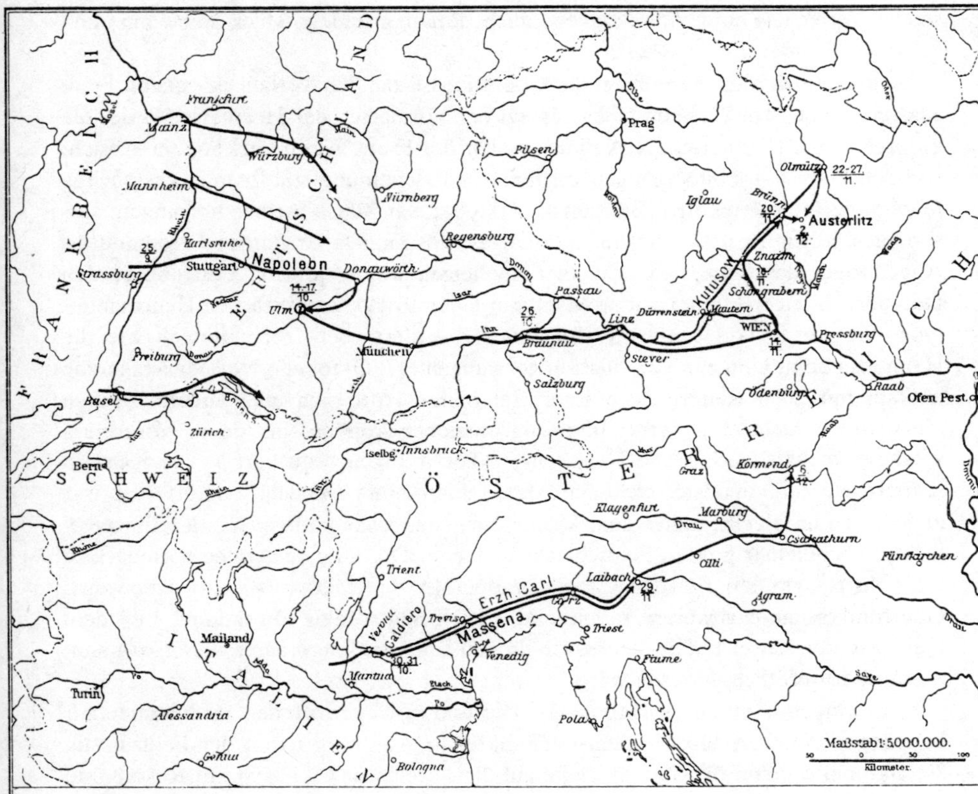

Grösse des Gesammt-Kriegsschauplatzes circa 240.000 km^2

Auf dem deutschen Kriegsschauplatze.

⟶ **Napoleon** überschritt am 25. September mit dem Gros der Armee den Rhein, schloss nach mehreren Gefechten den österr. General Mack in Ulm ein, zwang ihn binnen 3 Tagen zur Capitulation mit 23.000 Mann und marschierte sodann unter Gefechten mit den vom Inn zurückgehenden Russen auf Wien, wo er am 14., von da nach Brünn, wo er am 20. November eintraf.

Strassburg—Donauwörth—Ulm = 350 *km* in 19 Tagen; das sind im Durchschnitte 18 *km* täglich
Ulm—München—Wien . . . = 500 » » 27 » » » » » 18½ » täglich
Wien—Znaim—Brünn . . . = 150 » » 6 » » » » » 25 » täglich

⟶ **Kutusow** (mit circa 30.000 Russen) trat den Rückzug vom Inn am 26. October an, lieferte mehrere Nachhut-Gefechte, gieng am 9. November bei Mautern über die Donau, zersprengte am 11. das französische Corps Mortier, welches am linken Donauufer vorgerückt war, bei Dürrenstein und rückte über Znaim (Gef. b. Schöngrabern am 16. 11.) nach Olmütz, das er am 22. November erreichte.

Braunau—Mautern—Znaim—Olmütz = 440 *km* in 27 Tagen; das sind im Durchschnitte 16 *km* **täglich.**

Am 27. November brach **Kutusow** (mit circa 85.000 Russen und Österreichern) von Olmütz auf und griff am 2. December **Napoleon** bei Austerlitz an, in welcher Schlacht letzterer glänzend siegte.

Olmütz—Austerlitz = 70 *km* in 5 Tagen; das sind im Durchschnitte 14 *km* **täglich.**

Auf dem italienischen Kriegsschauplatze.

⟶ **Erzherzog Carl** besiegte die Franzosen unter Massena in der Schlacht bei Caldiero, trat aber infolge der Ereignisse in Süddeutschland am 2. November den Rückzug an; am 6. December erreichte er Körmend.

Caldiero—Laibach—Czakathurn—Körmend = 570 *km* in 35 Tagen; das sind im Durchschnitte 16 *km* **täglich.**

⟶ **Massena** folgte Ersterem und gelangte am 29. November nach Laibach.

Caldiero—Laibach = 320 *km* in 28 Tagen; das sind im Durchschnitte 11 *km* **täglich.**

Abb. 78. Operationsskizze zum Feldzug 1805. Nach »Die Zahl im Kriege. Statistische Daten aus der neueren Kriegsgeschichte in graphischer Darstellung« von Otto Berndt, Wien 1897.

solche Verletzung undenkbar schien, auch darauf gründete Mack seine hin- und herschwankenden Entschlüsse[3].

Deutlicher als alle Worte zeigt die Operationsskizze den Verlauf der ersten Feldzugsphase auf. Am 25. September begann der Vormarsch der Heereskavallerie, die in ihrer neuen Formation zur Aufklärung vor der Front wie in täuschender Absicht vor den Schwarzwaldübergängen erstmals in Erscheinung trat. Am nächsten Tag folgten die Infanteriekorps. Bis zum 17. Oktober war Macks Armee umgangen, zersprengt und ihr Rest (23 000) in Ulm eingeschlossen. Da Erzherzog Ferdinand als Angehöriger des Kaiserhauses nicht mitgefangen werden durfte, beschloß er den Durchbruch nach Böhmen; ohne Mack mit einer 16 000 Mann starken Heeresabteilung. Sie wurde von Murats verfolgender Kavallerie bei Trochtelfingen wie die Hauptgruppe in Ulm zur Kapitulation gezwungen (17. Oktober). Nur der Erzherzog entkam mit 2000 Reitern nach Eger. Im Süden hatte sich eine andere Gruppe (5000) noch rechtzeitig der Einkreisung entziehen können, bis sie in Vorarlberg wieder Rückhalt fand. Wenn Napoleon in diesen Tagen begeistert an die Kaiserin schrieb »ich habe die österreichische Armee durch bloße Märsche zerstört«[4], so war er insofern im Recht, als es zum Vernichtungssieg zwar heftiger lokaler Einzelgefechte, aber keiner großen Feldschlacht bedurfte. Die Grande Armée hatte sich in ihrer instrumentalen Bewegungsstruktur operativ wie taktisch glänzend bewährt. Alle Marschmanöver waren frappierend schnell und wendig abgelaufen. In jedem Fall hätte der Kaiser überlegene Kräfte in den Entscheidungskampf werfen können, wenn es erforderlich gewesen wäre.

Nach kurzem Aufmarsch-Halt an der Isar und rasch getroffenen Maßnahmen zur Errichtung eines großen Magazinstützpunktes in Augsburg nahm der Feldzug am 26. Oktober seinen Fortgang. Er zielte auf die Vernichtungsschlacht mit Russen und Österreichern vor Wien ab. Nur ein Korps (VI. Ney) war bei Ulm zurückgeblieben, um zusammen mit einem nachrückenden zweiten (VII. Augereau) gegen Vorarlberg und Tirol die rechte Armeeflanke zu decken. Doch anders als erhofft entwickelte sich die Kriegslage. General Kutusow, bis zum 22. Oktober mit der ersten russischen Armee (46 000) am Inn versammelt, zog sich bei Vormarschbeginn der Franzosen ostwärts zurück, ging vor Krems über die Donau (9. November) und wich weiter nach Mähren aus, um sich dort erst nach Vereinigung mit den nachgesandten Heeresteilen (2. und 3. russ. Korps) zur Schlacht zu stellen.

Am 11. November hatte er aber doch noch einmal kräftig zugestoßen und eine Division vom neu gebildeten Korps des Marschalls Mortier bei Dürnstein vernichtet[5]. Es war zum Schutz der linken Armeeflanke gegen die in Böhmen stehenden Truppen des Erzherzogs Ferdinand isoliert auf dem linken Donau-Ufer vorgegangen. Mar-

3 Brief des Kaisers Franz an König Friedrich Wilhelm III. vom 25. 10., zit. bei Fournier: Napoleon I., Bd. 2, S. 95.

4 zit. nach Fournier: Napoleon I., a. a. O., S. 94.

5 R. Egger: Das Gefecht bei Dürnstein-Loiben 1805 (Militärhistorische Schriftenreihe, H. 3), Wien 1965.

schall Masséna sollte mit der französischen Italienarmee (50 000) die österreichische Hauptmacht angreifen und festhalten. Erzherzog Karl zwang ihn jedoch in der Schlacht an der Etsch bei Coldiero (29.–31. Oktober) zur Räumung des Kampfplatzes. Dadurch verschaffte er sich Luft für den erforderlichen Abzug über den Isonzo nach Krain zur sicheren Basierung auf die Lebensmittel aus Ungarn. Nach Vereinigung in Marburg mit dem Bruder Johann, der Tirol aufgeben mußte, verfügte er noch über rund 80 000 Mann (26. November). Zur Verteidigung der Erblande konnten sie freilich nichts beitragen. Kaiser Franz hatte sie nach weiteren Niederlagen abgesplitterter oder herbeigeholter Teilkräfte gegenüber Kutusows unabänderlichem Rückzugsentschluß schon Wochen zuvor aufgegeben. Am 13. November waren die Grenadierdivision Oudinot und die Division Suchet in Wien einmarschiert. Napoleon setzte den Russen über die Donau nach, mußte aber die Verfolgung in Brünn einstellen, weil er nur noch 55 000 Mann beisammen hatte. Von acht Korps sicherten, sperrten oder operierten fünf auf dem Gesamtkriegsschauplatz verteilt bei Iglau, von Nikolsburg bis Preßburg, am Simmering, in Kärnten und in der Steiermark sowie als Rückhalt bei Ulm. Da der Zar mit dem Korps Bennigsen bei Kutusow im Lager von Olmütz eintraf, mit dem Anmarsch der Armee des Erzherzogs von Ungarn her zu rechnen war und die mobilgemachten preußischen Korps ihre Ausgangsstellungen zum Eingreifen schon bezogen[6], schien die Lage Napoleons arg bedrohlich. Da erlöste ihn der Ehrgeiz des russischen Kaisers aus der Bredouille. Wohl auch infolge konfuser Verpflegungsschwierigkeiten führte Alexander die Armee am 26. November zum Angriff, noch ehe seine dritte Verstärkungsgruppe herangekommen und weder Erzherzog Karl noch die Preußen in Sicht waren. Der äußerst schleppende Vormarsch von Olmütz nach Brünn, 70 km in fünf Tagen, gab dem sieggewohnten Feldherrn die Zeit, die zwei Seitenkorps von Iglau und Preßburg an sich zu ziehen[7].

So kam am 2. Dezember der große Tag von Austerlitz, genau ein Jahr nach der Kaiserkrönung zu Paris. 70 000 Russen und 15 000 Österreicher standen 78 000 Franzosen gegenüber. Napoleon erkannte aus dem Anmarsch des Gegners die Absicht, seine rechte Flanke zu umgehen und bestärkte ihn dann auch in dem Glauben an reine, auf Rückzug bedachte Abwehr. So wurden die beherrschende Höhe von Pratze vor der eigenen kürzeren Front zwischen Bosenitz und dem Kobelnitzer Teich nicht besetzt. Als sich Kutusows Angriffskolonnen frühmorgens am Südende der französischen Schlachtaufstellung in einen heftigen Kampf verwickelten, steckten sie bereits in der Schlinge. Kurz darauf erfolgte der wuchtige Gegenschlag, der mit

6 Gem. Anordnung vom 25. 9. 75 000 Mann am oberen Main zum Vorgehen nach Süddeutschland bestimmt, der Vormarsch der Haupt-Armee nach Böhmen an die untere Eger erst Anfang Dezember geplant, siehe: Die preußischen Kriegsvorbereitungen und Operationspläne von 1805, in: Kriegsgeschichtliche Einzelschriften, H. 1, Berlin 1883.

7 Die bayerische Division Wrede blieb in schwieriger Lage gegenüber Erzherzog Ferdinand (12 000) allein bei Iglau zurück; die 2. und 4. Brigade trafen erst zwischen 8. und 10. Dezember von Salzburg her ein; Geschichte des Bayerischen Heeres, Bd. 6, T. 2, München 1935, S. 43 ff.

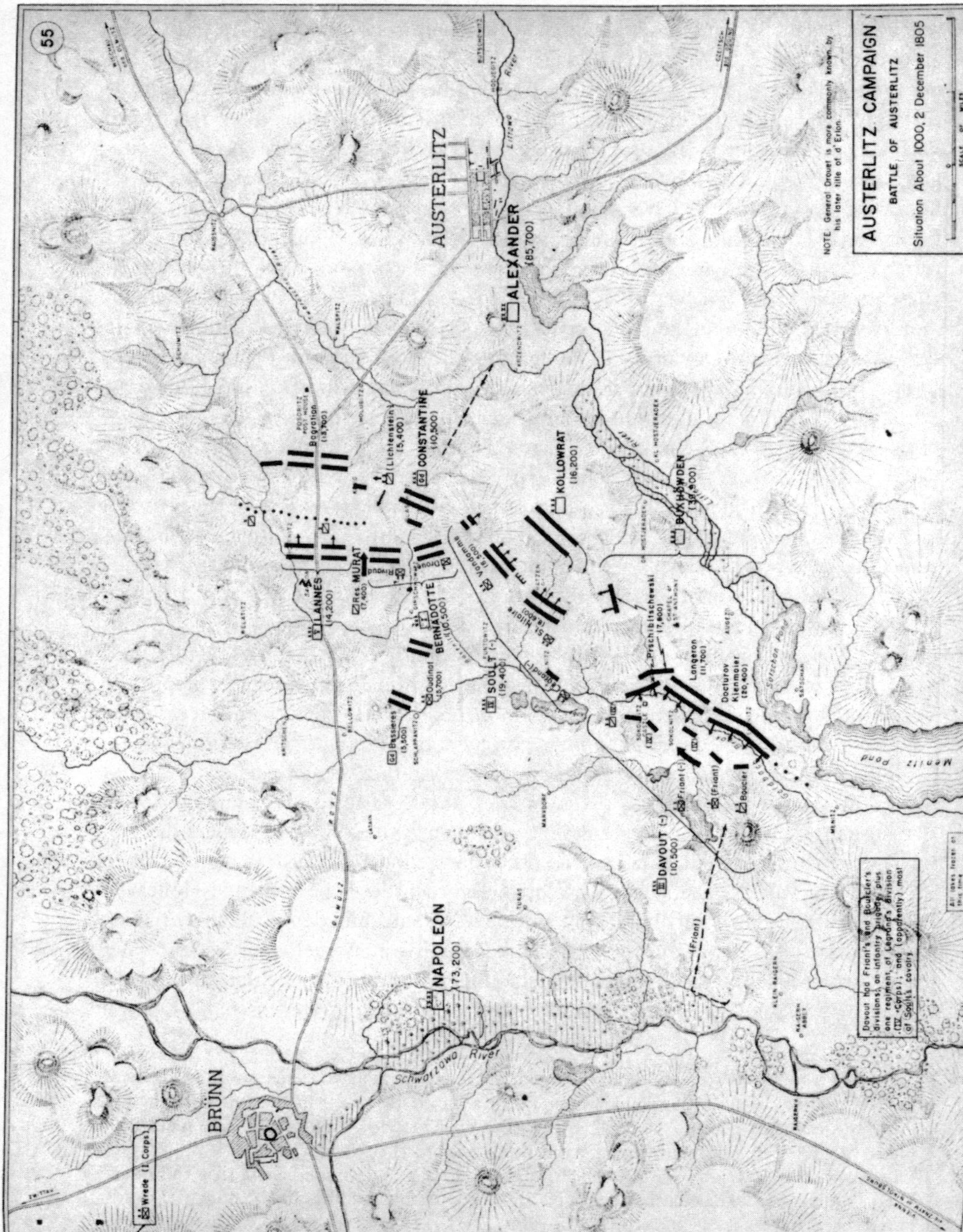
55
AUSTERLITZ CAMPAIGN
BATTLE OF AUSTERLITZ
Situation About 1000, 2 December 1805
NOTE: General Drouet is more commonly known by his later title of d'Erlon.
AUSTERLITZ
ALEXANDER (85,700)
CONSTANTINE (10,500)
KOLLOWRAT (16,200)
BUXHOWDEN (39,800)
LANNES (14,200)
MURAT
BERNADOTTE (10,500)
SOULT (-) (19,400)
DAVOUT (-) (10,500)
NAPOLEON (73,200)
BRÜNN
Schwarzawa River
Menitz Pond
Satschan Pond
Wrede (I Corps)

Erstürmung der Pratzener Höhe das Feindzentrum zerriß und den gesamten alliierten linken Schlachtflügel zertrümmerte. Auch nördlich der Straße Olmütz–Brünn schlug die Offensive in fluchtartigen Rückzug um. Die Russen hatten rund 22 000 Mann verloren, die Österreicher knapp 6000, die Franzosen bis zu 10 000.

Austerlitz war die »erste napoleonische Schlacht« mit allen Merkmalen einer neuen Epoche in der Geschichte des Krieges[8]. Unter genialer Feldherrnregie erfüllte die mittlere Führung mit ihren starken Korpsverbänden selbständige Aufgaben. Der dem Feind überlassene Anfangserfolg wurde an der zur Entscheidung gewählten Stelle durch erdrückende Übermacht in die totale Niederlage verwandelt. Ein einziger Schlag von vernichtender Wirkung warf bei Austerlitz zwei Großmächte zu Boden. Er brachte dem Sieger den schnellen Frieden mit Österreich, wie er ihn haben wollte, hervorgegangen »aus den Vorbereitungen ... die in der Aufstellung der ersten ›großen Armee‹ gipfelten«[9]. Ohne schon friedenswillig zu sein, zog der Zar mit den Trümmern seines Heeres heimwärts. Der preußische Gesandte hatte in Wien ein Ultimatum seines Königs betreffs »bewaffneter Friedensvermittlung« überreichen wollen. Bis nach Austerlitz hingehalten, wurde er kurz und bündig genötigt, unter Aufgabe der Neutralität Preußens ein sehr nachteiliges Schutz- und Trutzbündnis mit Frankreich einzugehen. Für die Engländer blieb bei aller Enttäuschung über den raschen Zusammenbruch der dritten Koalition Nelsons Seesieg von Trafalgar (21. Oktober) ein starker Trost.

8 Yorck v. Wartenburg: Napoleon als Feldherr, Bd. 1, Berlin 1885, S. 241.
9 H. Stegemann: Der Krieg, Bd. 2, S. 237.

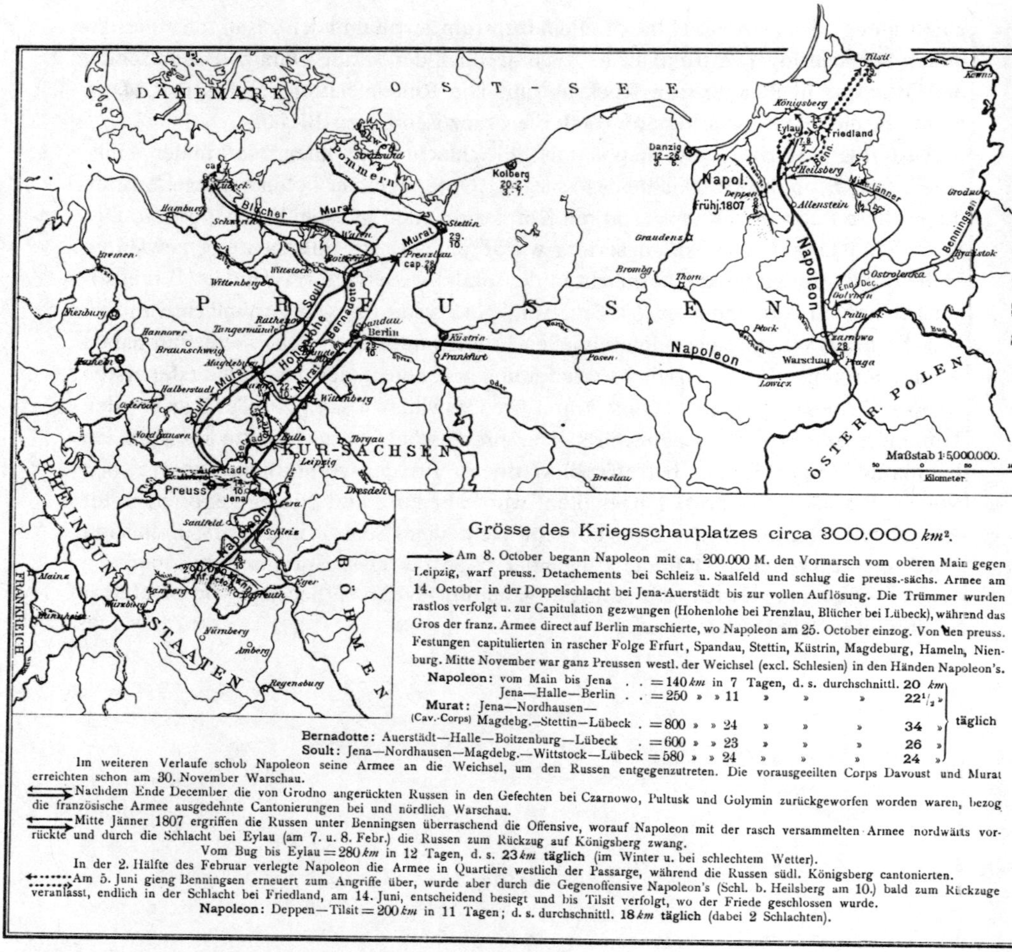

Abb. 80. Operationsskizze zum Krieg 1806/07. Nach O. Berndt.

Napoleons Krieg gegen Preußen und die vierte Koalition 1806/07[1]

Der Operationsplan des Kaisers gegen Preußen im Herbst 1806 basierte auf dem einfachen Grundgedanken, die Schlachtentscheidung unverzüglich unter vorteilhafte-

1 O. v. Lettow-Vorbeck: Der Krieg von 1806 und 1807, 4 Bde., Berlin 1891–1896; C. Frhr. v. d. Goltz: Von Roßbach bis Jena und Auerstedt, Berlin 1906; ders.: Von Jena bis Pr.-Eylau, Berlin 1907.

sten Umständen herbeizuführen und den errungenen taktischen Sieg bis zur endgültigen Feindvernichtung auszunützen. Allen anderen Feldzugsentwürfen gleich oder zumindest ähnlich blieb die Gesamtoperation von Anfang bis zum Ende das dominierende Prinzip. Das »Beispiel 1806[2]« demonstriert Geist und Technik der napoleonischen Kriegführung auf eindrucksvollste Weise. Am 19. September befahl der Kaiser noch von Paris aus seinem Generalstabschef Berthier, die weit verstreut in den süddeutschen Quartieren liegende Armee bis zum 4. Oktober am oberen Main zu versammeln. Er beabsichtigte, den Vormarsch nicht über den Thüringer-, sondern über den Frankenwald zu führen; denn alles kam ihm darauf an, so schnell wie möglich längs des Saale- und Elstertales die direkte Straße nach Berlin zu gewinnen. War der schwierige Gebirgsübergang geglückt, so mußte die gewählte Stoßrichtung dem Strategen die Initiative sichern, wenn der Gegner nicht zeitgerecht und rasch reagierte, ganz gleich wo er stand.

Die Preußen brauchten erst hinter dem Gebirge ernster genommen zu werden, als die Armee befehlsgemäß ihren Aufmarsch beendete: 170 000 Mann einschließlich der Spezialwaffen, gegliedert in sechs Korps, die Garde, und Murats Reiterverbände. Die Rheinbundtruppen und ein noch in Bildung begriffenes Korps hatten als zweite Staffel zu folgen. Am 8. Oktober begann der Vormarsch mit zwei leichten Kavallerie-Brigaden, die dem stets nachrichtenhungrigen Kaiser alle nötigen Informationen über den Feind verschaffen sollten, und da man spätestens am Ausgang des Frankenwaldes auf ihn stoßen mußte, hielt sich die erste Division des Korps Bernadotte eng aufgeschlossen an den Hufen der Husaren und Chausseurs, um als Rückhalt zu dienen. Napoleon hatte seine Marschdispositionen so getroffen, daß jeweils zwei Korps, auf den drei Straßen über Hof–Plauen, Kronach–Schleiz und Koburg–Saalfeld vorrükkend, ein tief gestaffeltes großes Karree in der Ausdehnung von 60 × 60 km bildeten. Er selbst nannte diese Formation, die wie eine aus dem taktischen Bereich ins Operative übertragene Grundfigur aussah, »bataillon carrée«. Alle Kräfte ließen sich nach den eventuell angegriffenen Flügeln hin innerhalb von zwei Tagen vereinigen, nach der Mitte binnen eines Tages. So war nichts dem Zufall überlassen. Vorsicht schien allerdings geboten, denn man rückte der Armee von Roßbach zu Leibe. Zu diesem Zeitpunkt hatte aber der timide preußische Kriegsrat schon jede ernsthafte Offensivabsicht aufgegeben. Das erste Gefecht gegen die Vorhutdivision Tauentzien am 9. Oktober bei Schleiz, die schnell geworfen wurde, ergab noch keine Klarheit. Die Resultate der Kavallerie-Meldungen waren mager. Da sich der Feind offenbar defensiv verhielt, glaubte Napoleon, daß die preußische Hauptmacht von der Saale links abmarschieren und zusammen mit den Sachsen Dresden decken würden. Daß sie immer noch unschlüssig bei Eisenach, Weimar und Jena herumstanden, konnte er sich am allerwenigsten vorstellen. Auch als die Nachricht vom Gefecht bei Saalfeld eintraf, wo Marschall Lannes mit seinem V. Korps auf der linken Vormarschstraße die

2 S. Fiedler: Napoleon gegen Preußen (Grundriß der Militär- und Kriegsgeschichte, Bd. 3), München 1978; Das kriegsgeschichtliche Beispiel, S. 161 ff.

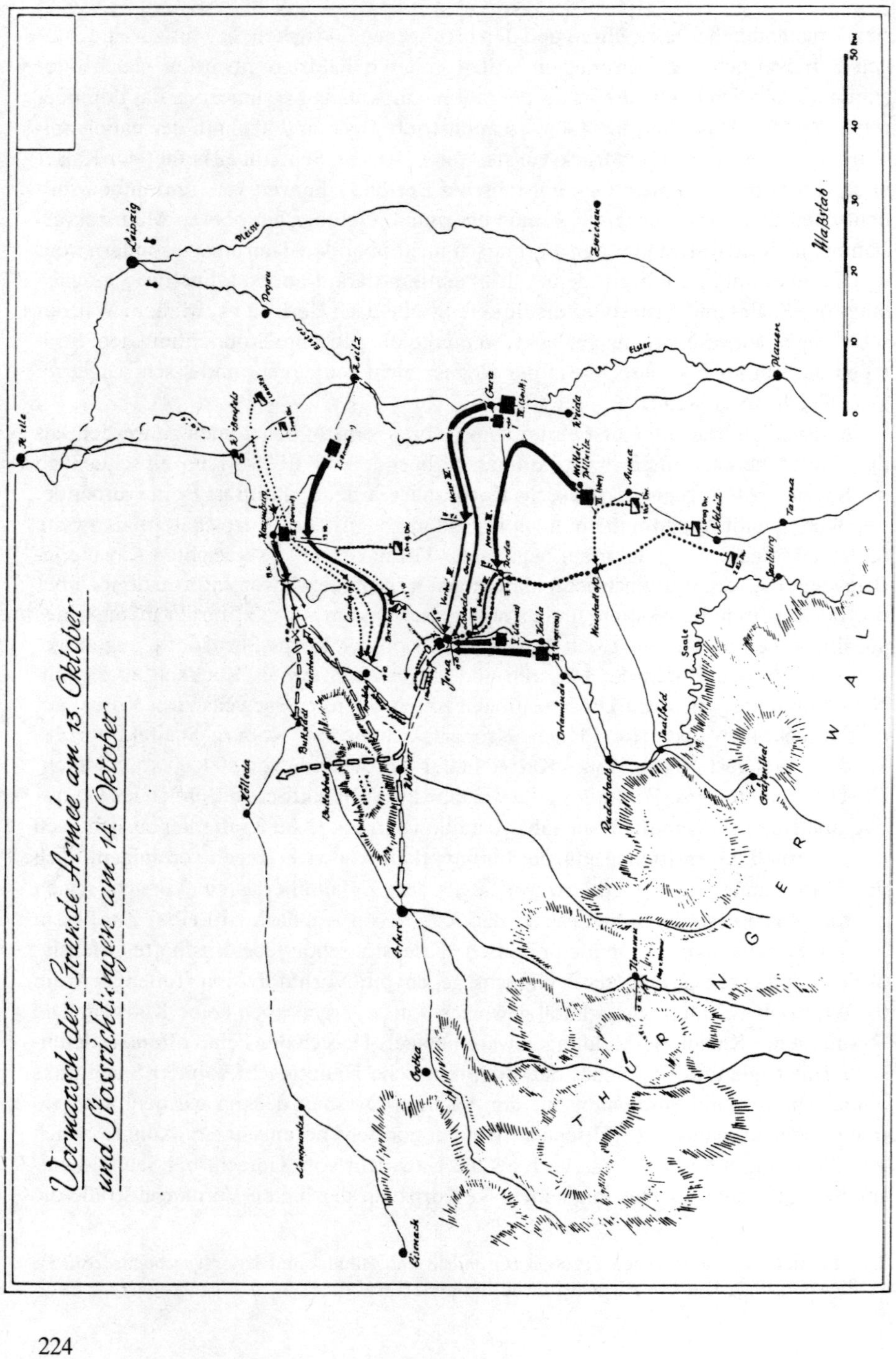

Abb. 81. Skizze zur operativen Entwicklung der Schlacht von Jena und Auerstedt.

vorgeschobene Division des Prinzen Louis Ferdinand überrannt hatte, blieb er bei seiner Ansicht. So erging Befehl, das »bataillon carrée« auf Gera zu konzentrieren. Am 12. Oktober war die Armee nach ihrem rechten Flügel hin schon auf ziemlich engem Raum versammelt, die Spitzen der beiden äußeren Kolonnen nur noch 30 km von einander entfernt. Daß die sächsischen Regimenter samt den bei Schleiz geschlagenen Truppen ungehindert bis Jena hatten zurückgehen können, verdankten sie der geänderten Vormarschrichtung der Franzosen und der saumseligen Gefechtsaufklärung ihrer Kavallerie.

Am Morgen des 13. Oktober wurde der Kaiser endlich aus seiner Ungewißheit erlöst. Alle Informationen besagten, daß der Feind noch zwischen Weimar und Jena anzutreffen sei. So mußte die gestellte Beute rasch angefallen werden, ehe sie entwischte. Das Schwergewicht der Armee sollte nach dem linken Flügel hin verlegt und die Masse der Großverbände am Ort der voraussichtlichen Schlachtentscheidung bei Jena vereinigt werden. Die schon bei Zeitz und Naumburg stehenden Korps (I. und III.) und die Vorhutkavallerie hatten gegen die Saale einzuschwenken, um dem Feind in die Flanke zu fahren. Dieser Angriffsplan beruhte jedoch auf ungenügenden Grundlagen. Die preußische Armeeführung hatte zwar tatenlos zugesehen, wie die feindlichen Korps, auf ihrem schnellen Marsch bedenklich aufgelockert, an ihrer Stellung rechts der Saale vorbeizogen, dann aber doch einen Entschluß gefaßt. Rechtzeitig konsequent ausgeführt, hätte er die Absicht Napoleons durchkreuzt. Aber viel zu langsam und schwerfällig trat die Hauptarmee am 13. Oktober auf der Straße von Weimar nach Auerstedt den Rückzug zur Elbe an. Der andere Heeresteil war noch weit verzettelt. Das Korps Rüchel (15 000) blieb bei Weimar stehen, um die vom Thüringer Wald endlich zurückgerufene Division des Herzogs von Weimar (10 000) aufzunehmen. Die preußisch-sächsische Armee des Fürsten Hohenlohe (35 000) auf dem Hochplateau oberhalb Jena sollte den Abmarsch decken. Niemand dachte daran, daß es hier am nächsten Tag zur Schlacht kommen würde.

Obendrein war dem Angreifer schon am 13. Oktober mittags der beherrschende Landgrafenberg fast kampflos zugefallen, so daß er sich tags darauf den nötigen Raum zur Entfaltung und Entwicklung seiner Kräfte um so leichter erkämpfen und an die 100 000 Mann durch das »Loch« von Jena zwängen konnte. Fürst Hohenlohe nahm auftragswidrig, gleichsam mit verbundenen Augen, die Schlacht an und rannte blindlings in sein Verderben. Beiderseits umklammert, wurde die preußisch-sächsische Armee im Zentrum von Napoleons massiertem Gewaltstoß durchbrochen. Zuletzt opferte General v. Rüchel in nervöser Hast, vielleicht auch durch Mißverständnis fehlgeleitet, sein Korps nutzlos auf, als es gegen 14.00 Uhr verspätet eintraf. Murats Kavallerie jagte die zerschlagenen Trümmerteile in die Flucht, die hinter der Ilm nach Norden und Westen auseinanderlief. Von den Ereignissen bei Auerstedt erhielt der Kaiser erst am nächsten Morgen genauere Kenntnis. Das Korps Davout war kurz nach Vormarschantritt über den unbesetzten Kösener Paß im dichten Nebel mit der Hauptarmee des Herzogs von Braunschweig zusammengestoßen. Hier erwies sich der Marschall als vollwertiger Stellvertreter seines Meisters. Die erste Division

Abb. 82. Die Franzosen sind bemüht, ihre Kanonen den Apoldaischen Steiger hinaufzubringen. Kupferstich von L. Heß aus der Zeit.
Schon am 13. Oktober mittags war das V. Korps des Marschalls Lannes im Besitz des Landgrafenberges, den die Division Tauentzien fast kampflos dem Feind überlassen und dadurch den Einblick ins Saaletal preisgegeben hatte. Im H.Q. des Fürsten Hohenlohe rechnete man hier mit keiner Schlacht, die Napoleon umsichtig vorbereitete, als er noch in der Nacht zum 14. 10. den Artillerieaufmarsch persönlich leitete.

diente ihm bei Hassenhausen als Wellenbrecher des preußischen Angriffs, die zweite verstärkte deren beiderseits bedrohte Flügel und die dritte ging nördlich umfassend vor. Die taktische Überlegenheit der französischen Infanterie gegenüber der frei im Felde stehenden Feindlinie stellte das Gleichgewicht der Kräfte her, zusammenhanglose Attacken vereinzelter Kavallerieregimenter wurden abgewiesen. Als der Gegner zu weichen anfing, rührten sich seine Reserven (noch zweieinhalb Divisionen) nicht vom Fleck. Da nach dem Ausfall des Oberbefehlshabers auf dem Feldherrnhügel totale Konfusion herrschte, ließ es der König geschehen, daß die mit dem Gesicht nach Berlin und dem Rücken zum Rhein begonnene Schlacht nicht mehr mit frischen Truppen in der einzig möglichen rettenden Richtung durchgeschlagen wurde. In Unkenntnis der Niederlage von Jena befahl er den Rückzug nach Weimar, wodurch die noch nicht besiegte Armee vom Regen in die Traufe geraten mußte. Der Kaiser erschrak bei dem Gedanken, was bei Auerstedt hätte passieren können, zumal Marschall Bernadotte bei Apolda stehengeblieben war, weil er den Entschluß zum Abweichen vom Auftrag zwecks schneller Hilfeleistung nicht finden konnte oder wollte.

Wenigstens wog das Ausmaß des Sieges die zu hohen Blutopfer wieder auf; denn nun bestanden allerbeste Chancen, die ganz verkehrt abgezogenen Preußen auf dem Wege der strategischen Verfolgung zu vernichten.

Die direkte Verfolgung am linken Heeresflügel verlief nicht nach Napoleons Wünschen, weil die Kavallerie nicht gleich die richtige Fährte fand. Obwohl bald hart bedrängt, gelangten die Preußen nach strapazierenden Gewaltmärschen bis zum 20. Oktober hinter die Wälle von Magdeburg. Aber unter welchen Umständen! Der Schlachtausfall und was danach verlorenging betrug einschließlich der 10 000 Gefangenen in Erfurt rund 50 000 Mann, womit sich ein Rest von 50 000 Mann ergab[3]. Die Division des Herzogs von Weimar und die um den Harz marschierte Artilleriekolonne (13 000) konnten unverfolgt den Elbe-Übergang bei Sandau gewinnen, wo der Oberst von Yorck mit seinem Fußjägerregiment die zuletzt noch aufgetauchte Vorhut des Korps Soult energisch abwehrte (26. Oktober).

Dem Kaiser galt das bisherige, relativ geringe Resultat im Grunde genommen als zweitrangig. Jetzt kam es jedoch darauf an, das im großen Rahmen zu erreichen, was im kleinen nicht gelungen war. Der Schwerpunkt der Operation lag auf dem überholenden, auf weit gesteckte Ziele in Marsch gesetzten rechten Heeresflügel. Am 17. Oktober traf Bernadotte, auf der linken, dem Feind zugewandten Straße vorrükkend, bei Halle auf das preußische Reservekorps des Herzogs von Württemberg (13 000), das er sogleich mit Elan angriff und über den Haufen warf. War diese Streitmacht schon nicht mit zur Schlachtentscheidung herangezogen worden, so noch viel weniger zum Verteidigungskampf um Zeitgewinn an den Elbeübergängen von Roßlau und Wittenberg. Der Herzog hatte nichts Besseres zu tun, als mit seinen zerzausten Regimentern eiligst nach Magdeburg zurückzugehen, wodurch er die wichtigen Strombrücken unbesetzt dem Feind überließ. Bis zum 24. Oktober abends stand die operative Verfolgungsgruppe nach zwei forcierten Tagesmärschen am vorläufigen Ziel: rechts Marschall Davout mit der Dragoner-Division Grouchy bei Schöneberg südlich Berlins, links das über Treuenbrietzen und Beelitz vorgerückte Korps Lannes in Potsdam, hinter ihm die Kolonne des Marschalls Augereau. Murats Kavallerie hatte der Kaiser inzwischen an die Spitze des überholenden rechten Heeresflügels heranbefohlen. Da Magdeburg am linken allen Verfolgern den Bewegungsraum versperrte – Ney und Soult schlossen die Festung ein –, konnte die Reitermasse dort erst recht nichts mehr nützen. Nach rascher weiträumiger Seitwärtsbewegung waren die vordersten Regimenter zum gleichen Zeitpunkt wie die Infanterie in Potsdam angelangt, die leichte Brigade gleich weiter bis Charlottenburg vorgetrieben. Nur die beiden Kürassier-Divisionen lagen noch bis Treuenbrietzen zurück, weil sie das unerhörte Marschtempo von zweimal rund 60 km pro Tag nicht durchhalten konnten. Murats Reiter-Raid war ein typisches Merkmal napoleonischer Operationsführung.

3 Schätzungen der Verluste und Kommentar dazu siehe Clausewitz: Nachrichten über Preußen in seiner großen Katastrophe (Kriegsgeschichtliche Einzelschriften, H. 10), Berlin 1888, S. 531 f.

Am 21. Oktober hatte Fürst Hohenlohe den Weitermarsch von Magdeburg an die Oder auf dem Umweg über Rathenow angetreten; mit bloß 24000 Mann, weil im allgemeinen Durcheinander der zerrütteten Verbände, außerdem unter Zeitdruck, keine Übersicht mehr bestand und deswegen ein viel zu großer Restteil in der Festung zurückblieb. Davon erfuhr der Kaiser genaueres in Berlin am 25. Oktober durch eine Meldung von Bernadotte, der bis Brandenburg gekommen war. Sofort begann die letzte Phase der Verfolgung, jetzt nordwärts mit vorausgeworfener Kavallerie. Hinterher eilte Marschall Lannes. Um noch schneller vorwärtszudringen als bisher, bildete er in Oranienburg aus einem leichten Infanterieregiment, den Voltigeurkompanien sämtlicher Bataillone, sechs Geschützen und den drei leichten Regimentern seiner Korpskavallerie eine überaus modern anmutende »Vorausabteilung« (2500). Nach dem Prinzip »Muskelkraft von Soldat und Pferd geht vor Feuerkraft« sollte die Verfolgung im Schwung gehalten werden[4]. Die moralische Überlegenheit gab den Ausschlag, der stürmische Siegeslauf spornte die erschöpften Divisionen zu letzter äußerster Kraftanspannung an.

Dennoch hätten die Preußen unter entschlossener umsichtiger Führung den Wettlauf zur Oder gewinnen müssen, wenn sie an der eingeschlagenen Marschdirektion festhielten und die vorgeprellten Verfolgungsspitzen des Gegners seitlich abdrängten. Statt dessen wich man auf zeitraubenden Umwegen dem Kampf aus und verfuhr weiter nach den Regeln des Rückzuges aus versunkener Zeit. Demgegenüber führte Murat seinen Auftrag jetzt im vollen Einklang mit den Intentionen Napoleons aus. Am 28. Oktober erwischte er bei Prenzlau die preußische Hauptkolonne und ging sofort mit zwei Dragoner-Divisionen, die je drei Geschütze mitführten, und der nachfolgenden Vorausabteilung zum Angriff vor. Seine 5000 Mann genügten, um Fürst Hohenlohe mit doppelt so viel Leuten zur schmachvollen Kapitulation auf freiem Felde zu übertölpeln; dies angesichts der nahen Oderbrücke unter den 100 Kanonen von Stettin, wo sichere Rettung lag. Das schändliche Übel wirkte ansteckend auf die anderen kraftlosen Heeresglieder bei Pasewalk (29. Oktober) und Anklam (1. November). Der Festungsgouverneur von Stettin öffnete der Husarenbrigade Lassalle sogleich die Tore.

Bis zum 7. November war auch das Korps des Generals v. Blücher zur Strecke gebracht. Anfangs die Nachhut auf dem Rückzug ab Magdeburg, hatte es am 29. Oktober in Boitzenburg auf die Kunde von der Prenzlauer Kapitulation hin auf der Stelle die Umkehr vollzogen und tags darauf ostwärts des Müritz-Sees sich mit der Division des Generals v. Winnig[4a] vereinigt. Jetzt 22000 Mann stark, wollte Blücher im Rücken der französischen Armee weiteroperieren und je nach Gunst der Lage den eingeschlossenen Festungen Magdeburg oder Hameln Hilfe bringen. Es mußte sich nun zeigen, ob Kampfkraft und Beweglichkeit dazu noch ausreichten. Die drei von Napoleon sofort zur Verfolgung angesetzten Gruppen waren zunächst weit voneinan-

4 Die Grundsätze der Verfolgung siehe Fiedler: Napoleon gegen Preußen, S. 216ff.

4a Es war die vom Thüringer Wald zurückgeholte Vorhut-Division der Hauptarmee; der Herzog von Weimar hatte das Kommando an der Elbe abgegeben.

der getrennt: Murat irrtümlich die Spur nordwärts suchend, Bernadotte bemüht, von Neu-Brandenburg aus die Beute bei Waren einzuholen, und Soult – mit einer Dragoner-Division von Magdeburg wieder abgezogen – im Vorgehen nach Norden. Nach blutig gelieferten Verzögerungsgefechten zwischen Müritz und Plauer-See bestand sogar die Chance, Bernadottes Vorausabteilung zu vernichten. Blücher scheute jedoch davor zurück, seine physisch wie moralisch arg geschwächte Truppe noch einmal angriffsweise auf freiem Feld gegen einen Feind vorzuführen, der trotz numerischer Unterlegenheit (12000) viel beweglicher und geschickter kämpfte[5]. Sobald die drei Verfolgungskorps zu gemeinsamer Aktion in enge Verbindung traten, wich das gehetzte Korps nach Lübeck aus, wo es einen Rückhalt zu finden hoffte. Am 6. November brach aber auch die Stadtverteidigung schnell zusammen. Am nächsten Tag mußte der verzweifelte Blücher mit nur noch »ohngefähr 9000 Mann ohne Munition« bei Ratkau kapitulieren.

Damit hatte Napoleons Armee innerhalb von vier Wochen die gesamte preußische Streitmacht, die ihr im Herbstfeldzug 1806 entgegengetreten war, vollständig vernichtet. Der Vergleich der Zeit-Raum-Faktoren mit Beispielen aus dem 18. Jahrhundert verdeutlicht die kriegerischen Energien, die durch das Elementarereignis der Französischen Revolution freigesetzt wurden[6]. Als sich schon einen Tag nach dem Unglück Blüchers auch die Hauptfestung Magdeburg ergab, konnte der Kaiser alle zuletzt noch durch Nebenaufgaben gebundenen Kräfte – drei Infanteriekorps und dreieinhalb Kavalleriedivisionen – zum weiteren Vormarsch an die Weichsel heranziehen.

Mit einer Armee von 60000 Mann bei Warschau, einer zweiten, seit Austerlitz noch nicht wieder aufgefüllten erst bei Byalistok (40000) und 20000 Preußen vor Thorn wäre der russische Obergeneral Bennigsen einem Napoleon gegenüber kaum gewachsen gewesen. Die weite Ausdehnung des Kriegsschauplatzes, die Natur des Landes und das wechselhafte Winterwetter bereiteten indessen dem Kaiser ganz erhebliche Schwierigkeiten. Er mußte die Klagen seiner Marschälle, deren Truppen nur langsam vorwärts kamen, Hunger litten und murrten, akzeptieren. Der kampflose Marsch über die Weichsel dauerte, auch wegen der durch Eisgang verzögerten Brükkenschläge, schon weit länger als der ganze Feldzug in Thüringen. Erst am 26. Dezember kam es bei Pultusk zur ungeduldig herbeigewünschten Schlacht, nachdem die Russen die aussichtsreiche Stromverteidigung nicht einmal versucht hatten[7], aber nun

5 Vgl. dazu Goltz: Von Jena bis Pr.-Eylau, S. 53f. und S. 199, der die Lage am 31. Oktober wohl zu optimistisch beurteilt hat.

6 So hat das Verfolgungskorps Zieten nach der Schlacht von Leuthen eine Strecke von etwa 100 km in 24 Tagen zurückgelegt, hingegen das Korps Bernadotte grob gerechnet 600 km in 24 Tagen, Murats Kavallerie sogar 800 km, das Korps Lannes 370 km in 12 Tagen; siehe Fiedler: Grundriß der Militär- und Kriegsgeschichte, Bd. 1, München 1972, S. 278ff. und Bd. 3, S. 206f.

7 Das unterstreicht die katastrophalen Folgen, die sich aus der Vernichtung der preußischen Armee auf dem Rückzug an die Oder ergaben.

doch standhalten wollten. Sie taten es mit heroischer Tapferkeit. Die rechte französische Umfassungsgruppe stieß auf überlegene Abwehr (26 000 gegen 45 000), während die linke im umgekehrten Verhältnis (27 000 gegen 13 000) nach verlustreichem Gefecht den geordneten Abzug des Feindes nicht zu hindern vermochte[8]. Napoleon selbst suchte die Entscheidung 30 km entfernt, wo niemand stand. In der Hauptsache des schlechten Wetters wegen und um die Armee leistungsfähig zu erhalten, ließ er sie weit ausgedehnt zwischen Narew und Frischem Haff hinter Omulew und Passarge Ruhequartiere beziehen. Zum ersten Mal hatte der Kaiser sein Ziel nicht erreicht. Die Russen waren bis Bialla zurückgegangen, die Preußen auf Angerburg ausgewichen.

Schon Mitte Januar trat Bennigsen aus der westlichen Enge zwischen Mauer- und Spirdingsee zur Offensive an, um dem linken Feindflügel (I. und VI. Korps) in die Quartiere zu fallen. Überraschung, Schnelligkeit und zielgerichtetes Zusammenwirken aller Kräfte vorausgesetzt, versprach das Unternehmen Erfolg; doch dazu war die schwerfällige Armee nicht fähig. Napoleon reagierte blitzartig. Bennigsen kehrte sofort um, stellte sich aber bei Preußisch-Eylau zur Schlacht. Annähernd gleich stark (70–75 000[9]) rückten die Franzosen am Nachmittag des 7. Februar den Russen zu Leibe und stürzten sich in einen mörderischen Kampf. Erst der umfassende Stoß in die linke Flanke der Abwehrmauer in der folgenden Mittagszeit schien den totalen Sieg zu bringen. Aber noch ehe die Katastrophe hereinbrach, war das preußische Korps unter General v. L'Estocq (6000) nach einem kühnen Seitenmarsch gegenüber Marschall Ney (VI. Korps) von der anderen Seite her auf dem Schlachtfeld angekommen. Diese kleine Schar rettete die russische Armee, indem sie gleich weiter an die aufs äußerste bedrohte Stelle eilte und den Feind im zügigen Angriff zurückschlug. Als man am nächsten Morgen im französischen Hauptquartier Bennigsens Abzug erfuhr, fühlte sich der Kaiser sofort als Sieger, doch zum ersten Male hatte er die Schlacht definitiv nicht gewonnen. Mit einem Verlust von 30 000 Mann (beim Gegner 25 000) konnte die Armee nichts anderes mehr tun, als in den Winterquartieren hinter Passarge und obere Alle ihre Auffrischung zu betreiben.

Napoleon brachte sie mit der doppelten Tatkraft seines organisatorischen Genies auf über 200 000 Mann, und als Beherrscher der Ostseeküste bis vor Kolberg begann er nach bereits in Berlin verkündeten Dekreten zur Kontinentalsperre (27. November 1806) den Wirtschaftskrieg gegen die Briten zu verstärken. Auf der Gegenseite verlegte man den Schwerpunkt der Vorbereitung zum Endkampf auf die diplomatische Aktion. Rußland und Preußen verbanden sich zu unverbrüchlicher Waffenbrüderschaft. Um diesen Kern sollte eine große Allianz mit England, Schweden und Österreich entstehen, die in ihrer Zielsetzung sogar schon das System des Wiener Kongres-

8 Zwei vom türkischen Kriegsschauplatz herbeigerufene russische Divisionen unter General von Essen waren noch fast 200 km von Warschau entfernt.

9 Nach Goltz: Von Jena bis Pr.-Eylau, S. 155. Marschall Lannes (V. Korps) stand mit selbständigem Auftrag im Flußwinkel zwischen Bug und Narew, um das inzwischen herangekommene russische Korps Essen (24 000) in Schach zu halten.

Abb. 83. Napoleon nach der Schlacht von Preußisch-Eylau. Nach einer Zeichnung aus späterer Zeit. Der verwöhnte Sieger hat erstmals die Schlacht nicht gewonnen und kann infolge übermäßig hoher Verluste seiner Armee keine weiteren Strapazen mehr zumuten. Das Gespräch gilt der künftigen Organisation des Sanitätswesens. Der freiwillige Rückzug der Russen befreit den Kaiser von schwerer Sorge.

ses von 1814 vorwegnahm[10]. In Wirklichkeit ein Spinngewebe, das Napoleon militärisch zerriß, ehe daraus ein festes Netz werden konnte.

Er fing mit der Eroberung von Danzig an (27. Mai). Als daraufhin General Bennigsen verspätet die vermeintliche Chance der Feldzugseröffnung ergriff und wie im vergangenen Winter seinen Vorstoß wiederholte, erfolgte sofort der französische Gegenschlag. Nach einem respektablen, doch wenig bedeutenden Abwehrsieg am 10. Juni bei Heilsberg gegen Marschall Lannes (V. Korps), der 10000 Mann verlor, zog Bennigsen seine Hauptmacht (46000) weiter Alle-abwärts bei Friedland unvorsichtig auf das linke Flußufer. Am Jahrestag von Marengo (14. Juni) griff ihn Napoleon mit 87000 Mann an. In dieser Schlacht vollbrachte General Sénarmont ein unerhörtes, bisher noch nie erprobtes Artillerie-Manöver. Zwei große Batterien fuhren gleich einer Feuerwalze zuerst auf 600, dann 300 und schließlich 150 Schritt an die Stellung der Russen heran und zertrümmerten ihren linken Flügel[11]. Bennigsen führte die Bruchstücke seines Heeres von Wehlau gleich weiter über die Memel auf russisches Gebiet. Das preußische Korps war von der linken Umgehungsgruppe nach Königsberg gedrängt und von dort bis Tilsit geworfen worden. Von dieser schweren Niederlage geschockt, brach der Zar in ähnlicher Haltlosigkeit zusammen wie nach Austerlitz. Ohne jede weitere Rücksichtnahme auf den Bundesgenossen bat er um Waffenstillstand, den Napoleon gern bewilligte (23. Juni), weil er ihm die Fortsetzung des Krieges in Rußland ersparte. Ein Nachspiel gab es noch durch die Belagerung der schwedischen Festung Stralsund, die erst am 23. August kapitulierte. Die auf Rügen gelandeten englisch-hannöverschen Truppen (5500) waren wieder abgezogen. Das um Greifswald sich versammelnde preußische Korps unter Blücher mußte aufgrund des Tilsiter Friedensschlusses vom 9. Juli nach Pommern marschieren.

10 P. G. Thielen: Karl August v. Hardenberg, S. 185f.

11 B. Druène: Der Feldherr Napoleon – Theorie und Praxis seiner Kriegskunst, in: Napoleon I. und das Militärwesen seiner Zeit, S. 47, und v. Morgen: Die Napoleonische Artillerie in den Feldzügen 1807 bis 1812, in: Jahrbücher für die Deutsche Armee und Marine, Jg. 1886, Bd. 59, S. 249f.

Der Krieg auf der iberischen Halbinsel 1807 bis 1813[1]

Unmittelbar nach der Niederwerfung Preußens und dem Friedensarrangement mit dem Zaren suchte Napoleon auch die nordischen Staaten in das Kontinentalsystem des Handelskrieges gegen England einzubeziehen. Die Gefahr einer neuen französischen Seeherrschaft vor Augen, sandten die Briten ein Geschwader nach dem neutralen Kopenhagen und verlangten ein Bündnis samt Auslieferung der Flotte. Da die Dänen diese Zumutung empört ablehnten, wurde die Hauptstadt drei Tage lang bombardiert (2.–5. September 1807), 35 Kriegsschiffe fielen dem brutalen Schlag als Beute zu. Von einer friedlichen Verständigung zwischen dem napoleonischen Kontinent und Großbritannien konnte fortan keine Rede mehr sein. Auch den Bemühungen des Kaisers, den König von Portugal zur Schließung seiner Häfen zu zwingen, kamen die Engländer zuvor. Als General Junot mit 26000 Mann Ende November aufgrund vertraglich zugesicherten Durchmarschrechtes spanisches Gebiet passiert hatte und in Lissabon einmarschierte, war die königliche Familie samt Flotte und Staatsschatz schon unter dem Schutz vom Geschwader des Admirals Sydney Smith nach Brasilien entkommen.

Die Okkupation Portugals bildete aber nur den ersten Schritt zur Besitznahme der gesamten iberischen Halbinsel. Napoleon nützte die schwache spanische Regierung und das innere Zerwürfnis im Bourbonenhause skrupellos für seine Zwecke aus, er annektierte das Land bis zum Ebro und gab die Krone unter Waffengewalt seinem Bruder Joseph Bonaparte. Womit der Kaiser nicht rechnen wollte, das geschah als Antwort: überall begann sich das Volk zu erheben und zu den Waffen zu greifen, ohne von zentraler Stelle aus dazu angeleitet zu sein. Die Festung Saragossa verteidigte sich heroisch »bis aufs Messer«. Schon am 21. Juli mußte General Dupont mit seinem Korps (17000) bei Bailen kapitulieren, worauf ganz Spanien in Insurrektion geriet. Aber politische und provinzielle Sonderbestrebungen verhinderten das planmäßige Zusammenfassen aller Kräfte für den Zweck der Befreiung. Unter der Last einer historischen Schuld von Jahrhunderten hatte der Staat auf Kosten der reichen Kolonien gelebt, ohne sich dabei innerlich zu festigen. Jetzt löste sich das unglückliche Land in ein Organisationschaos lokaler Junten auf, das auch die »Junta Suprema Central« als insurektionelle provisorische Regierung nicht zu beherrschen vermochte; doch monarchisch-dynastische Tradition, tiefe Gläubigkeit im Dienste der katholischen Kirche und unbezähmbarer Fremdenhaß bildeten elementare geistige Antriebe[2].

1 B. Schwertfeger: Geschichte der Königlich Deutschen Legion 1803–1816, 2 Bde. Hannover/Leipzig 1907; ders.: Einzelstudien über den spanischen Krieg 1808 bis 1814, in: Vierteljahreshefte für Truppenführung und Heereskunde, Jg. 1911, H. 2 und 3, Jg. 1913, H. 2 und 4; Napier: Histoire de la guerre dans la Péninsule 1807–14, 13 Bde., Paris 1828–44; F. X. Rigel: Der siebenjährige Krieg auf der pyrenäischen Halbinsel vom Jahre 1807–14, 3 Bde., Rastatt 1819–21.

2 Zum Volkskrieg in Spanien siehe R. Wohlfeil: Der Volkskrieg im Zeitalter Napoleons, in: Napoleon I. und das Militärwesen seiner Zeit, S. 105ff.

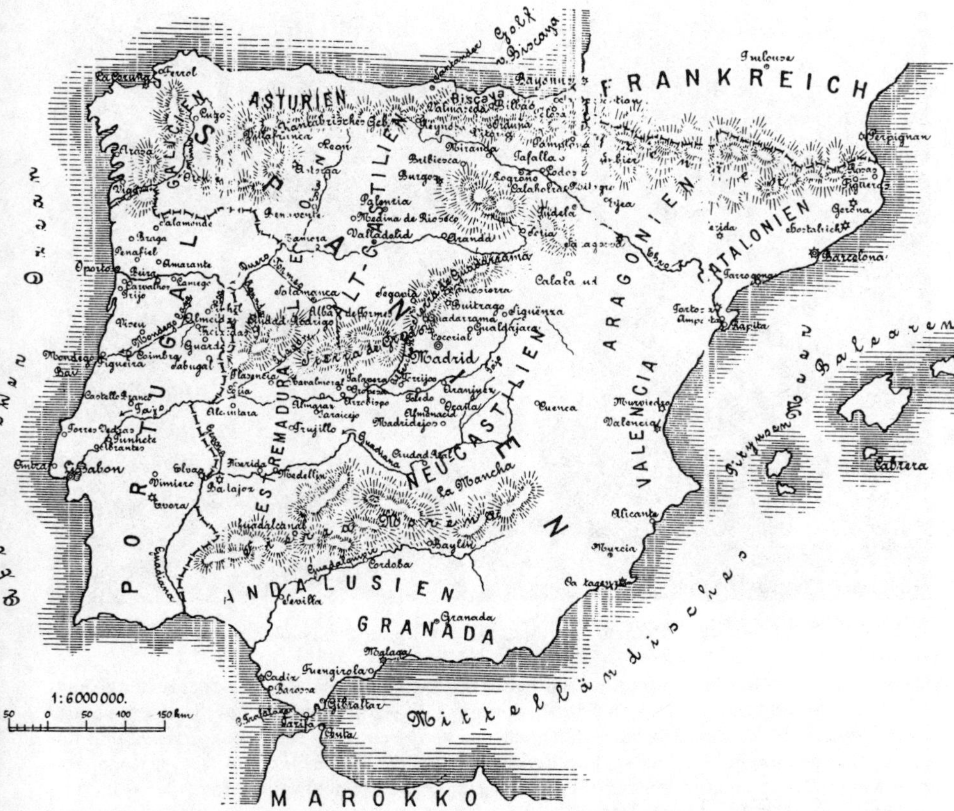

Abb. 84. Übersichtsskizze zum Krieg auf der Pyrenäen-Halbinsel.

Anfang August waren auch die ersten Engländer in der Mondego-Bai nördlich Lissabon gelandet. Um die Hauptstadt zu decken, griff General Junot bei Vimero an (21. August). Er biß sich jedoch an den zähen Verteidigern die Zähne aus und schloß obendrein eine Kapitulation ab, die seinen Truppen gestattete, Portugal auf »ehrenvolle Weise«, d. h. auf englischen Schiffen zu verlassen. Alle französischen Divisionen (120 000 standen insgesamt in Spanien) hatten wieder hinter dem Ebro Posten bezogen. Davor versammelte sich die reguläre spanische Armee in Stärke von 130 000 Mann, die aber nicht viel taugte. Die hinzutretenden Milizen brachten keine ernsthafte Hilfe.

Um seine erschütterte Herrschaft wieder aufzurichten, erschien Napoleon selbst mit neuen Korps (120 000), die er mit Masse aus Preußen herausgezogen hatte. Sein Feldzug im November gegen die verzettelt kämpfenden spanischen Generale gewann er in Etappen rasch und mühelos, am 4. Dezember war er in Madrid. Ganz anders

Abb. 85. Kampf mit den Mamelucken am 2. Mai in Madrid. Gemälde von Francisco Goya, gemalt 1814.
Nach dem Einzug Joachim Murats als Statthalter des nach Bayonne gereisten spanischen Königs Karl IV. in Madrid am 23. April 1808 brach dort am 2. Mai ein Volksaufstand los, der mit Härte niedergeschlagen wurde (siehe das gleichfalls von Goya gemalte Bild »Die Erschießung der Aufständischen am 3. Mai 1808«). Die Repression und die Einsetzung von Joseph Bonaparte zum König von Spanien lösten den Guerillakrieg aus. Die Mamelucken, infolge der Räumung Ägyptens mit nach Frankreich gelangt, bildeten eine Eskadron der Garde.

verlief dann der Vorstoß nach Nordwesten in der zweiten Dezemberhälfte, als die Engländer, auf 35 000 Mann verstärkt, von Portugal her schon über Valladolid hinausgelangt waren. Sobald General Moore den Kaiser im Anmarsch wußte, kehrte er sofort um. Sein Rückzug im Winterwetter durch schwieriges Gebirgsgelände an die Küste bei La Coruna zwang zu kräftezehrender Verfolgung, die Napoleon zuletzt dem Marschall Soult überließ. Während er schon am Jahresanfang nach Paris zurückeilte, wohin ihn alarmierende Nachrichten über die Rüstungen Österreichs und verschwörerische Umtriebe riefen, entkamen Moores erschöpfte Soldaten nach einem verzweifelt zähen Sperrgefecht auf die rettenden Schiffe (16. Januar 1809).

Die leicht errungenen Erfolge trugen wenig zur realistischen Meinungsbildung des Kaisers über den Spanienkrieg bei. Er dachte tatsächlich, mit etwas Talent und Energie müßte es gelingen, die ganze Halbinsel zu unterwerfen. Die Guerilla-Banden machten sich bisher nur in lästigen Nadelstichen bemerkbar, und die äußerst gefährlichen Engländer hatte Napoleon noch gar nicht kennengelernt. Immerhin blieben vier Armeen stehen: eine Ostgruppe in Katalonien (St. Cyr), eine Nordgruppe in Galicien und Asturien (Ney), eine West- und eine Südgruppe (Soult und Victor), die gemeinsam Portugal erobern sollten.

Am 22. April 1809 erschien Wellington in Lissabon und übernahm den Oberbefehl über alle Truppen, deren Kern das hart geschulte und disziplinierte englische Berufsheer einschließlich der Deutschen Legion bildete, dazu die portugiesischen Hilfskräfte. An der Spitze stand ein Feldherr, der durch seine indirekten Heeresoperationen die Wunde des Kleinkrieges am Körper des kaiserlichen Imperiums jahrelang am Schwären und Eitern hielt. Ohne Wellington wären die Spanier verloren gewesen; denn deren immer wieder ergänzte Armee blieb dem Feind hoffnungslos unterlegen. Auch brauchten sie Unterstützung an Geld, Waffen, Ausrüstung aller Art und Lebensmittel, die allerdings an den langen Küsten im Schutz der Flotte jederzeit sichergestellt war[3]. Andererseits erleichterte die immer heftiger aus dem Boden schießende Tätigkeit der Partisanen die englische Operationsführung. Sie zielte auf Ermattung des Gegners ab, indem die vielen kleinen Guerilla-Abteilungen die Kommunikationen der über das ganze Land verteilten französischen Korps unterbrachen und starke Kräfte banden.

Nach der Befreiung Nord-Portugals ging Wellington gegen den Tajo vor und schlug am 27. und 28. Juli bei Talavera seine erste Schlacht. 46 000 Franzosen unter Marschall Victor griffen 20 000 Engländer und Deutsche an, die 32 00 Spanier in leichter zu verteidigender Stellung unterstützten. Mit einem Verlust von 7260 Mann (gegenüber 5363) mußte König Joseph, der den Oberbefehl führte, dem Feind das Kampffeld überlassen. In der Hauptsache war der Abwehrsieg dem taktischen System des englischen Feldherrn zu verdanken, das allen modernen Angriffsmethoden unerschütterlich widerstand. Wie später noch bei Waterloo formierten seine Bataillone die Linie, aber »niedergelegt«, und erst auf wirksamste Schußentfernung empfingen sie auf dem Stellungskamm die schon außer Atem geratenen Sturmkolonnen mit verheerendem Salvenfeuer. Wenige Tage später mußte der Sieger der von Salamanca her in seinem Rücken auftauchenden Armee des Marschalls Soult ausweichen und schließlich bis Lissabon zurückgehen, aber er hatte doch soviel Zeit gewonnen, daß Portugal für das Jahr 1809 gerettet blieb.

Nach dem Frieden mit Österreich verstärkte Napoleon seine Truppen in Spanien bis auf 300 000 Mann, ohne jedoch die Leitung der Operationen selbst in die Hand zu nehmen. Seine »Heiratspolitik«, wohl auch die unheimlichen Verhältnisse auf dem iberischen Kriegsschauplatz, wo es »weder vorn noch hinten gab«, mochten ihn davon abgehalten haben[4]. Anstatt dann aber das Oberkommando dem tüchtigsten seiner Marschälle allein zu überlassen, bediente er sich aus Überheblichkeit und Mißtrauen der Fernsteuerung. Trotz aller örtlichen Erfolge in Spanien gelang die Eroberung Portugals nicht. Sie brach sich an der hartnäckigen Verteidigung der Torres-Vedras-

3 v. Jordan: Die englische Seemacht im Halbinselkrieg 1808 bis 1814, in: Vierteljahreshefte für Truppenführung und Heereskunde (1910), S. 114 ff.

4 Schwertfeger: Geschichte der Kgl. Deutschen Legion, Bd. 1, S. 264.

Linie, die Wellington zum Schutz Lissabons quer über das Gebirgsland zwischen Tajo und dem Meer errichtet hatte. Verlustgeschwächt und vom Hunger ermattet, zog sich Marschall Masséna mit seiner von 70 000 auf 45 000 Mann reduzierten Armee Mitte November etappenweise zurück. Marschall Soult in Andalusien leistete wenig tatkräftige Hilfe.

Im folgenden Jahr geriet der Halbinselkrieg in ein neues Stadium. Er konzentrierte sich auf die festen Plätze, die das französische Okkupationsheer unbedingt im Besitz halten mußte. Cadiz bekam es nicht. Sobald dann Wellington ständig bedrohend auftrat und die Belagerung begann – vor Almeida und Ciudad Rodrigo auf dem nördlichen, vor Badajoz auf dem südlichen Schauplatz –, zwangen ihn eilig herbeigeeilte Feindkräfte immer wieder zum Ausweichen. Diese Kräfte fehlten aber an anderer Stelle, wo die Guerillas um so leichter und nachhaltiger die Verbindungen zerschnitten. 1812 hatte Napoleon schon von allen Armeen Truppen für den Rußlandfeldzug abgezogen. Nicht weniger als 90 000 Mann waren im Kleinkrieg gebunden. So konnte Wellington mit seiner auf 51 000 Mann angewachsenen Armee überraschend Ciudad Rodrigo stürmen, Badajoz einnehmen und den von der Gruppe Soult im Süden getrennten Marschall Marmont (42 000) am 22. Juli in der blutigen Schlacht bei Salamanca besiegen. Nach seinem Vorstoß auf Madrid, der König Joseph zum Verlassen seiner Residenz nötigte, wandte er sich gegen Burgos an der nach Frankreich führenden Hauptstraße. Hier zwang ihn Marschall Soult noch einmal zum Rückzug nach Portugal, nachdem er unter Aufgabe weiter Gebiete eine Übermacht von 70 000 Mann vereinigt hatte. Die Würfel waren aber schon gefallen. Je mehr es auf dem iberischen Kriegsschauplatz der Kräftekonzentration bedurfte, um Wellington endlich zu schlagen, desto mehr Land ging an die Guerillas verloren. Unter solchen weiterwachsenden Schwierigkeiten wirkte die Katastrophe in Rußland auf Napoleons Spanienarmee zurück.

Auch als das Jahr 1813 begann und die Völker gegen ihn aufstanden, wollte sich Napoleon immer noch nicht dazu entschließen, seine Truppen aus Spanien abzuberufen. Immer noch glaubte er, sie würden sich gegenüber den Engländern behaupten können. Die Partisanen sollten »auf Partisanenweise[5]« bekämpft werden. 30 000 Mann mußten aber doch von der Halbinsel weggezogen werden, so daß König Joseph nur noch über 100 000 Soldaten um Madrid, in Kastilien und Navarra verfügte; 35 000 standen in Valencia, der Rest von 45 000 Mann wurde zum Sicherungs- und Garnisondienst benötigt. Auf der anderen Seite gebot Wellington, nun endlich auch als Generalkapitän der spanischen Truppen, über 70 000 Engländer, Deutsche und Portugiesen, dazu etwa 120 000 Spanier. Mit dieser Macht, auch mit allen Bedürfnissen der Kriegführung reichlich versehen, konnte er offensiv zum Endkampf vorrükken. Am 21. Juni schlug er die Entscheidungsschlacht von Vitoria, wo sich die Straßen auf Bayonne und Pamplona gabeln. Von seinem Anmarsch völlig überrascht, war

5 Befehl Napoleons an General Lefèvre v. 12. 9. 1813: »il faut opérer en partisan partout où il y a des partisans«, zit. nach C. Schmitt: Theorie des Partisanen, Berlin 1963, S. 20.

Abb. 86. Schlacht bei Salamanca am 22. 7. 1812. Nach einem zeitgenössischen Gemälde im niedersächsischen Heimatmuseum Hannover.
Sieg Wellingtons über Marschall Marmont.

Feldmarschall Sir Arthur Wellesley, Herzog von Wellington und Fürst von Waterloo (1769–1852). Nach einem Gemälde von Francisco Goya.

es König Joseph nicht mehr gelungen, alle Kräfte noch rechtzeitig heranzuziehen. Die beiden fehlenden Korps (27000) entkamen aber nach Südfrankreich. Auch die besiegte Armee (45000) rettete sich, allerdings unter Verlust von 100 Geschützen, auf dem Weg über Pamplona durch das Tal von Roncesvalles. Die Nachricht der Niederlage von Vitoria traf Napoleon während des Waffenstillstandes in Dresden um so schwerer, als er keine Hoffnung mehr haben durfte, Österreich vom Beitritt zur großen Koalition abzuhalten.

Auf Londons Weisung ging Wellington nur schrittweise weiter über den trennenden Gebirgswall der Pyrenäen vor. Man konnte noch nicht genau wissen, wie sich die Lage in Norddeutschland entwickeln würde, und außerdem sollten zuerst die rückwärtigen Verbindungen gesichert sein. Am 31. August fiel die Festung San Sebastian im Sturm der Engländer und Deutschen, die dabei 5000 Mann einbüßten; am 31. Oktober ergab sich Pamplona, vom Hunger bezwungen. Nun erst zielte die Offensive nach Südfrankreich hinein, der sich Marschall Soult durch zähe Verteidigung der Flußabschnitte bis ins verschanzte Lager von Bayonne entgegenstemmte. Die Armee an der spanischen Ostküste war nach Aufgabe von Valencia und Tarragona bis Katalonien zurückgegangen. Das seit den Kämpfen der Republik grassierende Übel unter den Armeeführern – Eifersucht und Neid – ließ auch Marschall Souchet nicht mit Soult kooperieren. Erst Anfang April 1814, als dieser schon bei Toulouse stand, rückte er ihm von Perpignan aus entgegen. Zu diesem Zeitpunkt waren die siegreichen Alliierten bereits in Paris eingezogen und der Kaiser hatte abgedankt.

Österreichs Krieg 1809[1]

Den Krieg 1809 begann Österreich als Angreifer, nachdem Napoleon durch seine Drohgebärden das Gegenteil erreicht hatte. Erzherzog Karl führte die Armee. Er versammelte sie in Böhmen (175 000), als die Masse des französischen Operationsheeres in Spanien beschäftigt und der für Deutschland vorgesehene Teil erst in der Neubildung begriffen war. Der Vorteil der Initiative sicherte dem Generalissimus einen raschen Vormarsch durch Franken gegen die Donau. Da änderte der pessimistische Feldherr seinen Plan in der Besorgnis, daß ihm der Gegner infolge schon weiter fortgeschrittener Rüstung zuvorkommen, auf Wien zustoßen und die Verbindungen mit den in Österreich sich bereitstellenden Truppenkorps (80 000) abschneiden könnte. Deshalb zog er ab 20. März mit dem Gros (4 Korps) nach Süden ab, um am Inn aufzumarschieren, während nur zwei Korps in Böhmen zurückblieben, die zum Festhalten der zwischen Nürnberg und Regensburg stehenden Feindgruppe (III.Korps Davout) bestimmt waren. Dadurch gingen drei Wochen Zeit verloren.

Napoleon verrichtete noch in Paris die Riesenarbeit zur Organisation einer neuen »Grande Armée« in Süddeutschland, sein Generalstabschef Berthier führte das Kommando zur Versammlung der Truppen. Die Instruktionen basierten noch auf der Annahme der Österreicher in Böhmen, zuletzt auf der Alternative ihres Einmarsches vor oder nach dem 15. April. Im ersten Falle sollten die eigenen Kräfte bei Regensburg konzentriert sein, im anderen Falle hinter dem Lech. Da der Marschall beiden Möglichkeiten vorsorgen wollte, war die Armee 150 km breit verteilt, als Erzherzog Karl am 10. April seine Korps bei Schärding, Mühlheim und Braunau den Inn überschreiten ließ. Doch erst am 7. Marschtag erreichte das Zentrum Landshut, für einen kräftigen Stoß zur Donau gegen Davout viel zu langsam. Ein untrügliches Zeichen, wie wenig die noch ganz ungenügend zum Krieg gerüstete Armee ans Marschieren gewöhnt war. Auch hatten die Verpflegungstransporte auf dem langen Querweg von Böhmen ins Donautal nicht zeitgerecht folgen können. Trotzdem hoffte der Erzherzog, den Feind bei Regensburg vereinzelt zu schlagen, wenn er dazu seinen rechten Flügel und die beiden Korps im Norden ansetzte, die inzwischen längs der Naab heranrückten. Sein linker Flügel unter Feldmarschalleutnant Hiller hatte zunächst die Deckung nach Westen zu übernehmen.

Napoleon hatte die Nachricht des Kriegsausbruchs am 12. April in Paris über den Optischen Telegraphen[2] erfahren. Als er am 17. in Donaueschingen beim König von Württemberg eintraf, erschreckte ihn die Gefahr, die seinem exponierten linken Heeresteil infolge der österreichischen Rochade an den Inn unmittelbar drohte. Auf der

1 Horsetzky: Feldzüge der letzten 100 Jahre; Krieg 1809 (k. u. k. Kriegsarchiv), 4 Bde., Wien 1907–1910; M. v. Angeli: Erzherzog Carl als Feldherr und Heeresorganisator, Bd. 4, Wien und Leipzig 1897; M. Rauchensteiner: Die Schlacht bei Deutsch Wagram am 5. und 6. Juli 1809 (Militärhistorische Schriftenreihe, H. 36), Wien 1977; Hertenberger/Wiltschek: Erzherzog Karl. Der Sieger von Aspern, Graz/Wien/Köln 1983.

2 H. Giehrl: Der Feldherr Napoleon als Organisator, Berlin 1911, S. 74.

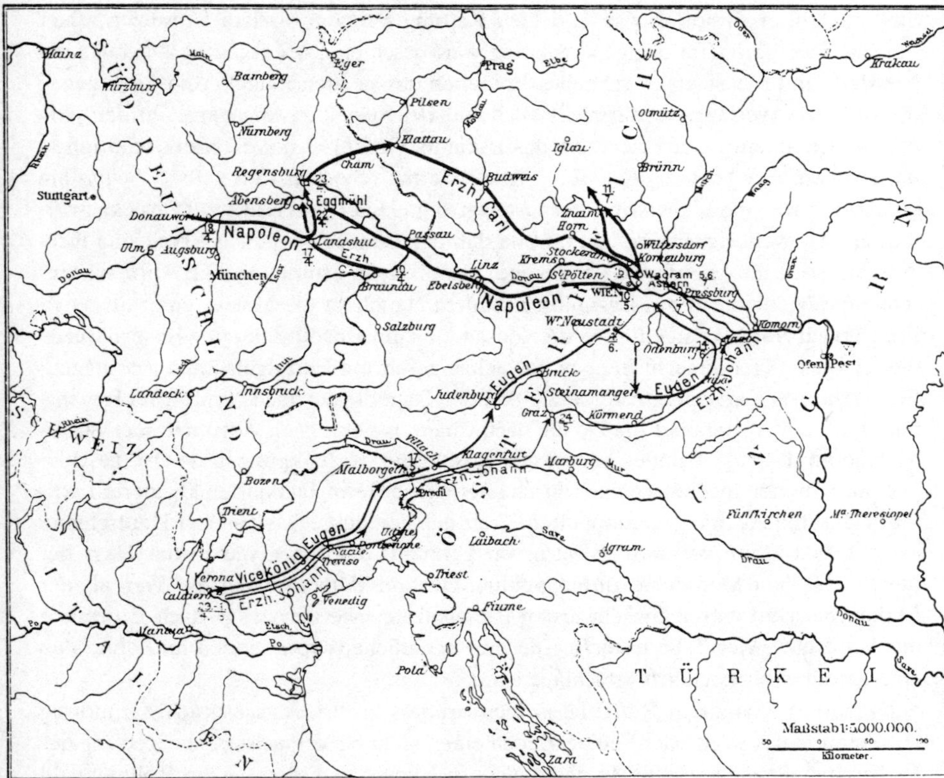

Grösse des Haupt-Kriegsschauplatzes circa 200.000 km^2.

An der Donau

Erzherzog Carl überschritt am 10. April den Inn, warf eine baierische Division am 16. bei Landshut zurück, erlitt dann Theil-Niederlagen in den Gefechten südlich Regensburg, wurde endlich von Napoleon in der Schlacht bei Eggmühl (22. April) besiegt und zum Rückzuge durch Regensburg auf das linke Donau-Ufer gezwungen. Die Armee (circa 100.000 M.) marschierte dann durch das südliche Böhmen auf Wien und erreichte am 16. Mai Korneuburg.

Vom Inn bis Eggmühl . . . . . = 140 *km* in 12 Tagen; das sind im Durchschnitte 12 *km* } täglich.
Regensburg—Budweis—Korneuburg = 380 » » 24 » » » » 16 » }

Napoleon ergriff am 18. April die Offensive vom Lech her, siegte in den Kämpfen bei Regensburg und führte dann das ca. 100.000 M. zählende Gros der Armee im Donauthale abwärts (Gef. b. Ebelsberg 3. Mai) gegen Wien, das er am 10. Mai erreichte.

Donauwörth—Landshut—Regensburg = 170 *km* in 6 Tagen; das sind im Durchschnitte 28 *km* } täglich.
Regensburg—Linz—Wien . . . . . = 360 » » 17 » » » » 22 » }

Beim ersten Versuche, die Donau nächst Wien zu forcieren, in der Schlacht bei Aspern (21. u. 22. Mai) besiegt, erneuerte Napoleon den Angriff am 5. und 6. Juli, Schlacht bei Wagram, und verfolgte die zurückgehenden Oesterreicher bis Znaim.

Erzherzog: Wagram—Stockerau-Znaim = 80 *km* in 5 Tagen; das sind im Durchschnitte 16 *km* } täglich.
Napoleon: Wagram—Wilfersdorf—Znaim = 90 » » 5 » » » » 18 » }

In Italien und Inner-Oesterreich.

Erzherzog Johann (60.000 M.) rückte von Klagenfurt über den Predil (9. April), drängte den Vicekönig Eugen nach den siegreichen Gefechten bei Pordenone (15. April) und Sacile (16. April) bis Caldiero zurück. Infolge der Ereignisse an der Donau trat der Erzherzog am 1. Mai den Rückzug an über Villach—Graz—Körmend nach Raab: Eugen folgte (siehe Skizze). Nach dem Gefechte bei Raab (14. Juni) musste Erzherzog Johann über Komorn ausweichen und erreichte am 4. Juli Pressburg.

Erzherzog Johann: Predil—Caldiero . . . . = 260 *km* in 21 Tagen; das sind im Durchschnitte $12\frac{1}{2}$ *km* }
Caldiero—Graz—Raab . . = 680 » » 44 » » » » $15\frac{1}{2}$ » }
Raab—Komorn—Pressburg = 130 » » 20 » » » » $6\frac{1}{2}$ » } täglich.
Vicekönig Eugen: Caldiero—Judenburg—
Wr.-Neustadt—Steinamanger-Raab = 740 *km* in 45 » » » » $16\frac{1}{2}$ » }

Abb. 87. Operationsskizze zum Krieg 1809. Nach O. Berndt.

Stelle befahl er zweierlei, was zu dessen Rettung wie zum raschen Umsetzen seiner Feldzugsidee in die Tat dringend geboten war: beschleunigter Rückzug Davout's auf Neustadt und rücksichtslos schnelles Vorgehen des rechten Flügels vom Lech gegen die Isar. Die Weisung an Marschall Masséna (IV. Korps) in Augsburg, auf den jetzt das meiste ankam, charakterisiert das riskante Verfahren der Kräftekonzentration nach vorwärts: »Activité, Activité, Vitesse! Je me recommand á vous[3]!« Schon am 20. April waren die Flügelkorps der Österreicher (Hiller) auf Landshut zurückgeworfen, am 21. weiter gegen den Inn, ohne daß der Generalissimus in Erwartung ihres Anschlusses zum Angriff auf Regensburg etwas davon erfuhr. Am 22. April erlitt er schlimme Niederlagen um Eggmühl, nachdem Napoleon die Masse seiner Stoßdivisionen nach Norden eingedreht hatte. Zusammen mit Davout samt den Bayern wurde die feindliche Hauptmacht in hoch beweglich geführten Einzelgefechten geschlagen. Für Erzherzog Karl erfolgte der letzte Akt der Tragödie am nächsten Tag bei Regensburg mit dem Abzug über die Donau nach Cham, wo er am 25. April mit noch 80 000 Mann eintraf. Seine Truppen hatten sich in isolierter Verteidigung bravourös geschlagen, aber immer gegenüber einer durch überlegene Beweglichkeit und besseres taktisches Zusammenwirken verdoppelten Kraft des Feindes. »Das Heer in Deutschland hatte 45 000 Mann verloren. Bayern war geräumt, der Krieg war in das Herz der österreichischen Monarchie zurückgeführt. Der Feind stand näher an Wien als der Erzherzog. Und dieser Umschwung war eingetreten vierzehn Tage nach Eröffnung des Feldzuges, vier Tage nach Beginn der eigentlichen Operationen und ohne daß eine Entscheidungsschlacht geschlagen war[4].«

Da Kaiser Franz den Ratschlag seines Bruders zu Friedensgesprächen rundweg abgelehnt hatte, wollte der Feldherr noch einen »letzten Versuch . . . zur Rettung der Monarchie[5]« wagen. Er führte die Armee in Eilmärschen hinter dem Böhmerwald nach Budweis, um dann verstärkt und mit FML Hiller vereint, je nach Möglichkeit, eine neue Offensive zu beginnen. Napoleon hatte ihn nicht verfolgt; denn er wollte die Entscheidungsschlacht weniger umständlich durch schnellen Vormarsch auf Wien herbeizwingen. So trieb er Hillers angeschlagene Korps rechts der Donau vor sich her und achtete dabei sorgsam auf stark gesicherte Flußübergänge, die auch der Erzherzog auf der anderen Seite nicht aus dem Auge ließ. Über 300 km hinweg geschah im Flußtal ein spannender Wettlauf. Nach heftigstem Nachhutgefecht am 3. Mai bei Ebelsberg um die Traunbrücke, die fünfmal den Besitzer wechselte, gelang es Hiller fünf Tage später bei Krems, das andere Ufer zu erreichen. Eine Woche darauf hatte er Anschluß an die Hauptarmee gewonnen, die im Marchfeld aufmarschierte.

In Wien herrschte unterdessen der Militärkaiser. Ob die große Schlacht vor der Hauptstadt noch stattfand, hing jetzt allein vom österreichischen Generalissimus ab. Da es aber für einen Donau-Übergang ohnehin schon zu spät schien, wollte er diese

3 Zit. nach H. v. Moltke: Der Feldzug 1809 in Bayern, in: Vierteljahreshefte für Truppenführung und Heereskunde (1909), S. 212.
4 H. v. Moltke, a. a. O., S. 233.
5 Zit. nach Angeli: Erzherzog Carl, Bd. 4, S. 195.

Schlacht mit seiner offensiv weniger gut zu führenden Armee verteidigungsweise in einem von ihm selbst ausgewählten Gelände schlagen. Napoleon war es recht. Er hatte 105 000 Mann (I.–IV. Korps, die Garde und Murats Kavallerie) versammelt. Das Korps Bernadotte mit den Sachsen und das kleine Korps Vandamme mit den Württembergern (25 000) standen noch bei Linz, das VIII. Korps Lefêvre mit den Bayern (25 000) in Salzburg und Tirol. Von Italien marschierte der Vizekönig Eugen Beauharnais (55 000) den Tagliamento herauf, von Dalmatien das XI. Korps Marmont (15 000). Um die Österreicher anzugreifen, mußten jedoch erst die Schwierigkeiten des Uferwechsels überwunden werden. Die Donau führte Hochwasser infolge plötzlich eingetretener Schneeschmelze im Gebirge, womit Napoleons Spezialisten nicht gerechnet hatten, als sie bei Kaiser Ebersdorf ihre Arbeit begannen. Die österreichischen Pioniere fanden die Schwachstellen an den längeren Mittelteilen der Brücke wiederum schnell heraus und brachten die Konstruktion durch Rammstöße mittels Baumstämmen, Flößen und beladenen Kähnen, die den Strom hinabtrieben, fortgesetzt zum Einsturz. So wurde der am Abend des 20. Mai beginnende Truppenaufmarsch und Nachschub im Brückenkopf Aspern-Eßling nachhaltig gestört. Als der Erzherzog am 21. nachmittags 87 000 Mann und 258 Geschütze zum Angriff heranführte, konnte der Kaiser erst 22 500, später noch 7500 und 48 Geschütze entgegenwerfen. Die Aufstellung der Österreicher ging aber so schwerfällig von der Hand, daß kein kräftiger Zustoß zustande kam. Um Aspern und Eßling entbrannten wechselvolle Kämpfe, wo der Verteidiger unbedingt standhalten und der Angreifer eindringen mußte, wenn er siegen wollte. Nach beendeter Brückenreparatur trafen am Abend Verstärkungen ein, so daß der Kaiser am 22. Mai mit 38 000 Mann mehr selbst zum Angriff antrat, um das Feindzentrum zu durchbrechen. Da trat der Erzherzog durch sein persönliches Eingreifen als Retter auf. Am Massenfeuer von Infanterie und Artillerie brach sich die Offensivkraft der Franzosen. Marschall Lannes rief verzweifelt nach frischen Truppen, die aber nicht mehr über die Donau kamen, weil beide großen Brücken erneut zusammengebrochen waren. Auch der Generalissimus erkannte, daß sein Gegner von jetzt an um den geordneten Rückzug kämpfte[6] und ließ die Flügelkorps wieder vorgehen. Aspern konnten sie zurückerobern, Eßling hingegen nicht, solange die Verteidiger auf die Instandsetzung der Brücken warten mußten. Erst am Abend begann das Absetzen; zuerst die Verwundeten, dann die Garden, die schwere Reiterei usw. Die total erschöpften Österreicher störten kaum. Um Blut zu sparen, hatte der Erzherzog die Angriffe auf Eßling schon in der Mittagszeit eingestellt. Die Erkundung zum Vorgehen auf die Lobau am nächsten Morgen ergab, daß die Brücke abgetragen und die Donau nach wie vor hoch angeschwollen sei. Die hohen Verlustzahlen (23 000, darunter 4400 Tote, fast 24 Prozent) quittierten den passiven Schlachterfolg, die der Franzosen (rund 20 000, etwa 25 Prozent) die erste wirkliche Niederlage ihres Kaisers.

6 Der auf dem Observatorium am Bisamberg installierte Optische Telegraph gab ihm Meldungen über den Brückenverkehr, siehe Hertenberger/Wiltschek: Erzherzog Karl, S. 251.

Karl hoffte nun, daß der gewaltige Aderlaß Napoleon zum Frieden geneigter stimmen würde. Er selbst wollte nichts mehr riskieren, doch sein Gegenspieler dachte ganz anders. Er bereitete sich gründlichst auf die Entscheidungsschlacht vor, um angesichts der Lage in Spanien wie im unruhig gewordenen Norddeutschland den Feldzug nicht resultatlos abbrechen zu müssen. Deshalb blieb das Korps Masséna auf der Lobau, die zu einem uneinnehmbaren Waffenplatz ausgebaut wurde, bestückt mit 129 Geschützen zum Teil aus dem Wiener Arsenal[7]. Gleichzeitig begann die Konzentration aller anderswo entbehrlichen Kräfte: Das Korps Bernadotte, die italienische Armee Eugen Beauharnais, die Armeegruppe Marmont und zwei bayerische Divisionen (VII. Korps). Die Erfolge der Tiroler in ihrem Volkskrieg mußten vorläufig hingenommen werden; nur 30 000 Mann standen zur Sicherung beider Flanken und gegen den Rücken. Bei den Österreichern auf dem Marchfeld beschränkte sich die Tätigkeit auf den Ausgleich der Verluste durch Landwehr und Rekruten, die eifrig ausgebildet wurden. Die sogenannte »Innerösterreichische Armee« an sich zu ziehen, gelang dem Erzherzog nicht. Sie war innerhalb eines Deckungssystems von Graz bis Dalmatien zersplittert. Das Hauptkorps des Bruders Johann erreichte zuletzt Preßburg, noch 12 000 Mann stark, nachdem es auf seinem Wege von Italien der Vizekönig Eugen schwer dezimiert und obendrein bei Raab (14. Juni) geschlagen hatte. Kleinere Detachements überwachten die Donau-Übergänge von Preßburg bis Mauthausen. Schließlich sollten auf Drängen der Kriegspartei unter Politikern und Diplomaten Streifkorps in Verbindung mit der »Schwarzen Schar« des Herzogs von Braunschweig die erhoffte Insurrektion nördlich der böhmischen Erblande in Gang bringen. Gegenüber den Divisionen des Königs Jérôme von Westfalen (X. Korps) und den in ihrer Heimat verbliebenen sächsischen Truppen war aber wenig auszurichten.

Erzherzog Karl beabsichtigte eine Wiederholung seiner Taktik von Aspern, falls Napoleon von der Lobau aus zur Offensive schritt. Das geschah in der Nacht vom 4. zum 5. Juli bei strömendem Regen nach minuziös ausgearbeitetem Plan: Vorausgegangene Täuschung an der alten Brückenstelle, Übersetzen erster Sturmtruppen unter dem Schutz von Kanonenbooten auf den Haselgrund südlich Enzersdorf, schwerstes Niederhaltungsfeuer der Artillerie auf die Feldschanzen zwischen Aspern und Enzersdorf und ungestört bewerkstelligte Brückenschläge über die kleinen Inseln des Stadtler Arms. Bis zum Mittag hatte der Kaiser genügend Aufmarschraum im Brükkenkopf für 134 000 Mann Infanterie, 27 600 Reiter und 433 Geschütze gewonnen, denen noch rund 24 000 Mann folgen sollten. Der Erzherzog erwartete den Angriff mit 130 000 Mann, davon drei Korps in gut vorbereiteter Stellung am Ruß-Bach von Deutsch-Wagram bis Markgrafneusiedel. Die Schlacht entbrannte zu einem gegenseitigen, äußerst blutigen Abringen der Kräfte. Die österreichische Verteidigung blieb unerschütterlich; ihrem allgemeinen Gegenangriff am nächsten Morgen fehlte jedoch

7 Über die Vorbereitungen, insbesondere das neue Brückengerät, siehe Rauchensteiner: Die Schlacht bei Wagram, S. 11 f.

die Einheit der Aktion. Um so straffer leitete Napoleon nach den Mißerfolgen am Abend zuvor die Fortsetzung der Schlacht. Er zog seine Truppen enger zusammen und Verstärkungen heran. Als sein Zentrum bei Aderklaa in Not geriet, ließ er 104 Geschütze auffahren, um es zu stützen. Während die dahinter bereitgestellte »Riesenkolonne« des Marschalls Mac Donald an der Abwehr zerschellte, erstritt schließlich Davouts Umfassungsgruppe am rechten Schlachtflügel die Entscheidung.

Vergeblich auf das rechtzeitige Eintreffen seines Bruders Johann wartend, der zu spät von Preßburg aufgebrochen war, erteilte der Generalissimus am frühen Nachmittag die Rückzugsdispositionen. Solange die geschlagene Armee noch kein unmittelbarer Feinddruck traf, blieb ihm die Freiheit des Entschlusses, jede weiteren sinnlosen Opfer zu vermeiden. Napoleon mußte sich eingestehen, daß er keinen vollständigen Sieg errungen hatte. Nach so entsetzlichen Verlusten von 7100 Toten und 26 760 Verwundeten[8] waren seine total ermatteten Truppen auch nicht mehr zur taktischen Verfolgung fähig, zumal es noch der Sicherung gegen Erzherzog Johann bedurfte.

Fünf Tage später standen sich beide Heere bei Znaim an der Thaya erneut kampfbereit gegenüber. Den Österreichern, die seit Wagram über 50 000 Mann verloren hatten, drohte jetzt die endgültige Niederlage, als ein Parlamentär des Kaisers die schon wieder blutig angefangene Schlacht unterbrach. Er war auf Karls Anerbietung einer Waffenruhe eingegangen. Warum sollten seine Divisionen noch einmal gegen das mörderische Geschützfeuer anstürmen, wenn er als unbestrittener Sieger die Bedingungen rein militärischer Natur diktieren konnte? Napoleon mußte darauf bedacht sein, die Armee zu konsolidieren und durfte sie nicht weiter ruinieren. Ein besonders hoher Preis, den er sich zahlen ließ, bestand in der sofortigen Räumung Tirols und Vorarlbergs von österreichischen Truppen. Den Volkskrieg irregulärer Bauernhaufen empfand der Militärkaiser wie eine persönliche Beleidigung. Wenn seine Soldaten schon mit den spanischen Guerillos nicht fertig wurden, so sollten sie jetzt an den »Briganten« Andreas Hofers grausame Rache nehmen[9]. Erzherzog Karl sah keine andere Möglichkeit als auf die Bedingungen Napoleons den Vertrag abzuschließen. Kaiser Franz fügte sich schweren Herzens wegen seiner den Tirolern verpfändeten Wortes mit gedachtem Vorbehalt. Damit war der Anstoß gegeben, den Bruder vom Kommando über die Armee zu entheben.

Obwohl der Friede noch auf sich warten ließ, hatte der »schon im Entstehen verunglückte[10]« Krieg Österreichs von 1809 am 12. Juli zu Znaim sein Ende gefunden. Auch die Operationen der Armee des Erzherzogs Ferdinand (30 000) in Polen gegen den Fürsten Poniatowski (30 000) zwischen Warschau, Lublin und Krakau waren im oberen Waagtal südostwärts Olmütz aufgrund des Waffenstillstandes ausgelaufen.

8 Verlustangaben siehe Rauchensteiner, S. 34.

9 M. Lehmann: Die Erhebung Tirols im Jahre 1809, in: Historische Aufsätze und Reden, Leipzig 1911, S. 259 f.

10 Fm. Graf Radetzky, zit. nach O. Regele: Feldmarschall Radetzky, Wien/München, 1957, S. 82.

Napoleons Rußlandfeldzug 1812[1]

Wenn es auch um prinzipielle Machtfragen zwischen dem französischen Imperium und dem Zarenreich ging, so gedachte Napoleon doch den russischen Feldzug als »letzten Akt« im Kampf gegen England zu führen, nachdem ein Ukas des Kaisers Alexander die Durchbrechung der Kontinentalsperre angeordnet hatte. Mit einer Kräftemobilisierung ohnegleichen war er eineinhalb Jahre lang gründlichst vorbereitet worden. Trotzdem gelang hinsichtlich Zeitpunkt, Ort und Stärke der Offensive ein erstaunliches Überraschungskunststück. Die Russen rechneten mit maximal 250 000 Mann, fast nur halb soviel wie die Grande Armée tatsächlich zählte; sie erwarteten den Hauptstoß von Warschau her nach Nordosten und nicht vor Ende Juni. So bestand auch keineswegs von Anfang an der Plan, sich ins Innere des Landes zurückzuziehen. Die Hauptkräfte standen 300 km breit an der Grenze des Großherzogtums Warschau, gegliedert in die erste und zweite Westarmee des Generals Barclay de Tolly und des Fürsten Bagration, bei Feldzugseröffnung 150 000 Mann stark und 762 Geschütze. Die eine hatte sich mit vorgeschobenen Flügelkorps um Wilna versammelt, die andere (37 000) bei Wolkowisk nördlich des Pripjet-Gebietes[2]. Eine dritte »Reserve-Observationsarmee« unter General Tormassow marschierte in Wolhynien beiderseits Luck auf und zählte bis zu 40 000 Mann. Die Donau-Armee kämpfte schon das sechste Jahr gegen die Türken, erwartete jedoch nach den Erfolgen ihres Feldherrn Kutusow den Friedensschluß.

Napoleons Absicht konnte nur darauf gerichtet sein, die verzettelt aufgestellten Gruppen des Gegners an ihrer Vereinigung zu hindern und sie vereinzelt zu schlagen. Hierzu bildete das Vielvölkerheer drei Operationsverbände rechts rückwärts gestaffelt mit Schwerpunkt auf dem linken Flügel: Die Hauptarmee (I.–III. Korps, die Garden und 2 Kav. Korps) von der Weichsel durch Ostpreußen in großer Rechtsschwenkung auf Kowno, unter Eugen Beauharnais zwei Korps (IV. und VI.) und ein Kavallerie-Korps links anschließend zur Abschirmung gegen Bagration, unter König Jérôme drei Korps (V., VII. u. VIII.) und ein Kavallerie-Korps südlich abgesetzt von Warschau aus im Vormarsch nach Nordosten. Die linke Flanke deckte das X. Korps des Marschalls Mac Donald, bei dem sich die 20 000 Preußen befanden, die rechte das österreichische Hilfskorps unter Schwarzenberg, das von Lemberg über Lublin vorrückte. Als Napoleon mit der Hauptmacht am 24. Juni den Njemen mit Stoßrichtung Wilna überschritt, deutete sich eine mächtige strategische Umgehung an. Als er nach vier Tagen das erste Ziel erreichte, war General Barclay mit seiner Armee schon auf das verschanzte Lager von Drissa an der Düna ausgewichen.

1 Horsetzky: Feldzüge der letzten 100 Jahre; Clausewitz: Der Feldzug von 1812 (Hinterl. Werke, Bd. 7), 3. Aufl. Berlin 1906; K. Bleibtreu: Der russische Feldzug 1812, Leipzig 1893; v. Osten-Sacken: Der Feldzug von 1812, Berlin 1901; G. Perjés: Die Frage der Verpflegung im Feldzug Napoleons gegen Rußland, in: Militärgeschichtl. Mitteilungen, H. 2/1968, S. 35 ff.; N. Nicolson: Napoleon in Rußland, Zürich/Köln 1987.

2 Schon aus dieser Teilung ging die Absicht aktiver Verteidigung hervor.

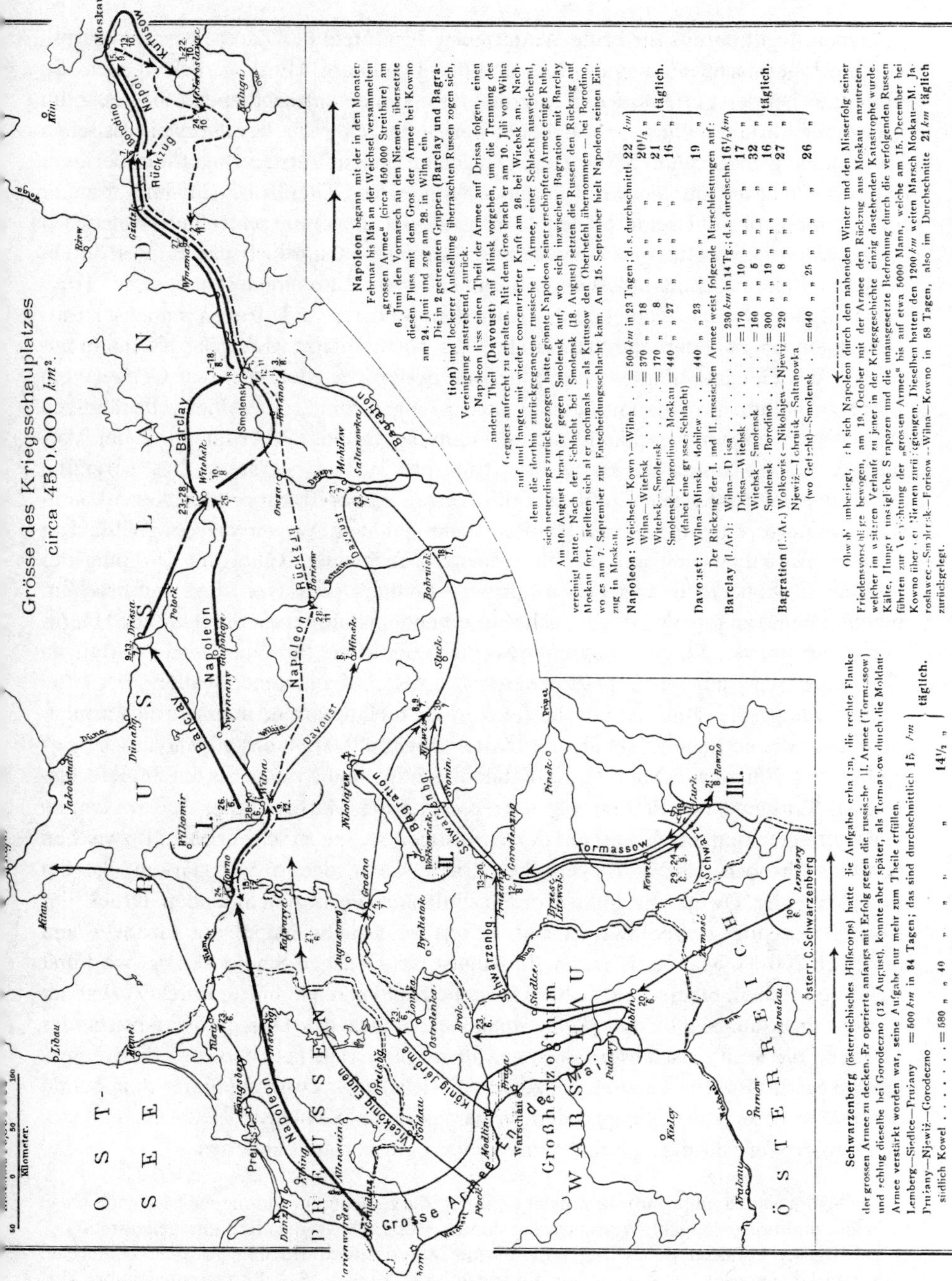

Abb. 88. Operationsskizze zum Krieg 1812. Nach O. Berndt.

Generell galt bereits für beide Westarmeen der Befehl des Zaren, vor der erdrükkenden Übermacht des Feindes bis zur Linie Dünaburg–Minsk zurückzugehen. So konnte es bei der Verteilung der Angriffskräfte keinen entscheidenden Sieg noch im grenznahen Raum mehr geben. Erreicht war ein Durchbruch, der die zwei russischen Heeresteile ganz getrennt hatte. Dennoch gelang es dem Fürsten Bagration, der über Witebsk Richtung Smolensk retirierenden Armee des Generals Barclay immer näher zu kommen, obwohl seine beiden Korps auf viel längeren, schlechten Wegen bei Hitze und Regenwetter das ausgedehnte Sumpfgebiet nördlich des Pripjet durchschreiten mußten. Die Landeskenntnis, die nationale Zusammensetzung seiner Truppen und die gewohnte Zähigkeit des russischen Soldaten im Ertragen immenser Entbehrungen überwanden alle Schwierigkeiten. Nicht zuletzt waren die Kosakenregimenter des Generals Platow (5500) hier am besten geeignet, sich den Gegner vom Leibe zu halten. Freilich enttäuschte auch König Jérôme, der seiner selbständigen Aufgabe ungenügend nachkam und zu saumselig vorging. Allerdings war der Vormarsch des gesamten Heeres schon früh ins Stocken geraten. Das sorgfältig vorausdisponierte System des Nachschubs versagte. Der Transport der Wagenkolonnen scheiterte ebenso wie der Schiffsverkehr auf dem Wasserweg der Wilija von Kowno bis Wilna. Erst am 16. Juli – nach 18 Tagen der Ruhe, der Ordnung des mühsamen Auftreibens von Lebensmitteln – konnte der Kaiser wieder aufbrechen, um dem Feind zu folgen[3]. Als er nach zeitraubendem Aufmarsch die russische Hauptmacht am 24. bei Witebsk angreifen wollte, entglitt sie ihm zum zweiten Mal, da General Barclay nur mit Bagration vereint den Kampf annehmen wollte.

Bisher hatte die Offensivkraft der französischen Hauptarmee im unwirtlich armen, dünn besiedelten Land schon um ein Drittel (über 100 000 Mann) abgenommen; weit mehr durch Plünderer, Marodeure, Fahnenflüchtige und Kranke als durch Gefechtsverlust. Tausende von Pferden lagen krepiert an der Marschstraße, weil sie keinen Hafer kriegten und die Zuglast auf den morastigen Wegen zu schwer war[4]. Inzwischen mußte auch noch das VI. (bayerische) Korps das II. dauernd verstärken, das bei Polozk an der Dwina die linke Vormarschflanke gegen zunehmenden Druck der russischen Armeegruppe Wittgenstein sicherte. So zählte Napoleons Großverband nur noch 200 000 Mann, als er am 10. August weiter gegen Smolensk zog, wo Fürst Bagration seinem Oberbefehlshaber schon die Hand gereicht hatte. Barclay erkannte in dem groß angelegten Umgehungsmanöver südlich des Dnjepr die Absicht des Gegners, die Straße nach Moskau zu gewinnen. Drei Tage lang dauerten die Kämpfe um die Stadt (16.–19. August), bis zuletzt die Rückzugsbewegung hinter dem Schild der tapferen, erbittert kämpfenden Verteidiger von Smolensk wiederum glückte. Dem Angreifer war der entscheidende Sieg erneut versagt geblieben.

3 Die Wilija war zu jener Jahreszeit nicht schiffbar; die Errichtung einer neuen Magazinbasis in Wilna funktionierte nicht, weswegen die Armee wieder zur Requisition übergehen mußte.

4 Die Russen verloren weit weniger Leute und Material und erhielten aus dem Hinterland Verstärkungen, siehe v. Bornemann: Kowno-Moskau-Kowno 1812. Betrachtungen über Verluste im Kriege, in BMWBl (1912), S. 222 ff.

Abb. 89. Der Kriegsrat nach der Schlacht von Smolensk. Vorwärts oder zurück? Nach einem Gemälde von Wassilij Petrowitsch Wereschtschagin (1835–1909).

Der Kaiser mußte sich nun fragen, ob er anhalten oder vorwärtsgehen sollte. So ungefähr lautete sein Räsonnement: Mein ganzer Feldzugsplan war auf die schnelle Vernichtung der russischen Armee noch vor Überschreiten der zulässigen Operationsgrenze angelegt. Der Mißerfolg zwingt mich dennoch, die Schlachtentscheidung weiter Richtung Osten zu suchen, wozu noch zwei Monate in Aussicht stehen. Ein Überwintern oder gar ein Rückzug wäre das Eingeständnis der Niederlage, das die imperiale Position Frankreichs gefährdet und meinem Prestige schadet. Der weitere Vormarsch führt auf breiter Straße durch reiches Gebiet zur Erntezeit, aus dem man auch Vorräte für eine neue Magazinbasis zieht. Die Russen werden sich mit Sicherheit noch vor Moskau zur Schlacht stellen, die ich in jedem Fall gewinne. Der Erfolg der Österreicher und Sachsen (VII. Korps) über General Tormassow bei Gorodeczno (nordostwärts Brest-Litowsk) am 12. August und über Wittgenstein bei Polozk (17. August) brauchen mich um meine Flanken nicht besorgt zu machen. Bevor vier Wochen vergangen, sind wir in Moskau, und in sechs Wochen habe ich den Frieden.

Am 22. August setzte Napoleon seine Armee wieder in Bewegung. Nach allen Ausfällen seit Witebsk, den Gefechtsverlusten vor Smolensk (18 000) unter Einschluß der zurückgelassenen Sicherungstruppen für den Verpflegungsstützpunkt am Aufbruchsort betrug ihre Stärke noch 150 000 Mann. Die Russen steckten auf ihrem Rückzug sämtliche Magazine in Brand, doch nicht die Dörfer. Das taten die immer zahlreicheren Kosakenschwärme, wenn sie Nachhutgefechte lieferten. Seitdem aber

Abb. 90. General Michail Illarionowitsch Kutusow (1745–1813). Kupferstich von Bollinger nach einem Gemälde von Carl Rosentreter, gemalt 1811 in Bukarest.
Schüler Suwarows, zweimal durch Kopfdurchschuß schwerstverwundet, Sieger in den Türkenkriegen und in Polen, 1805 am törichten Plan des Zaren zur Schlacht von Austerlitz nicht beteiligt, doch zaudernd und untätig bei der Ausführung. 1812 Bezwinger der Türken zum Frieden von Bukarest, von Hof und Armee zum Oberbefehlshaber gegen Napoleon gefordert.

der Zar in Moskau den »nationalen und heiligen Krieg des Vaterlandes ... bis zum letzten Mann« proklamiert hatte, häuften sich die Überfälle der wilden Reiterpulks und bewaffneter Bauern auf die Posten längs der Etappenlinien im Rücken der Grande Armée.

Da die öffentliche Meinung im Lande einen Russen an der Spitze der Hauptmacht haben wollte, der Zar eine Palastrevolution befürchten mußte und dem Komitee höchster Würdenträger die Wahl überließ, wurde am 20. August der Türkensieger General Kutusow zum Oberbefehlshaber ernannt[5]. Als Meister des Täuschungsmanövers gedachte er Napoleon nicht zu schlagen, sondern zu überlisten, entschloß sich aber doch mit Rücksicht auf den nationalen Impetus entgegen seiner Überzeugung die Schlacht bei Borodino anzunehmen. Anders als bei Austerlitz kommandierte er ganz allein; seine Armee war auf 110000 Mann verstärkt, und eine zusätzliche Masse von 15000 freiwillig aufgebotener Milizen bildeten die Kulisse des Kampfplatzes. Am 5. September gab es hartnäckige Gefechte vor der Hauptstellung, um die dann am übernächsten Tag nach abtastender Aufklärung des Angreifers auf mörderische Weise gerungen wurde. Napoleon ging sie frontal an, weil er im Falle der Umfassung mit dem bisher gewohnten frühzeitigen Absetzen des Gegners rechnete. Es war wieder seine Artillerietaktik – am Nachmittag zwei große Batterien von 160 Geschützen gegen das feindliche Zentrum gerichtet –, mit der er die eroberte russische Stellung endgültig behauptete. So gewann der Kaiser die Schlacht, nachdem seine Armee von 135000 Mann 28000 verloren hatte, der Verteidiger rund die Hälfte des Bestandes. Trotzdem war daraus kein totaler Sieg geworden; denn Napoleon hatte nach so hohen Opfern den Einsatz der Garde zur Ausnützung des taktischen Erfolges gescheut. Der

5 E. Amburger: Michael Kutusow, in: Große Soldaten der europäischen Geschichte, Frankfurt a. M./Bonn 1961, S. 214f. und M. Paléologue: Alexander I., S. 205ff.

Eroberer wollte nicht mit noch weniger Leuten in Moskau einziehen, als er zuletzt noch besaß. Eine Woche später war das lang ersehnte Ziel erreicht, wo das Ende aller Mühsal zu winken schien. Kutusow hatte die von vornherein beabsichtigte Fortsetzung des Rückzuges angeordnet, hatte im Vertrauen auf die moralische Wirkung des heroischen Widerstandes der Armee die Hauptstadt dem Feind überlassen und rechtfertigte diesen Entschluß durch seine geschickte Flankenbewegung ins feste Lager von Tarutino an der Straße Moskau–Kaluga, das die eigenen Verbindungen nach den reichen Südprovinzen sicherte und die Napoleons bedrohte.

Die Franzosen fanden bei ihrem Einzug eine fast menschenleere Stadt vor, am 15. September begann sie zu brennen, am 18. war ihr größter Teil ein Trümmerhaufen. Der Kaiser wartete vergeblich auf eine Antwort des Zaren, während seine Truppen beim Plündern außer Rand und Band gerieten und die aufgefundenen Lebensmittel planlos verschwendeten. Zur lebenswichtigen Regeneration geschah nicht viel, am wenigsten zur Erhaltung des noch vorhandenen Pferdebestandes. Was an Nachzüglern, Genesenen und Feldersatz hinzukam (13 000), wurde durch den Verlust an neuen Kranken, Partisanenopfern und sonstwie umgekommenen Leuten in etwa wieder aufgewogen.

Kutusow hingegen – nach Borodino Feldmarschall – erhielt Zuzug an ausgebildeten Rekruten und 26 weiteren Kosakenregimentern, so daß seine Armee wieder 119 000 Mann zählte[6]. War damit das Kräfteverhältnis zum Gegner schon zu seinen Gunsten verschoben, so bestand bereits ein strategisches Übergewicht durch die beiden Flügelarmeen an der Düna (Wittgenstein) und in Wolhynien, wo Admiral Tschitschagow die nach beendetem Türkenkrieg freigewordenen Truppen mit dem Korps Tormassow vereinigt hatte.

Napoleon konnte jetzt nur noch über das IX. Korps des Marschalls Victor als Hauptreserve verfügen, das bis Smolensk nachgezogen war. Das X. Korps in Kurland vor Riga und die Armeegruppe Schwarzenberg in Wolhynien mußten die äußeren Flankenpositionen halten. Da es keine Mittel zur Erhaltung des Hauptheeres aus dem Lande gab und der Winter nahte, hatte der Kaiser keine andere Wahl, als Moskau zu verlassen.

Am 19. Oktober brach er auf, konnte aber den Rückmarsch nicht durch das vom Krieg noch unberührte Gebiet südlich der Smolensker Straße leiten. Kutusow zwang ihn bei Molo-Jaroslawec (24. Oktober) wieder auf die im Vormarsch benützte, weitgehend verwüstete Route. Dann folgte er dem abziehenden Feind; abseits, doch mit ihm parallel, ohne durch zu scharfes Nachdrängen der eigenen Armee unnötige Opfer zuzumuten. Das Zerstörungswerk sollte Napoleons auseinanderfallendem Heerzug selbst, dem bald eintretenden Winter und dem inzwischen weiter organisierten Partisanenkampf überlassen bleiben. Das heftige und blutige Verfolgungsgefecht bei

6 Bornemann: Kowno-Moskau-Kowno 1812, S. 236 f. und Die Ursachen der Katastrophe der franz. Armee im Jahre 1812, in: Jahrbücher für die deutsche Armee und Marine, Jg. 1880, Bd. 36, S. 281 ff.

Abb. 91. Brückenschlag über die Beresina unter den Augen Napoleons am Vormittag des 26. November 1812. Holzschnitt von F. Philippoteaux.
Der Kaiser versprach allen 100 Pontonniers, die übermenschliche Anstrengungen im eisigen Wasser erduldeten, das Kreuz der Ehrenlegion. Nur 12 Mann überlebten den Rückzug.

Wjasma (3. November) war schon zuviel, obgleich die Grande Armée dann nur noch aus kaum über 60 000 kampffähigen Soldaten bestand, in Smolensk aus 50 000 Mann geschlossener Truppen. An der Beresina durfte Kutusow mit der Vernichtung rechnen, wenn die geplante Operation nach den Regeln der Kriegskunst abgelaufen wäre. Von Süden über Minsk zog Admiral Tschitschagow mit 30 000 Mann herauf, der am 21. November Borisow besetzte und die Brücke zerstörte. Von Norden näherte sich Wittgenstein (35 000) der feindlichen Rückzugslinie Orscha-Borisow. Der eine ließ sich aber zu lange über die Stelle der Fluß-Passage täuschen, der andere kam erst an der Beresina an, als der Brückenschlag weiter aufwärts bei Studienka schon beendet war und das noch organisierte Gros der Armee den Uferwechsel vollzogen hatte. Am 28. November mußte jedoch die Übergangsstelle auf beiden Seiten gegen die kombinierten Angriffe Tschitschagows und Wittgensteins verteidigt werden, damit wenigstens die Masse der Nachzügler sich noch über die Brücke retten konnte. Das II. Korps (bis 20. Oktober bei Polzk) und das Korps Victor übernahmen diese Aufgabe. Ihren Kern bildeten die vier Schweizer Regimenter (zusammen noch 1300 Mann, ein

Viertel der Gefechtsstärke vom II. Korps) und die badische Brigade (2240 Mann vom IX. Korps[7]). Einen ganzen Tag lang hielten sie die Russen ab und opferten sich bei diesem Rettungsunternehmen bis auf 300 und 900 Mann auf. So hatte der Kaiser ungefähr 40 000 Mann seiner Armee durch das noch offene Loch gebracht, insoweit ein beachtenswerter operativer Erfolg. Als der Rückzug am 29. November ungehindert weiter ging, war Napoleon jedoch nicht mehr als der Anführer eines Heerhaufens, der sich in nun eingebrochener Winterkälte auf eisigen Schneefeldern ganz auflöste und erfror.

Von der Beresina ab ließ Kutusow nur noch seine Kosaken verfolgen. Er hatte auf dem langen beschwerlichen Weg seit Ende Oktober selbst schon 60 000 Mann mit 425 Geschützen zurücklassen müssen[8]. Immer unbarmherziger schlug auch der »Knüttel des Muschik« auf den verhaßten Feind ein. Der analphabetische russische Partisan schüttelte die Trümmer der von intelligenten Strategen und Taktikern geführten Truppen wie lästiges Ungeziefer ab[9]. Vom 3. Dezember datierte jenes 29. Bulletin aus Molodeczno, in dem Napoleon kurz bevor er nach Paris zurückeilte offen zugab, daß seiner Armee »schweres Unheil« widerfahren sei. Auf der letzten Etappe bis zum Njemen schrumpfte auch die als neue Nachhut zugeführte, 10 000 Mann starke Division Loison zwischen Wilna und Oszmjana innerhalb von vier Tagen auf 400 Mann zusammen. Bei Kowno standen schließlich noch 1000 Mann der am meisten geschonten Kaisergarde in Reih und Glied. Restliche Gruppen schleppten sich vereinzelt fort. Mit dem Verlust von über 95 Prozent ihres Bestandes hatte die Hauptmacht Napoleons den Rußlandfeldzug beendet. Die beiden Flügelarmeen waren mit 70 000 Mann davongekommen. Sie verloren aber durch die Neutralisierung der größten Teile – zuerst der Preußen, dann der Österreicher – ihr operatives Gewicht. Die Ursachen der Katastrophe lagen in der Improvisation eines Riesenheeres, das zu lenken, zu bewegen und zu versorgen auf dem russischen Kriegsschauplatz weder technisch noch durch überragendes Feldherrngenie möglich war.

7 R. Petitmermet: Die Schweizertruppen im russischen Feldzug 1812, in: Das Sponton (1962), Doppelheft 4/5, S. 18 ff.; v. Lindenau: Der Beresina-Übergang des Kaisers Napoleon, Berlin 1896, S. 33 ff.

8 Davon waren 12 000 gefallen, die Masse lag in den Lazaretten.

9 Hierzu Tolstojs Epos »Krieg und Frieden«, das dem Volkskrieg von 1812 nachträglich gesteigerte mythenbildende Kraft verlieh.

Die Befreiungskriege 1813–1815

Der Frühjahrsfeldzug von 1813[1]

Als Feldmarschall Kutusow im Dezember 1812 mit seiner Hauptmacht Wilna erreicht hatte, wünschte er, wie die meisten russischen Generale, den Frieden herbei und nicht die Fortsetzung des Krieges im Interesse Europas. Zu dessen Befreiung war aber der Zar kräftig ermuntert worden, vor allem durch die stürmischen Reden und beschwörenden Denkschriften des Freiherrn vom Stein. Kutusow gehorchte dem Befehl zum weiteren Vormarsch über die Reichsgrenze hinweg, bestand jedoch darauf, das Tempo nicht zu übereilen[2]. Inzwischen hatte die Konvention des Generals v. Yorck zu Tauroggen vom 30. Dezember der Armee des Grafen Wittgenstein den Marsch durch Ostpreußen gestattet, der den Überresten des napoleonischen Heeres das Halten der Weichsellinie unmöglich machte. Der Druck der Verfolger mit leichten Truppen auf breitgefächerter Front genügte zum fortgesetzten Ausweichen auch über die Oder, zumal Fürst Schwarzenberg mit den Russen verhandelt hatte und mit seinem österreichischen Hilfskorps nicht Anschluß nach Westen suchte, sondern aufgrund abgeschlossener Waffenruhe (30. Januar) nach Süden auf Krakau zurückging,

Napoleon bereitete in Paris mit gewohnter Tatkraft den neuen Feldzug vor, den er nicht als Kaiser, vielmehr als General Bonaparte zu führen gedachte. Dies bedeutete den Ausgleich durch persönliche Feldherrnkraft, was dem eilig aus dem Boden gestampften ungeübten Rekrutenheer fehlte. Eugen Beauharnais, der Befehlshaber über die Schlacke des Rußlandorlogs, noch vorhandene Reservetruppen und erste Verstärkungen wurde aufs schärfste angewiesen, alle Kräfte an der mittleren Elbe bei Magdeburg zu konzentrieren. Er hatte den Schutz der Hauptarmee zu übernehmen, die sich am oberen Main versammelte, und die Basis für die künftigen Operationen gegen Russen und Preußen zu sichern. Der Plan dazu reichte bis zum Entsatz von Danzig. Alle durch die Katastrophe nicht gefallenen festen Plätze an Weichsel und Oder, wo viele Versprengte Zuflucht gefunden hatten und die Hälfte des X. Korps hingeflossen war (neben dem größten Bollwerk Danzig: Thorn, Modlin, Stettin, Küstrin und Glogau), besaßen für Napoleon besonderes Gewicht. Sie sperrten dem Feind auf dem vorgesehenen Kriegsschauplatz wichtige Etappenstraßen, verwehrten ihm die Anlage von Magazinstützpunkten und banden Belagerungskräfte. Als feindliche Streifkorps Nordwestdeutschland durchquerten und in Hamburg einzogen

1 Horsetzky: Feldzüge der letzten 100 Jahre; R. v. Caemmerer: Geschichte des Frühjahrsfeldzuges von 1813 und seiner Vorgeschichte, 2 Bde., Berlin 1904–1909; M. Lehmann: Scharnhorst, Bd. 2, Leipzig 1887; Clausewitz: Der Feldzug von 1813 bis zum Waffenstillstand, Berlin 1835; Osten-Sacken: Militärpolitische Geschichte des Befreiungskrieges 1813, 2 Bde., Berlin 1906.

2 Die Armee war noch rund 100 000 Mann stark; Kutusow fürchtete das Kräfteverhältnis zwischen Verfolgung und Rückzug zum eigenen Nachteil bei schneller Bewegung, siehe Geschichte des Frühjahrsfeldzuges 1813, Bd. 1, Anlage 19 zu S. 317.

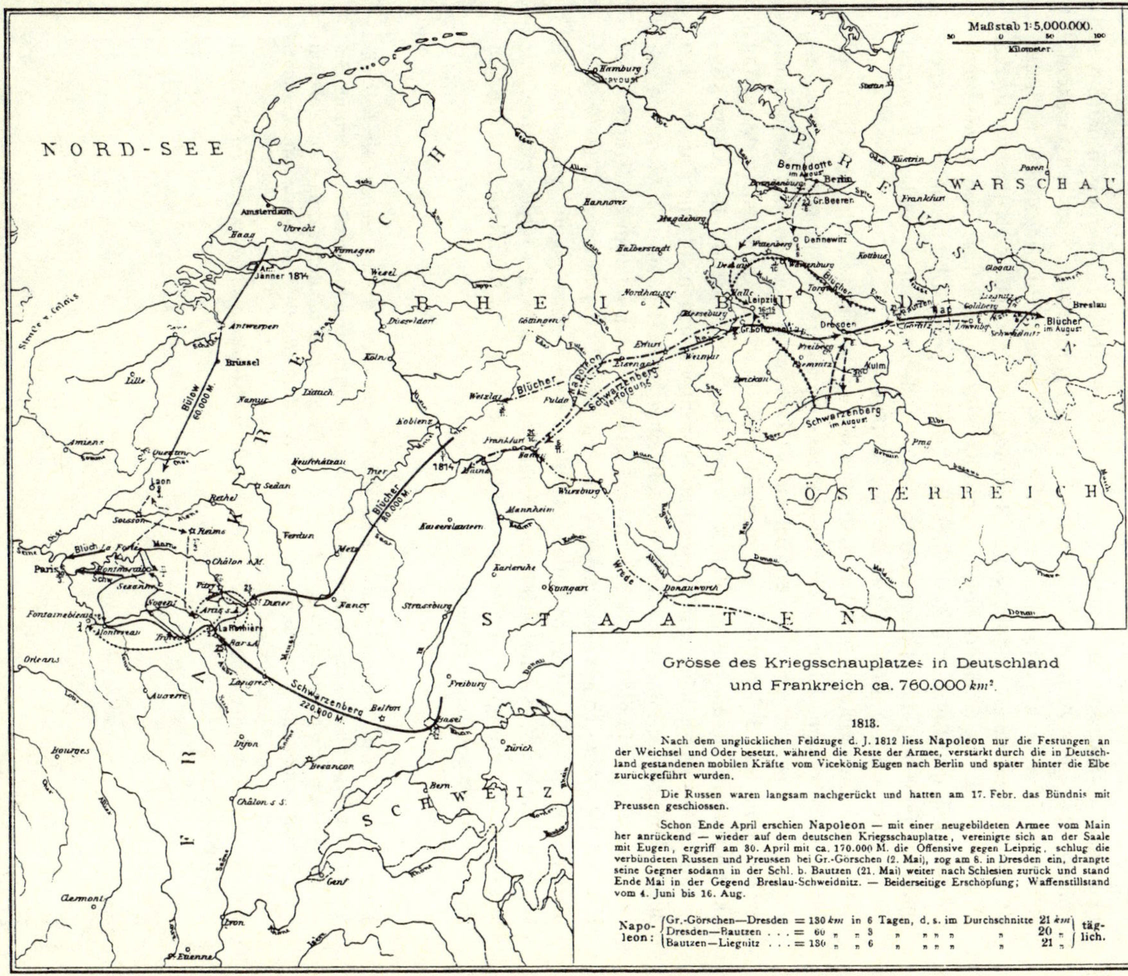

Grösse des Kriegsschauplatzes in Deutschland und Frankreich ca. 760.000 km^2.

1813.

Nach dem unglücklichen Feldzuge d. J. 1812 liess **Napoleon** nur die Festungen an der Weichsel und Oder besetzt, während die Reste der Armee, verstärkt durch die in Deutschland gestandenen mobilen Kräfte vom Vicekönig Eugen nach Berlin und später hinter die Elbe zurückgeführt wurden.

Die Russen waren langsam nachgerückt und hatten am 17. Febr. das Bündnis mit Preussen geschlossen.

Schon Ende April erschien **Napoleon** — mit einer neugebildeten Armee vom Main her anrückend — wieder auf dem deutschen Kriegsschauplatze, vereinigte sich an der Saale mit Eugen, ergriff am 30. April mit ca. 170.000 M. die Offensive gegen Leipzig, schlug die verbündeten Russen und Preussen bei Gr.-Görschen (2. Mai), zog am 8. in Dresden ein, drängte seine Gegner sodann in der Schl. b. Bautzen (21. Mai) weiter nach Schlesien zurück und stand Ende Mai in der Gegend Breslau-Schweidnitz. — Beiderseitige Erschöpfung; Waffenstillstand vom 4. Juni bis 16. Aug.

Napoleon:	Gr.-Görschen—Dresden = 130 km	in 6 Tagen, d. s. im Durchschnitte	21 km	täglich.
	Dresden—Bautzen . . . = 60 „	„ 3 „ „ „ „ „	20 „	
	Bautzen—Liegnitz . . . = 130 „	„ 6 „ „ „ „ „	21 „	

Während des Waffenstillstandes hatte sich Oesterreich den Verbündeten angeschlossen, welche nunmehr mit Uebermacht auftraten. Die böhmische Armee (**Schwarzenberg** 230.000 M.), die schlesische Armee (**Blücher** 110 000 M.) und die Nord-Armee (**Bernadotte** 70.000 M.) sollten von Böhmen, Schlesien, bezw. Berlin her concentrisch gegen Napoleon vorgehen.

Dieser wandte sich zunächst gegen Blücher und warf ihn bei Löwenberg (21. Aug.), eilte dann mit Theilen der Armee nach Dresden zurück, welches von Schwarzenberg bedrängt wurde, und besiegte diesen in der Schlacht bei Dresden (27. Aug.).

Ein gegen die rechte Flanke der zurückgehenden böhm. Armee dirigiertes franz. Corps (Vandamme) wurde bei Kulm (30. Aug.) vom übermächtigen Gegner zersprengt.

Auch ein Vorstoss der Franzosen unter Oudinot gegen Berlin misslang (Schlacht bei Gr.-Beeren am 23. Aug.).

Mittlerweile hatte auch Blücher in Schlesien — die Abwesenheit Napoleon's benützend — erneuert die Offensive ergriffen gegen die ihm gegenüber belassenen franz. Kräfte (Macdonald). Anfangs abgewiesen (Gef. b. Goldberg 23. Aug.), errang Blücher am 26. in der Schlacht a. d. Katzbach einen vollständigen Sieg, wurde jedoch durch den wieder herbeigeeilten franz. Kaiser am 4. u. 5. Sptbr. abermals zurückgedrängt. Napoleon wandte sich nun wieder gegen Schwarzenberg, welcher mit dem Angriffe drohte, hierauf neuerdings gegen den vorrückenden Blücher; beide wichen jedoch einer Schlacht aus.

Eine neue Unternehmung der Franzosen (Ney) gegen Berlin war mit der Schlacht bei Dennewitz (6. Sptbr.) gescheitert.

Am 24. Sptbr. passierte der zögernde Bernadotte mit der Nord-Armee die Elbe bei Dessau. — Napoleon räumte infolge dessen das Land rechts des Flusses. Am 3. Oct. forcierte Blücher bei Wartenburg die Elbe. Auch Schwarzenberg rückte währenddem über Chemnitz heran. — Napoleon concentrierte nun seine ganze Armee bei Leipzig, wo es in den Tagen vom 16. bis 19. Oct. zur Entscheidungsschlacht kam, in welcher die von allen Seiten und schliesslich mit grosser Ueberlegenheit angreifenden Verbündeten den Sieg davontrugen.

Napoleon führte die Reste der Armee über Mainz nach Frankreich zurück, wobei er noch den Gl. Wrede, welcher ihm bei Hanau den Rückzug verlegen wollte, zurückschlug.

Napoleon: Löwenberg—zur Schlacht bei Dresden = 140 km in 4 Tagen, d. s. durchschnittlich **35 km täglich.**
Leipzig—Hanau (Rückzug) = 320 km in 12 Tagen, d. s. durchschnittlich **27 km tglich.**

Schwarzenberg: Leipzig—Hanau (Verfolgung) = 320 km in 18 Tagen, d. s. durchschnittlich **17 km täglich.**

Blücher: Leipzig—Wetzlar (Verfolgung) = 320 km in 16 Tagen, d. s. durchschnittlich **20 km täglich.**

1814.

Die 3 Armeen der **Verbündeten** (Schwarzenberg, Blücher, Bülow) übersetzten Ende December und Anfang Jänner den Rhein und rückten concentrisch gegen Paris. Ende Jänner war die Vereinigung Blücher's mit Schwarzenberg in der Gegend von La Rothière vollzogen, als auch **Napoleon** wieder zur Offensive übergieng.

Er entfaltete in diesem Feldzuge noch einmal die ganze Grösse seines Genies. In der ersten Schlacht bei La Rothiere zurückgedrängt, zog er in der Folge aus der neuerlichen Trennung Blücher's von Schwarzenberg den grössten Nutzen, warf sich mit einer Minderzahl ungeübter Truppen — grösstentheils Recruten — mit überraschender Schnelligkeit bald auf den einen, bald auf den andern seiner Gegner, brachte ihnen noch eine Reihe von Niederlagen bei und hielt den mehr als dreifach überlegenen Verbündeten durch volle 2 Monate die Wage. Die Hauptzüge seiner kühnen Operationen in dieser kritischen Zeit sind in der Skizze veranschaulicht.

Zu schwach, um auf die Dauer der Uebermacht zu widerstehen und schliesslich vollkommen erschöpft, konnte er das Verhängnis endlich nicht mehr abwenden. Vor den wieder vereinigten Armeen Schwarzenberg's und Blücher's capitulierte am 30. März Paris, am 6. April in Fontainebleau entsagte der Kaiser dem Throne.

Die wunderbare Energie seiner Kriegführung während dieses Feldzuges zeigen die Marschleistungen:

Napoleon:
- (27./1.) Vitry—St. Dizier—nördl. La Rothière (29./1.) = 80 km in 3 Tagen, d. s. durchschnittlich **27 km täglich.**
- (4./2.) Troyes—Nogent—Montmirail (11./2.) = 120 km in 6 Tagen, d. s. durchschnittlich **20 km täglich.**
- (15./2.) Montmirail—Montereau (18./2.) = 110 km in 4 Tagen, d. s. durchschnittlich **28 km täglich** (darunter ein Gewaltmarsch, 76 km in 30 Stunden).
- (26./2.) Troyes—Arcis—Sezanne—La Ferte—Laon (8./3.) = 260 km in 11 Tagen, d. s. durchschnittlich **24 km täglich.**
- (12./3.) Soisson—Reims (13./3.) = 50 km in 2 Tagen, d. s. durchschittlich **25 km täglich.**
- (17./3.) Reims—westl. Arcis s. A. (19./3.) = 80 km in 3 Tagen, das sind durchschnittlich **27 km täglich.**
- (21./3.) Arcis s. A.—Vitry—südl. St. Dizier—retour—Fontainebleau (3./4.) = 370 km in 14 Tagen, d. s. durchschnittlich **26½ km täglich.**

Die Division Friant der alten Garde legte vom 27./1.—3./4., d. i. in 66 Tagen unter Napol. persönlichem Befehle 1175 km zurück, das sind durchschnittl. 18 km täglich; rechnet man noch 9 Tage Stillstand ab, **20 km täglich**, dabei 8 Schlachten.

Schwarzenberg: Basel—Bar s. A. = 280 km in 34 Tagen, d. s. durchschnittlich **8 km täglich.**

Blücher: Rhein (bei Mainz)—St. Dizier = 320 km in 25 Tagen d. s. durchschn. **13 km täglich.**

Abb. 92. Operationsskizze zum Krieg von 1813/14. Nach O. Berndt.

(18. März), erhielt der erneut zum Gouverneur der »32. Militärdivision« ernannte General Davout den Auftrag, mit frischen Truppen wieder eine feste Position an der unteren Elbe zu gewinnen. Sie sollten den linken Flügel der Heeresfront bilden. Der gesamte rechte Abschnitt von der böhmischen Grenze bis Torgau mußte gegenüber der von Schlesien heranmarschierten Südgruppe des alliierten Heeres unter General v. Blücher[3] aufgegeben werden, so daß im sächsischen Bereich zwischen Elbe und Saale keine Franzosen mehr standen. Der Vizekönig wich nach dem Gefecht von Möckern ostwärts Magdeburg (5. April) mit den preußischen Truppen des Generals v. Yorck (alliierte Nordgruppe) über die Elbe aus. Die Gelegenheit, ihn im Zuge groß angelegter Offensive ganz zu schlagen, bevor der Kaiser mit seiner Hauptarmee zur Stelle war, hatte man verpaßt. Am 27. April übernahm Graf Wittgenstein den Oberbefehl über die Gesamtstreitmacht[4], deren gemischte Teile sich am 1. Mai südlich Leipzig vereinigten und ohne die seitwärts detachierten Kräfte (5000 Preußen bei Leipzig, 12 000 Russen bei Altenburg) 71 000 Mann zählten. Unterdessen hatte Napoleon seine neue Armee (130 000) das Saaletal heraufgeführt und den Vizekönig (60 000) auf Merseburg dirigiert. Am 2. Mai marschierte er zur Umgehung des hinter der Elster gemeldeten Feindes weiter Richtung Leipzig. Anders als 1806 wurde die auseinandergezogene Heereskolonne am gleichen Tage überraschend angegriffen. Wittgenstein und Blücher rückten über die Elster doppelter Überlegenheit entgegen und trafen das noch hinter dem Dörferviereck Groß- und Klein-Görschen, Kaja und Rahna lagernde Korps des Marschalls Ney (40 000).

Erst der Kanonendonner rief auch den Kaiser auf das Schlachtfeld zurück. Als er dann sukzessive neue Kräfte in die hin- und herwogenden Gefechte um die Ortschaften warf, die bis zum Abend ein erdrückendes Übergewicht ergaben, war es ein Glück für die Alliierten, daß Wittgenstein gegen Blüchers Rat den Kampf am nächsten Tag nicht fortsetzen wollte, sondern den Rückzug über die Elbe befahl. Bei hellem Morgenlicht ging er angesichts des Feindes ohne Störung vor sich, nicht eine Kanone blieb liegen. Die Preußen wollten das Bewußtsein einer Niederlage nicht aufkommen lassen, schon gar nicht die Erinnerung an Jena und Auerstedt. Die jungen Truppen der Franzosen hatten sich gut geschlagen, doch weit mehr Leute verloren (22 000 gegenüber der Hälfte auf alliierter Seite). Nach gewaltiger Anstrengung versagten die körperlichen Kräfte, so daß sich kaum jemand als stolzer Sieger fühlen mochte. Als Napoleon die Verfolgung langsam in Fluß brachte, fehlte die Kavallerie zu schnellem Auffinden der genauen Feindspuren.

3 Die Teilung der pr. Truppen ergab sich aus dem Vorgehen der Russen und der eigenen mil. pol. Lageentwicklung: die ost- und westpr. Brigade sowie die pommersche standen im Bereich der Nordgruppe; die märkische Brigade war Ende Januar mit dem König nach Schlesien zu Blücher marschiert, so daß dessen Stärke Ende März 26 500 Mann betrug, die Gesamtstärke der pr. Feldarmee 60 000 Mann.

4 Kutusow war mit der Hauptarmee über Kalisch bis Bunzlau gefolgt, wo er am 28. April verstarb.

Wittgenstein führte den Rückzug über Dresden Richtung Schlesien, um im Hinblick auf Österreich in der Nähe der böhmischen Grenze zu bleiben, während die Preußen ihr eigenes Land wenig geschützt zur Seite lassen mußten. Nur das kleine Korps des Generals v. Bülow, an der Schlacht von Groß-Görschen unbeteiligt, war zusammnen mit märkischer Landwehr die einzige Sicherung. Hinter der Spree bei Bautzen faßte das Oberkommando den Entschluß, eine zweite Schlacht anzunehmen; dies sogar im stillen Einvernehmen mit dem anwesenden österreichischen Gesandten Grafen Stadion. Hier trafen auch die ersten russischen Verstärkungen ein, indem General Barclay mit 20 000 Mann nach der Kapitulation von Thorn (16. April) zur Verwendung im freien Feld frei geworden war.

Der Kaiser zielte mit dem Schwerpunkt der Verfolgung auf die Russen ab, hatte jedoch die Preußen zunächst auf dem Weg zur Deckung ihrer Hauptstadt vermutet und deshalb gegen seine Gewohnheit die Armee in zwei Gruppen geteilt. Die kleinere, aber immerhin 60 000 Mann stark, sollte jetzt Marschall Ney über Torgau nordostwärts gegen Berlin vorbringen. Als erst am 14. Mai Meldungen eingegangen waren, daß die gesamte Streitmacht der Verbündeten auf Bautzen marschierte und wenig später Klarheit über deren Absicht bestand, leitete Napoleon jene Operation ein, die schon über die technischen Grundsätze seiner Zeit hinaus zur Vereinigung der getrennten Heeresteile auf dem Schlachtfeld führte. Damit fiel dem Marschall Ney die Aufgabe zu, die Feindstellung nördlich zu umfassen, sie entscheidend in der Flanke anzugreifen und zugleich tief in ihren Rücken vorzustoßen. Nachdem die Hauptarmee am 20. Mai die alliierten Vortruppen an der Spree zurückgedrängt hatte, beschränkte sie sich am nächsten Tag plangemäß zunächst auf einen mehr hinhaltenden Frontalkampf, denn der Kaiser wollte die Wirkung der Umfassung abwarten. Stirnseitig standen sich die Armeen ungefähr gleichstark gegenüber (reichlich 90 000). Ney handelte bei Bautzen nicht im Sinne seines Meisters[5]. Zwar trieb er den äußersten rechten Flügel unter General Barclay wenige km zur Seite, nahm aber dann nicht den ihm gewiesenen weithin sichtbaren Kirchturm von Hochkirch hinter der Front zum Richtpunkt des weiteren Vorgehens. Statt dessen bereitete er sich zeitraubend zum Sturm auf die von Blüchers Anschlußtruppen besetzten Höhen vor. An den hartnäckigen Gegenangriffen bissen sich seine Divisionen fest und gaben den Verbündeten die schon bedrohte Rückzugslinie wieder frei. Als auch der Kaiser den Angriff befahl und Blücher bald von drei Seiten her in die Klemme geriet, verließen die Preußen gerade noch rechtzeitig den Kampfplatz ungehindert in guter Ordnung. Die am linken Flügel erfolgreichen Russen mußten ihn dann ebenfalls räumen.

Wie bei Groß-Görschen hatte Napoleon trotz erheblicher Überzahl nicht entscheidend gesiegt, wieder hatte er im gleichen Verhältnis zum Feind genausoviel Soldaten verloren (22 000). Waren einst seine Schlachten von Austerlitz und Jena triumphale Vernichtungsschläge gewesen, so ließen sich jetzt die gleichen Gegner selbst nach

5 Mewes: Das Feldherrntum des Marschalls Ney in den Befreiungskriegen, in: BMWBl (1912), S. 171 ff.

mörderischem Kampf weder eine Kanone noch einen Gefangenen abnehmen. »Ces animeaux ont appris quelque chose!« Der Kaiser erkannte an ihrem ungebrochenen Widerstandswillen, daß sich die strategische Lage auch durch die Schlacht bei Bautzen für ihn nicht verbessert hatte. Im Gegenteil: je weiter dem durch sehr überlegene Kavallerie gedeckten Rückzug der Alliierten nach Schlesien frontal gefolgt wurde, desto mehr erschöpften sich die eigenen Kräfte. Schon lagen Zehntausende junger Opfer der Unterernährung und der Strapazen in den Lazaretten. Ein Korps mußte zum Entsatz von Glogau, ein zweites gegen General v. Bülow vor Berlin entsendet werden. Die lang ausgedehnte Operationslinie bedrohten überall feindliche Streifkorps, und die operative Schwäche des napoleonischen Heeres, vorwiegend durch den Mangel an Kavallerie bedingt, mußte katastrophal werden, wenn gar eine nächste Schlacht verlorenging. Außerdem bildete Österreich mit seiner Politik der bewaffneten Friedensvermittlung einen sehr unsicheren Faktor, während der Zar offensichtlich zur Fortsetzung des Krieges in Deutschland fest entschlossen zu sein schien. Diese Gründe bewogen Napoleon nach sorgsamster Überlegung, selbst einen Waffenstillstand anzubieten. Seine Truppen waren gerade in Breslau einmarschiert, als er am 4. Juni zu Poischwitz (südlich Jauer) zustande kam. Jahre später, auf St. Helena, glaubte der Kaiser, mit seinem Entschluß zur Unterbrechung des Siegeszuges den größten Fehler seines Lebens gemacht zu haben.

Der Herbstfeldzug 1813[1]

Mit dem Beitritt Österreichs und Schwedens auf die Seite der Gegner Napoleons mußte es sich erweisen, ob das Elend aller Koalitonen seit 1793 wiederkehrte oder ob sich für den bevorstehenden Herbstfeldzug Einheitlichkeit in der militärischen Zielsetzung, Zusammenspiel der politischen Spitzen aller Partner und gemeinsame Operationsführung erreichen ließen. Tatsächlich konnte das ewige strukturelle Koalitionsproblem trotz vieler Schwächen im einzelnen insoweit gelöst werden, als alle Gedanken und Taten auf den primären Zweck der Befreiung Deutschlands gerichtet blieben. Die Not, Napoleon so oder so über den Rhein zurückwerfen zu müssen, drängte in eine Richtung. Bis der Sieg errungen war, zwang auch die Politik dazu, wenigstens vorübergehend ihre Sonderinteressen der großen gemeinsamen Aufgabe unterzuordnen, so daß die Koalition im Hinblick auf das Resultat doch Positives leisten konnte. Die gemischte Zusammensetzung der verbündeten Armeen hemmte die gelegentlichen Zerwürfnisse in den Hauptquartieren, worauf der Feldherr des Feindbundes seine Hoffnungen setzte. Vor Beginn der Feindseligkeiten standen in Böhmen 125 000 Österreicher, 80 000 Russen und 45 000 Preußen unter Feldmar-

1 Horsetzky: Feldzüge der letzten 100 Jahre; Friederich: Geschichte des Herbstfeldzuges von 1813, 3 Bde., Berlin 1903–1909; A. Graf v. Schlieffen: 1813 (Gesammelte Schriften, Bd. 2), Berlin 1913.

schall Schwarzenberg, in Mittelschlesien 67 000 Russen und 38 000 Preußen unter General v. Blücher, im Südteil der Mark Brandenburg 74 000 Preußen, 31 000 Russen und 23 000 Schweden unter dem Kronprinzen Bernadotte. Neben dieser Gesamtstreitmacht von 483 000 Mann bildete General Wallmodens Korps (27 000) den äußersten rechten Heeresflügel an der Unter-Elbe gegenüber dem fast gleichstarken Marschall Davout. Die drei Monarchen befanden sich im großen Hauptquartier der böhmischen Armee mit eigenem Militärgefolge und Diplomaten, was dem Fürsten Schwarzenberg das ohnehin nur vage bestehende Geschäft des nominellen Oberbefehls überaus sauer machte. Zar Alexander mischte sich dauernd ein, der auch die Gesamtleitung am liebsten selbst in die Hand genommen hätte. Der Operationsplan war lange beratschlagt, schließlich aber durch den österreichischen Generalstabschef Radetzky in die endgültige Fassung gebracht worden[2]. Dabei ging es um die Frage, wie mit drei getrennten Armeen gegen Napoleon vorzugehen sei, der während des Waffenstillstandes sein sich vermehrendes und stärkendes Operationsheer im sächsisch-niederschlesischen Gebiet von Dresden über Görlitz bis Liegnitz konzentrierte. Man wollte offensiv operieren, doch keinesfalls die vom Kaiser selbst geführte Übermacht angreifen. Keine der drei Armeen durfte sich mit ihm in eine Hauptschlacht einlassen. Jede hatte im Falle eines gegen sie gerichteten Stoßes sofort auszuweichen; nur die Nebenarmeen der Marschälle sollten unbedingt geschlagen werden. So bestand der ursprünglich ins Auge gefaßte Vorsatz, das feindliche Lager »als Rendez-Vous« zu nehmen, um sich dort zu vereinigen, nur in der Theorie. Radetzkys Leitgedanke disponierte die Aktion: unter Vermeidung jeder Teilniederlage gegen die Hauptkommunikation des Feindes wirken, Napoleon von seinen Stützpunkten an der Elbe als seiner wichtigsten Kraftquelle abdrängen und je nach Gunst der Lage die geschwächte, ermüdete Armee in einer Entscheidungsschlacht vernichten. Über Einzelheiten der Durchführung war man verschiedener Ansicht, doch im Grundsätzlichen herrschte Einigkeit. Der verabredete Kriegsplan bestimmte den Charakter der Operationen im voraus. Beide Seiten hatten die Zeit des Waffenstillstandes zur Vermehrung ihrer Truppen und Erhöhung ihrer Leistungsfähigkeit genützt, so daß sich die Verhältnisse für den Militärkaiser kaum gebessert hatten. Er verfügte über 418 000 Mann einschließlich der Besatzungen in den festen Plätzen an der Elbe ohne Marschall Davout.

Die schlesische Armee eröffnete den Herbstfeldzug am 14. August mit ihrem Vormarsch auf den Leib der französischen Bober-Armee bei Bunzlau. Napoleon stieß aus seiner Defensivstellung am Dreiländereck bei Görlitz mit doppelter Überlegenheit gegen Blücher vor, mußte jedoch schnell erkennen, daß er nach sofortigem Zurückweichen die Schlacht absichtlich verweigerte. So ließ er nur Marschall Mac Donald mit drei Korps stehen (23. August), um der alliierten Hauptmacht in den Rücken zu

2 Zum sogenannten »Trachenberger Operationsplan« siehe O. Regele: Feldmarschall Radetzky, S. 117 ff., dazu Schwarzenberg: Feldmarschall Fürst Schwarzenberg, S. 208 ff.; vgl. Delbrück: Das Leben des Fm. N. v. Gneisenau (3. Aufl.), Bd. 1, S. 330 ff.

Abb. 93. Tödliche Verwundung des von Napoleon verbannten Generals Moreau auf seiten der Alliierten in der Schlacht bei Dresden am 27. 8. 1813. Nach einem anonymen Kupferstich von 1840.

fahren, die inzwischen über das Erzgebirge in Sachsen eingedrungen war und Dresden bedrohte. Aus Sorge um die Stadt griff der Kaiser dann Schwarzenberg direkt an, den er besiegte (26./27. August), aber wieder nicht energisch im früheren Stil verfolgte. Von der persönlichen Führung dieser Operation hielten ihn die Hiobsbotschaften über die Niederlagen seiner Seitenarmeen ab: Blücher hatte Mac Donald an der Katzbach geschlagen (26. August), General v. Bülow bei Groß-Beeren (23. August) die Berliner-Armee des Marschalls Oudinot, deren Offensive gegen die preußische Landeshauptstadt durch neuen Verlust bei Hagelberg (27. August) ganz zusammenbrach. Vordringlich mußte sich Napoleon um die demoralisierte Bober-Armee kümmern. Die Schlacht selbst hatte sie wenig gekostet, wohl aber der Rückzug bis hinter die Neiße. Auf dem Wege rücksichtsloser Verfolgung war Blüchers »großer Chef«, General v. Gneisenau, auf eine Weise verfahren, die für den preußischen Generalstab normativ werden sollte: das selbständige und selbsttätige Handeln der Unterführer im Rahmen ihres gegebenen Auftrages[3]. Sie brachte dem Sieger 18 000 Gefangene, 103 Geschütze und die gesamte Versorgungseinrichtung des Feindes als Beute ein.

Wenig später erhielt der Kaiser die nächste schlimme Nachricht: das Korps des Generals Vandamme, das im Zuge der Verfolgung schon südlich Pirna auf der Rückzugstraße der böhmischen Armee stand, war am 30. August bei Kulm fast ganz aufge-

3 Die typische Weisung an General v. Yorck betr. Handeln der Kav. Führer »nach ihrer Einsicht« v. 28. 8. bei Delbrück, a. a. O., S. 343.

Abb. 94. Generalleutnant Friedrich Wilhelm v. Bülow (1755–1816) in der Schlacht bei Groß-Beeren. Tuschzeichnung von Richard Knötel. Unter dem Kommando Bernadottes, der nach Ablauf des Waffenstillstandes einen Stoß Napoleons befürchtete und die Defensive, notfalls ein Ausweichen bis hinter Berlin, beschloß, griff Bülow am 23. August mit seinem III. preußischen Armeekorps ohne Befehl Marschall Oudinot (Armée de Berlin) an und schlug ihn zurück. Eine erfolgreiche Eröffnung des Herbstfeldzuges an der Nordfront bei strömendem Regen.

rieben worden. Wieder ist es ein Generalstabschef aus Scharnhosts Reformerkreis, Oberstleutnant v. Grolman, gewesen, der das II. preußische Korps (General v. Kleist) mitten im schwierigen Gebirgsübergang auf einem unbekannten Seitenweg über Nollendorf in den Rücken des Feindes geführt und dadurch den Sieg vollendet hatte[4]. Napoleon wollte jetzt die erneuerte, verstärkte Offensive nach Norden gegen den Kronprinzen Bernadotte selbst anführen, übertrug aber den Oberbefehl dem Marschall Ney. Es schien ihm wichtiger, den gleichzeitigen Stoß auf die gefährlichere schlesische Armee in der Lausitz persönlich zu leiten. Blücher wiederholte sogleich das Spiel nach alliiertem Operationsplan und Ney ließ sich am 6. September bei Dennewitz durch General v. Bülow so schwer treffen, daß seine Armee (3 InfKorps u. 1 KavKorps) zertrümmert unter 22 000 Mann Verlust bei Wittenberg über die Elbe flüchtete. Der Marschall hatte nach einem Kompromiß zwischen den teils schon überholten Befehlen aus dem entfernten kaiserlichen Hauptquartier gesucht und zu halben Maßnahmen gegriffen, weil er sich zum selbständigen Handeln im Sinne seines

4 E. v. Conrady: Das Leben und Wirken des Generals v. Grolman, Bd. 2, Berlin 1895, S. 124 ff und S. 142.

Auftrages nicht entschließen konnte[5]. Wie in Spanien und Rußland zeigten sich besonders auch im Feldzug von 1813 die Früchte der verderblichen Führungszentralisation, die unter Napoleon mehr gehorchende als mitdenkende, zur Eigenverantwortung erzogene Generale hervorbrachte.

Nun war der Bewegungsraum des Kaisers schon bedenklich eingeengt. Nach drei Wochen langem Hin- und Hermarschieren ohne Resultat geriet seine ermattete Armee in die Nähe der Auflösung. Krankenausfall und Desertionen nahmen wieder zu, Verpflegung ließ sich aus dem Lande kaum noch auftreiben und die Zufuhr von der Rheinbasis störten die feindlichen Streifkorps. Die blutigen Verluste einschließlich der Gefangenen lagen weit höher als auf der Gegenseite (etwa 100 000 zu 60 000). Eine dritte Wiederholung des Unternehmens Richtung Berlin und Oderfestungen kam nicht mehr in Frage. Im Grunde genommen bedeutete diese verschlechterte Situation den Erfolg der alliierten Strategie. Trotz des Mißgeschickes vor Dresden hatte sie sich insoweit bewährt, als Napoleon sich fragen mußte, ob er nach verlorenem Übergewicht auch noch die Initiative besaß. Zudem erhielten die Russen Verstärkung durch eine Reserve-Armee von 60 000 Mann unter General Bennigsen, die Österreicher Ersatzmannschaften und die Preußen retablierten ihre arg geschwächten Landwehrformationen. Im September betrug die Stärke der Verbündeten 450 000 Kombattanten, dem Kaiser verblieben nur noch 300 000.

Seine Gegner mußten sich nun darüber einig werden, wie sie ihn weiter bekämpfen sollten. Schwarzenberg gedachte am bisherigen Grundsatz festzuhalten. Blücher hingegen meinte, man könne den direkten Angriff aller drei Armeen nicht länger hinauszögern. Nachdem Bennigsen bei der Hauptmacht in Böhmen eingetroffen war, übernahm die schlesische Armee die Hauptrolle, um aus der Stagnation herauszukommen. Die Absicht, unterhalb Dresden über die Elbe zu gehen, Bernadotte das Beispiel für einen gemeinsamen Stoß in Napoleons linke Flanke zu geben und dadurch zugleich Schwarzenberg das Vordringen zu erleichtern, war Gneisenaus erste selbständige strategische Idee. Der Rechtsabmarsch von der Lausitz zur Umgehung der Elbe-Front zwischen Dresden und Torgau brachte die Dinge in Fluß.

Am 3. Oktober erkämpfte das Yorcksche Korps bei Wartenburg ruhmvoll den Übergang. Tags darauf trat auch die Hauptarmee den Vormarsch über das Erzgebirge Richtung Leipzig an. Der Feldherr der blitzschnellen Entschlüsse hatte eine Zeitlang zwischen Erwägungen und Vermutungen geschwankt. Die Gunst seiner Stellung in der Mitte zum Schlag gegen die noch getrennten Feinde bedingte zuverlässige Nachrichten und Einblick in deren Positionen. Das eine erhielt er nicht, weil das Operationsinstrumentarium infolge mangelhafter beweglicher Kräfte nicht mehr voll funktionierte; das andere verwehrte ihm die hohe Überlegenheit leichter Truppen, insbesondere an Kosaken-Pulks. Der Schleier wollte nicht zerreißen, so daß der Kaiser bei dem angespannten Bemühen, sich auf dem »verworrenen« Felde zurechtzufinden,

5 Mewes: Das Feldherrntum des Marschalls Ney in den Befreiungskriegen, S. 181 ff.

»regelrecht krank[6]« wurde. Erst am 6. Oktober brach er in Dresden auf, um Blücher zu schlagen. Die letzte Gelegenheit, den operativen Vorteil der »inneren Linie« zu nützen, verlor sich jedoch in einem Lufthieb. Die schlesische Armee war bereits unter erneuter Preisgabe ihrer rückwärtigen Verbindungen südwestlich gegen die Saale weggezogen und riß auch Bernadotte seitwärts mit, als die gefährliche Stoßspitze über Düben hinaus Wittenberg erreicht hatte (11. Oktober). 155 000 Mann bedrohten damit Napoleons Flanke, während Schwarzenberg gegenüber Murats Sicherungsgruppe (3 Korps) in der Ebene von Leipzig stand.

In dieser Lage entschloß sich der Kaiser, die ihm hier zugedachte Entscheidungsschlacht anzunehmen. Ab 13. Oktober versammelte er seine Streitkräfte: nur 210 000 Mann, da zwei in Dresden zurückgebliebene Korps (30 000) nicht mehr zeitgerecht zur Stelle sein konnten. Der Aufmarsch der drei endlich zur Vereinigung gelangenden verbündeten Armeen hätte naturgemäß bezwecken müssen, das westliche Ausweichtor vor Leipzig nach der Saale hin zu verschließen[7]. Das Drängen des Zaren auf frühzeitigen Angriff schon am 16. Oktober, was die Verschiebung aller Kräfte der Hauptarmee auf das rechte Pleiße-Ufer zur Folge hatte, und das zögernde Vorgehen des Kronprinzen Bernadotte ließen es dazu nicht kommen. So konnte Napoleon nach dreitägiger Völkerschlacht gegen erhebliche Übermacht 150 000 Mann auf die freie Rückzugsstraße durchbringen, die über Weißenfels-Erfurt-Eisenach-Fulda-Frankfurt an den Rhein führte. Die Sieger folgten ohne starken Druck, doch auf dem langen Wege sammelten sie eine ständig zunehmende Menge verzweifelter, erschöpfter, halb verhungerter Leute samt Geschützen und Fuhrwerk ein. Die deutschen Rheinbundtruppen entwichen, auch viele Polen. Mit dem noch in geschlossener Ordnung marschierenden Kolonnen warf der Kaiser zuletzt bei Hanau die bayerisch-österreichische Armee (30 000) unter General v. Wrede zur Seite (30. Oktober). Von Würzburg her kommend und allein auf sich angewiesen, hatte sie den verlustreichen Kampf dennoch nicht umsonst ausgefochten. Von der letzten großen Armee Napoleons waren noch 60 000 Mann übrig, als sie am 2. November bei Mainz den Rhein passierte. Dresden hatte bereits am 11. November kapituliert. Die anderen Besatzungen der festen Plätze (Stettin und Torgau, Danzig, Erfurt, Würzburg, Wittenberg, Küstrin, Glogau und Hamburg) fesselten noch eine Zeitlang entsprechende Kräfte der Verbündeten; für die fortgesetzte Kriegführung des Kaisers besaßen sie aber keinen realen Wert mehr.

6 B. Druène: Der Feldherr Napoleon – Theorie und Praxis seiner Kriegskunst, in: Napoleon I. und das Militärwesen seiner Zeit, S. 54; siehe auch O. Frhr. v. Odeleben: Napoleons Feldzug in Sachsen 1813 (3. Aufl.), Dresden 1840.

7 Delbrück: Das Leben des Fm. v. Gneisenau, a. a. O., S. 383 f. und Schwarzenberg: Feldmarschall Fürst Schwarzenberg, S. 238 f.

Der Winterfeldzug von 1814 in Frankreich[1]

Als die siegreichen Heere am Rhein standen und der Krieg am Jahreswechsel allein wegen Napoleons hochfahrendem Starrsinn seinen Fortgang nahm, war die halbwegs durchgehaltene Einheit der Koalition dahin. Die Diskrepanzen in ihrem Interessengeflecht führten zu schweren Spannungen zwischen den Partnern. Im gesamten Feldzugsverlauf traten wieder die beherrschenden politischen Motive hervor, die sich auf das militärische Geschehen lähmend und belastend auswirkten und höhere Opfer forderten als ein schneller Vormarsch auf Paris gekostet hätte. Österreichs Staatskanzler Metternich wünschte einen Frieden, der Frankreich hinter seinen »natürlichen Grenzen« von 1795 und Napoleon auf dem Thron beließ. Aus gutem Grund fürchtete er die Ausdehnung des russischen Einflusses, somit nach der Befreiung des Kontinentes von der napoleonischen Herrschaft die neue Drohung aus dem Osten. England bestand auf der Herausgabe Belgiens, stimmte sonst aber aus eigener Sorge um das europäische Gleichgewicht zu. Zar Alexander hingegen wollte in Paris den Frieden diktieren, um den Brand von Moskau zu vergelten. Da die Friedensgespräche im Feindesland am vereinbarten Konferenzort zu Châtillon vom 5. Februar bis 19. März andauerten, während die Heeresoperationen in kritische Phasen gerieten, ergab sich daraus eine fatale Wechselwirkung der militärischen und politischen Entschlüsse. Eine vorausdisponierte Bestimmung über das Zusammenwirken der Heeresteile gab es nicht.

Da die alliierten Truppen in ihren Quartieren am Rhein nur auf begrenzte Zeit ihren Lebensunterhalt fanden, mußten sie sich bald wieder nach vorwärts in Bewegung setzen. Am 21. Dezember vollzog die Hauptarmee (94 000 Österreicher, 54 000 Russen, 30 000 Bayern, 12 000 Württemberger und 6000 Preußen) von Kehl bis Schaffhausen den Uferwechsel, um durch Schweizer Gebiet die Hochebene von Langres zu gewinnen[2]. Blüchers Schlesische Armee (60 000 Russen und 22 000 Preußen, ein preußisch-russisches Korps von 15 000 Mann folgten erst Anfang Februar nach) ging in der Neujahrsnacht bei Koblenz, Kaub und Mannheim über den Rhein. Von der Nordarmee rückten General v. Bülow mit dem III. preußischen Korps (30 000) und das russische Korps Witzingerode (36 000) nach Holland und Belgien[3]. Über die Pyrenäen drang Wellington schrittweise in Südfrankreich ein.

Der Vormarsch der Verbündeten kam zunächst einem Spaziergang gleich, denn Napoleon war noch in Paris mit der Organisation der Abwehr beschäftigt, die sich am Rhein nur als Scheinverteidigung eines dünnen Grenzkordons (etwa 50 000 Mann)

1 Horsetzky: Feldzüge der letzten 100 Jahre; Janson: Geschichte des Feldzuges 1814 in Frankreich, 2 Bde., Berlin 1903–1905; Pertz/Delbrück: Das Leben des Fm. Grafen N. v. Gneisenau, Bd. 4, Berlin 1880.

2 Das Plateau von Langres, Quellgebiet aller wichtigen Flüsse, galt den Strategen wegen seiner geographischen Bedeutung als günstigste Marschbasis für alle weiteren Operationen.

3 Kronprinz Bernadotte stand mit dem anderen Teil seiner Armee vor Hamburg gegenüber Davout.

zeigte. So konnte Blücher, ohne an Mosel und Maas Widerstand vorzufinden, den Festungsgürtel fast kampflos durchschreiten, den Schwarzenberg mit der Hauptarmee umgangen hatte. Bisher waren, wie allseits erhofft, ohne die Beschwernisse eines Winterfeldzuges reine Winterbewegungen ausgeführt. Im großen Hauptquartier zu Langres sah die Friedenspartei schon das Ziel erreicht, doch der Zar drängte zu weiterem Vorrücken über die Aube auf Troyes, und auch Blücher marschierte bei St. Dizier über die Marne Richtung Paris (24. Januar). Schwarzenberg wollte ebenso, schon aus Verpflegungsrücksichten, tiefer ins Land, aber so zuversichtlich wie der preußische Feldmarschall war er nicht. Die Zeit der feindlichen Rüstungsschwäche schien vorüber und niemand konnte wissen, ob der Armee hinsichtlich eines auflodernden Volkskrieges nicht ein ähnlicher Zug bevorstand wie der Napoleons nach Moskau. Tatsächlich begann am 26. Februar der wirkliche Feldzug. Für ihn selbst noch zu früh, brach der Kaiser »mit dem, was man hat« – 40 000 Mann – in Châlons auf und stieß sofort der Schlesischen Armee, die erst 30 000 Mann beisammen hatte[4], über St. Dizier überraschend schon halb in den Rücken. Zum Glück hatte Blücher bereits Verbindung mit der Hauptarmee, und nach heiklem Gefecht bei Brienne (29. Januar) zog er sich auf deren etwas weiter südlich stehende Vortruppen zurück. Napoleon folgte, worauf ihn sein erbittertster Gegner, seit Leipzig von den Russen »Marschall Vorwärts« genannt, am 1. Februar bei La Rothière angriff, durch Schwarzenbergs Unterstützung (3 Korps) auf fast 90 000 Mann vestärkt. Die Schlacht mußte der Kaiser verlieren. Daß ihn kein tödlicher Schlag traf, hatte er in der Hauptsache Metternich zu verdanken, der seinem österreichischen Feldherrn vorschrieb, nur das Allernötigste zu tun. Der Primat der Politik trat erneut in Widerstreit mit dem der Waffen. Der Kongreß zu Châtillon begann, um Friedensverhandlungen einzuleiten; jetzt auf der Grundlage der Grenzen von 1791. Diese Absicht verband sich mit dem Wunsch, ohne weiteres Blutvergießen den Krieg möglichst rasch zu beenden. Dennoch marschierten beide Armeen auf Verlangen des Zaren weiter, und weil die angespannte Versorgungslage im ausgesogenen Land kaum eine andere Wahl ließ, wieder getrennt. Schwarzenberg nahm den Weg hinter dem geschlagenen Napoleon Seine abwärts über Troyes. Blücher hoffte, allein durch militärische Entscheidung in acht Tagen in Paris zu sein.

Sehr sorglos bewegte sich seine Armee mit den nachgerückten Korps auf der südlich-parallel der Marne führenden kleinen Pariser Straße vorwärts; die linke Flanke ungedeckt, in vier Teilen 70 km weit auseinandergezogen. Unbedingt sollte die russische Spitze den vom Yorkschen Korps verfolgten Marschall Mac Donald auf der kürzeren Strecke abfangen und an der Vereinigung mit der Hauptmacht hindern. Napoleon in Nogent hatte gerade die demütigenden Friedensbedingungen erhalten, als er am 8. Februar Blüchers zusammenhangloses Vorgehen erfuhr. Auf der Stelle ließ er die Politik beiseite, um die ungeahnte, scheinbar letzte Chance der Kriegfüh-

4 Das russische Korps Langeron war bis zur Ablösung durch deutsche Bundestruppen noch vor Mainz gebunden, das Korps Yorck erst von Metz her im Anmarsch.

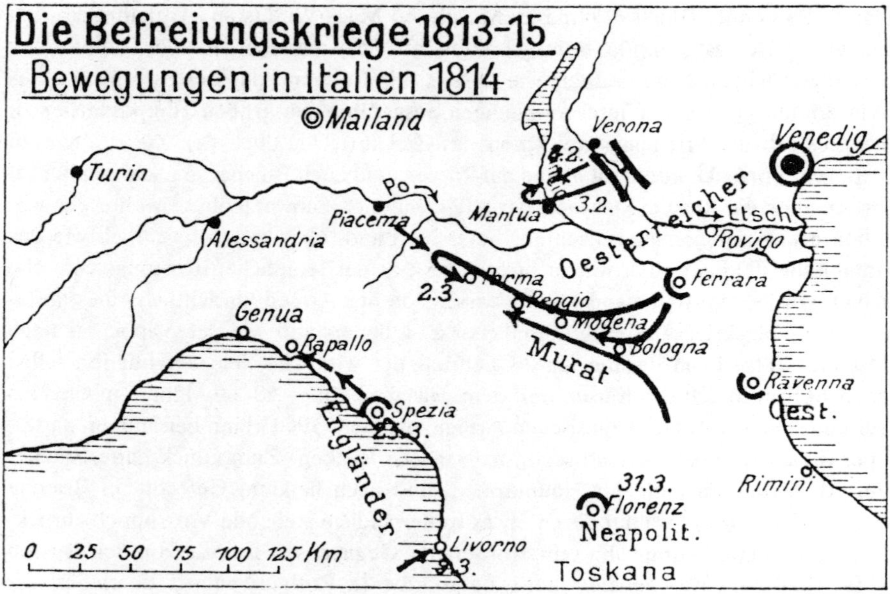

Abb. 95. Operationsskizze zum Feldzug 1814 in Italien.
Auf dem Nebenkriegsschauplatz stand Vizekönig Eugen Beauharnais mit 41 000 Mann gegen 47 000 Österreicher unter Graf Bellegarde an der Etsch. Die Neapolitaner besetzten Rom und Florenz und bedrohten, über Bologna-Reggio vorgehend, Beauharnais Stellung im Rücken, ebenso die bei Livorno gelandeten Engländer. König Murat von Neapel fiel aufgrund geheimer österreichischer Garantie seines Thrones von Napoleon ab und betrieb eine undurchsichtige Politik auf eigene Faust. Auch nach unentschiedener Schlacht am Mincio (8. 2.) war Beauharnais' Rückzug unvermeidlich.

rung blitzartig auszunützen. Am 10. Februar stand der Kaiser mit 35 000 Mann mitten in der Schlesischen Armee. In der Vereinzelung wurden deren Teile nacheinander schwer angeschlagen (10.–14. Februar). Mit einem Verlust von 15 000 Mann sammelte sie am 16. Februar bei Châlons. Das Unglück war unvermeidlich hereingebrochen, da sich Schwarzenberg bei seinem langsamen Vorrücken nicht auf gleicher Höhe gehalten und zu große Sorge um seinen exponierten, gegen Lyon gerichteten linken Flügel gezeigt hatte. Er wollte nicht »wie die Schweine« operieren[5], womit Blüchers »unvernünftiger« Drang nach Paris gemeint war. Außerdem konnte der Feldmarschall nicht wissen, daß von Marschall Augereaus Südgruppe keine ernsthafte Gefahr drohte; denn auch nach dem Abfall König Murats von Neapel blieb Eugen Beauharnais mit der Italienarmee jenseits der Alpen. Napoleon hätte Blücher noch schlimmer mitspielen können. Der nächste Schlag gegen die alliierte Hauptarmee schien ihm aber wichtiger zu sein. Durch den Angriff auf das Württembergische

5 Schwarzenberg an Metternich v. 29. 1. 1813, zit. nach Feldmarschall Fürst Schwarzenberg, S. 282.

Korps bei Montereau (16. Februar) veranlaßte er sie zu unverzüglichem Rückzug bis hinter die Aube. In diesen Februartagen hatte der Kaiser ein unvergleichliches Beispiel beweglich geführter Abwehr gegeben, das in seiner bedrängten Lage alle großen Schlachtensiege an Kühnheit, Umsicht und Schnellkraft sogar noch übertraf.

Nun war für ihn von einem Verzichtfrieden auch keine Rede mehr, zumal er seine Hoffnungen auf die längst erkannte Brüchigkeit im Feindbündnis setzte. Seine übermütige Siegeszuversicht, der kühle Kopf der Engländer, Metternichs diplomatisches Geschick und der Wille des Zaren fügten die Allianz der vier Großmächte jedoch wieder fester zusammen. Erneut erging Befehl zum Vormarsch. Blücher war schon selbständig nach Norden an die Aisne aufgebrochen. Bei Soissons vereinigte er sich mit den beiden aus Belgien heranmarschierten Korps Bülow und Witzingerode. Napoleon drückte ihm nach, durfte aber bei Laon keinen weiteren Sieg mehr erwarten. Mit 40 000 Mann gegen 110 000 schaffte er nach vergeblichem Angriff (9./10. März) noch einen respektablen Abzug, weil Blücher krank daniederlag und der nun vorsichtig gewordene Gneisenau mit Rücksicht auf die ihm vom König abverlangte Schonung der Armee die günstige Gelegenheit zur Entscheidungsschlacht resigniert vergeben hatte. Während der Kaiser nun wieder nach Süden gegen Schwarzenberg zog, der die gleiche Strecke über Troyes abermals vorrückte, ging der Friedenskongreß zu Châtillon ergebnislos auseinander (19. März). Am 20. März bei Arcis sur Aube, den Fluß schon in seinem Rücken, glaubte Napoleon, über die linke Flanke der Hauptarmee herfallen zu können, ohne eine große Schlacht zu beabsichtigen. Dort traf ihn aber Schwarzenbergs Gegenzug mit ganzer Macht (90 000 zu 54 000), so daß er sich den Folgen seines Irrtums durch den Rückzug auf Vitry entziehen mußte. Am gleichen Tage fiel Lyon in die Hand der Österreicher. Schon am 12. März hatte Bordeaux den Engländern die Tore geöffnet. Durch Verpflegungsschwierigkeiten aufgehalten, stand Blücher erst am 24. März an der Marne zwischen Châlons und Chateau-Thierry. Der Kaiser wußte, daß jetzt der gemeinsame Marsch der beiden verbündeten Armeen auf Paris bevorstand, weswegen er ein letztes, ebenso verwegenes wie verzweifeltes indirektes Manöver beschloß: unter Preisgabe der Hauptstadt gegen die rückwärtigen Verbindungen des Feindes; d. h. Verlegung des Kampfplatzes auf den Ostteil Frankreichs, gestützt auf die noch unbezwungenen Festungen in Lothringen. Als man im alliierten Hauptquartier davon erfuhr und besorgt beratschlagte, was zu tun sei, gaben die Kundschaftermeldungen und abgefangenen vertraulichen Depeschen zur inneren Lage im Zentrum des Kaiserreiches den Ausschlag für das entscheidende Wort des Zaren: »Ich habe meinen Entschluß gefaßt. Wir marschieren sofort gegen Paris[6].« Am 29. März standen beide Armeen am Ziel. Die Blücher gegenüber zurückgegangenen Marschälle Marmont und Mortier waren schneller ausgewichen und bezogen am Montmartre eine letzte Verteidigungsstellung, gegen die am nächsten Tag noch ein blutiger Kampf entbrannte. Am 31. März kapitulierte die Stadt und Napoleon war verloren.

6 Zit. nach Paléologue, Alexander I., S. 258.

Der Neunzehn-Tage-Feldzug von 1815[1]

Nach seiner Rückkehr aus Elba konnte sich Napoleon nur wenige Tage in der Hoffnung wiegen, daß ihn die Großmächte Europas tolerieren würden. Schon am 13. März beschloß der Wiener Kongreß, dem Bourbonenkönig und dem französischen Volk Beistand zur Wiederherstellung der Ruhe zu leisten. Am 14. März wurde der »Ruhestörer Bonaparte« in Acht und Bann erklärt. Am 25. März bekräftigten Österreich, Rußland, England und Preußen ihre große Allianz von 1814 aufs Neue und verpflichteten sich, gemeinsam eine Armee von 700 000 Mann zusammenzubringen, die wiederum Feldmarschall Fürst Schwarzenberg kommandieren sollte. Die Londoner Bankiers stellten den Alliierten fünf Millionen Pfund Sterling zur Verfügung.

Unterdessen baute Napoleon ein neues schlagkräftiges Heer auf und mußte sich dabei die schwierige Frage stellen, ob es zweckmäßig sei, bis zum Abschluß der eigenen Rüstungen den Großangriff zu erwarten oder mit der zuerst marschbereiten Operationsarmee über die ihm am nächsten stehenden Feinde herzufallen. Da die Österreicher nicht so schnell am Rhein erscheinen konnten und die am weitesten zurückliegenden Russen noch später, bildeten die zwei im Südteil Belgiens kantonierenden Armeen für den Präventivschlag die Zielobjekte: die zusammengewürfelte Streitmacht unter Wellington und die Preußen unter Blücher. Der englische Feldherr brauchte Zeit bis Anfang Juni, um seine Armee auf reichlich 100 000 Mann zu verstärken. In Nationalitäten gegliedert, bestand sie zu einem Drittel aus Engländern, dann aus 41 000 Deutschen (Hannoveraner, Braunschweiger und Nassauer) sowie über 24 000 Holländern und Belgiern. Die Mobilisierung der preußischen Armee war in der ersten Maihälfte beendet[2]. 117 000 Mann stark, in vier Armeekorps formiert, hatte sie sich zwischen Sambre und Maas auf der Linie Charleroi-Namur-Lüttich versammelt und somit Wellingtons Vortruppen beiderseits Mons eng genähert. Wellington wie Blücher mußten mit der Möglichkeit einer typisch napoleonischen Offensive rechnen; zuerst gegen die eine, dann gegen die andere Gruppierung, was ihnen von vornherein den Gedanken waffenbrüderlicher Hilfeleistung ans Herz legte.

Am 12. Juni verließ Napoleon Paris, um das Kommando über die »Armée du Nord« (128 000) zu übernehmen, die er mit Geschick und gewohnter Schnelligkeit in der Gegend um Beaumont konzentrierte. Die Wahl der Stoßrichtung zeigt deutlich, wie genau ihn die Nachrichten über die Aufstellung der Engländer und Preußen ins Bild gesetzt hatten. Die natürlichen Rückzugswege des Feindes liefen auseinander,

1 Horsetzky: Feldzüge der letzten 100 Jahre; O. v. Lettow-Vorbeck: Napoleons Untergang 1815, 2 Bde., Berlin 1904–1906; Pertz/Delbrück: Das Leben des Fm. Gr. N. v. Gneisenau, Bd. 4, Berlin 1880; J. Keegan: Die Schlacht Azincourt 1415, Waterloo 1815, Somme 1916, dtv-Ausg. 1981; Rückzug und Verfolgung (Beiträge zur Mil. und Kriegsgeschichte, hrsg. v. MGFA, Bd. 1), Stuttgart 1960, Beispiel 1815, S. 97 ff.

2 Die Armee war nach beendetem Feldzug 1814 noch nicht in die Heimat zurückgekehrt, hatte aber Freiwillige und Landwehr dorthin entlassen und mußte eiligst auch durch 8000 Rekruten sowie zwei neue Regimenter aus den gerade erworbenen Westprovinzen komplettiert werden.

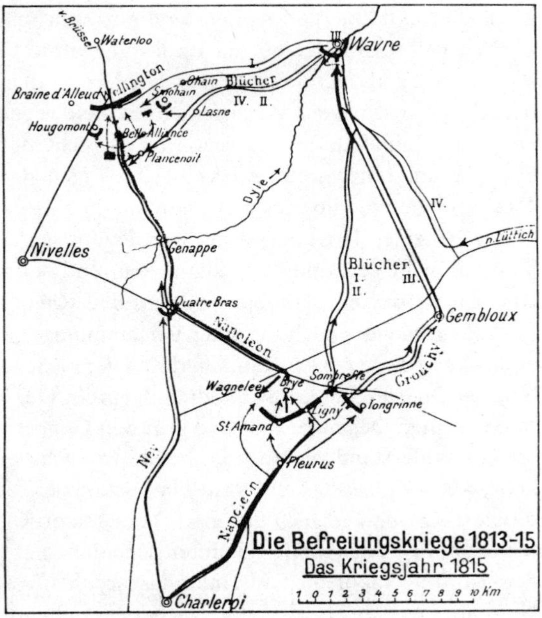

Abb. 96. Operationsskizze zur Genesis und zur Schlacht von Waterloo.

über Lüttich nach dem Rhein und über Brüssel nach der See. Wenn dann der Vorstoß gegen den Zwischenraum gerichtet war, in dem sich die beiderseitigen Verbindungen berührten, so mußte er die Verbündeten allen Berechnungen nach trennen. Aus gutem Grund zielte der Angriff auf Blüchers inneren, am schnellsten zu treffenden Flügel ab, um dadurch die ganze Armee von Wellington wegzudrängen. Es war die gleiche Idee des strategischen Durchbruchs, mit dem einst General Bonaparte 1796 seinen ersten stürmischen Siegeszug begann. Die Wiederholung 1815 sollte schon nach vier Tagen in den Untergang führen.

Die französische Armee war in zwei Flügelkolonnen und eine Reserve geteilt: die linke zwei Korps (44 000), erst spät am 15. Juni von Marschall Ney übernommen, die rechte ein Korps und ein Kavalleriekorps (30 000) unter Marschall Grouchy, das Zentrum (Reserve) drei Korps und die Kavallerie-Reserve (54 000) unter den Augen des Kaisers. Am 15. Juni drang Ney auf der Brüsseler Straße unter Vertreibung der englischen Vorposten bis Frasne und blieb dort stehen, weil er keinen anderslautenden Befehl besaß. Am 16. Juni entwickelte sich aus dem Vorgehen Grouchys die Schlacht bei Ligny, wo Blücher erst drei Korps beisammen hatte[3]. Nach mehrstündigem, hartnäckigem Kampf durchbrach am Abend ein Massenstoß seine Front. Nur der Initiative des ersten Quartiermeisters, General v. Grolman, war es zu verdanken,

3 Das IV. Korps des Generals v. Bülow um Lüttich hatte am 15. Juni Marschbefehl erhalten, die vorgeschriebenen Bewegungen aber nicht ausgeführt.

wenn die taktische Verfolgung der Franzosen schon kurz dahinter ihr Ende fand. Blücher galt seit der letzten zur Entlastung gerittenen und völlig gescheiterten Kavallerie-Attacke als vermißt, so daß Gneisenau den Rückzug allein auf sich gestellt befahl: die geschlagene Armee wich auf Feldwegen nach Norden aus, als Vorbedingung zur Teilnahme an der schon in Aussicht stehenden nächsten Schlacht an der Seite Wellingtons, unter Preisgabe der eigenen rückwärtigen Verbindungen. Die Truppen behielten ihre feste Ordnung, »ohne daß auch nur eine Bataillons-Masse, ja nur ein einziger Tirailleur-Trupp vom Feinde gefangen wurde«. Freilich sind »einige Tausend nicht verwundete Soldaten während der Schlacht und des darauffolgenden Rückzuges« davon- und »bis zur Maas und Rhein zurückgelaufen[4]«.

Wellington hatte nach zu später Versammlung seiner Armee Hilfe zugesagt, obwohl er das Versprechen nach Raum und Zeit gar nicht halten konnte, außerdem selbst von Ney bei Quatre-Bras schwer bedrängt wurde. Der Marschall sah Frankreichs Schicksal auf seinen Degen gestellt und griff den Gegner auftragsgemäß an. Um den wachsenden Widerstand zu brechen, befahl er auch dem nachfolgenden Korps die Umkehr, das vom Kaiser bereits zur Umfassung des rechten preußischen Schlachtflügels dirigiert war und folglich erst nach beendetem Kampf bei Quartre-Bras eintraf. So fehlten am 16. Juni bei der Hauptentscheidung auf beiden Seiten die ausschlaggebenden Kräfte. Napoleon widerfuhr das arge Mißgeschick eines nutzlosen Hin- und Hermarsches von 20 000 Mann. Nachdem er obendrein noch in Überschätzung seines Erfolges von Ligny erst am 17. mittags Marschall Grouchy zur operativen Verfolgung in Marsch setzte, war sein Feldzug eigentlich schon gescheitert. Der Kaiser vermutete die Preußen ohne jeden Zweifel auf dem Rückzug nach Osten und rechnete für die nächste Zeit überhaupt nicht mit ihrem Wiedererscheinen. Aus diesem Grunde ist auch die Gefechtsaufklärung nach Norden unterblieben.

Marschall Ney wollte den zuletzt auf 37 000 Mann angewachsenen Feind bei Quatre-Bras festhalten, verhielt sich aber passiv, so daß es Wellington am 17. Juni vormittags gelang, den Abmarsch seiner zum Teil schwer mitgenommenen Armeegruppe Richtung Brüssel zu bewerkstelligen. Er fand dann auch die Zeit, südlich Waterloo bei Mont St. Jean eine starke Stellung zu beziehen; mit 69 000 Mann bereit die Schlacht anzunehmen, falls ihn zwei preußische Korps unterstützten. Diese Schlacht am 18. Juni war nach ihrer einfachen Anlage ein reiner Frontalkampf. Nichts anderes hatte Napoleon beabsichtigt. Wie bei Borodino wollte er, jetzt mit 73 000 Mann, einen schnellen Vernichtungssieg erzwingen und dem Gegner keine Gelegenheit zum frühzeitigen Ausweichen geben, womit bei ausholender Bewegung gerechnet werden mußte.

Wellington stand zum ersten Mal dem Kaiser gegenüber und verharrte schon deshalb nach bewährter Manier in der Verteidigung, die er mit großem taktischen Ge-

4 Grolmans »Bemerkungen« zu Wellingtons Kritik an der Disziplin der preußischen Armee, in: Militär Wochenblatt (1836), S. 90 f. Die Ausreißer waren bergische Rekruten und westfälische Landwehrmänner. Die Preußen verloren bei Ligny 14 000 Tote und Verwundete, die Franzosen reichlich 11 000, bei Quatre-Bras 4000, Wellington etwa 6000.

schick leitete. Solche zusammengefaßten gewaltigen Stoßmassen und eine derartig mörderische Artilleriefeuervorbereitung wie auf dem Schlachtfeld bei Waterloo hatte er allerdings noch nie erlebt. Auch die französische Kavallerie attackierte mit fast übermenschlichem Angriffswillen, um das buntscheckige alliierte Heer auseinanderzusprengen[5]. Bald hielt sich von Wellingtons furchtbar dezimierter Linie nur noch die Hälfte nicht minder heroisch aufrecht. Es sah so aus, als ob die Preußen zu spät kommen würden. Marschtechnische und geländebedingte Hemmnisse hatten sie aufgehalten. Erst um vier Uhr nachmittags trafen die vordersten Teile des IV. Korps, das bei Ligny nicht herangekommen war, ins Gefecht. Sie erstürmten das Dorf Plancenoit, das die rechte Flanke der französischen Armee deckte. Napoleon mußte nacheinander über 10 000 Mann dorthin abziehen. Dennoch hoffte er eine kritische Zeit lang, die Preußen bis zum Sieg über Wellington aufhalten zu können. Tatsächlich hielt aber Blücher sein Wort, das er dem Engländer nach der verlorenen Schlacht bei Ligny gegeben hatte. Unter übermäßigen Anstrengungen führte er drei Korps aus schwerer Niederlage in den neuen Kampf. Ein Korps sicherte den Rücken gegen Marschall Grouchy, der es nach aufgefundener richtiger Spur bei Wavre angriff und vergeblich die Vereinigung mit seinem Kaiser anstrebte. Als in den Abendstunden die laufend verstärkten Preußen Plancenoit endgültig zurückeroberten, weiter vordringend die feindliche Rückzugsstraße bedrohten und auch den linken Flügel der alliierten Waffenbrüder stützten, begann die französische Schlachtordnung auseinanderzubrechen. Wellingtons Truppen drückten bis in die Ausgangsstellung der geschlagenen Armee nach, wo sie ihr Biwak einrichteten, um zu versorgen und auszuruhen. Für das preußische Volksheer brauchten die Führungsgrundsätze der Söldnerzeit nicht mehr zu gelten. So vollendete Gneisenau den Sieg. Er setzte sich an die Spitze der Armee, bis Genappe[6] zusammen mit seinem alten Feldmarschall, und verfolgte die ganze Nacht hindurch »mit dem letzten Hauch von Mann und Pferd«. Tamboure und Hornisten auf Beutepferden hielten eine wehrlose, dauernd von preußischen Reitern umschwärmte Menschenmasse in panikartiger Fluchtbewegung. Napoleons Armee hatte rund 25 000 Tote und Verwundete verloren, dazu fast den gesamten Artilleriepark. 7000 Gefangene waren eine ziemlich geringe Zahl. Was an Versprengten hinterher wieder sammelte, reichlich 20 000 Mann, vereinigte sich bei Laon mit Grouchys Heeresteil und gelangte gerade noch dicht vor den Verfolgern nach Paris. Am 29. Juni standen die Preußen, Wellington zwei Tagesmärsche dahinter, zum zweiten Male vor der Stadt. Sie wurde nicht mehr verteidigt, da der Kaiser bereits am 22. Juni abgedankt hatte.

5 C. Bleibtreu: Geschichte der Reiter-Attacken, Berlin o. J., S. 396 ff.

6 Bis Genappe schloß sich auch das Hannoversche Landwehr-Btl. Osnabrück unter Führung des Brigadiers Oberst Halkett der Verfolgung an. Ab Genappe drängte Gneisenau nur noch mit 1 Füsilier-Btl. und 7 Reiterschwadronen weiter. Am frühen Morgen bei Mellet, reichlich 20 km vom Schlachtfeld entfernt, hielten sich mit ihm noch 50 Infanteristen auf den Beinen. Die Verluste von Waterloo betrugen bei Wellingtons Armee 15 000, bei den Preußen 7000 Mann.

Die Kriege in nachnapoleonischer Zeit[1]

Der Nationalkrieg zur Niederwerfung Napoleons 1813–15 hatte sich in seiner Natur schon verändert, indem er durch den alleinigen Gebrauch regulärer Streitkräfte und parallel laufender diplomatischer Verhandlungen den Kabinettskriegen der älteren Zeit wieder sehr ähnlich sah. In den Kabinetten der Wiener Kongreßmächte, mit Ausnahme Englands, wurden dann auch unter der Führung Metternichs die riskanten Interventionsmaßnahmen zur Verhütung bzw. Niederwerfung der nationalrevolutionären Umsturzversuche in den kleineren Staaten – Neapel, Piemont und Spanien – verabredet. Österreichische Truppen besiegten in Italien die Ende Juli 1820 begonnenen bewaffneten Rebellionen überraschend schnell (März/April 1821). Die gleichzeitig ausgebrochene Revolution in Spanien erledigte die französische Armee ab April 1823 in einem Sieben-Monate-Feldzug, wodurch König Ferdinand VII. die absolute Gewalt zurückerhielt. Ohne die anfangs befürchteten Meutereien in den eigenen Reihen hatte sie unter der weißen Bourbonenfahne zuwege gebracht, was unter napoleonischer Trikolore in sieben Jahren nicht gelungen war. Gegen den Abfall der spanischen Kolonien konnte die seemittellose Allianz der europäischen Großmächte nichts unternehmen, da England im eigenen Handelsinteresse die Revolutionäre unterstützte und schließlich auch Präsident Monroe den Vereinigten Staaten seine Doktrin verkündete: »Amerika den Amerikanern.« 1821 hatten sich die Griechen zum Freiheitskampf gegen die Despotie des Sultans erhoben, dem sich der in religiöser Mystik versponnene Zar von Rußland als Urheber der »Heiligen Allianz« fernhielt, weil er »in den Unruhen des Peloponnes einen revolutionären Charakter zu erkennen[2]« glaubte. Erst nach dem Tode Alexanders am 1. Dezember 1825 gab Rußland seine friedfertige Politik auf und griff die Türkei an, was die Gefahr kriegerischer Verwicklungen mit Österreich und England heraufbeschwor. Der Friede von Adrianopel (14. September 1829) bedeutete einen weiteren Schritt zum Ende der Osmanenherrschaft in Europa, er stärkte den russischen Einfluß im Schwarzmeer-Raum und sicherte den Griechen die tapfer verdiente Unabhängigkeit. Diese Ausbrüche der weiterschwelenden Revolution und der unterdrückten Freiheitsbewegungen wie der russisch-türkische Krieg und die Kolonialkämpfe empfanden die Bürger der vormärzlichen, im Innern weitgehend pazifizierten deutschen Territorialstaaten als nebensächliche Randerscheinungen, wenngleich die demokratischen Voraussetzungen für das noch verwehrt gebliebene Verfassungsleben gewachsen waren.

1830 kam es zur ersten großen Krise des Jahrhunderts. Die im Wiener Kongreß geschaffene Staatenordnung Europas wurde brüchig, als in Frankreich die Juli-Revo-

1 Horsetzky: Feldzüge der letzten 100 Jahre; C. Frhr. v. d. Goltz: Kriegsgeschichte Deutschlands im 19. Jh., Bd. 2, Berlin 1914; H. v. Treitschke: Deutsche Geschichte im 19. Jh. (4. Aufl.), Bd. 3, S. 131 ff., 151 ff und 354 ff., Berlin 1896, und Bd. 4, S. 31 ff.; O. Regele: Feldmarschall Radetzky, Wien 1957.

2 Alexander I. zu Chateaubriand auf dem Kongreß von Verona 1822, zit. nach M. Paléologue: Alexander I., S. 367.

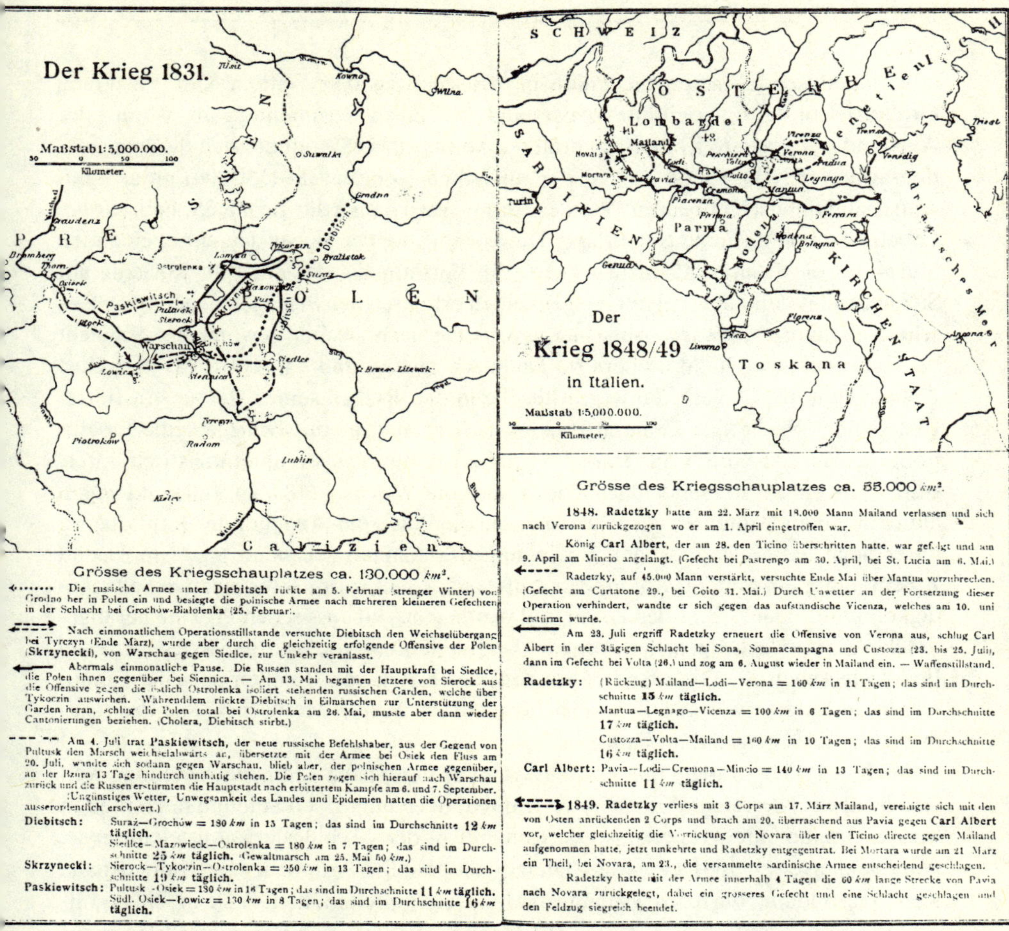

Abb. 97. Operationsskizzen zum Krieg in Polen 1831 und in Italien 1848/49. Nach O. Berndt.

lution ausbrach. Sie stürzte die nach Napoleons Untergang wieder auf den Thron gesetzte legitime Dynastie der Bourbonen und ersetzte sie durch das konstitutionelle Bürgerkönigtum Louis Philipps von Orléans, der gegen den Willen der kriegslustig auf Korrektur der Verträge von 1815 drängenden Nation nicht bestehen konnte. Der Umsturz verkettete sich sogleich mit dem Aufstand der Belgier gegen Wilhelm I. von Oranien, den Herrscher über das neue vereinigte Königreich der Niederlande. Nachdem sein Heer die Milizen im Lande auseinandergetrieben hatte, rückte Marschall Gerard überraschend schnell mit 40000 Franzosen ein, als ob sich das Jahr 1793 wiederholen wollte und im Falle einer preußischen Intervention die Vergeltung für Waterloo in Aussicht stünde. Die Vereinigung mit Frankreich verhinderte die Londoner Konferenz mit dem Ergebnis, daß Belgien und Holland getrennt wurde.

Am Jahresende griffen die Polen in Warschau zu den Waffen. Der Vizekönig Großfüst Konstantin zog ohne Widerstand mit seinen Regimentern ab, worauf der Aufstand das gesamte Königreich erfaßte. Ab Februar 1831 mußte sich die Insurrektionsarmee (55 000, später 75 000) der russischen Kriegsmacht (130 000) unter Feldmarschall Diebitsch erwehren. Vor den Toren Warschaus erlitt sie am 25. Februar bei Grochow schon die erste Niederlage. Dennoch wollte der Sieger den entscheidenden Sturm auf die Hauptstadt nicht wagen. Ein Versäumnis, das ihn zum Rückzug auf Siedlce nötigte und den Polen Gelegenheit zu erfolgreichen Schlägen gegen das russische Nebenkorps ostwärts Warschau gab. Auch nach zweiter gewonnener Schlacht bei Ostrolenka am 26. Mai operierte Diebitsch zaghaft und vorsichtig, bis ihn selbst Anfang Juni die Cholera[3] hinwegraffte, die in den Reihen seines Heeres grassierte. Erst seinem Nachfolger General Paskiewitsch gelang die ausschlaggebende Operation, die der Zar vorher mit Berlin vereinbart hatte. Von Preußen logistisch unterstützt, gingen die Russen südlich Thorn über die Weichsel (18.–20. Juli) und zogen auf dem linken Stromufer vor Warschau. Da die Polen das Angebot der Kapitulation unter noch halbwegs günstigen Bedingungen ablehnten, beendete erst am 6. und 7. September ein blutiger Kampf den Aufstand. Polen verlor seine relative Selbständigkeit unter dem Zepter des Zaren und wurde ganz zur russischen Provinz herabgedrückt. Zum Glück blieb der europäische Friede gewahrt, weil die Kriegspartei in Frankreich nicht die Oberhand gewonnen, der König von Preußen auf eine Einmischung in Belgien wie in Polen verzichtet und die Politik Metternichs die drei Ostmächte zusammengehalten hatte.

Auch in Italien drängte die Antriebskraft der nationalen Einigungsbewegung weiter, die aber Österreichs Armee im verfrühten, noch unfertigen Stadium niederhalten konnte. Im lombardo-venetianischen Königreich, der »Achillesferse Mitteleuropas«, kommandierte seit 1831 General Radetzky die mobilen Truppen. Durch praxisnahe Kampfausbildung, die in kriegsmäßigen Manövern gipfelten, hielt er sie in schlagkräftigster Einsatzbereitschaft. Gestützt auf Mantua, das nach den Befreiungskriegen zur stärksten Festung Europas ausgebaut worden war, liefen alle Übungen nach einem für den Ernstfall vorgesehenen Plan ab[3a]. Dieser Ernstfall, dessen Vorboten sich schon seit Jahren angekündigt hatten, kam 1848. Am 18. März, drei Tage nach Ausbruch der Revolution in Wien, begann der Aufstand in Mailand, der sich über die ganze Lombardei und Venetien verbreitete. Als der erklärte Vorkämpfer der Einheit Italiens, König Karl Albert von Sardinien, mit seiner Armee (30 000) den Insurgenten zu Hilfe eilte, wich der alte Radetzky nach schneller Sammlung seiner Kräfte (18 000) in Mailand sehr gelassen bis hinter den Mincio ins schützende Festungsviereck (Verona-Peschiera-Mantua-Legnago) aus und zog dort Verstärkung an sich. Das tat auch der Gegner. Nach zunächst hinhaltenden Gefechten und geglücktem Vorstoß

3 Der Epidemie ist auch Fm v. Gneisenau als OB der vier preußischen Ostkorps in seinem H. Q. zu Posen am 24. 8. 1831 zum Opfer gefallen, am 16. 11. sein Generalstabschef Clausewitz nach der Demobilmachung zu Breslau.

3a J. Niemeyer: Das österreichische Militärwesen im Umbruch, Osnabrück 1979, S. 82 ff.

auf Vicenca schlug Radetzky (60 000) die Sardinier (70–80 000) in dreitägiger Schlacht bei Custozza (24.–26. Juli). Die Armee des Königs einschließlich der Aufständischen verlor den Zusammenhalt; der Verfolger trieb sie vor sich her, so daß der Feldzug nach abgeschlossenem Waffenstillstand am Ticino endete. Im Frühjahr 1849 versuchte Karl Albert die mit der Revolution in Wien und dem Aufstand in Ungarn beschäftigten Österreicher noch einmal anzugreifen. Seine Streitmacht zählte jetzt insgesamt über 100 000 Mann, doch kam sie nicht weit. Schon am 23. März besiegte sie Radetzky (75 000) bei Novara so entscheidend, daß auch Lombarden und Venetianer sich nicht mehr zu erheben wagten. Noch in der Nacht der Niederlage dankte der König von Sardinien ab und überließ seinem Nachfolger Victor Emanuel den Friedensschluß.

Die beiden Radetzkyschen Feldzüge standen noch ganz im Nachklang der napoleonischen Zeit; Revolution, Befreiungsversuch und Machtkampf um die Herrschaft waren ineinander verschlungen. Der Erfolg des Feldherrn beruhte auf dem Konzept der elastischen Anwendung von Defensive und Offensive, worauf er seine Armee zuvor gründlich eingeübt hatte. Der Radetzky-Marsch von Johann Strauß war das musikalische Echo auf die Unerschütterlichkeit der habsburgischen Monarchie im Revolutionsjahr 1848/49[4] und Grillparzers heiß umstrittenes Gedicht »In Deinem Lager ist Österreich« der stolze Lobpreis auf den ungebrochenen, im Sieger von Custozza und Novara verkörperten Geist der Armee. Eine Niederlage auf den Schlachtfeldern der lombardischen Ebene hätte den Sturz des Kaisertums bewirkt, der Sieg überwand seine Schwäche. Der Krieg in Ober-Italien war ein überzeugender Beweis für die Leistungsfähigkeit der österreichischen Armee, wenn sie ein fachkundiger Oberbefehlshaber und eine von ihm entsprechend erzogene Unterführerschaft schon im Frieden auf die Stufe hoher Schlagkraft gehoben hatte.

Mitte Juni 1848 schlug der Oberkommandierende im böhmischen Kernland, Fürst Windischgraetz, den Prager Aufstand der tschechischen Rebellen nieder; ebenso in Wien die Oktoberrevolte der Studenten, Arbeiter und Demokratenclubs, und dies zusammen mit dem Statthalter von Kroatien, Feldmarschalleutnant Baron Jellacic, der auch bei Schwechat das ungarische Entsatzaufgebot auseinandertrieb (31. Oktober). Die Erhebung der Magyaren konnte nicht so schnell bezwungen werden. Immerhin bleibt die Frage, ob es dazu der russischen Hilfe bedurft hätte, nachdem die italienische Freiheitsbewegung überwältigt worden war. Die ungarische Revolutionsarmee besaß an den stationierten k. k. Truppen schon rein zahlenmäßig keine starke Stütze und ihre hohen Offiziere wie der spätere Feldzeugmeister Benedek lehnten den Kampf gegen die Waffenbrüder ab. Das Hauptelement bildeten die neu aus dem Boden wachsenden Honved-Formationen (»Hon« = Land, »véd« = Wehr), die aber wenig ausgebildet und mangelhaft ausgerüstet waren. Vor allem verfügten sie

4 Das Gegenstück als empörte Antwort auf den Revolutionsmarsch seines Sohnes, siehe H. Drimmel: Kontinuität und Krise-Skizzen zum österreichischen Konservativismus, in: Zeitschrift Criticon (1974), S. 57.

über keine renommierten Befehlshaber und nur wenige Truppenführer, die gemischte Verbände kommandieren konnten[5]. Als die russische Hauptarmee des Generals Paskiewitsch (90 000) im Juni 1849 von Galizien her einmarschierte, entwickelte sich eine erdrückende Übermacht, die das Ende einer schon zuvor aussichtslosen Sache rasch herbeiführte. Dennoch hatte die gewaltsame Auseinandersetzung zwischen dem Kaiserstaat und der radikalen republikanischen Partei Ungarns die Grundlage für die Selbständigkeit im »Ausgleich« von 1867 geschaffen.

Alle Aufstände in Mitteleuropa waren durch die Februar-Revolution in Frankreich ausgelöst worden. Aber schon mit der äußerst blutigen Niederringung des Pariser Proletariats durch General Cavaignac in der »Juni-Schlacht« (25./26. Juni 1848), dem zweiten Sieg des Militärs seit dem Prager Pfingstaufstand kurz vor Radetzkys Waffentriumph in Italien, schritt die Gegenrevolution unaufhaltsam voran.

In Deutschland blieb die preußische Linien-Armee ihrem obersten Kriegsherrn treu ergeben, als am 18. März nach vorangegangenen Tumulten ganz Berlin das Fieber der Revolution erfaßte. Einzelne renitente Landwehr-Bataillone mußten allerdings entwaffnet, anderen das Recht zur Führung ihrer Fahnen entzogen werden, was die Mängel der ersten neupreußischen Heeresverfassung deutlich machte. Obgleich die eingesetzten Regimenter in der Nacht zum 19. März nahezu alle Barrikaden erstürmt hatten, gab König Friedrich Wilhelm IV. aus Furcht vor weiterem Blutvergießen den Befehl zum Abmarsch in die Kasernen und kapitulierte somit vor der fast schon besiegten Revolution[6]. Der Rückzug des gesamten Militärs aus der Stadt mußte die Folge davon sein, da die in ihren Unterkünften isolierten, sich selbst überlassenen Truppenteile unter striktem Schießverbot unmöglich die Stellung gegen die belagernden, tobenden Menschenmassen halten konnten. Wegen fortlaufender Beschimpfungen durch den Straßenpöpel gab es bereits erste Zeichen der Indisziplin unter der erbitterten Mannschaft. Schon zuvor hatten Offiziere nach dem Straßenkampf gegen Gefangenenmißhandlungen einschreiten müssen. Acht Monate später gewann das Königtum mit Hilfe seiner Regimenter in den Marken unter General v. Wrangel und der royalistischen Stimmung des Landvolkes die volle Macht zurück. Auch die Berliner Bürgerschaft war die tumultarische Straßendemokratie leid und bereit, »wie in Österreich die schwarz-gelbe, so in Preußen die schwarz-weiße Fahne wieder aufzuziehen, damit von dem schwarz-rot-goldenen Banner nicht eines Tages allein die rote Farbe übrig bleibe[7]«.

5 M. Bethke: Der Krieg der Oberleutnants-Generale Ungarns 1848/49, in: Zeitschrift für Heereskunde (1976), S. 183 ff.

6 Die umstrittene Frage über den Befehl zum Truppenabzug ist geklärt durch das wiederaufgefundene Manuskript des Generals v. Prittwitz: Berlin 1848, bearbeitet und eingeleitet von G. Heinrich (Veröffentlichungen der Historischen Kommission zu Berlin, Bd. 60), Berlin 1985.

7 R. Stadelmann: Soziale und politische Geschichte der Revolution von 1848, München 1948, S. 147.

Abb. 98. Barrikadenkampf in der Breiten Straße zu Berlin in der Nacht vom 18. zum 19. März 1848. Zeichnung aus dem Jahr 1848.

Die bedenkliche Rolle, die das Militär auf den revolutionären Kampfplätzen hatte spielen müssen, bezog sich auf den Einsatz von Landeskindern zur Aufrechterhaltung der inneren Sicherheit gegen die eigenen Landsleute. Im Angriff auf die Hauptstadt war das anfangs befohlene Abwarten unter zunehmendem Aufwiegelungsdruck ein stärkerer Beweis für die soldatische Zuverlässigkeit der Truppe als das nachfolgende Straßengefecht. Das Zusammenwirken verschiedener Faktoren kennzeichnete die ungewohnte innere Lage der Armee in jenen Berliner Märztagen. Der Aufruhr traf Staat und bewaffnete Macht ganz unvorbereitet, spezielle Vorschriften für den Barrikadenkampf in der Großstadt waren in der Ausbildung nicht vorgesehen, der revolutionäre Gegner mißachtete die in stiller Übereinkunft geltenden Regeln der konventionellen Kriegführung; Mißverständnisse bei der Befehlsübermittlung, Ordre und Kontre-Ordre, Ärger und Trotz, dazu eine schwankende Zivilbehörde bis hinauf zum total verunsicherten Monarchen bürdeten den Kommandeuren eine Verantwortung auf, ohne daß sie dabei die politischen Folgen ihres Handelns übersehen konnten[8].

8 Hierzu die »Erinnerungen aus dem Straßenkampf, den das FüsBtl 1. Inf (Leib)Rgt am 18. und 19. März 1848 in Berlin zu bestehen hatte, in: Militär-Literaturzeitung (1848), Nr. 28–30, S. 165 ff.; vgl. Prittwitz: Berlin 1848, S. XXXVIII f.

Abb. 99. Freischarenzug in Baden April/Mai 1849. Lithographie von Friedrich Kaiser (1815–1890).

Baden war der einzige Mittelstaat des Deutschen Bundes, wo sich infolge der Revolution das stehende Heer zu einem wirklichen Volksheer aus meistens kurzdienenden Wehrpflichtigen ohne Möglichkeit zum Freikauf nach dem Einsteher-Prinzip gewandelt hatte. Trotzdem verfiel es der Auflösung, als alle im Lande stehenden Einheiten meuterten (19.–14. Mai 1849). Apolitische Unzufriedenheit mit den mißlichen Verhältnissen des Militärdienstes wie Abneigung gegen die Wehrpflicht hatten zusammen mit republikanischen Umtrieben ein gärendes Explosionsgemisch ergeben. Der Zusammenbruch des Frankfurter Verfassungswerkes lieferte den Anlaß zu heftigem Aufruhr in Sachsen, in der Pfalz und am kräftigsten in Baden. Großherzog Leopold floh samt seiner Karlsruher Regierung aus dem Land und erbat sich von Preußen Waffenhilfe, da der Zentralgewalt in Frankfurt die Kräfte fehlten. Die Soldatenmeuterei riß die sich überschlagende Entwicklung ins radikale Fahrwasser, das in die Anarchie mündete. Die einzige militärische Chance der neuen Revolutionsarmee, gebildet aus Linientruppen, Volkswehren und von außen her zugelaufenen internationalen Legionen (insgesamt 30 000 Mann, dazu rund 11 000 Pfälzer Insurgenten), bestand im raschen Vorstoß bis an den Main. Dazu ließen es jedoch die totale Konfusion des provisorischen Regimes wie die weit verbreitete Renitenz unter Offizieren und Mannschaften gar nicht erst kommen. Nicht einmal die beschlossene militärische Union mit der Pfalz brachte man zustande. Auch in den Nachbarländern fand sich keine Resonanz, weil das meuterische Auftreten der badischen Soldaten samt allen daraus entstandenen schlimmen Folgen, dazu das renommistische Wirtshausgeschrei abschreckend wirkten. »So charakterisierte sich in jedem Zuge die Unfähigkeit der Führung und der Mangel alles thatkräftigen revolutionären Geistes im Heer wie im Volk[9].«

Die badische Revolution war bereits durch ihre eigenen Voraussetzungen unrettbar verloren, noch ehe die Preußen nach rascher Passage in der Pfalz (12.–19. Juni) einrückten. Ihr Einsatz bildete den einen Teil einer doppelten Intervention, indem zwei preußische Armeekorps unter dem Prinzen Wilhelm nicht im Auftrage des Reiches, sondern allein aufgrund direkten Hilfeersuchens den Aufstand niederschlugen. Ein drittes sogenanntes »Neckarkorps« aus hessischen, württembergischen, bayerischen und mecklenburgischen Abteilungen griff unter Kontrolle der Frankfurter Zentralgewalt ein. Die Gesamtstreitmacht betrug 50 000 Mann. Die Katastrophe Badens hatte in der Festung Rastatt ihren Ausgang genommen, wo sie nach einem Feldzug von drei Wochen und 24tägiger Belagerung ihr tragisches Ende fand (23. Juli). Abgesehen von einzelnen heroischen Waffentaten mußte die Revolutionsarmee wie ihre Vorgänger und auch die späteren Nachfolger die bittere Erfahrung machen, daß die als lästige Fessel abgeworfene Zucht und Ordnung im Kampf gegen schlagkräftige Truppen durch keinen propagandistischen Enthusiasmus zu ersetzen war.

Wie nah die nationale-unitarische Revolution in Deutschland der Möglichkeit eines europäischen Krieges gerückt war, zeigten insbesondere die Ereignisse im meerumschlungenen Schleswig-Holstein, als Dänemark das nicht zum Deutschen Bund gehörende nördliche Herzogtum mit Waffengewalt in die eigene demokratische Gesamtstaatsverfassung einbeziehen wollte. Dagegen erhob sich die Bevölkerung im gesamten nordelbischen Land. Preußische und Bundestruppen drängten die Dänen hinaus, mußten aber unter dem Druck der beiden Flügelmächte England und Rußland bald wieder zurückweichen. Dieser beschämende Krebsgang riß die radikalen Demokraten der Paulskirche zur Forderung des Nationalkrieges gegen alle Feinde der deutschen Einheit fort. Das erinnerte an das Revolutionsjahr der levée en masse von 1793, konnte aber in der Weltlage von 1848 nur einen gewichtigen Teil zum Scheitern der gesamten deutschen Freiheitsbewegung beitragen.

Die Schleswig-Holsteiner hatten den Kampf sofort auf die eigenen Schultern genommen. Unter schwierigsten Kriegsbedingungen, zwar mit dem Beistand von preußischen Offizieren (70 Prozent), sonst aber allein aus der Kraft ihrer Landesverfassung, schufen sie sich eine respektable Armee: In die ersten Gefechte vorausgeworfen rund 5000 Freiwillige, darunter geschlossene, typisch revolutionäre Trupps aus ganz Deutschland; die Masse dann eingegliedert in die reguläre Armee, die 1848 eine Stärke von etwa 20 000 Mann erreichte und zuletzt im Zuge fortschreitender Volksbewaffnung auf über 42 000 anwuchs[10]. 1849 konnte nach Ablauf eines zwischenzeit-

9 L. Häusser: Denkwürdigkeiten zur Geschichte der Badischen Revolution, Heidelberg 1851, S. 471 f.

10 G. Stolz: Die Schleswig-Holsteinische Armee von 1848/51, in: Jahrbuch der Heimatgemeinschaft Eckernförde 36/1978.

Abb. 100. Das Seegefecht vor Eckernförde am 5. April 1849. Lithographie aus der Zeit. Mit Ablauf des Waffenstillstandes am 29. 3. 1849 stand die Eckernförder Strandbatterie der Schleswig-Holsteinischen Armee unter dem preußischen Hauptmann Eduard Jungmann in Alarmbereitschaft gegen feindliche Landeunternehmen. In eintägigem Gefecht ging das Linienschiff des dänischen Geschwaders »Christian VIII.« durch Explosion verloren, die »Gefion« fiel mit 904 Gefangenen in die Hände der Sieger.

lichen Waffenstillstandes das Herzogtum durch eigene und deutsche Bundestruppen noch behauptet werden. 1850, als Preußen aufgrund des erzwungenen Berliner Friedens (2. Juli) abgefallen war und damit auch die Waffenhilfe des Deutschen Bundes ausfiel, setzten die Schleswig-Holsteiner den Kampf allein fort. Auch nach der verlorenen Schlacht bei Idstedt (24./25. Juli) gaben sie den Widerstand nicht auf, bis der Fehlschlag des im Frühjahr 1848 begonnenen Deutschen Bundeskrieges gegen Dänemark auf die krasseste Weise zutage trat. Durch das österreichische, von Rußland gedeckte Ultimatum gedemütigt, mußte Preußen die Beschlüsse von Olmütz annehmen (29. November 1850). Sie beendeten abrupt seine eigenständige Unionspolitik, stellten den Statusquo des alten Bundestages unter dem Vorsitz Österreichs wieder her und hatten auch die »Pazifizierung« der nordischen Herzogtümer zur Folge. Deren Statthalterschaft und Landesversammlung mußten sich der Weisung aus Frankfurt beugen und demnach die Armee auflösen. Das Londoner Protokoll vom 8. Mai 1852 bestätigte dokumentarisch die Lösung der schleswig-holsteinischen Frage im Sinne der Dänen. Es war offenkundig, daß die europäischen Mächte eine

Störung des Gleichgewichtes im Ostseeraum nicht duldeten. In ihrer Einflußsphäre lag Deutschland am Ende des Zeitalters der Revolutionskriege militärisch und politisch kaum weniger ohnmächtig als im Jahrhundert zuvor. In dieser nun abgelaufenen Epoche war der von den Kabinetten bestimmte Typus des stehenden Heeres aus der Staatenordnung Europas nicht verdrängt worden. Schon die nahe Zukunft sollte zeigen, daß der Kabinettskrieg im Raum rein rationaler Politik mit begrenztem Ziel noch einmal zurückkehrte.

Auswahl grundlegender und weiterführender Literatur

Andreas, Willi: Das Zeitalter Napoleons und die Erhebung der Völker, Heidelberg 1955.
Aubry, Octave: Die Französische Revolution, 2 Bde., Erlenbach–Zürich 1948.
Chandler, David: The campaigns of Napoleon, 1966.
Conrady, E. v.: Leben und Wirken des Generals der Infanterie Carl v. Grolman, 3 Bde., Berlin 1894–96.
Christe, Oskar: Erzherzog Carl von Österreich, 3 Bde., Wien 1912.
Das Preußische Heer der Befreiungskriege. Hrsg. vom Großen Generalstab. Berlin 1912–14.
Delbrück, Hans: Geschichte der Kriegskunst, Bd. IV., Berlin 1962.
Derselbe: Das Leben des Feldmarschalls Graf Neidhardt v. Gneisenau, 2 Bde. (3. Aufl.), Berlin 1908.
Deutsche Militärgeschichte in sechs Bänden 1648–1939. Hrsg. vom Militärgeschichtlichen Forschungsamt, Bd. I, Abschn. II und III und Bd. VI, Abschn. IX, München 1983.
Fiedler, Siegfried: Grundriß der Militär- und Kriegsgeschichte, Bd. II (Das Zeitalter der Frz. Revolution und Napoleons) und Bd. III (Napoleon gegen Preußen), München 1976–78.
Fournier, August: Napoleon I. Eine Biographie, 3 Bde. (3. Aufl.), Wien/Leipzig 1913.
Frauenholz, Eugen v.: Entwicklungsgeschichte des deutschen Heerwesens, Bd. V., München 1941.
Giehrl, Hermann: Der Feldherr Napoleon als Organisator, Berlin 1911.
Gschließer, Oswald: Das Zeitalter der Koalitions- und Befreiungskriege, in: Unser Heer. 300 Jahre österreichisches Soldatentum, Wien 1963.
Hahlweg, Werner: Carl von Clausewitz. Schriften – Aufsätze – Studien – Briefe. (Deutsche Geschichtsquellen des 19. und 20. Jh., Bd. 45) Bd. I, Göttingen 1966.
Derselbe: Klassiker der Kriegskunst, Darmstadt 1960.
Derselbe: Preußische Reformzeit und revolutionärer Krieg (Wehrwissenschaftliche Rundschau, Beiheft 18), 1962.
Horsetzky, Adolf v.: Kriegsgeschichtliche Übersicht der wichtigsten Feldzüge der letzten 100 Jahre (5. Aufl.), Wien 1898.
Huber, Ernst Rudolf: Deutsche Verfassungsgeschichte seit 1789. Bd. I (2. Aufl.), Mainz 1967.
Höhn, Reinhard: Heer – Revolution – Kriegsbild, Darmstadt 1944.
Derselbe: Scharnhorsts Vermächtnis (2. Aufl.), Frankfurt 1972.
Ibbeken, Rudolf: Preußen 1807–1813. Staat und Volk als Idee und in der Wirklichkeit, Köln/Berlin 1970.
Jähns, Max: Geschichte der Kriegswissenschaften vornehmlich in Deutschland, Bd. III (2. Aufl.), Hildesheim 1966.
Derselbe: Das französische Heer von der großen Revolution bis zur Gegenwart, Leipzig 1873.
Jany, Curt: Geschichte der Königlich Preußischen Armee, Bd. III und IV. (2. Aufl.), Osnabrück 1967.
Kessel, Eberhard: Militärgeschichte und Kriegstheorie in neuerer Zeit. Ausgewählte Aufsätze (Historische Forschungen, Bd. 33), Berlin 1987.
Koch, Hansjoachim W.: Die Befreiungskriege 1807/1815. Napoleon gegen Deutschland und Europa, Berg 3/1987.
Lehmann, Max: Scharnhorst, 2 Bde., Leipzig 1886/87.
Derselbe: Historische Aufsätze und Reden, Leipzig 1911.
Linnebach, Karl (Hrsg.): Scharnhorsts Briefe, München/Leipzig 1914, Reprint München 1980, mit einem Kommentar und einem Anhang zum Nachdruck von Heinz Stübig.

Meinecke, Friedrich: Das Leben des Generalfeldmarschalls Hermann von Boyen, 2 Bde., Stuttgart 1896–99.
Derselbe: Das Zeitalter der deutschen Erhebung (6. Aufl.), Göttingen 1957.
Münchow-Pohl, Bernd v.: Zwischen Reform und Krieg. Untersuchungen zur Bewußtseinslage in Preußen 1809–1812 (Veröffentlichungen des Max-Planck-Instituts für Geschichte, Bd. 87), Göttingen 1986.
Napoleon I. und das Militärwesen seiner Zeit. Im Auftrag des Militärgeschichtlichen Forschungsamtes und der Ranke-Gesellschaft, hrsg. von W. v. Groote, Freiburg i. Br. 1968.
Napoleon I. und die Staatenwelt seiner Zeit, Freiburg i. Br. 1969.
Parets, Peter: Clausewitz and the State. Oxford 1976.
Raumer, Kurt v./Botzenhart, Erich: Deutsche Geschichte im 19. Jahrhundert. Deutschland um 1800: Krise und Neugestaltung von 1789 bis 1815 (= Handbuch der deutschen Geschichte, neu hrsg. v. L. Just), Wiesbaden 1959–80.
Regele, Oskar: Feldmarschall Radetzky, Wien/München 1957.
Ritter, Gerhard: Staatskunst und Kriegshandwerk, Bd. I, München 1954.
Reichel, Daniel: Davout et l'art de la guerre, Neuchâtel 1975.
Rousset, Camille: Die Freiwilligen 1791–1794, Berlin 1875.
Stadelmann, Rudolf: Scharnhorst, Schicksal und geistige Welt, Wiesbaden 1952.
Vaupel, Rudolf (Hrsg.): Die Reorganisation des Preußischen Staates unter Stein und Hardenberg. Zweiter Teil: Das Preußische Heer vom Tilsiter Frieden bis zur Befreiung 1807–1808 (= Publikationen aus den Preußischen Staatsarchiven, Bd. 94), Leipzig 1938.
Warschauer, Robert: Studien zur Entwicklung der Gedanken Lazare Carnots über Kriegführung 1784–1793 (Historische Abhandlungen, H. 7), Berlin 1937.

Bildnachweis

Die Abbildungen stammen, soweit nicht extra angegeben, aus dem Archiv des Wehrgeschichtlichen Museums Rastatt, insbesondere aus dem Nachlaß des Uniformmalers Herbert Knötel d. J.

Register

Der Autor

Siegfried Fiedler

Geboren 1922 in Hirschberg/Schlesien. Kriegsdienst. Berufsoffizier in der Wehrmacht (1940–1945) und Bundeswehr (1956–1979), zuletzt Oberstleutnant. Langjähriger Lehrstabsoffizier für Militär- und Kriegsgeschichte an der Heeresoffizierschule I (Hannover), von April 1974 bis zur Pensionierung im März 1979 Direktor des Wehrgeschichtlichen Museums Schloß Rastatt.
Vorstandsmitglied der Deutschen Gesellschaft für Heereskunde e. V. gegr. 1898. Verfasser von Fachbüchern, Zeitschriftenaufsätzen (»Deutsches Soldatenjahrbuch«, »Zeitschrift für Heereskunde«, »Bote aus dem Wehrgeschichtlichen Museum«) und Beiträgen zu Ausstellungskatalogen.

Buchveröffentlichungen:

Scharnhorst – Geist und Tat, München 1958.

Grundriß der Militär- und Kriegsgeschichte, 3 Bände, München 1972–1978. Bd. 1: Die stehenden Heere im Zeitalter des Absolutismus 1640–1789, 1972 (2. Aufl. 1981). Bd. 2: Das Zeitalter der Französischen Revolution und Napoleons, 1976. Bd. 3: Napoleon gegen Preußen, 1978.

Die Grenadiermützen der Armee Friedrichs des Großen. Publikation des Wehrgeschichtlichen Museums Rastatt (Text) mit Geschichte der Grenadiere Friedrichs des Großen, München 1981.

Carl Friedrich und seine Zeit. Ausstellung der Markgräflich Badischen Museen 1981 (Mitarbeit als wissenschaftlicher Beirat).

Deutsches Militärarchiv, Braunschweig 1981 ff. (Sammelwerk mit monatlichen Lieferungen; bisher erschienen 9 Bände Militärarchiv und 5 Bände Ergänzungsarchiv; mit Georg Ortenburg und Karl Hermann Frhr. von Brand zu Neidstein.)

Unter dem Greifen. Altbadisches Militär von der Vereinigung der Markgrafschaften bis zur Reichsgründung 1771–1871, hrsg. von der Vereinigung der Freunde des Wehrgeschichtlichen Museums Schloß Rastatt e. V., Karlsruhe 1984 (Beiträge zur Kriegsgeschichte).

Kriegswesen und Kriegführung im Zeitalter der Landsknechte, München 1984 (Reihe Heerwesen der Neuzeit, Bd. I 2).

Kriegswesen und Kriegführung im Zeitalter der Kabinettskriege, München 1986 (Reihe Heerwesen der Neuzeit, Bd. II 2).